労働契約成立の法構造

―契約の成立場面における合意と法の接合―

新屋敷恵美子

信 山 社

はしがき

　人びとが働く空間において，個人（労働者）の意思や当事者間の合意に，何か意味があるのだろうか。

　契約自由の原則からすると，契約の形成も内容も，契約を締結する両当事者の意思によって決定されるはずである。しかし，労働者の目には，経済力や情報力の点で，労働契約はとうてい対等な当事者間の契約としては映らないであろう。では，このような労働契約が形成する法的関係において，当事者の法的関係の中身は，どこまでが当事者（労働者）の意思によるものとなっているのだろうか。

　このような関心から，労働法の世界に足を踏み入れてみると，使用者が作成する就業規則に労働契約関係の内容決定における重要な役割が認められている（労契法7条，9条参照）という不思議に首をかしげることになる。なぜ交渉力等で優位に立つ使用者が作成する就業規則によって，労働契約関係の内容が決定される仕組みになっているのか。契約の自由を根拠として法的意義が認められるはずの当事者（労働者）の意思は，労働法の世界では，一体どのような意味を持つものとされているのか。

　また，このような就業規則に関する法制の状況のみならず，多様な労働立法が存在する現代では，労働契約関係に立つ当事者間の法的関係の内容は，当事者意思というよりはむしろ契約当事者が直接創設したものではない労働基準法などの外部的な法規範によって決定されるという状況にあるように思われる。そうすると，ここでもやはり，労働契約に関する当事者意思に一体どのような意義が存在するのか，という疑問が生じる。

　他方で，労働契約は，労働者という個人の生活の基盤となる。その基盤に基づき，個人（労働者）は，報酬を得るのはもちろん，それぞれの自己実現を図る，あるいは，家計を維持する。そうであるとしたら，その基盤は自分の意思で形成し創造していくものであるという個人のそして社会における認識，さらに，そのような認識に基づく個人による労働契約の締結や内容形成の積み重ねは，社会における個人の自律的で豊かな生活にとって重要な意義を有するのではないか。そのように考えるならば，労働に関する立法や判例法理が増加し，法の内容を認識することが必ずしも容易でない現代において

は，労働法の世界で当事者意思が反映される仕組みを，その端緒から可視化する作業にも，一定の意義があるのではないか。

本書は，このような素朴な疑問から開始した研究を纏め，2011年3月に九州大学に提出した博士論文「労働契約の成立の要素と法の接合」（甲第10098号）に，大幅に加筆・修正を加えたものである。

これまで，本書の中核的部分を，単発的に公表してきた（「イギリス雇用保護法制と雇用契約の成立：成立要件としての中心的義務とその認定」九法97号460頁〔2008〕，「イギリス労働法における雇用契約の推定：推定作業における契約意思の探求」季労225号193頁〔2009〕，「イギリス労働法における労務提供契約の『性質決定』の意義と構造」季労229号208頁〔2010〕，「イギリス労働法における労務提供契約の成立の二重構造」日本労働法学会誌120号202頁〔2012〕）。そして，博士論文の段階では書き切れなかった部分につき，執筆を続け（「イギリス労働法における『労働者』概念：労働者概念における契約的要素と契約外的要素」山口経済学雑誌61巻4・5号433頁〔2013〕，「イギリス労働法における労務提供契約の『性質決定』と契約解釈：契約解釈における当事者・裁判官・契約類型の意義(1)(2・完)」山口経済学雑誌64巻1～2号〔2015〕，「イギリス労働法における契約外的規範構築への挑戦」季労249号79頁〔2015〕），また，幸運にも，債権法改正の議論に関連して私見を展開する機会を得た（「労働契約における合意と債権法改正」日本労働法学会誌123号19頁〔2014〕，「労働契約の終了と合意：労働契約における合意の『共時的構造』と『通時的構造』」季労245号105頁〔2014〕）。

本書は，以上の論文と博士論文の未公表部分とを合わせて，イギリス労働法を比較対象に，「当事者の合意は，『労働契約の成立』という場面において，どのようにその内容を構成され，いかなる法規範と結びつきながら，『労働契約の成立』という事実を法の世界において存在させることになるのか」についての基礎理論を提示しようとしたものである。この際，従来の労働法理論が「労働契約の成立」という法的事実に含まれる合意が有する具体的な権利義務内容としての意義を十分に捉えていないと考え，当該合意が，契約の展開や終了に向けてどのような規範として存在しているのか（合意の構造論等），ということも視野に入れて分析を行った（なお，このような意味での「労働契約の成立」に含まれる合意の，展開，終了場面における意義につき，前掲の「イギリス労働法における労務提供契約の『性質決定』と契約解釈：契約解釈における当事者・裁判官・契約類型の意義(1)(2・完)」や「労働契約の終了と合

意：労働契約における合意の『共時的構造』と『通時的構造』」において，すでに私見の一部を展開している。）。

　本書の完成に至るまで，研究テーマが契約法と労働法にまたがっていることもあって，テーマとして成り立つのか，どのように一つの形にすることができるのかと，いつも不安であった。そのような暗中模索の過程において，常に私を叱咤激励し導いてくださったのは，野田進先生（九州大学教授）である。思い返すと，自分の厚顔無恥に恥じ入る場面も多い。山口大学に赴任した後も，九州大学において野田先生の研究室や行きつけの麺屋で，先生のご執筆中の論文について伺ったり労働契約と合意の話をしたりしていた時間を懐かしく思い出す。同時に，当時は分からなかったが，そのような何気ない時間においても，研究上はもとより，多方面にわたりご指導いただいていたことに気づかされる。多年のご厚情に謝意を表したい。

　また，修士課程に進学して以来，山下昇先生（九州大学教授），笠木映里先生（九州大学元准教授，ボルドー大学CNRS一級研究員），大橋將先生（九州大学元准教授），柳澤旭先生（山口大学名誉教授）には，日頃よりご指導いただく等，非常に恵まれた環境で研究者としての歩みを開始することができた。上記のように，必ずしも労働法学的とはいい難い関心から研究を開始したこともあって，研究テーマを具体的な問題に結びつけることができないまま，先生方をいつも困惑させていたように思う。博士論文を一書として公刊するにあたり，先生方の多年にわたる温かいご指導にお礼を申し上げたい。

　そして，九州社会法研究会や大阪の労働法理論研究会，イギリス労働法研究会など様々な研究会で，多くの先生方にご指導いただいた。個別にお名前を挙げさせていただくことはできないが，感謝申し上げる。

　さらに，本書の出版，編集をご快諾いただき，お忙しい中尽力してくださった信山社の渡辺左近氏にもお礼を申し上げたい。

　最後に，私事にわたるが，この上なく頑固でわがままな娘を，常に応援してくれている父と母への謝辞を加えさせていただきたい。

2016年1月

　　　　　イギリス・ロンドン（Bidborough House）にて

　　　　　　　　　　　　　　　　　　　　　　　新屋敷恵美子

なお，本書は日本学術振興会・特別研究員奨励費（研究課題番号：08J05955）（2008年度〜2010年度），科学研究費・若手研究（B）（研究課題番号：24730046）（2012年度〜2014年度），科学研究費・若手研究（B）（研究課題番号：15K16940）（2015年度〜2018年度〔予定〕）による研究成果の一部である。

大目次

序　章 ……………………………………………………… 1
　第1節　問題の所在 ……………………………………… 1
　第2節　分析対象としての労働契約の成立 …………… 7
　第3節　労働契約の成立の構成要素 …………………… 21
　第4節　紛争解決における合意と合意外規範の意義 … 32
　第5節　契約外的関係性の出現と労働契約の成立理論 … 46
　第6節　本書の課題と分析の対象・順序 ……………… 49

第1部　イギリスにおける労務提供契約成立の法構造 …… 59

第1章　予備的考察 ……………………………………… 60
　第1節　契約法における契約の成立要件 ……………… 60
　第2節　労働法の法適用決定における基準としての契約 …… 67
　第3節　事実審と法律審 ………………………………… 73
　第4節　契約の有無の判断内容と考察手順 …………… 77

第2章　契約の成立要件(1)――約因 …………………… 79
　第1節　契約の性質としての登場 ……………………… 79
　第2節　契約の成立要件への移行 ……………………… 96
　第3節　労働者の契約と約因 …………………………… 118
　第4節　拘束性の程度 …………………………………… 128
　第5節　小　括 …………………………………………… 138

第3章　契約の成立要件(2)――契約意思 ……………… 142
　第1節　予備的考察 ……………………………………… 142
　第2節　判断枠組みの形成と不明確性の残存 ………… 147
　第3節　黙示の雇傭契約の可能性の追求 ……………… 155
　第4節　場面の識別と必要性要件の明確化 …………… 163

大目次

- 第5節 小　　括 …………………………………………… 175
- 第4章 契約の性質 ………………………………………… 177
  - 第1節 身分基準から契約基準への移行 …………………… 177
  - 第2節 契約の性質の特定と具体化 ………………………… 200
  - 第3節 小　　括 …………………………………………… 223
- 第5章 労務提供契約の認定と契約解釈 ………………… 226
  - 第1節 権利義務の認定における当事者・解釈者・契約類型の意義 … 227
  - 第2節 法律問題から事実問題へ …………………………… 229
  - 第3節 当事者意思（契約構造）による契約解釈手法の選択 ……… 258
  - 第4節 契約類型にかかる法の趣旨ないし政策 …………… 282
  - 第5節 小　　括 …………………………………………… 305
- 第6章 契約の新たな役割と契約外規範 ………………… 312
  - 第1節 学説における理論展開 ……………………………… 313
  - 第2節 雇用の継続性と労務提供契約の成立 ……………… 327
  - 第3節 集団的労働関係法における労働者概念 …………… 335
  - 第4節 小　　括 …………………………………………… 353
- 第7章 総　　括 …………………………………………… 357
  - 第1節 判断の二段階と全体像 ……………………………… 357
  - 第2節 契約の成立——契約法の領域 ……………………… 359
  - 第3節 契約の性質——労働法の領域 ……………………… 362
  - 第4節 契約解釈作業 ………………………………………… 364
  - 第5節 契約外規模ないし契約外的関係性 ………………… 369

第2部　日本における労働契約成立の法構造 …… 373

- 第1章 労働契約の成立の法構造 ………………………… 374
  - 第1節 労働契約の成立と合意と法 ………………………… 374
  - 第2節 労働契約の成立の構成要素 ………………………… 389

第3節　主観的内容と契約解釈……………………………………… 421
第2章　労働契約の成立の法構造からの新たな視角 ………… 437
　第1節　成立への視角 ……………………………………………… 437
　第2節　内容への視角——課題と展望 ………………………… 455

事項索引

主要判例索引

詳細目次

序　章 …………………………………………………………………………… 1
第1節　問題の所在 ………………………………………………………… 1
第1款　問われる合意の位置づけ ……………………………………… 1
1　契約関係をめぐる合意の位置づけ（1）
2　労働契約における合意とそれをめぐる事態の変化（2）
第2款　二つの課題 ……………………………………………………… 4
第3款　本書の課題 ……………………………………………………… 5
1　本書の課題（5）
2　従来の方法論との対立（5）
3　用　語（6）
4　本章の構成（7）
第2節　分析対象としての労働契約の成立 ……………………………… 7
第1款　採用内定 ………………………………………………………… 8
1　労働者保護の観点と多様性の捨象（8）
2　問題の定型的把握・処理の確立（10）
第2款　黙示の労働契約の成立と労働契約の成立 …………………… 11
1　分析対象としての曖昧性（11）
2　学説における契約解釈の曖昧な位置づけ（12）
第3款　「労働者」性判断 ……………………………………………… 14
1　複雑な合意の仕組みと労働契約の成立（15）
2　学説における労働契約の成立の位置づけ（17）
第4款　まとめ ………………………………………………………… 21
第3節　労働契約の成立の構成要素 …………………………………… 21
第1款　労契法6条と抽象的な定義 …………………………………… 22
第2款　裁判例における基準の不統一性と不透明性 ………………… 23
1　採　用（23）

　　　　　2　黙示の労働契約の成立（27）
　　　　　3　まとめ（32）
　第4節　紛争解決における合意と合意外規範の意義 …………………… 32
　　第1款　当事者意思・合意の没却 ………………………………………… 33
　　第2款　個別の問題領域の隣接と錯綜 …………………………………… 35
　　　　　1　採用内定取消と期間途中の解雇（36）
　　　　　2　試用と更新（39）
　　　　　3　まとめ（46）
　第5節　契約外的関係性の出現と労働契約の成立理論 ………………… 46
　　第1款　意思表示のみなし制度の導入 …………………………………… 46
　　第2款　合意に基づかない契約的関係性の導入と労働契約の成立 …… 47
　第6節　本書の課題と分析の対象・順序 ………………………………… 49
　　第1款　労働契約の成立をめぐる諸問題 ………………………………… 49
　　　　　1　分析対象としての把握の不十分性と統一的な理論の欠如（49）
　　　　　2　当事者意思・合意の意義の没却（50）
　　　　　3　問題領域の錯綜と紛争処理基準の流用（50）
　　　　　4　予測可能性と法的安定性の欠如（50）
　　　　　5　当事者意思ないし合意に基づかない関係性の導入（51）
　　　　　6　まとめ（51）
　　第2款　課　　題 …………………………………………………………… 51
　　　　　1　労働契約の成立の要素（51）
　　　　　2　各要素間の相互関係（52）
　　　　　3　各要素の主観的内容と客観的内容（52）
　　　　　4　法主体概念との関係（53）
　　　　　5　当事者意思ないし合意に基づかない法的関係性と労働契約の
　　　　　　 成立（53）
　　第3款　分析の対象と順序 ………………………………………………… 53
　　　　　1　対象の限定（53）
　　　　　2　対象と順序――イギリス労働法における労務提供契約の
　　　　　　 成立（55）

第1部　イギリスにおける労務提供契約成立の法構造 59

第1章　予備的考察 60

第1節　契約法における契約の成立要件 60

第1款　合　　意 61

第2款　契約意思 62

第3款　約　　因 62

第4款　確定性 64

第5款　要素の相互関係 65

　1　約因と契約意思（65）

　2　約因と確定性（66）

　3　契約意思と確定性（67）

第2節　労働法の法適用決定における基準としての契約 67

第1款　基準としての雇傭契約の採用と展開 68

第2款　近年の立法における労働者概念と労働者の契約 69

第3款　制定法の適用と契約の有無の判断 70

　1　制定法の適用と労務提供契約の結びつき（70）

　2　労務提供契約の有無の判断の概観（71）

第4款　用　　語 72

第3節　事実審と法律審 73

第1款　裁判管轄 73

第2款　上訴が許される二つの場合 74

　1　裁判管轄と契約の有無の認定（74）

　2　許される二つの場合（75）

第4節　契約の有無の判断内容と考察手順 77

第1款　客観的内容と主観的内容 77

第2款　本章の考察順序 77

第2章　契約の成立要件(1)——約因 79

第1節　契約の性質としての登場 79

第1款	指揮命令基準以外の基準の可能性	81
第2款	総合判断への移行	83
	1 基準の併存（83）	
	2 総合判断の定着（86）	
第3款	総合判断の中の義務の相互性	88
	1 問題の背景（88）	
	2 一つの考慮要素としての義務の相互性（92）	

第2節 契約の成立要件への移行 …… 96
　第1款 第一要件としての義務の相互性 …… 96
　　　1 削ることのできない最小限（96）
　　　2 影響と不明確性の残存（102）
　第2款 分かれる理解 …… 104
　　　1 優先問題としての認識（105）
　　　2 分類の中の義務の相互性（106）
　　　3 一つの基準としての義務の相互性（108）
　　　4 継続性の要素の位置づけ（109）
　第3款 約因としての定着 …… 111
　第4款 義務の相互性の内容 …… 116
　第5款 まとめ …… 117
　　　1 約因としての義務の相互性（117）
　　　2 契約の成立と性質の区別（118）

第3節 労働者の契約と約因 …… 118
　第1款 労働者の契約と義務の相互性 …… 119
　　　1 労働者の契約の定義（119）
　　　2 労働分野における契約（120）
　第2款 労働分野における契約の約因と契約の性質 …… 126
　第3款 まとめ …… 128
　　　1 労働分野における契約と約因（128）
　　　2 契約の成立と性質の区別（128）

第4節 拘束性の程度 …… 128
　第1款 合理的な程度 …… 128

第2款　強い拘束性の程度 …………………………………………… 131
　　　第3款　例外的な場合 …………………………………………………… 134
　　　第4款　まとめ …………………………………………………………… 138
　第5節　小　括 ……………………………………………………………… 138
　　　第1款　位置づけの確定 ………………………………………………… 138
　　　　1　性質から成立へ（138）
　　　　2　「労働分野における契約」の成立（139）
　　　　3　個別契約の成立（140）
　　　第2款　内　容 …………………………………………………………… 140
　　　　1　雇用契約（140）
　　　　2　労働分野における契約（140）
　　　　3　継続性の要素の不必要性（140）
　　　第3款　拘束性の程度 …………………………………………………… 141

第3章　契約の成立要件(2)──契約意思 ……………………………… 142
　第1節　予備的考察 ………………………………………………………… 142
　　　第1款　雇用保護立法と黙示の雇用契約の成立の問題 ……………… 142
　　　　1　1996年雇用権法と雇傭契約（142）
　　　　2　労働紹介業法と派遣労働者（143）
　　　　3　用　語（145）
　　　第2款　雇傭契約の認定 ………………………………………………… 146
　　　　1　雇傭契約の三要件（146）
　　　　2　実態重視の認定──雇用契約の時間的展開を認める契約
　　　　　　解釈（147）
　第2節　判断枠組みの形成と不明確性の残存 ………………………… 147
　　　第1款　契約の有無の問題としての認識 ……………………………… 148
　　　第2款　義務の相互性の認定との違い ………………………………… 151
　　　　1　書面の意義とCarmichael事件貴族院判決（151）
　　　　2　黙示の契約の推定と義務の相互性の認定（153）
　　　第3款　まとめ …………………………………………………………… 155
　第3節　黙示の雇傭契約の可能性の追求 ………………………………… 155
　　　第1款　義務の相互性の認定との接合 ………………………………… 156

　　　　　1　黙示の雇用契約の可能性（156）
　　　　　2　理論的根拠（158）
　　　第2款　理論の承認と必要性の要件の確認 ……………………………… 159
　　　　　1　理論の承認（159）
　　　　　2　必要性の要件の確認（162）
　第4節　場面の識別と必要性要件の明確化 …………………………………… 163
　　　第1款　理論の整序 ……………………………………………………… 163
　　　　　1　場面と問題の識別（163）
　　　　　2　必要性の要件（165）
　　　　　3　必要性が認められる場合（166）
　　　　　4　派遣関係の設定と必要性の要件（167）
　　　第2款　控訴院による承認 ……………………………………………… 169
　　　第3款　法的関係形成意思の不存在 …………………………………… 170
　　　第4款　問題の行方 ……………………………………………………… 172
　　　　　1　契約解釈の限界（172）
　　　　　2　見えない出口（173）
　第5節　小　　括 …………………………………………………………………… 175
　　　第1款　黙示の雇用契約の推定と義務の相互性の認定の区別 ………… 175
　　　第2款　必要性の要件 …………………………………………………… 175
　　　　　1　必要性（175）
　　　　　2　判断材料（175）
　　　　　3　派遣関係の設定の意義（175）
　　　第3款　問題解決の方向性 ……………………………………………… 176

第4章　契約の性質 ………………………………………………………………… 177
　第1節　身分基準から契約基準への移行 ……………………………………… 177
　　　第1款　二重の基準と刑法による履行強制 …………………………… 178
　　　第2款　刑罰による契約の履行強制の廃止と二重の基準の存続 ……… 181
　　　　　1　刑罰による契約の履行強制の廃止（181）
　　　　　2　民事法上の特別の取扱い（181）
　　　第3款　基準の継受と階級基準の残存 ………………………………… 183
　　　　　1　1880年使用者責任法の定義（183）

　　　　　2　主たる義務の内容（184）
　　　　　3　1897年法労働者災害補償法における定義の変化（186）
　　　　　4　労働者階級基準の残存（186）
　　　第4款　階級から契約へ ……………………………………………… 190
　　　　　1　制定法の定義と基準の一本化（190）
　　　　　2　指揮命令基準の階級性と契約性（191）
　　　　　3　現代における契約の性質の位置（199）
　　　第5款　小　　括 ……………………………………………………… 200
　第2節　契約の性質の特定と具体化 …………………………………… 200
　　　第1款　緒　　言 ……………………………………………………… 201
　　　　　1　契約の性質の主観的内容・客観的内容と本節での考察
　　　　　　　対象（201）
　　　　　2　制定法による契約類型の指定と類型ごとに問題となる
　　　　　　　事柄（202）
　　　第2款　雇用契約と指揮命令 ………………………………………… 203
　　　　　1　指揮命令の要素の重視（203）
　　　　　2　指揮命令の概念における雇用形態の変化（206）
　　　第3款　制定法による契約の定義と契約の性質 …………………… 216
　　　　　1　「労働者の契約」の特殊性（216）
　　　　　2　「労働者の契約」と契約の性質（217）
　　　　　3　制定法による契約の定義と契約の性質の客観的内容（223）
　第3節　小　　括 ………………………………………………………… 223
　　　第1款　法の適用決定を司る契約の性質 …………………………… 223
　　　第2款　制定法による契約の性質の設定・変更と可変性 ………… 224
　　　第3款　社会における雇用・就労実態の変化と契約の性質 ……… 225

第5章　労務提供契約の認定と契約解釈 ……………………………… 226
　第1節　権利義務の認定における当事者・解釈者・契約類型の意義 … 227
　　　第1款　当事者意思の認定における当事者と解釈者 ……………… 227
　　　第2款　当事者意思の明示と制定法 ………………………………… 228
　第2節　法律問題から事実問題へ ……………………………………… 229
　　　第1款　曖昧な出発点 ………………………………………………… 229

　　　　　1　疑わしい場合における明示の意義（229）
　　　　　2　まとめ（232）
　　第2款　制定法の趣旨に配慮した契約解釈 ………………………… 232
　　　　　1　制定法の趣旨に配慮した契約解釈手法の提示（232）
　　　　　2　まとめ（238）
　　第3款　射程の限定 ………………………………………………… 239
　　　　　1　明示された当事者意思の尊重（239）
　　　　　2　まとめ（242）
　　第4款　法律問題としての位置づけ ……………………………… 243
　　　　　1　制定法上の権利にかかる契約の性質決定（243）
　　　　　2　まとめ（247）
　　第5款　事実問題としての位置づけ ……………………………… 248
　　　　　1　事実問題の範囲の拡大（249）
　　　　　2　Stephenson控訴院裁判官による告白（252）
　　　　　3　まとめ（254）
　　第6款　まとめ ……………………………………………………… 256
　　　　　1　判例の到達点（256）
　　　　　2　契約解釈の類型と三者の役割（257）
　第3節　当事者意思（契約構造）による契約解釈手法の選択 ……… 258
　　第1款　伝統的な契約解釈手法 …………………………………… 259
　　　　　1　法律問題（260）
　　　　　2　客観的アプローチ（260）
　　　　　3　口頭証拠法則（260）
　　　　　4　契約成立時を基準とする解釈（261）
　　第2款　合意成立時を特定する手法 ……………………………… 261
　　第3款　貴族院による控訴院判決の否定 ………………………… 267
　　第4款　労務提供契約内容の時間的展開性と契約解釈手法 …… 269
　　　　　1　当事者意思と労務提供契約内容の時間的展開性（269）
　　　　　2　Carmichael事件貴族院判決の受容（272）
　　　　　3　まとめ（274）
　　第5款　当事者意思という根拠と残存する不安定性 …………… 275

　　　　　　　1　実態よりも優先される明示（275）
　　　　　　　2　残存する不安定性（278）
　　　　第6款　まとめ ………………………………………………………… 280
　　　　　　　1　判例の到達点と残存する不安定性（280）
　　　　　　　2　契約解釈の類型と当事者・解釈者（281）
　　第4節　契約類型にかかる法の趣旨ないし政策 ……………………… 282
　　　　第1款　一般契約法の性質決定における法の趣旨ないし政策の反映 …… 282
　　　　第2款　一般契約法との再会 ………………………………………… 284
　　　　　　　1　控訴審判所と控訴院の対立（284）
　　　　　　　2　控訴院による否定（288）
　　　　　　　3　最高裁による承認——目的的アプローチの採用（297）
　　　　　　　4　判例の到達点と影響（302）
　　第5節　小　　括 ………………………………………………………… 305
　　　　第1款　判例の到達点——根拠としての当事者意思から交渉力格差へ … 305
　　　　　　　1　事実問題としての位置づけ（305）
　　　　　　　2　契約解釈を支える根拠と意義（305）
　　　　　　　3　評　　価（306）
　　　　　　　4　契約解釈における当事者，解釈者，契約類型の意義（308）
　　　　第2款　契約解釈の相対性？ ………………………………………… 308
　　　　　　　1　契約内容の解釈手法の成立場面への適用（308）
　　　　　　　2　成立における契約解釈手法の内容場面への応用（309）
　　　　　　　3　議論される異同（310）
　　　　　　　4　契約解釈の相対性？（310）

第6章　契約の新たな役割と契約外規範 ……………………… 312

　　第1節　学説における理論展開 ………………………………………… 313
　　　　第1款　理論展開の背景 ……………………………………………… 313
　　　　　　　1　「雇用」でも「契約」でもない関係性（313）
　　　　　　　2　理論展開の開始（315）
　　　　第2款　人的労働関係の構築 ………………………………………… 315
　　　　　　　1　労働法の領域の拡大（316）
　　　　　　　2　労働法の規範的根拠（321）

詳細目次　xvii

　　　　　　3　まとめ（322）
　　　第3款　労働法における雇用契約概念の意義 ……………………… 323
　　　　　　1　雇用契約における形式と機能（323）
　　　　　　2　問題認識におけるギャップ（324）
　　　　　　3　解決の方向（325）
　　　　　　4　まとめ（326）
　　　第4款　まとめ ……………………………………………………… 326
　第2節　雇用の継続性と労務提供契約の成立 …………………………… 327
　　　第1款　正当な解答──Hugh Collins の解答 ………………………… 328
　　　　　　1　コモン・ロー上の帰結（328）
　　　　　　2　Hugh Collins の解答（328）
　　　第2款　判例における有効性 ……………………………………… 330
　　　第3款　まとめ ……………………………………………………… 333
　　　　　　1　問題の区別（333）
　　　　　　2　雇用の概念の広がりと雇用契約の新たな役割（333）
　　　　　　3　契約外規範ないし関係性の存在（334）
　第3節　集団的労働関係法における労働者概念 ………………………… 335
　　　第1款　集団的労働関係法上の労働者概念の位置づけと定義 ……… 335
　　　　　　1　労働者概念の位置づけ（325）
　　　　　　2　定義と議論状況（336）
　　　第2款　共通部分──契約の性質 …………………………………… 340
　　　　　　1　相互参照（340）
　　　　　　2　性質における共通性の認識（341）
　　　　　　3　まとめ（342）
　　　第3款　問題とならない成立要件 …………………………………… 342
　　　　　　1　承認手続きと労働者概念（343）
　　　　　　2　第四の要素（346）
　　　第4款　まとめ ……………………………………………………… 351
　　　　　　1　概念間の相違についての認識（351）
　　　　　　2　契約の成立と労働者概念（352）
　　　　　　3　契約外規範ないし関係性の存在（353）

第4節 小　　括 ……………………………………………………… 353
第1款 契約外規範ないし契約外的関係性に関する理論展開 ………… 354
1 学説における契約外規範ないし契約外的関係性（354）
2 理論的・現実的困難性（354）
第2款 契約外規範ないし関係性の存在と労務提供契約の役割 ……… 355

第7章 総　　括 …………………………………………………………… 357
第1節 判断の二段階と全体像 ………………………………………… 357
第2節 契約の成立——契約法の領域 ………………………………… 359
第1款 約　　因 ……………………………………………………… 359
1 「労働分野における契約」と約因（359）
2 具体的内容（360）
3 拘束性の程度（360）
4 契約の性質との関係（360）
第2款 契約意思 ……………………………………………………… 361
1 位置づけと内容（361）
2 契約意思と約因の関係（362）
第3節 契約の性質——労働法の領域 ………………………………… 362
第1款 雇用契約 ……………………………………………………… 363
1 判例によって特定される契約の性質（363）
2 現実の雇用・就業形態のあり方に呼応する契約の性質（363）
3 まとめ（363）
第2款 労働者の契約 ………………………………………………… 363
1 制定法により特定される契約の性質（364）
2 契約の性質の内容と制定法の定義（364）
第3款 従属性の位置づけ …………………………………………… 364
第4節 契約解釈作業 …………………………………………………… 364
第1款 契約解釈作業の二段階 ……………………………………… 365
第2款 契約の操作と認定される権利義務の内容 ………………… 365
第3款 当事者・解釈者・契約類型の意義 ………………………… 366
1 契約に関する操作と当事者・制定法間の利害対立（366）
2 当事者の役割（367）

　　　　3　契約類型の意義（368）
　　　　4　解釈者の役割（368）
　　第4款　合意を基礎とした法規範の結合としての労務提供契約の成立 … 368
　第5節　契約外規範ないし契約外的関係性 ……………………………… 369
　　第1款　契約を超える発想 …………………………………………………… 370
　　第2款　前提としての契約の存在と契約外規範ないし契約外的関係性 … 370

第2部　日本における労働契約成立の法構造 …… 373

第1章　労働契約の成立の法構造 ……………………………… 374
　第1節　労働契約の成立と合意と法 ……………………………………… 374
　　第1款　労働契約の成立の客観的内容と主観的内容 …………………… 374
　　　　1　判断の二段階からの示唆（374）
　　　　2　客観的内容と主観的内容（375）
　　第2款　労働契約の成立と契約法と労働法 ……………………………… 377
　　　　1　四つの可能性（377）
　　　　2　二重構造としての労働契約の成立（378）
　　第3款　契約の成立形態と合意による労働契約の成立 ………………… 382
　　　　1　申込みと承諾型と練り上げ型（382）
　　　　2　労働契約の成立形態（384）
　　　　3　合意による契約の成立（386）
　第2節　労働契約の成立の構成要素 ……………………………………… 389
　　第1款　労働契約の成立の内容構成 ……………………………………… 389
　　　　1　2つに分かれる当事者意思の内容（390）
　　　　2　合意の対象（394）
　　　　3　合意の熟度（398）
　　第2款　労働契約の性質の内容構成 ……………………………………… 401
　　　　1　契約の性質の客観的内容と主観的内容（401）
　　　　2　契約の性質の客観的内容（403）
　　　　3　客観的内容の可変性（413）
　　第3款　小括——労契法6条と労働契約の成立の客観的内容 ………… 416

　　　　　　1　成立の要素と性質の要素（416）
　　　　　　2　各要素の具体的内容（417）
　　　　　　3　要素と法の結びつきの詳細（419）
　　第3節　主観的内容と契約解釈 ……………………………………… 421
　　　第1款　合意の漸進的形成と合意ないし労働契約の構造 ………… 422
　　　　　　1　契約解釈の考察の二側面（422）
　　　　　　2　契約の成立形態と合意（422）
　　　　　　3　合意の漸進的形成（423）
　　　第2款　契約解釈の仕組み ………………………………………… 425
　　　　　　1　契約の成立と契約の性質（425）
　　　　　　2　契約解釈の基準時と具体的方法（425）
　　　　　　3　当事者意思の取扱い（429）
　　　第3款　合意の構造と契約解釈における基準の識別 …………… 432
　　　　　　1　回顧的契約解釈と契約の自由（432）
　　　　　　2　合意の構造と要素の識別（433）

第2章　労働契約の成立の法構造からの新たな視角 ……… 437
　　第1節　成立への視角 ……………………………………………… 437
　　　第1款　合意の対象 ………………………………………………… 437
　　　　　　1　合意の対象の内容（438）
　　　　　　2　確定性（438）
　　　第2款　合意の熟度 ………………………………………………… 440
　　　　　　1　採用内定（440）
　　　　　　2　黙示の労働契約（443）
　　　　　　3　継続的な契約を締結するか否かの意思（445）
　　　　　　4　次契約についての契約関係に入る意思（452）
　　第2節　内容への視角──課題と展望 …………………………… 455
　　　第1款　労働契約の成立における合意と合意外規範の接合 …… 456
　　　　　　1　労働契約の成立における接合（456）
　　　　　　2　合意と合意外規範の固有の価値（458）
　　　第2款　合意の意義 ………………………………………………… 460
　　　　　　1　契約の性質に基づく理論の弊害（460）

2　労働契約の成立の合意と要素（462）
第3款　合意外規範の意義 …………………………………………… 468
第4款　契約を超えて ………………………………………………… 468

事項索引

主要判例索引

序　章

第1節　問題の所在

第1款　問われる合意の位置づけ

1　契約関係をめぐる合意の位置づけ

　契約は，その成立も内容も，合意に基づくものと理解される（契約自由の原則）。現行の民法にそのことを直接定める規定はないが，契約は当事者による申込みと承諾に基づく意思の合致により成立する。また，当事者の合意の内容が当事者の契約の内容となる。このように，契約の成立と内容の構成，どちらの場面でも，契約当事者の法的関係において中核的な役割を担うのは当事者の合意のはずである。

　ところが，実際には，契約当事者の法的関係は，当事者間の合意のみをその内容とするものとはなっていない。当事者の法律関係の内容は，合意により形成される契約とそれを取り囲む様々な法規範によって具体化され規律されている[1]。消費者契約に基づく法的関係などが好例であり，契約当事者間の法的関係は，当事者の用いる約款，民法，消費者契約法などにより内容を補充されたり修正されたりする。

　このように，当事者の合意によって成立し合意が基本とされているはずの契約関係の内容構成は，実際にはそれを基盤としつつも契約当事者の当事者意思や合意に直接還元しえない法規範が重要な役割を担っている。

　労働契約に関しては，戦後，末弘厳太郎が，「勞働契約の具體的内容〔は〕，一人一人の勞働者の意思に關係なく一般的に決まつている」[2]，「附従契約としての勞働契約の内容は，考え方によつては一種の身分契約であるとも云え

1　星野英一「現代における契約」星野英一『民法論集（3）』（有斐閣，1972）1頁。
2　末弘厳太郎『労働法のはなし』（一洋社，1948）48頁。

る。即ち勞働契約を締結した勞働者は，その雇い主の所で働く者としての身分を獲得するのである。この點，勞働契約と婚姻の契約とはよく似ている」[3]と表現した。現在，これほどまで直接的に労働契約の当事者の関係が，当事者意思を離れた身分的なものを内容とする法的関係と表現されることは学説においてはほとんどないといってよい。しかし，労働契約の当事者の法的関係の内容が，当事者の自由に形成した合意のみによって決定されないということは現代でも共通する。労働契約の当事者の法的関係は，当事者意思や合意に直接的に還元できない労働協約や就業規則，労働契約法や労働基準法など，その他関連する様々な法規範に基づく規律を受け取り，それらをその内容としている[4]。こうして，労働立法が充実してきたこともあって，労働をめぐる法の領域には多種多様な法規範が林立するようになり，当事者の合意自体はそれらの法規範の陰に隠れ存在感を薄めてきた。

2 労働契約における合意とそれをめぐる事態の変化

ところが，21世紀に入り，以下に述べる二つの動きが生じ，契約関係の内容構成に関する事態は変化する。この結果，労働をめぐる法領域におけるその位置づけは複雑な様相を呈するようになった。

(1) 合意原則の強調

そのような事態を惹起しているのが，一つには，2008年3月に施行された労働契約法（以下，「労契法」）である。同法は，合意の原則を骨子とする。このような立法による原則の明示と強調を受けて，労働をめぐる法の領域で俄然合意の存在感が増しているように思われる。また，民法の分野でも合意重視の傾向が認められ，近年の債権法改正の議論においても，当事者の合意の重視が改正の一つの基調となっているとされる[5]。民法の修正と位置づけられてきた労働法が，そのような民法の変化により影響を受けるのは必至であり，民法の動向も労働法における合意の意義を一層高めるであろう。これらの動きは，労働をめぐる法の領域で存在感の薄かった当事者の合意に，一

---

[3] 同上48頁。
[4] 中窪裕也「労働契約の意義と構造」『講座21世紀の労働法（4）労働契約』（有斐閣，2000）3頁・8頁。
[5] 松本恒雄「債権法改正論議の経緯と民法学習におけるその意義」法セミ679号2頁（2011）4頁。

第 1 節　問題の所在

挙に光を照射し，同領域においても中心的な役割を果たすことを命じる。

(2)　契約の成立に合意を求めない規範ないし関係性の登場

ところが，一転，合意の原則に反するような制度も労働法の分野において新たに導入されている。すなわち，労契法の改正（平成24年）により，当事者の契約締結に関する意思（使用者の承諾）のみなし制度が導入されている（労契法18条1項）。また，同年に導入された労働者派遣法40条の6は，派遣先が法所定の違法な行為を行った場合，一定の場合を除いて，派遣労働者との間の直接の労働契約に関する当事者意思（使用者の申込み）をみなすものとしている。これらは，契約の成立という契約自由が最大限尊重されるべきと解される局面において，契約を成立させる当事者意思ないし合意の存在をみなすという制度であり，実質的に契約の成立を強制するものと評価される[6]。このように，本来形成されることとなる契約関係にかかわる当事者の合意に選択が委ねられているはずの契約関係の成立の局面で，契約当事者の当事者意思や合意の意義を飛び抜かしてしまうような，その意味で，その意義を否定するような制度の導入が図られているのである。

(3)　改めて問われる合意と契約の意義

このように，労働契約をめぐって，一方では合意の原則が強調され，他方では契約の成立という契約自由によって統括されているはずの局面における合意の意義が修正ないし否定される，という状況にある。契約の自由が契約の成立や内容において基底的な役割を果たすということが契約の自由ないし私的自治から導かれることに変化がないとしても，従来から続いてきた必ずしも当事者の合意によらない契約関係の内容の構成，そして，現在における合意の原則に対する一見相矛盾するように思われる状況の変化，これらを総合して，どのように合意の原則，そして，契約の自由と結びつけ，労働法の体系を維持することが可能であろうか。そして，実際にも，我々は具体的な紛争解決に向けて法を適用していく際に，多かれ少なかれ次のような趣旨の困難な問に直面することになろう。すなわち，労働をめぐる法あるいは合意そのものを解釈する際に，合意をより重視すべきか，あるいは，それから距離を置くべきなのか，という問いである。ただ，この問いに対して，反射的

6　この点に関する議論状況につき，鎌田耕一「労働法における契約締結の強制」山田省三ほか編『労働法法理論変革への模索（毛塚勝利先生古稀記念）』（信山社，2015）521頁。

にYesあるいはNoと答えることも実際には難しい。思うに，1で述べたように労働契約関係は，多種多様な労働契約をめぐる法規範に囲まれているが，伝統的に合意のプレゼンスは元々低く，そのような法規範が林立する中での合意自体の意義の把握が必ずしも十分に進んでいない。そのため，そもそも，解釈すべき，あるいは，重視すべき「合意」とは何なのかということが自明ではない。

そこで，本書は，労働法における合意の意義の探求に当たり，次の課題を問うてみようとするのである。すなわち，労働をめぐる法における合意とは何なのか，という課題である。もう少し言葉を足すならば，労働をめぐる法から見たときの当事者間の合意の意義とは何なのか，という合意と労働をめぐる法との相互関係の解明という課題ということができよう。

こうして，合意の位置づけがめまぐるしく変わり合意をめぐる議論の噴出が予知される今，労働をめぐる法の領域で，当事者の合意とは何を意味し，それが労働をめぐる法とどのような関係を有するかということの解明が重要な課題として意識されることになる。

第2款　二つの課題

本書は，労働をめぐる法の領域での合意の意義は，より具体的には，まず，労働契約の当事者間の法的関係の成立における合意の意義，として考察されるべきであるという点を出発点とする。そして，その中でも，最も原初的な研究対象が労働契約の成立の局面なのである。というのも，労働法の成り立ちが契約自由の修正にあることは言うまでもないが，いずれにせよそのような修正の最初の契機が現れ，また，修正すべき対象を形成するのが労働契約の成立という法的事象だからである。このように，本研究は，労働契約の成立が原則として労働者と使用者間の法的な関係の端緒であると解されることから，労働契約の成立という法的事象を形成する合意の意義こそが，労働をめぐる法における合意の意義を探求するための，最初かつ最小限の考察対象と捉える。

とはいえ，最小限であるように思われるこの課題も，さらに二つに分けられる。一つは，そもそも当事者の関係を設定する[7]労働契約を形成する合意とはいったい何なのか，という課題である。そしてもう一つは，先に述べた

多種多様な法規範が林立する中で，労働契約を生成せしめた合意が，労働契約の展開，終了の各局面においていかなる意義を有するのか，という課題である。これらは，「労働契約の成立」という法的事実の生成における合意の意義と契約の展開以降の過程における成立時の合意の意義という課題として言い直すことができる。

そして，前者の課題は，「労働契約の成立」自体の構成を問うものである。具体的には，前者の課題は，「労働契約の成立」が当事者の合意を中心としつつどのような要素によって構成されることになるのかという構成要素を問うものである。他方，後者の課題は，「労働契約の成立」という法的事実が含むそれらの構成要素と，採用内定から解雇に至る各個別の問題について用意された法令や法理との結びつきを問うものであり，問題領域は労働法全体に及ぶ。

第3款　本書の課題

1　本書の課題

前款において述べたとおり，労働契約当事者の法的関係における合意の意義を問うとき，「労働契約の成立」の合意に関する二つの課題が浮かび上がる。そして，後者の課題は前者の課題を終えることを前提としている。そこで，本書は，労働契約当事者の法的関係における合意の意義という課題の最小限として，「労働契約の成立」自体が，合意を基礎としつつ，いかなる要素から成り，また，合意がどのように労働契約をめぐる法規範と結びつく契機を有するのかを「労働契約成立の法構造」として解明する。

2　従来の方法論との対立

ところで，従来，労働契約の成立については，採用内定，試用，黙示の労働契約の成立など，それぞれの問題領域で，具体的な労使間の紛争を前提として，あるいは，各紛争が生じた時代状況を背景としながら，紛争解決のための法理が判例により示されてきた。これに対して，本研究は，これらの問題領域を統一的に「労働契約の成立」として捉え，そこでの合意の意義を問

7　前注（4）中窪論文8頁。

うことになる。この本書の作業は，労働契約の成立に対する視点を具体的なものから抽象的あるいは一般的なものへと転換する面があり，従来の方法と異なるという意味で一定の規範的な主張を含むものである。とりわけ，従来の具体的な状況の中で示されてきた法理の中には，採用内定に関する法理のように「労働者保護」の観点を含んでいるものがある（後述）。そうだとすると，本研究のように統一的に労働契約の成立を捉えるということ自体の意義が示されねばならない。そこで，本研究は，本章において，従来の方法にいかなる問題点が存在し，また，「労働契約の成立」という課題を従来とは異なって統一的に議論することにいかなる意義があるのかを示す。

3 用 語

ここで，本格的な検討に入る前に，本書は「合意外規範」と「契約外規範」，そして「契約外的関係性」という用語を用いるため，最初に定義しておきたい。

(1) 合意外規範

第1節第1款1において述べたとおり，労働契約の当事者の法的関係は，当事者の合意のみでは説明できない。そして，本研究の課題は，まさに合意とそのように合意では説明できないような関係性を構築する合意以外の法規範との関係を明らかにするものである。したがって，その解明にあたっては，合意とそれ以外の法規範とを分けて考え，名称を付与することが便宜である。そこで，必ずしも当事者の合意に還元することのできない合意以外の法規範を，本書では，「合意外規範」と称することにする。もちろん，何が合意内で外かということも一つの問題となるが[8]，ここでは，ひとまず，労働契約の成立にかかわる当事者の具体的な意思作用に直接帰属させられないものを「合意外規範」とする[9]。この合意外規範には，具体的には，就業規則，労働協約，労働基準法，労働契約法，労働組合法などの各種の法規範が入る。

(2) 契約外規範と契約外的関係性

本書では，「契約外規範」と「契約外的関係性」という用語も用いる。すでに触れたように，現在では，労働法の中に，従来ノーマルなものとして考えられてきた合意による契約の成立ではなくて，それを超えて関係当事者間

---

8 山本敬三「契約の拘束力と契約責任論の展開」ジュリ1318号87頁（2006）参照。

に法的関係性を見出す視点が存在している可能性がある。そのような視点とそれに関する労働契約の成立をめぐる合意の意義も，本研究における考察対象である。そこで，契約関係にない当事者間に契約関係にある当事者間の当該契約関係と一定程度類似した法的関係性をもたらす法規範を，「契約外規範」と称し，そのような契約外規範が基礎となって構築する関係性を「契約外的関係性」と称する。

4　本章の構成

以下，まず，第2節で従来の議論の中では「労働契約の成立」が分析対象として十分に把握されていないこと，そして第3節と第4節とで従来の論じ方に起因して生じている諸問題を指摘する。そして，第5節で労働契約の成立の法構造の解明が当事者の合意と労働をめぐる法との関係の新たな展開のためにも必要とされていることに言及する。そして，第6節において，第5節までにおいて明らかにした労働契約の成立の理論に関する問題状況を総括し，そこから本書の課題を特定し，考察の対象，順序を示す。

なお，本書では，労働契約の成立がより直接的に問題になる個別的労働関係法における労働契約の成立を議論の中心とする。

第2節　分析対象としての労働契約の成立

第1款では，まず，個別的労働関係法分野における「労働契約の成立」についての議論状況を確認し，労働契約の成立が問題となるはずの局面で実はそれが十分には分析の対象となってこなかったことを示す。ここで具体的に

9　なお，土田道夫「労働契約法の意義と課題―合意原則と労働契約規制のあり方を中心に―」日本労働法学会誌115号3頁・6頁でも「合意外在的規範」という文言が用いられているが，同教授の言われる「合意」の範疇について，本研究は理解を共有していない。同教授は，合意の中に「就業規則の拘束力（労契〔法〕7条・10条）によって契約内容となった条項」（7頁）を入れている。しかし，加藤雅信「民法改正と労働法制」季労229号16頁（2010），26頁が「就業規則の拘束力は，当事者が反対の意思を表明していても存在する以上，契約法理の範囲外で基礎づけられるよりほかはない」としていることなどからも，本研究は，そのような就業規則の拘束力を「合意」と一般的に捉えることは適切でないと考える。つまり，合意外規範の内と外の範囲が本研究と土田とでは本質的に異なる。

取り上げるのは，採用内定，黙示の労働契約の成立，「労働者」性（労基法9条，労契法2条1号[10]）の判断に関する，裁判例と学説である。なお，「労働者」性の問題を「労働契約の成立」の問題として論ずることには異論もあろうが，その点については，「労働者」性の問題を取り扱う箇所で本書の理解についても述べることにする。

第1款　採用内定

1　労働者保護の観点と多様性の捨象

日本で，労働契約の成立の問題として捉えられている一つの主要な場面として，採用内定の場面が挙げられる。この採用内定についての法的性質に関する議論は，本稿が問題視する労働契約の成立の問題領域の定型的把握とその処理の典型例を示している。

採用内定の法的性質は，昭和30年代後半以降学説により活発に議論され，現在では，採用内定＝解約権留保付労働契約の成立，内定取消＝解雇権濫用法理の適用という一連の処理（法的構成）が，一般的なものとして理解されている。しかし，このような法的構成が定着した一方で，労働契約の成立それ自体は分析対象としての存在感を次第に失っていった。以下では，その点を明らかにするために，学説と裁判例がどのように現在の法的構成に収束していったのかを概観する。

採用内定については，判例よりも学説が先に展開し，学説では，当初，内定から本採用までの一連の手続全体を労働契約締結過程とみる契約過程説[11]，採用内定を労働契約の予約とみる予約説が提示されていた[12]。これらの説に対して，その後，内定自体の持つ拘束性や他の構成を取ることの複雑性[13]，

10　労基法9条の「労働者」と労契法2条1号の「労働者」の関係の理解において学説上議論があることが認められる（西谷敏『労働法〔第2版〕』〔日本評論社，2013〕47頁）。本研究は，各法律により労働者概念の広狭が変わってくることは認めるが，ここでは，当事者の合意と合意外規範との関係という観点から考察するため両者を区別せず，「労働契約の成立」が問題となる場面として一括して扱うものとする。

11　有泉亨『労働基準法』（有斐閣，1964）94頁以下。

12　後藤清「採用内定者の法的地位」季労53号138頁（1964）。

13　宮島尚史「採用取消」季労59号144頁（1966）・147頁以下参照。

第2節 分析対象としての労働契約の成立

あるいは，労働者保護の観点[14]から，採用内定によって労働契約が成立するという労働契約成立説が唱えられた。

ただ，そもそも採用過程は多様であり，あるときには採用内定が予約である場合もあるし，あるときには契約締結過程の一行為にすぎない場合もありうる。そのため，上記の諸学説は，必ずしも相互に排他的とはいえず，学説もそのことを認めていた[15]。

にもかかわらず，学説は，採用内定により解約権留保付労働契約が成立するという労働契約成立説へと収束していく。そして，その収束の過程の中で，新規学卒者の場合の採用内定のもつ労働者にとっての実際上の重要性やそのような採用過程の普遍性のためか，学説全体としては採用過程の多様性を一定程度捨象してしまった[16]。たとえば，当初予約説を主張されたとされる後藤清は，採用内定の拘束性の観点から採用内定の法的性質を考えている点では一貫しており[17]，その点では労働契約の成立とは何かという観点から労働契約の成立そのものを考察していた。しかし，「今日では企業と採用内定者との間の労働契約の成立をみとむべき場合の方がむしろ多いのではないか」[18]として，当時における採用内定についての「事情」[19]に根拠を得て，採用内定＝労働契約の成立という法的構成を主流として是認している。ここでは，採用内定の法的性質の問題が考えられる際に，労働契約の成立自体の要件という観点よりは，採用内定をめぐる「実態」との整合性の方が強く意識されていたように思われる。

このようにして，すでに労働契約の成立に関する「問題の定型的把握・処理」[20]として批判されるように，採用内定＝労働契約の成立という法的構成

---

14 西川美数「採用内定，試用期間」季労77号116頁（1970）・118頁，浅井清信「採用内定と試用をめぐる法律問題」龍谷法学3巻3・4号257頁（1971），毛塚勝利「採用内定・試用期間」『現代労働法講座第10巻労働契約・就業規則』（総合労働研究所，1982）84頁・86頁。

15 後藤清「採用内定についての再論」51頁・59頁，荒木誠之「採用内定・試用期間」『労働基準法』季労別冊1号（総合労働研究所，1977）52頁，外尾健一「採用内定の法理」28頁，前注（14）西川論文117頁等。

16 後注（23）も参照。

17 前注（12）論文，前注（15）論文。

18 前注（15）後藤論文60頁。

19 同前61頁。

が定着した一方で，労働契約の成立自体の分析は重視されなくなっていった。こうして，労働契約の成立という分析対象の存在感は薄れていった[21]。

2　問題の定型的把握・処理の確立

裁判例について見ると，採用内定に関するリーディングケースである最高裁判決（最二小判昭54・7・20民集33巻5号582頁）は，大日本印刷事件で，採用内定の制度の実態の多様性を認め，個別の事案の「採用内定の事実関係」に即して法的性質を検討するとしつつも，結論としては新規学卒者の採用内定を，労働者の応募たる労働契約の申込みに対する承諾，と判断した。このように，最高裁においても，採用内定＝労働契約の成立，内定取消＝解雇権濫用法理の適用という法的構成がとられ，この法的構成による「問題の定型的把握・処理」が定着していった。たしかに，上記のような「問題の定型的把握・処理」は，終身雇用を前提とした新規学卒者の採用内定が一般的であったという社会的事実のために，その紛争処理手法としての効率性と労働者保護という観点から評価できる面も大きかったといえよう[22]。しかし，この「問題の定型的把握・処理」は，学説の状況と同様，多様な採用内定の形態を捨象し，労働契約の成立自体がいかなる内容を有するものであり，採用内定の場面で労働契約の成立のいかなる点が問題となっているのかということを，正面から議論する必要性をかなりの程度縮減させるという効果をもたらしたと考えられる[23]。

そして，むしろこのような「問題の定型的把握・処理」の確立が，反面で，内々定の法的構成の固定化ももたらし，その帰結として労働者保護に反する結果を招来している場合が存する可能性がある（たとえば，採用内定予定日の直前で内々定が取り消されたコーセーアールイー（第2）事件・福岡地判平22・

20　水町勇一郎「労働契約の成立過程と法」日本労働法学会編『講座21世紀の労働法（4）労働契約』（有斐閣，2000）41頁・50頁。
21　前注（15）荒木誠之論文，前注（14）毛塚論文も参照。
22　前注（20）水町論文54頁も参照。
23　たとえば，前注（15）外尾論文32-33頁では，「労働条件についての明示がなかったことは，労基法一五条ないしは職安法一八条違反の問題をせしめるとしても，労働条件についての明示がなかったから労働契約は成立しないとはいえない」と述べるのみで，労働契約の成立における内容の具体性・確定性の議論にはあまり関心を払っていない。

6・2労判1008号5頁など)。なぜならば，そのような処理の確立が，採用内定の時点における労働契約の成立を当事者の法的関係の考察の前提とすることに繋がり，内定以前の段階における労働契約の成立の可能性を排除してしまうからである。これに対し，近時の裁判例の中には，前掲大日本印刷事件最高裁判決に依拠しつつも，既存の法理が採用内定時点としてきた10月1日以降よりかなり以前の段階において採用内定（労働契約の成立）を認定していると理解できるものも存在する（アイガー事件東京地判平24・12・6労経速2175号3頁）。そのような既存の法理と実質的に異なる帰結を柔軟に示す点で，同判決は10月1日以前の労働契約の成立の法的構成の現実的可能性を示唆している。同事件の法的構成（10月1日以前における労働契約の成立）を同事件限りでの単発的な法的構成として収束させるよりは，「労働契約の成立」の分析とそれに基づく柔軟な見直しが必要とされていると解される。

第2款　黙示の労働契約の成立と労働契約の成立

次に，黙示の労働契約の成立の議論をみる。

1　分析対象としての曖昧性

判例では，黙示の労働契約の成否は以下のような判断基準によって判断されている。すなわち，安田病院事件の高裁判決（大阪高判平10・2・18労判744号63頁）は，「労働契約が存在するというためには，両者の意思の合致が必要であるとしても，労働契約の本質を使用者が労働者を指揮命令し，監督することにあると解する以上，……当該労務供給形態の具体的実態を把握して，両者間に事実上の使用従属関係があるかどうか，この使用従属関係から両者間に客観的に推認される黙示の意思の合致があるかどうか」という基準によって，黙示の労働契約の成否を判断する（同事件の最高裁判決〔最三小判平10・9・8労判745号7頁〕も高裁判決を是認している）。ここでは，意思の合致という契約の成立の判断が，労働契約の本質とされる使用従属関係の存否の判断となっている。このような黙示の労働契約の成否のための判断基準の設定が裁判例では一般的だが[24]，周知のとおり，使用従属関係の存否という概念は，労働者性（労基法9条，労契法2条1号）の判断基準であって，契約一般に要求される合意ないし意思の合致の有無を問う基準ではない。このよ

うに，黙示の労働契約の成否は，合意ないし意思の合致の有無で判断されると認識されながら，実際には，労働法に特有の概念によって処理され，前述の採用内定の場合と同様に，労働契約の成立自体は直接的に分析対象となっていない。労働契約の成立とはいかなる内容についての意思の合致であり，その内容に照らして，黙示の労働契約の成立が問題になる場合には何についての要素の有無が問題となっているのか，正面から議論されていない。

2 学説における契約解釈の曖昧な位置づけ

学説でも，黙示の労働契約の成立については長く議論されてきた[25]。しかし，この黙示の労働契約の成否に関する契約解釈の位置づけ，ひいては「労働契約の成立」の位置づけについての共通理解は達成されているとは言い難い。たとえば，それは，松下プラズマディスプレイ（パスコ）事件大阪高判平20・4・25労判960号5頁についての学説の議論に現れている。

同判決は，会社Aが，雇用契約を締結した労働者Xを，業務委託契約を締結したYの下で働かせていた事案において，XとYとの間の黙示の労働契約の成立を認めたものであった。同判決は，1における判例法理に倣って労働者と委託元の間に黙示の労働契約の成立が認められると判断した。同判決の黙示の労働契約の成否についての判断は，学説によっても疑問が付されていたところ[26]，結局，最高裁[27]によって破棄された。しかし，学説の中には高裁判決を受けて以下のように「黙示の労働契約」論を展開するものがあった。

毛塚勝利は，同判決において，業務委託契約を違法とする評価が，意思解釈作業にどのように論理的に連結しているのかが不明であるとして[28]，「他社の労働力を利用する三者間法律関係における『黙示の労働契約』論とは，

---

24 JR西日本（大誠電機工業）事件大阪高判平15・1・28労判869号76頁，マイスタッフ（一橋出版）事件東京高判平18・6・29労判921号5頁，ソフトウェア興業（蒲田ソフトウエア）事件東京地判平23・5・12労判1032号5頁等。

25 萬井隆令『労働契約締結の法理』（有斐閣，1997）239頁以下参照。

26 島田陽一・土田道夫「ディアローグ労働判例この1年の争点」日本労働研究雑誌604号2頁（2010）・30頁以下。

27 最二小判平21・12・18労判993号5頁。

28 毛塚勝利「偽装請負・違法派遣と受入企業の雇用責任」労判966号5頁（2008）・6頁。

契約形式を離れて受入先の雇用責任を確定する作業であり，規範的契約解釈の問題であ〔る〕。とすれば，違法な労働者供給契約を利用していることが，黙示の労働契約の成否判断に反映される道筋が示されねばならない」[29]とし，その道筋をたどるための具体的手法を提示している[30]。

この学説については，黙示の労働契約の成否の判断を「規範的解釈」として賛成するものもあるが[31]，たとえば，中山慈夫により，「黙示の意思表示の意味と事実認定上の限界についての考え方」(「意思表示論」)から，「規範的解釈は意思表示理論からすれば当事者のなす表示行為の意味の解釈という限界を超えている」と，批判されている[32]。

見解の是非をここで論ずることはしないが，ここでの学説の対立は，「労働契約の成立」のための裁判官の契約解釈を，合意（意思表示）の領域に止めるか，あるいは，合意外規範（違法性や雇用責任）も考慮して捉えるか，という点を基本的な対立点とするといえよう[33]。

このように，黙示の労働契約の成否をめぐる契約解釈の意義についても争いがある。つまり，契約解釈をより純粋な意味での意思表示ないし合意の解釈とするのか，あるいは，当事者の合意を超えた合意外規範をも含めた形での解釈とするのか，という点から争いが生じており，それはあたかもどちら

---

29 前注（28）毛塚論文8頁。
30 毛塚は，「広義の労働者供給契約で第三者労働力を受入れる者は，……第三者労働力（他社労働者）の適正利用義務を，労働者に対して信義則上負っている」とされ，労務供給契約が無効となる場合の黙示の労働契約の成立の判断に際して，「当該契約が有効なときに成立する法的事実」（例としては，派遣元等の労働者に対する賃金の支払い等の使用者としての行為の存在が挙げられている）を成立を妨げる主張・抗弁することが信義則上認められなくなるとする（前注（28）毛塚論文）。
31 有田謙司「個別的労働関係における使用者―サガテレビ事件」労働判例百選〔第8版〕7頁（2009）。また，勝俣啓文「違法派遣における派遣先の雇用責任の範囲と課題」労判997号5頁（2010）も，職安法や派遣法に違反する労務供給形態が認められる場合に，その違法状態を「前提とした法的評価として，黙示の労働契約の成否の判断を行うべき」（12頁）とされる。また，豊川義明「違法な労務供給関係における供給先と労働者との黙示の労働契約の成否―規範的解釈の妥当性―」甲南法学50巻4号225頁（2010）も毛塚の理論を支持する（259頁）。
32 中山慈夫「偽装請負と黙示の労働契約―松下プラズマディスプレー事件高裁判決を契機として」山口浩一郎・菅野和夫・中嶋士元也・渡辺岳編安西愈先生古希記念論文集『経営と労働法務の理論と実務』（中央経済社，2009）37頁。

の立場を取るのかという選択の問題のように見受けられる。他方で，議論はそもそも労働契約の成立とは何なのか，黙示の労働契約の成立で問題となっている要素とは何なのか，という議論には向かっていかないのである。

第3款 「労働者」性判断

　次に，「労働者」性判断における労働契約の成立の位置づけについて分析する。これまでわが国では，「労働者」性の判断は労働契約の成立の問題と結びつけて考えられてこなかった[34]。にもかかわらず，本書が，ここで「労働者」性判断を取り上げることには疑問が付されよう。しかしながら，「労働者」性判断と労働契約の成立についての理論は以下のように考えると密接に関係するはずであり，そのように理解されてこなかったこと自体，以下で詳細に示すようにわが国における労働契約の成立の分析対象としての認識の不十分性を示すものであると考える。

　まず，労働契約が「労働法体系の基底をなしている」[35]以上，契約の存在をもたらす意思の合致ないし合意の問題も，労働法の適用決定（「労働者」性の判断）と密接な関係にあることはすぐに了解されるはずである。また，労働契約の成否の問題は，「労働」契約という性質を有する契約の成否の問題であるから，裁判例で労働法の適用決定の判断が労働契約性の有無によって判断される場合があることも想起すると[36]，労働契約の成立の問題が労働法という法の適用決定の問題に関係しているとわかる。このように，労働契約

33　前注（31）豊川論文で提示された規範的意思解釈論について，土田道夫は，「契約解釈というカテゴリーでとらえる限り，直接雇用原則といった価値判断を含めて解釈を行うことは妥当か，とりわけ，契約の成否という，一方では契約締結の自由の原則が存在する場面で，そうした解釈方法を採用することは妥当か」として疑問を付し，「労働契約の成否に関する解釈については，そういった規範的要素を組み込むことには賛成できない」とする（島田陽一も賛成している）（島田陽一・土田道夫「ディアローグ労働判例この1年の争点」日本労働研究雑誌604号2頁〔2010〕・35頁）。

34　教科書類では，労働法の当事者の問題と労働契約（関係）の成立とが別々の箇所で説明されるのが一般的である。

35　前注（10）西谷書12頁。

36　たとえば，ジャパンネットワークサービス事件東京地判平14・11・11労判843号27頁，NHK西東京営業センター事件東京高判平15・8・27労判868号75頁など。

の成立の問題と「労働者」性判断との問題には何らかのつながりがあるはずである。そして，いったんそのような結びつきを許容して問題領域を見直してみると，以下のように，ここでもやはり労働契約の成立の分析対象としての認識の不十分性，それに起因する分析の不完全性に気づかれるのである。

1　複雑な合意の仕組みと労働契約の成立

　先述のとおり「労働者」性の判断の中で，問題となっている事柄が労働契約の成立問題として取り上げられることはほとんどない。しかし，近年の裁判例をみると，民法分野では「契約の成立」のレベルで捉えられている問題が，「労働者」性の判断の中に埋もれてしまっていると考えられる例が存在する。ここで取り上げるのは，二段階の合意形態ないし契約の仕組みがとられて「労働者」性が争われた裁判例である。

(1)　二段階の合意ないし契約の仕組み

　新国立劇場運営財団事件は，財団Yの主催するオペラ公演に，一年ごとの出演基本契約を繰り返し締結して出演していたXが，次年度の出演基本契約についてYが締結を拒絶したために，当該更新拒絶が，労基法18条の2と労組法7条1号に違反しており無効として労働契約上の権利を有する地位にあることの確認を求めていた事案であった。上記出演基本契約では，当該契約をYと締結する契約メンバーの年間出演予定のオペラ公演一覧が付され，稽古への遅刻・早退・欠席の場合の報酬の減額などが定められていた。ただ，同基本契約においては，公演ごとに個別契約が締結されると予定されていた。そして，XとYとは，実際に公演ごとに個別契約を締結していた。

　労働者性を否定した東京地裁判決（東京地判平18・3・30労判918号55頁）に続いて，東京高裁（東京高判平19・5・16労判944号52頁）は，この事件で，以下のように判示し法の適用を否定した。すなわち，出演基本契約の締結に当たって，X・Yそれぞれに個別の公演出演への期待を有していたことが推認されるが，「それはあくまでも事実上のものにとどまり，Yからの個別の出演申込みに対して，契約メンバーは……諾否の自由を有していた。」そして，「出演基本契約を締結しただけでは，XはいまだYに対して出演公演一覧のオペラに出演する義務を負うものではなく，また，オペラ出演の報酬を請求する具体的な権利も生じないものであるから，その余の点を判断するまでもなく，本件でXとYとの間に労働基準法，労働組合法が適用される前提

となる労働契約関係が成立しているとはいえない。」

　この事件で特徴的なのは，出演基本契約と個別契約という二段階の合意ないし契約の仕組みであるが，高裁判決は，上記のように出演基本契約だけでは，「労働契約関係が成立」していないとした。

(2) 諾否の自由と労働契約の成立

　従来，労働者性の判断は，「諾否の自由」の要素も含めた総合判断であると理解されてきた。そして，新国立劇場運営財団事件の地裁判決でも，「諾否の自由」も含めた使用従属関係の存否に関わる様々な要素が検討されていた。しかしながら，高裁判決は，労働者性判断の要素としては「諾否の自由」の要素のみを検討し，労基法の前提となる「労働契約関係が成立」していないとした。

　なぜこのように「諾否の自由」が重視されたのであろうか。ここで，契約の成立に関する手掛かりを求めて民法の議論を参照してみたい。そうすると，高裁判決の言う「諾否の自由」とは，端的に，契約の成否に関する「締約の自由」のことではないか，と思い当たる。すなわち，出演基本契約は，契約と称されてはいるが，個別の公演の出演を義務づけるものではなく，Xは依然として締約の自由を有したままであって，裁判所が，このような状況においては，具体的な権利義務を生じさせる法的な意味での契約の成立を認めることはできないと評価した，とも考えられるのである[37]。こうして考えてみると，高裁判決の言及する「諾否の自由」は，労働法上の「労働者」性の判断に固有の考慮点であるというよりも，むしろ契約法上の「契約の成立」の問題として捉えられるべき可能性がある。

　このことを裏づけるように，高裁判決は，同事件において，出演基本契約を，「継続的に売買取引をする場合において，売買の基本となる支払い条件等をあらかじめ定めておく『基本契約』のようなもの」と評価していた。民

---

[37] 労働法以外の分野でも，契約の成立が争われ「諾否の自由」の存在が問題とされた事案として，大阪地判平15・7・30金融・商事判例1181号36頁を参照。そこで使われている「諾否」とは，明らかに，契約を成立させる申込みと承諾に関して使われている。また，契約の成立に関連して，「諾否の自由」に言及するものとして，平井宜雄『債権各論』(弘文堂，2008) 146頁。小俣勝治「合唱団所属のオペラ歌手に関する労働者性判断」労旬1663号63頁 (2008)・64頁もそのように「諾否の自由」を契約の自由と理解している。

法の分野では，基本契約や個別契約の用語は定着しており[38]，それらの契約は，契約の成立や契約の構造といった契約一般に関わる観点から分析されている[39]。このように民法の理論から見れば，上記の事件において論じられている問題が，労働法分野に留まらないより普遍的な問題，すなわち，契約の成立一般に関わる問題であることの確信が高まる。

先述のとおり，理論的には，契約当事者と労働法が結びつけられる労働法という法の適用決定の場面でも，労働契約の成立という事実は何らかの意義を有するはずである。したがって，労働法の適用決定の場面でも，契約の成立に関する民法の議論が関係してくる可能性がある。しかし，上記のとおり，民法の観点から問題とすべきように思われる論点は，労働法に特有の使用従属関係の存否の中で捉えられている。こうして，労働者性の判断の中で，契約の成否に関する論点は十分に論じられてきたのか，むしろ，論点の存在自体が労働法特有の言葉に覆われて曖昧なまま打ち消されてきたのではないか，との疑念が湧くのである。

2 学説における労働契約の成立の位置づけ

学説では，概して，労働法の適用決定における「労働契約」の意義とそれに関連した当事者意思の取扱いが議論されることはあっても，「労働契約の成立」が直接的に議論されることはほとんどなかったといってよい。すなわち，「労働契約」の定義（従属概念の意義）についての理論が華々しく展開され，労働法の適用決定にその定義の内容が組み込まれていったことは確認できるが[40]，労働法という法の適用決定の場面において，そこでの労働契約の成立の位置づけや，労働契約を成立させる合意とは何かという「労働契約の成立」の内容が論点になってきたと認めるのは困難である。

---

38 橋本恭宏「長期間契約の法構造序説―基本契約と個別契約による契約関係―」明治大学短期大学紀要42号1頁（1988），同「現代型長期間契約の一断面―基本契約・個別契約の意義と両者の関係を中心として」法律論叢67巻4・5・6号339頁（1995）。

39 野澤正充「有償契約における代金額の決定―契約の枠とその具体化―（1）・（2）」立教法学50号186頁・51号1頁（1999），中田裕康『継続的取引の研究』（有斐閣，2000）32頁以下。

40 林迪廣「労働法の基礎概念―労働の従属性をめぐる問題―」『社会法綜説（上）』（1959，有斐閣）75頁・79頁以下，山本吉人「『外務員』の労働法上の地位」労旬45号76頁（1962），片岡曻「映画俳優は『労働者』か」季刊労働法57号156頁（1965）等。

このことは、「労働契約論」についてみたときにも確信される。戦後の労働契約論の一つの「方法的淵源」となる見解を示したとされる[41]末弘厳太郎の見解では、労働契約の成立に「企業における労働者たる地位の取得」[42]という意義が認められる一方で、労働法の適用決定は、問題の労務提供者が「労働者」（労基法9条）であるかによって決されるとされ、「労働契約の成立」について全く触れられるところはない[43]。すなわち、労働契約の概念規定により雇用契約等の民法上の契約に対する労働契約の独自性が主張され、かつ、労働契約の意義が企業における労働者としての地位設定の意義に極小化された。他方で、労働法という法の適用決定場面で「労働契約の成立」それ自体に関する理論がいかなる意義を有しているのか、そして、労働契約を成立させる当事者の合意とは何かということは関心を払われることはなかった。

　その後の労働契約論の展開により、この末弘の労働契約理論には批判が投げかけられたが[44]、その批判の背後にある問題関心は、労働法の適用決定における労働契約（当事者の合意）の意義というよりは、労働契約の展開・終了場面における当事者間の権利義務の具体的内容における労働契約の意義の探求に向かっていた[45]。

　たしかに、さらなる労働契約論の展開（労働契約論争における労働契約理論の「具体的な問題への適用」[46]）の中で、いわゆる同一説の論者たる下井隆史により、労働法の適用決定における労働契約（従属労働）概念の役割が議論された[47]。その中で、下井は、労働法の適用決定における「労働契約」の意

41　石田眞「労働契約論」籾井常喜編『戦後労働法学説史』（労働旬報社、1996）615頁・618頁。

42　前注（2）末弘書188頁。

43　前注（2）末弘書183頁以下。

44　蓼沼謙一「労働関係と雇用契約・労働契約」『蓼沼謙一著作集第V巻労働保護法論』〔初出は1955年〕、労働契約論全体については前注（41）石田論文、労働契約論をめぐる論争の内容については、前注（25）萬井書5頁以下参照。

45　このような権利義務の具体的内容への関心は、「労働契約を以て従業員たる地位取得の契約とする説は、労働契約の……特殊性を根拠に、使用者の就業規則による・労働条件の一方的決定を、使用者に固有の法律上の権利にまで高めようとしている」（前注（44）蓼沼論文30頁）との批判に現れている。

46　前注（41）石田論文635頁。

義を論じている。しかし，下井は，むしろ，「『労働の従属性』の存在が認められることは，雇傭ないし労働契約関係としての性格ないし側面を多かれ少なかれ有していることを示すから，それは労働法の適用対象たりうるという可能性一般を示す」とし，法の適用決定においては，その一般的可能性を前提として，問題となる労働法の「個々の制度・理論の具体的な趣旨・目的等との関連からの判断が下され，それに具体的・実質的な根拠説明が付せられるべき」[48]とした。このように問題の視点として加えられたのは，労働法の「個々の制度・理論の具体的な趣旨・目的」であり，やはり当事者意思それ自体ではなくそれを客観的に評価する基準の充実に向かっていった。そのため，議論は，法適用決定における主観的な側面，すなわち，「労働契約の成立」や労働契約を成立させる当事者意思ないし合意からさらに離れてしまった。

このように，いわゆる同一説や峻別説の論争の中でも，労働法の適用決定が，「労働契約」概念の存在意義や内容（従属労働）あるいは労働法の各種「制度・理論の具体的な趣旨・目的」といった点から判断されるべきことが主張されるに止まった。そして，当事者のいかなる意思ないし合意によって労働契約が成立することになるのか，たとえば民法で「契約の成立」について要求されるとされる確定性[49]につき，労働契約に関しては，当事者が何についてどの程度合意すればその充足が認められるのか，といった当事者の側面（合意ないし契約の形成）に関する理論構築は，十分に顧みられてこなかったと解される。

もっとも，近年では，労働法の適用決定における当事者意思の取扱いが活発に言及されている。しかしながら，それらの議論でも，労働法による保護必要性[50]や労働契約の性質[51]といった労働法体系が示す客観的な価値や基準との関係で当事者意思が議論されている。

そして，現在の教科書類を見ても，労働法の適用決定における「労働契約の成立」の位置づけ，すなわち，労働契約を成立させる合意についてはほと

---

47 下井隆史「雇傭・請負・委任と労働契約」『労働契約法の理論』（1985，有斐閣）23頁〔初出は1971年〕。

48 前注（47）下井論文56頁。

49 中田裕康・加藤幸雄「契約締結の交渉から成立まで」鎌田薫ほか編著『民事法Ⅲ債権各論〔第2版〕』（日本評論社，2010）1頁・2頁。

んど言及されていないと言わざるをえず，法の適用決定については「労働者」性の判断手法が示されるに止まる[52]。

50　柳屋孝安『現代労働法と労働者概念』(信山社, 2005) 347頁以下。このほか，前注(47) 下井論文61頁。柳屋の見解に対しては，川口美貴「労働者概念の再構成」季労209号133頁 (2005) や大内伸哉「従属労働者と自営労働者の均衡を求めて」中島士元也先生還暦記念論集慣行委員会編『労働関係法の現代的展開—中嶋士元也還暦記念論集』(信山社, 2004) 46頁によって異論が唱えられたり当事者意思を考慮する別の手法が提示されたりしているが，そこにおける議論は，労働法の適用範囲と当事者意思との関係が議論されているものであり，「労働契約の成立」の観点からの議論ではない。

51　鎌田耕一「雇傭・請負・委任と労働契約」横井芳弘・篠原敏雄・辻村昌昭編『市民社会の変容と労働法』(信山社, 2005) 151頁。鎌田は，民法の雇用契約と労働法上の労働契約の特質を区別し，労働契約の特質は，「労働者保護の規範適用がある」，つまり，「労働契約が保護規範によって支えられた法律関係を設定する契約であるという特質こそが，当事者が労働契約を選択する場合の本質的要素である」とする。そして，「当事者が労働契約という契約形式を選択する場合，就業者が意図していることは，『労働者として労務を供給すること』である」とし，「『労働者として労務を供給する』ことの意味は本質的に労働者という概念によって規定される。ところが，労働者性は当事者の意思を顧慮せずに客観的に判断される。ここから，当事者の意図と法的性質の乖離が生ずる」とする。また，「労基法その他の法規がその適用対象を客観的に確定することは，当該法規の保護範囲をどのような人に及ぼすかという法的評価の問題である。ここでは，たしかに，当事者意思は重要ではない。しかし，当事者の合意をいかなる契約形式の下に組み入れるかは，法的に別な事柄である」とするのである。しかし，まず，「労働者」性の判断が，鎌田の述べるように，客観的なものだけで構成されていると言い切れるのか，という点に疑問がもたれる。すなわち，「労働者」性の判断には二つの側面があり，一つは，当事者による労働法適用の排除の可能性も含め，労働法がどのような者を「労働者」としているのか，という客観的な側面と，もう一つは，その「労働者」の基準に従って，当事者によって形成された法的関係がいかなるものかが裁判官により判断される，当事者が関わるという意味で主観的な側面とがあると解される。後者の側面では，実際には，当事者がどのような法的関係を形成していたのかが検討される。「労働者」性の判断は以上の二つの判断に依拠するものであると解されるが，そうであるとすれば「労働者」性判断は，主観的な材料（事実）に基づく客観的な判断の帰結に他ならず，当事者意思を顧慮しているものと解することができる。そうすると，「労働者」性判断と労働契約についての性質決定の判断の実質にいかなる差異があるのか，見出し難いように思われる。そして，仮に「労働者」性判断の内に主観的側面を認めないとすれば，鎌田の見解において，「労働者」性の判断における「労働契約の成立」の位置づけやその具体的内容が議論されているかというと否定的に解さざるを得ない。したがって，鎌田の議論においても，本稿の意味する「労働契約の成立」の議論が展開されているとは評価できない。

以上からわかるように、労働法の適用決定（「労働者」性の判断）における「労働契約の成立」の位置づけは、とりわけ、契約を成立させる当事者意思ないし合意という観点からは、判例・学説において未だ十分に議論されているとは言い難い。

第4款　まとめ

本節では、「労働契約の成立」が問題となる各問題領域における議論状況を確認してきた。まず、採用内定については、採用内定＝解約権留保付労働契約の成立、解約権行使＝解雇権濫用法理の適用、という「問題の定型的把握・処理」が幅を利かせていた。しかし、他方で、「労働契約の成立」が問題であるという認識は薄れそれ自体の理論化は顧みられなくなっていった。黙示の労働契約の成立についても、同様に、労働法特有の言葉で労働契約の成否の問題が処理されていた。さらに、「労働者」性の判断についても、判例・学説ともに、「契約の成立」という観点からの考察が十分にされておらず、その意味で、「労働契約の成立」は曖昧な形で議論されていた。

このように、個別的労働関係法の分野において、「労働契約の成立」が議論されるべき個別の問題領域において、「労働契約の成立」は分析対象として十分に認識されていない。

第3節　労働契約の成立の構成要素

第2節で述べたように、個別的労働関係法においては「労働契約の成立」は真正面から分析対象とされてこなかった。そのため、「労働契約の成立」の理論化は進んでいない。そのことは、当然、「労働契約の成立」の構成要素（認定の基準）についての統一的な理論の未発達に繋がり、「労働契約の成立」の判断基準の不統一性と不透明性という問題を生じさせている。ここ第

52　荒木尚志『労働法〔第2版〕』（有斐閣、2013）55頁以下、前注（10）西谷書41頁以下、中窪裕也・野田進『労働法の世界〔第11版〕』（有斐閣、2015）18頁以下、下井隆史『労働基準法〔第4版〕』（有斐閣、2007）25頁以下、両角道代・森戸英幸・梶川敦子・水町勇一郎『労働法』（有斐閣、2009）15頁、角田邦重・毛塚勝利・脇田滋編『新現代労働法入門〔第4版〕』（法律文化社、2009）18頁以下等。

3節では、「労働契約の成立」の構成要素についての議論状況と問題点を明らかにしていく。

第1款　労契法6条と抽象的な定義

　まず、労働契約の成立について規定する条文を確認する。「労働契約の成立」の認定基準につき、労基法は労働契約についての定義を置いていなかった。しかし、労契法6条は、「労働契約の成立」について、「労働契約は、労働者が使用者に使用されて労働し、使用者がこれに対して賃金を支払うことについて、労働者及び使用者が合意することによって成立する。」と定める。したがって、ここから、特定の主体が一定の内容について合意することを労働契約の成立要件として読み取ることができるといえよう。

　だが、いったん具体的な問題の解決に臨めば、労契法6条の定義だけでは全く不十分なことが了解される。なぜなら、そもそも労契法6条自体、「労働契約の成立」の多様な実態を考慮して、それに対応可能なように抽象的に定められているにすぎないからである[53]。そのため、このような抽象的な基準によっては、より具体的な問題、すなわち、労働契約の成立が争われるとき、具体的に何をもって労契法6条の「合意の要素」と認めるか、それらについてどの程度合意していれば「合意すること」になるのか、といった問題には十分に答えることはできない。これらの点についての具体的な判断基準は、結局、裁判官による、条文の文言と当事者間の合意の解釈に委ねられることになるのである。

　そして、既に第2節で概観したように、学説における「労働契約の成立」に関する分析についての関心の程度は低く、「労働契約の成立」についての究明は放置されてきた。実際に、労契法6条について比較的詳しい解説を見ても、上記のような具体的な問題点を解決する基準が積極的に展開されているとは言い難い[54]。

53　荒木尚志・菅野和夫・山川隆一『詳説労働契約法〔第2版〕』（弘文堂、2014）97頁。

第2款　裁判例における基準の不統一性と不透明性

次に，採用や黙示の労働契約の成立等が争われる裁判例を分析すると，一定の「労働契約の成立」の要素を析出することができる。とはいえ，以下に見るように，それらの要素は理論的に十分に整理されておらず，基準の不統一性と不透明性を否定できない。以下では，それぞれの問題領域ごとに分析を行い，基準の不統一性および不透明性を示す。

1　採　用

まず，採用の場面について分析する。

(1)　新規学卒者の「労働契約の成立」の要素——最終性

新規学卒者の採用内定による「労働契約の成立」に求められてきたのは，主として，問題の採用内定が，それ以外の契約の成立に向けた意思表示を要しない最終的なものであるか（最終性），であった。これは，裁判例において，当事者の意思表示が「確定的」[55]なものであるか，といった形でも争われている。また，この最終性の要素と幾分重複するように思われるが，採用内定通知等により，使用者において採用内定を撤回できないといった，あるいは，労働者において他社への就職の申込みができないといった，採用内定による拘束性も問題となっていた[56]。

その一方で，労働契約の具体的内容の確定性（給料や勤務場所の具体性）については，それほど議論されておらず，また，議論されていても，その確定性の程度が比較的緩やかな場合にも労働契約の成立は認められてきた。たとえば，採用内定＝解約権留保付労働契約の成立，という法的構成を確立させ

54　前注（53）荒木ほか書は，比較的詳しく労働契約の成立の要素について説明しているが，そこでは，契約内容の具体的な合意がなくても労働契約が成立しうることが強調されている一方で，「労働契約の成立」が実際に問題となったときの具体性や確定性についての具体的な議論は展開されていない。これに関して，契約の成立の認定に様々な問題があることについては，たとえば太田知行「契約の成立の認定」鈴木祿彌先生古稀記念『民事法学の新展開』（有斐閣，1993）251頁，前注（49）中田・加藤論文5頁以下参照。

55　電電近畿電通局（中川）事件大阪地判昭46・8・16労民集24間4・5号506頁，桑畑電機事件大阪地決昭51・7・10労判257号48頁。

56　電電近畿電通局（藤村）事件大阪地判昭49・11・1労判213号49頁。

ることになった前掲大日本印刷事件最高裁判決では，会社が，上告理由として，給与や勤務時間，勤務場所等の労働条件の内容が確定していないから採用内定通知によって労働契約が成立したとの原審の判断が誤りである旨主張していたが，一顧だにされていない[57]。

新規学卒者の「労働契約の成立」の場合には，「雇用する意思」と「就労する意思」との合致により労働契約が成立したとする裁判例[58]の表現からもわかるように，判例においては，労働契約の成立のための具体的な内容云々というよりも，問題の会社への労働者の帰属についての両者の意思の合致が主たる関心事であった。

(2) 新規学卒者の場合以外の労働契約の成立

(1)に対して，新規学卒者以外の労働者の場合には，労働契約の内容，とりわけ，報酬の額の具体性が，契約の成否を分ける基準として重視されているようである。

(i) 中途採用と労働契約の成立

たとえば，ユタカ精工事件では，会社の方から労働者に熱心に転職を勧誘し，会社の金融機関との交渉の場に同席させたり（このとき，会社は交渉のために労働者の名刺を作成し労働者に交付している），労働者の方でも従前勤めていた会社に辞意を表明したりしており，両者の当該企業において雇用・就労するという意思は充分に認められたように思われた。しかし，大阪地裁（大阪地判平17・9・9労判906号60頁）は，「企業が新卒者を採用する場合と異なり（新卒者の採用の場合は，就業規則等で給与などの条件が定められていることが通常である。），被告が，原告を採用する場合において，給与の額をいくらにするかは，雇用契約におけるもっとも重要な要素ということができ，本件において，給与についての合意がなされずにいた時点では，原告の雇用契約について合意が成立したとはいえない」と判示している。

他にも，中途採用者の事例で，「雇用契約において最も関心の高い要素の一つである……給与」について「何ら具体性のある金額」が決まっていなかったこと等から労働契約の成立が否定されているものが見られ[59]，他方，具体的な賃金額についての交渉が行われて確定していた場合に，労働契約の

---

57 前掲大日本印刷事件最高裁判決。前掲電電公社近畿電通局（中川）事件判決も参照。
58 森尾電機事件東京高判昭47・3・31労民集23巻2号149頁。
59 オリエントサービス事件大阪地判平9・1・31労経速1639号22頁。

成立が認められているものがある[60]。

(ii) 再雇用と労働契約の成立

また，中途採用者とは若干状況が異なる場合として，高年法（高年齢者等の雇用の安定等に関する法律）9条2項（附則5条1・2項―2011年3月31日終了）に基づく継続雇用制度の下，労働者が再雇用の申込みをして使用者が拒否し，その結果，「労働契約の成立」が問題となる場合がある。

日本ニューホランド（再雇用拒否）事件札幌地判平22・3・30労判1007号26頁では，賃金についての具体的な合意が重視されている。同事件で，札幌地裁は，以下のように判示した上で労働契約の成立を否定した。すなわち，再雇用契約とは，定年「退職した従業員が〔会社〕と新たに締結する雇用契約である。そして，雇用契約において賃金の額は契約の本質的要素であるから，再雇用契約においても当然に賃金の額が定まっていなければならず，賃金の額が定まっていない再雇用契約の成立は法律上考えられない」。この地裁判決は，高裁（同・札幌高判平22・9・30労判1013号160頁（ダ））でも維持されている。

このように，ここでも，契約内容（賃金額の具体性）が問題とされている。

(iii) 二段階の合意の仕組みと確定性・拘束性

次に，「労働者」性の判断の場面についても見てみよう。第2節第3款1でもみたように，「労働者」性が争われる場面でも，「労働契約の成立」が問題となっていると考えられる場合が存在する。そこで問題となっていたのは，二段階の合意ないし契約の仕組み（基本合意と個別合意）である。では，この複雑な二段階の合意ないし契約の仕組みにおいて問題となっているのは，「労働契約の成立」の何の要素であったのか。それについては，既に紹介した新国立劇場運営財団事件東京高裁判決の中に一定程度示されている（第2節第3款1(1)）。そこでは，基本契約の拘束性，そして，基本契約により形成される賃金額等についての具体的な法的権利義務の存在が問題とされていた。

では，ここでの拘束性や法的権利義務の存在という要求は，1(1)の新規学卒者の採用の箇所でみた，確定性や拘束性と同じ要素なのか。このように要素の異同を試みに考えてみた場合，合意ないし契約の仕組みが1(1)の場合と

---

60 インターネット総合研究所事件東京地判平20・6・27労判971号46頁。

は異なっており，それらをすぐに同一視することはできない。そもそも，1 (1)の採用の「労働契約の成立」の法的構成の背後には，終身雇用を前提とした新規学卒者の採用内定に対する法的保護という特別な配慮があったように思われる[61]。そうすると，採用内定に関する法的構成を労働契約の成立の理論として，二段階の合意形態についてもそのまま適用可能することには違和感を覚える。

(3) 基準の不統一性と不透明性

以上のとおり，「労働契約の成立」についての基準の不統一性が指摘できる。たしかに，新規学卒者の採用内定の場合，そこでの採用内定は終身雇用を前提とし，労働契約の具体的内容よりはむしろ当該会社に入社するということについての最終性ないし確定性に焦点があてられていたともいえ，そのように理解すれば，中途採用者と新規学卒者についての判例の傾向は不統一ということにはならないといいうる。しかし，中途採用者についても，転職先の会社側からの勧誘があったり労働者が新会社への入社に備えて事前に従前勤めていた会社を辞職したりするという事情がある。そうすると，たとえば，中途採用の労働者の実際の入社までに重ねられる当事者間の合意に対する期待や拘束性はかなり強いといえよう。このように考えると，なぜ二つの場合で判断傾向あるいは判断基準の内容が異なるのか，疑問とせざるをえない。この意味で，判断基準が不統一である。

同様に，二段階の合意ないし契約の仕組みにおいて問題とされていた拘束性等の要素を，これまでの採用内定による労働契約の成否の際に問題とされていた最終性ないし確定性等の要素と同定するには，従来の採用内定の法的構成が前提としてきた事情を考えると，困難を指摘せざるをえない。

このように考えると，裁判例については，労働契約の成立が問題となる各事案あるいは場面の状況を前提として，労働契約の成立の判断基準を打ち立てている印象が拭えない。

---

61 労働契約の成立の判例における労働法的な配慮の存在が顕著なものとして，新規学卒者に典型的なものとして展開されてきた採用内定法理があげられる。同法理により，採用内定時点で賃金額などの契約内容の確定性が認められなくても契約の成立が認められてきており（前掲大日本印刷事件最高裁判決）、ここには「採用取消から内定者の法的地位を保護する」（八州事件東京高判昭58・12・19労判421号33頁）という労働者保護の観点がある。

また，基準の不透明性も指摘できる。それは主に三つの意味で指摘できる。第一に，要素の選択という点で不透明である。「労働契約の成立」について最終性と内容の確定性の要素が存在するようであるが，それぞれの要素がどのような場合に問題となるのか，なぜ裁判官により当該要素が判断基準として選択されたのかということが不透明である。第二に，労働契約の成否が，裁判官が，契約解釈の領域で，当事者により形成された事実を，客観的に評価して決定するものと解されるところ[62]，この点に関し不透明性が存在する。そのような判断過程の中で，最終性の要素の裁判官による客観的判断は，当事者間で労働契約の具体的内容がどこまで煮詰まっていたのか，ということの判断によらざるをえないように思われるため，究極的には，最終性の要素と内容の確定性の要素の相互関係が問題となると思われるが，その点が不透明である。第三に，要素自体が充たされる基準も明確になっていない。

2　黙示の労働契約の成立

次に，黙示の「労働契約の成立」についてもその判断要素は必ずしも統一的とはいえない。というのも，以下にみるように，判断枠組みのレベルでのばらつきが存在し，また，そのような全体的な不明確性もあって個別の事案で考慮されている要素がいかなる理由から判断要素となっているのかを整理することが難しいからである。

(1)　判断枠組みの多様性

判例は，大別，三つの類型に分けることができる。

(i)　意思重視型

一つ目の類型は，問題をより純粋に当事者意思ないし合意の問題として捉えていると評価できるものである。

派遣労働者と派遣先との間の黙示の労働契約の成立について判断した伊予銀行・いよぎんスタッフサービス事件高松高判平18・5・18労判921号33頁は，一般論として「派遣労働者と派遣先との間に黙示の雇用契約が成立したといえるためには，単に両者の間に事実上の使用従属関係があるというだけではなく，諸般の事情に照らして，派遣労働者が派遣先の指揮命令のもとに

---

[62] 大日本印刷事件大阪高判昭51・10・4民集33巻5号619頁，滝澤孝臣「契約の解釈と裁判所の機能（上）」NBL746号46頁（2002）を参照。

派遣先に労務を供給する意思を有し、これに関し、派遣先がその対価として派遣労働者に賃金を支払う意思が推認され、社会通念上、両者間で雇用契約を締結する意思表示の合致があったと評価できるに足りる特段の事情」が必要とした。具体的には、労働者が派遣元・派遣先どちらとの雇用であると認識していたか、そして、派遣先における労働者に対する就労の対価としての賃金の支払いないしその意思を推認させる事実があったか、を問題としていた。

この判決は、一般論において、使用従属関係それ自体ではなく、「意思」の有無を問題としている点に特徴がある。そして、具体的考慮要素のレベルにおいても当事者の「意思」ないし「認識」が問題とされている。以上のように、この判決においては、黙示の労働契約の成立の推認は、より当事者意思を重視するものとなっている。

(ii) 実態重視型

これに対して、当事者間の使用従属関係という関係の実態から当事者意思を推認し、その意味で、当事者意思というよりは関係の実態を重視しているように解されるものもみられる。

安田病院事件大阪高裁判決（大阪高判平10・2・18労判744号63頁）は、「使用者と労働者との間に個別的な労働契約が存在するというためには、両者の意思の合致が必要であるとしても、労働契約の本質を使用者が労働者を指揮命令し、監督することにあると解する以上、……当該労務供給形態の具体的実態を把握して、両者間に事実上の使用従属関係があるかどうか、この使用従属関係から両者間に客観的に推認される黙示の意思の合致があるかどうかにより決まる」とする。そして、この判決は、結局、Yの指揮、命令及び監督の下にXはY経営の病院に労務を提供し、同病院がこれを受領していたと評価できるから、「Yとの間に実質的な使用従属関係が存在していたものということができ、又、客観的に推認されるXとYの意思は、労働契約の〔申込み〕と承諾をしていたものと解するのが相当」である、と結論している（最三小判平10・9・8労判745号7頁により肯認）。

この判決は、(i)で紹介した判決のように当事者の意思や認識に焦点を当てるというよりも（「意思の合致が必要であるとしても」と意思の問題をひとまず措いている）、実態（使用従属関係）に焦点を当てそこから意思の存在を肯定しようとしている[63]。

(iii) 法との適合性を加味する類型

さらに，職安法違反や派遣法違反の評価と使用従属関係の有無または当事者意思の評価とを合わせて黙示の労働契約の成立を認めるものがみられる。

たとえば，近畿放送事件では，京都地裁（京都地決昭51・5・10労判252号16頁）は，請負人と注文者の間の請負契約を職安法44条に違反し無効と評価し，「これに加え」てとして，使用従属関係の存在や労務提供に対する報酬支払いの実態から，注文者における請負契約の「外装」の「認識」があったとして，黙示の雇用契約の成立を認めている。ここでは，職安法違反の評価と当事者意思ないし使用従属関係の有無の評価とが判断の要素となっている。

また，日本データ・ビジネス解雇事件でも，大阪地裁（大阪地決昭51・6・17労判256号47頁）は，黙示の労働契約の成立が認められるには，「単に事実上の使用従属関係が存在するというだけでなく，経験則ないし一般社会通念上，一方労働者の側では注文者を自らの使用者と認め，その指揮・命令に従って労務を供給する意思を有し，他方注文者の側ではその労務に対する報酬として直接当該労働者に対し賃金を支払う意思を有するものと推認するに足るだけの事情が存在する」必要があるのであって，「したがつて，たとえば請負人の存在が職業安定法44条を故意に潜脱するための偽装的なもので，まったく名目的なものにすぎない」等の事情がなければ認められないとする。この判決は，上の近畿放送事件決定よりも誰に労務を提供するかあるいは報酬を支払うのかについての明確な当事者意思を判断の基準とする一方で，職安法に対する違法性を当事者意思の判断において加味するようである。

最近でも，結局，最高裁（最二小判平21・12・18労判993号5頁）によって覆されたが，松下プラズマディスプレイ（パスコ）事件の大阪高裁判決（大阪高判平20・4・25労判960号5頁）が同様の判断を示した。同判決は，職安法や派遣法との適合性の判断から，労働者と業務委託先，業務委託先と委託元との各契約を，職安法（44条）や労基法（6条），公序（民法90条）により無効とし，「無効である……各契約にもかかわらず継続した〔労働者〕・〔委託元〕間の……実体関係を法的に根拠づけ得るのは，両者の使用従属関係，

---

63 他に同様の判例と解されるものとして，新甲南鋼材業事件神戸地判昭47・8・1労判161号30頁，青森放送事件青森地判昭53・2・14労判292号24頁，ナブテス（ナブコ西神工場）事件神戸地裁明石支判平17・7・22労判901号21頁，マイスタッフ（一橋出版）事件東京高判平18・6・29労判921号5頁。

賃金支払関係，労務提供関係等の関係から客観的に推認される」両当事者間の労働契約のほかないとして，黙示の労働契約の成立を認めた。この判決は，直接，派遣法や職安法違反を当事者意思の判断基準としたわけではないが，「無効である……各契約にもかかわらず」という表現からもわかるように違法性の判断を梃子に，元々存在した各契約から認められるはずの当事者意思の意義を排斥し，関係の実態（使用従属関係等の事実）に判断の焦点を持っていく。その意味で，違法性の評価と使用従属関係等の有無の評価の合わせ技で黙示の労働契約の成立を判断するものである[64]。

　このように，この類型では，違法性の評価と使用従属関係の存否ないし当事者意思の評価とが組み合わされて黙示の労働契約の成否の判断がなされている。

(iv)　様々な考慮要素

　以上の判断枠組みのバラツキからわかるように，黙示の労働契約の成否の判断は，①意思を重視するか実態を重視するかという対立軸だけでなく，②合意外規範（労働立法）との適合性という観点を入れるか否かという対立軸も含み，複雑な様相を呈する。こうして，合意の認定のあり方や労働契約の成立の判断における合意外規範の意義が確立していないために，判断基準を確定することが困難な状況にある。

　もっとも，このような裁判例についての分析は，裁判例においていかなる要素が重視されているか，という裁判例を評価する者の視点によっても変わってくるであろう。たとえば，使用従属関係の存否という実態を重視したものであると裁判例を評価しても，それは他の者からみれば当事者意思を重視しているのだ，という評価につながるかもしれない。

64　土田道夫・島田陽一「ディアローグ労働判例この1年の争点」日本労働研究雑誌580号2頁（2008）・32頁も，労働者と委託先の間の労働契約を無効とした高裁の判断を「おそらく，被告会社と黙示の労働契約を認めるための前段階の判断」（土田道夫発言）とする。また，野田進「松下PDP事件・大阪高裁判決が展開する三つの『雇用契約』」労旬1682号20頁（2008）でも，高裁判決が，「黙示の労働契約の成立を認めた原因は，何よりも」労働者と委託先との間の「関係を無効と判断した点にある」，その無効判断により，黙示の労働契約の成立の「説得力を高める」ことができるからであると指摘されている（22頁）。三者間の契約の違法性について判断した後，派遣労働者と派遣先との間の黙示の労働契約の成立を認めた最近の例として，マツダ防府工場事件山口地判平25・3・13労判1070号6頁。

しかし，たとえそうであるとしても，少なくとも②についての対立軸は残り（第2節第2款2で指摘したとおり学説でも争点となっている），この場面での「労働契約の成立」の問題が，意思レベルの問題なのか合意外規範のレベルにも既に突っ込んだ問題なのか，理論的に解明される必要がある。また，①についても，理論的なレベルで，黙示の労働契約の成立の場面において，契約の成立の認定に求められる基準が意思か実態か（あるいは意思とは何か）はある程度特定できるはずの事柄であろう。しかし，判例からそれを特定するのはかなり困難であるように思われる。

また，より具体的に裁判例において考慮されている要素を見ると，裁判例における黙示の「労働契約の成立」の要素（基準）としては，とりわけ，①募集・採用における派遣先・注文者・業務委託元（以下，「派遣先等」）の関与や主体性の有無・程度，②派遣先等の賃金の決定・支払主体性の有無・程度，③派遣元・請負業者・業務委託先における労働者の労働時間や休日等の労務管理や配置転換・懲戒・解雇等の権限の有無・程度，が共通的に見られる要素である[65]。また，④派遣元等と派遣先等との人的関係や経営関係の独立性の有無[66]，⑤請負等の場合の注文者・委託元における労働者の実際の就労に対する指揮命令・監督の有無・程度[67]，なども比較的よく挙げられる。

たしかに，このようにより共通的に挙げられる要素があることは認められる。しかし，共通して認められる要素は，使用従属関係の存否に関連する要素とどのように区別されるのか明確ではない[68]。そのため，当事者の「意思の合致」という判例で確認されている判断の目的との関係でどのように整理すればよいのかは，依然として不透明である。

---

65 パナソニックプラズマディスプレイ（パスコ）事件最二小判平21・12・18労判993号5頁，前掲マイスタッフ（一橋出版）事件東京高裁判決，前掲伊予銀行・いよぎんスタッフサービス事件高松高裁判決，前掲ナブテスコ（ナブコ西神工場）事件神戸地裁明石支部判決，JR西日本（大誠電機工業）事件大阪高判平15・1・28労判869号76頁等。

66 前掲マイスタッフ（一橋出版）事件東京高裁判決，前掲ナブテスコ（ナブコ西神工場）事件神戸地裁明石支部判決，前掲JR西日本（大誠電機工業）事件判決等。

67 前掲JR西日本（大誠電機工業）事件判決，前掲ナブテスコ（ナブコ西神工場）事件判決。

68 土田道夫『労働法概説』（弘文堂，2008）29頁では，このような要素が「＋αの事情」として表現されている。

以上のとおり，判断枠組みの点でもばらつきが生じており，黙示の労働契約の成否の判断基準は明確さを欠いている。そして，具体的な考慮要素を見ても，どの要素がいかなる根拠に基づきどの程度黙示の労働契約の成立の判断において重視されるべきか，要素の多様性も加わって，不透明なままとなっている。むしろ，個別の事案ごとに，当該事案の事情に応じた黙示の労働契約の成立の判断基準が立てられているに過ぎないという感が否めない。

3 まとめ

以上みてきたとおり，裁判例の分析から，「労働契約の成立」について，一定程度の要素を抽出することができた一方で，そこには様々な問題が存在した。

第一に，採用の場面では，新規学卒者の場合にはあまり問題とされなかった契約内容の具体性・確定性が，新規学卒者以外の採用の場合には要求されており，その要素の不統一性と不透明性が存在した。

第二に，黙示の労働契約の成立についても，そもそもその判断の判断枠組みのレベルでぶれが生じており，かつ，内容についての具体的要素もかなり多様であった。そして，各要素がいかなる根拠をもって選択されたのかは，裁判例からは必ずしも明確ではなかった。そこでの理論展開は，「労働契約の成立」についての理論からの演繹によるものというよりは，各個別事案における一応の基準の設定と問題の処理のレベルにとどまっていたという感が否めない。

以上のように，「労働契約の成立」の要素について，不統一性や不透明性の問題がみられた。

これらの問題の解決のためには，これまでの分析からもわかるように，問題領域ごとに裁判例で認められている各要素を帰納的に分析して対応するのには限界がある。言い換えると，問題の解消のためには，「労働契約の成立」とは何か，ということを統一的に理論化した上で，そこから演繹的に要素を具体化し，個別の裁判例を批判的に検討することが必要である。

第4節　紛争解決における合意と合意外規範の意義

ここでは，第2節で述べたように分析対象としての認識が確立していない

「労働契約の成立」に代わって，「問題の定型的把握・処理」が労働契約の成立の理論の果たすべき機能を代替し，そのために二つの問題を生じさせていることを示す。

第1款　当事者意思・合意の意義の没却

　第2節でみたように「労働契約の成立」は分析対象として十分に確立しておらず，各問題領域においてその位置づけは曖昧なものとなっていた。そして，それは結果として，具体的な問題の解決の際に，紛争処理の結果に反映されるべき当事者意思・合意の意義の曖昧化ないし否定につながっている。以下では，中途採用者の採用内定についての紛争処理を例としてこの点を明らかにする。

　まず，例として，インフォミックス事件では，中途採用労働者の内定取消の有効性が争われ，東京地裁（東京地決平9・10・31労判726号37頁）は，当事者間に解約権留保付労働契約の成立を認め，留保解約権の行使に対して整理解雇法理を適用した。この事件では，会社Yの側から職種を特定して労働者Xに転職を勧誘したところ，Yの経営状況により，Xの実際の就労開始予定日前に，Yが当該職種でXをYで雇うことが不可能になった。そこで，Yは，Xの補償を受けた上での入社辞退ないし他職種での入社（待遇は同じ）をXに提案したが，その後，他職種での入社という提案も撤回し内定を取り消す旨の意思表示をした。

　Yは，労働契約に付された解約留保権の行使に対する整理解雇法理の適用に関し，XがYの提示する他職種への配置転換命令に従わずやむを得ず本件内定取消しに及んだ旨主張した。これに対して，東京地裁は，「採用内定を始期付解約権留保付労働契約と解する以上，Xの就労開始前であっても，Yは人事権に基づきXの職種を変更する権限を有する」が，Yによる職務変更命令自体が認められないとして当該主張を否定した。さらに，東京地裁は，仮に命令が存在したとしても，X・Y間に職種限定の合意は認められないから，Yが職種変更命令を発したことそれ自体は経営上やむを得ない選択であったが，採用内定に至る経緯，当該職種での入社に対する期待，さらにXが従前勤めていた会社に退職届を提出していたことなどを考慮して，本件内定取消が客観的に合理的なものとはいえず，社会通念上相当と認められな

いとした。

　この決定を見ていると、「問題の定型的把握・処理」は、以下の疑問点を生じさせる。第一に、個別の事案における事情にもよるが、中途採用の場合にそもそも留保解約権を認めるべきか、ということである。というのは、中途採用者の場合には、使用者の方から労働者に転職の勧誘が行われたり、労働者が従前勤めていた会社を辞めたりしていて、双方において採用内定から実際の労働者の入社の間の解約はほとんど想定されていない場合も多いことが予測される。両者間で解約権を留保していたならまだしも、そのような合意のない場合にまで（インフォミックス事件東京地裁決定ではそのような合意の認定はされていない）、解約権を「問題の定型的把握・処理」により付与するのは当事者意思に反する。言い換えると、「問題の定型的把握・処理」は、当事者間で合意してもいない解約権を根拠が曖昧なまま生じさせることになる。

　第二に、上記決定に見られるように、職種の限定の合意が軽視されているのではないか、という点も疑問である。上記のインフォミックス事件東京地裁決定では、使用者から労働者に対して、職種を限定して転職を勧誘しているのに、職種限定の合意が認められていない。しかし、たとえば、本件同様中途採用者の実際の入社前の採用の取消が問題となったプロトコーポレーション事件（ただし不法行為に基づく慰謝料請求の可否が争われた事案）では、東京地裁（東京地判平15・6・30労経速1842号13頁）は、「XとYとの間に、Xの最初の配属先を〔特定情報誌〕とする内容の始期付解約権留保付き労働契約が成立した」とした上で、実際の入社前に使用者の人事権ないし配転命令権に基づき配属先変更を命じたにもかかわらず労働者がこれを拒否したことから内定を取り消したので内定取消は違法ではないとの使用者の主張に対し以下のように判示して認めなかった。判決曰く、「配転命令権等があることと合意され労働契約の内容となった最初の配属先を当初から変更することとは別の問題である」。

　個別の事案の事情にもよるが、「労働契約には広範な配置転換命令権が存在する」という漠とした前提とそれを前提とした上での解雇権濫用法理の適用による労働者保護が図られるよりも、合意の認定の仕方を工夫して、当事者意思ないし合意をできるだけ実際の紛争処理に組み込んでいく方が望ましいのではないだろうか。転職労働者の場合、労務内容や賃金額について、よ

り具体的に認識して転職に臨む場合が予想され，実際のところ，そのような認識は当事者間の行動指針として機能する。したがって，当事者の合意を認定できる限り，そのような合意に法的効果を認めれば，使用者だけでなく労働者にとって法的帰結の予測可能性が高まり，労働者の保護にも資する。

　以上のように，第2節でみた「労働契約の成立」の分析対象としての未確立と「問題の定型的把握・処理」の組み合わせは，「労働契約の成立」とは何か，そこでの当事者意思や合意とはいかなるものであったのかといった点についての議論の存在自体を曖昧化し，議論の仕方によって結論を導いてしまうという，看過し難い問題を生じさせている。

第2款　個別の問題領域の隣接と錯綜

　次に，「労働契約の成立」の理論に期待される第1款とは異なる機能が十分に発揮されていない問題について述べる。その機能とは，隣接する個別の問題領域を整理する機能である[69]。たとえば，使用者が労働者と契約締結に向けたやり取りをしていたが結局採用しないあるいは採用を取り消すとした場合に，すでに契約が成立していたかどうかにより，当該労働者が使用者に対して，契約上の責任（解雇権濫用法理の適用）として地位確認を求められるのか，それとも，契約締結過程における信義則上の義務違反による損害賠償請求しか認められないのか[70]，ということが決まる。あるいは，有期契約が何らの更新の手続もなされずに当然のごとく更新されて使用者が雇止めした場合に，関係形成の当初から期間の定めのない労働契約の成立が認められるのか，あるいは，期間の定めのある労働契約の更新にすぎないと評価されるのかによって，解雇権濫用法理が原則として適用されるか否かが決定される[71]。

　したがって，労働法の領域内の法理の適切な配置の基準として，あるいは，

69　前注（49）中田・加藤論文5頁も，「契約の成立とは何かという問題」の探求が，「個々の紛争処理が巨視的にはどのような意味を持つのかを示す鳥瞰図を与えるのではなかろうか」とする。

70　ユタカ精工事件大阪地裁平17・9・9労判906号60頁。

71　日欧産業協力センター事件東京地判平15・10・31労判862号24頁，同事件東京高判平17・1・26労判890号18頁。

問題の交通整理のための基準として,「労働契約の成立」についての統一的な理論が必要とされるのである。しかし,実際には,以下で示すように,「労働契約の成立」からというよりは,むしろ既存の労働法の理論枠組みに引きつけて事案の解決が図られ,隣接する問題領域同士が錯綜するという問題状況が生じている。

1 採用内定取消と期間途中の解雇

第一に,採用内定の内定取消と有期労働契約の中途解約に関する場合が挙げられる。この場面では,本来,労働契約の成否の判断の後に当事者の合意の内容や問題領域ごとに用意された法令・法理によって紛争が処理されるべきである。しかし,実際には,成否の判断と共に「問題の定型的把握・処理」が現れるので,労働契約の成立の問題とそれ以外の問題が適切に区別して把握されていない。その結果,問題領域の錯綜と領域ごとに用意された法理が別の問題領域に流用される危険が生じている。しかもそのような問題の解決は,当事者意思ないし合意から離れた解決になっている。

パソナ（ヨドバシカメラ）事件では,労働者派遣事業等を業とする会社 Y_1 は Y_2 が新店舗を開店することから Y_2 に人材派遣をしたいと考え, Y_2 との間で業務委託契約の締結交渉を進める一方で, Y_2 の新店舗スタッフを確保するための労働者の募集広告を出した。X はこれに応募して面接を受け, Y_1 により契約期間等の労働契約の基本的な労働条件の説明を受けた上で,準内定の通知書を交付された。X は,その後 Y_1 の要請に応じて研修に参加していたが,新店舗の開店前に Y_2 が Y_1 との委託契約をしない旨通告し,これを受けて Y_1 は X に対して Y_2 の店舗における就労が不可能となることを告げ,他の仕事を紹介する旨申し出たところ,X もこれを希望した。その後, Y_1 は仕事を X に紹介したりしていた。このような事情の下,X は,主位的に,X・Y_1 間に労働契約が成立しかつ Y_1 が X を違法に解雇したとし,予備的に, Y_1 が X の就労を確保すべき信義則上の義務に違反したとして,債務不履行または不法行為に基づく損害賠償を求めた。

大阪地裁（大阪地判平16・6・9労判878号20頁）は,まず, Y_1 が2回目の研修までの一連の行為により黙示の承諾を与えたとし,効力発生の始期を入社日とする解約権留保付き労働契約が成立したと認定し,Y の留保解約権の行使の主張に対して,採用内定の取消が社会通念上相当として是認すること

ができるかを判断するとした。

次に，大阪地裁は，「Xは，留保解約権の行使はXの適格性を理由とするものに限られる旨主張する」が「解約権留保の趣旨・目的がそれに限られるか否かは，具体的事情を総合考慮して判断しなければなら」ず，成立した労働契約には勤務地や職種の特約があり，「Y₁が……客観的に労働者を就労させることが不能となった労働契約を存続させる意思を有していたとは到底考えられないからY₁との労働契約においては，このような事態に陥った場合のためにも，Y₁に解約権が留保されていたものと推認するのが合理的である」とし，Y₁の留保解約権の行使を適法かつ有効であるとした。

その一方で，大阪地裁は，YのXに対する契約締結上の信義則に基づく義務違反を認め，YはXに対する不法行為に基づく損害賠償の責を負うとした。

判決はこのように判断したが，そもそも，新卒労働者の採用内定から実際の入社までに相当の期間が空くことを前提として構成されてきた採用内定についての法理が，本件のような契約の成立から入社までにほとんど時間的間隔のない有期労働契約の場合に適用される必要があるのか，が疑問である。また，採用から入社までの期間が短い有期労働契約の場合，使用者側はともかく，労働者側は解約権が留保されていると考えることはほとんどないであろう。にもかかわらず，上記判決は，主に使用者側の意思を特約の存在を媒介として幾分強引に汲み取って，留保解約権を認めかつその幅を広げているのである。このように，同事件のような有期労働契約の場合に，「採用内定」として解約権留保付労働契約の成立を認めることには疑問がある[72]。

これに対して，社団法人キャリアセンター中国事件では，派遣元Yと派遣先との間の派遣契約が解約されたことに起因して派遣有期労働契約を中途解約された労働者Xが，Yに対して当該中途解約が無効であるとして期間満了までの未払賃金等を請求したところ，広島地裁（広島地判平21・11・20労判998号35頁）は，派遣労働契約が締結されたときに，本件のようないわゆる登録型派遣においては，「派遣労働契約において，派遣先の事情による派遣契約解消が派遣労働契約の終了事由となる旨の黙示の合意が成立していたと

---

72 本久洋一「派遣契約の交渉破棄と派遣元・派遣（予定）先の労働者に対する民事責任」法セミ605号129頁（2005）も参照。

解する余地がないではない」が，派遣法の労働条件明示の規定等（26条1項・34条1項）からして，「労働者に明示されず，かつ，労働者に不利」な「労働条件に関する合意の成立の認定は慎重かつ厳格になすべき」とし，結局，終了事由が明示されてもおらずXにおいても中途解約の可能性を明確には認識していなかったとして，終了事由についての合意の成立を認めなかった。そして，有期契約の解約についての「やむを得ない事由」の存在を否定し，労働契約の終了を認めなかったのである。

この社団法人キャリアセンター中国事件では，既に就労が開始されていたことから，当然，採用内定に関する法理は問題とならない。ただ，先のパソナ（ヨドバシカメラ）事件でX・Y間の関係を「採用内定」と構成すること自体疑問であったことから，むしろ，両事件において，問題を，有期労働契約の契約締結以後の解約に関する紛争という視点から見ることも可能であろう。

そして，「採用内定」とみるよりは，有期労働契約の期間途中の解雇とみる方が，当事者意思や労働者保護という観点からは是認されるのである。

第一に，パソナ（ヨドバシカメラ）事件では，労働者Xと委託先Y_1間の契約の解約権の範囲に，Y_1とY_2間の業務委託契約の不成立による契約目的の不能に基づく場合が主に使用者側の意思を汲み取って認められていた。これに対して，社団法人キャリアセンター中国事件広島地裁判決では，解約権があること（解約権を認めてその濫用の有無で処理すること）から出発するのではなく，終了事由についての合意があったか否かを厳格かつ慎重に判断している。したがって，この点では，より当事者意思に忠実であり，さらに，労働者保護にも資する。

第二に，パソナ（ヨドバシカメラ）事件の場合の留保解約権の行使が解雇権濫用法理の基準により適法かどうかが判断されるのに対して，有期労働契約の中途解約には，解雇権濫用法理の場合よりも解約権行使について厳格な[73]「やむを得ない事由」が要求されるはずである。したがって，留保解約権としてよりも有期労働契約の中途解約の問題として処理する方が，その基準の厳格さからいって労働者の保護に資すると思われる。

第三に，結論の相違，すなわち，パソナ（ヨドバシカメラ）事件判決では

---

73 解釈通達「労働契約法の施行について」（平成24年8月10日基発0810第2号・最終改正平成27年3月18日）第5・2（2）イ。

信義則上の義務違反による不法行為に基づく損害賠償が認められたのに対し，社団法人キャリアセンター中国事件判決の場合には期間満了までの未払賃金の支払いが認められている。有期契約の期間の長さにもよるが，有期労働契約の中途解約とする方が，第一，第二の点と合わせて，労働者の契約締結時の約束に対する信頼をより厚く保護するものといえよう。

　以上のとおり，採用から入社までを「採用内定」として括り，「問題の定型的把握・処理」に紛争解決を委ねることが上記の問題点をもたらしている。結局，「労働契約の成立」の位置づけや具体的内容を曖昧なままにし，「問題の定型的把握・処理」に紛争の解決を委ねておくことは，上記の弊害を生じせしめると同時に，当事者意思ないし合意（使用者が主張するような解約権留保の有無の判断）や法規定（労契法17条の「やむを得ない事由」の有無の判断）の機能すべき場面を不当に狭めるという結果を生む。本来，「労働契約の成立」それ自体の問題なのか，それともそれに関連する当事者意思ないし合意の問題なのか，あるいは，法規定の問題なのか，というように，「労働契約の成立」から出発して問題を一つ一つ整理し特定・処理していくべきであるのに，問題が「問題の定型的把握・処理」に一任される中でそれらの論点が埋もれてしまっている。

2　試用と更新

　もう一つの問題領域の隣接と錯綜の例としては，試用と有期労働契約の雇止めの問題領域が挙げられる。

　わが国の労働法では，試用後の本採用拒否については，試用時点での解約権留保付労働契約の成立を認めその解約権行使の適法性を判断するという処理が確立され，他方で，有期労働契約の雇止めについては，期間の定めのない労働契約の成立を認めるのではなく，不更新に対する解雇権濫用法理の類推適用，という法的処理が一般的なものとなっている。

　ところで，労働契約関係については，最初に一定の期間を区切って試用が実施されるのが通例である。では，試用のための有期労働契約が締結され本採用拒否がなされた場合，あるいは，試用のための有期労働契約が幾度か更新された後，本採用拒否されかつ更新もされなかった場合，上記の試用についての法理によって問題を解決すべきなのか，それとも，有期労働契約の雇止めについての法理によって問題を処理すべきなのか。

元々，臨時工との区別は試用についての議論の当初から意識はされていた[74]。しかしながら，以下にみる判例・学説の展開の中で，試用＝解約権留保付期間の定めのない労働契約の成立という定式が定着し，この区別の問題があること自体が意識されなくなった感がある。以下では，試用についての判例，学説についての理論展開を概観し，この問題領域の整理に，期間の定めのない労働契約の成立の認定基準や契約解釈手法の解明が要請されていることを示す。

(1) 試用についての学説・判例

(i) 試用の法的性質は，昭和30年代前半から本格的に問題となっていたところ，三菱樹脂事件で，最高裁（最大判昭48・12・12民集27巻11号1536頁）は，原審（東京高判昭43・6・12民集27巻11号1580頁）が試用の開始段階で解約権留保付労働契約が成立しているとした判断を，同事件における事実の評価に基づき是認し，本採用拒否は「解約権留保の趣旨，目的に照らして，客観的に合理的な理由が存し社会通念上相当として是認されうる場合」にのみ許されるとした。このような試用当初からの解約権留保付労働契約の成立という法的構成は後の裁判例においても踏襲され[75]，三菱樹脂事件最高裁判決は，「長期雇用システム下の通常の試用は解約権留保付労働契約と構成するという判断基準を確立」[76]した。

他方，学説では，試用の法的構成について様々なものが提示された。すなわち，試用を「労働者の職業上の能力を判断することを目的とする一種の無名契約」に基づくものと解する予備契約説[77]，試用期間中に従業員として適格と判断されることを本契約の停止条件とする停止条件説[78]，不適格と判断されることを本契約の解除条件とする解除条件説[79]，さらには特別契約説[80]が提示された。

---

74 外尾健一「試用期間の法理」討論労働法60号1頁（1957），宮島尚史「試用契約をめぐる学説・判例の研究」討論労働法68号9頁（1957）。
75 たとえば，ブラザー工業事件名古屋地判昭59・3・23労判439号64頁。
76 菅野和夫『労働法〔第10版〕』（弘文堂，2012）197頁。
77 前注（74）外尾論文4頁。
78 可能性を認めるものとして花見忠「試用契約の法的性質」季刊労働法24号71頁・75頁（1957）。
79 前注（74）外尾論文。

ただし、学説では、これらの諸説（法的構成）は必ずしも相互に排他的なものではなく、試用の法的性質が個別の事案における契約の取決めのいかんによることは多くの論者によって認められていた[81]。また、上記三菱樹脂事件最高裁判決も、決して試用が設けられれば解約権留保付の期間の定めのない労働契約が成立するとしたわけではなく、あくまで当該個別の事件における事情に基づいて判決の結論に至るものであった。つまり、学説・判例においては、ともに試用の法的性質がどのように評価されるかは個別の事案の事情によることが基本的に認められており、その限りでは、試用の当初から期間の定めのない労働契約が成立していたのか、あるいは、試用に限った有期労働契約が締結されたのか否か、の判断が各事案において求められることは学説・判例により否定はされていなかった、あるいは、問題とされる余地があった。

(ii) しかし、以下にみる神戸弘陵学園事件最高裁判決以降、期間の定めのない労働契約が成立したか否かという判断についての理論的関心は薄れていったようである。そのため、「労働契約の成立」という問題領域の分類基準の存在自体が実質的に否定されることとなり、試用と更新の問題領域を明確に把握することに困難が生じている。

神戸弘陵学園事件では、一審判決（神戸地判昭62・11・5労判506号23頁）、二審判決（大阪高判平元・3・1労判564号21頁）ともに、学園Yの雇用終了通知を無効として教諭としての地位確認を求めた労働者Xの請求に対して、有期労働契約の期間満了により右地位は終了したものと判断した。

これに対して、最高裁（最三小判平2・6・5労判564号7頁）は、以下のように判示した。すなわち、「使用者が労働者を新規に採用するに当たり、その雇用契約に期間を設けた場合において、<u>その設けた趣旨・目的が労働者の適性を評価・判断するためのものであるとき</u>は、右期間の満了により右雇用契約が当然に終了する旨の明確な合意が当事者間に成立しているなどの特

---

80 試用期間を「過去に形成された熟練を評価して採用・不採用を決定するための実験を目的とする期間の定めのある特別の労務供給契約」と定義し、労基法21条但書4号よって解雇に関しては14日をこえたとき期間の定めのない労働契約に移行するとする（山口浩一郎「試用労働契約の法的構成について」社会科学研究18巻1号91頁〔1966〕）。
81 前注（78）花見論文74頁、前注（74）宮島論文15頁、前注（80）山口論文92頁以下、荒木誠之「採用内定・試用期間」『労働基準法』季労別冊1号50頁（1977）。

段の事情が認められる場合を除き，右期間は契約の存続期間ではなく，試用期間であると解するのが相当である。そして，試用期間付雇用契約の法的性質については……，試用期間中の労働者が試用期間のついていない労働者と同じ職場で同じ職務に従事し，使用者の取扱いにも格段変わったところはなく，また，試用期間満了時に再雇用（すなわち本採用）に関する契約書作成の手続が採られていないような場合には，他に特段の事情が認められない限り，これを解約権留保付雇用契約であると解するのが相当である。」

　この最高裁判決の上記判示部分で特に注目されるのは，最高裁判決が，雇用に付された期間の「趣旨・目的」から，「特段の事情」のない限り，当該期間を期間の定めのない労働契約に付された試用期間であると理解する点である。ここでは，期間の「趣旨・目的」から，当該契約が有期・無期，どちらの契約として成立したのかの解答が導かれることになる。そして，労務提供・受領の当初，使用者としては試用の期間を置くのが通例であるから，ほとんどの場合，試用という事実から，期間の定めのない労働契約の締結についての当事者の意思ないし合意が擬制される効果がもたらされることになる[82]。そのため，このような最高裁判決の解釈は「有期契約の利用目的を限定的に解し，試用目的の期間設定であれば，これを原則として労働契約の期間の定めではなく，無期契約における試用期間に読み替えようとする立場のように思われる」[83]と評価されるのである[84]。

　(iii)　後続の裁判例では，研修や試用の期間を長期ないし期間の定めのない契約に付されたものとして解釈する傾向がみられるところ[85]，学説では，このような試用期間の「読み替え」については，評価が分かれている[86]。

　まず，同最高裁判決の「読み替え」を積極的に位置づけて法理として展開

---

[82] 前注（76）菅野書200-201頁，品田充儀「有期雇用契約と試用期間」重判平成2年度200頁・202頁参照，鎌田耕一「契約期間と有期契約―神戸弘陵学園事件」労働判例百選〔第6版〕156頁（1995）。

[83] 前注（52）荒木書450頁。

[84] 学説の多くにおいて，神戸弘陵学園事件最高裁判決の判断が契約解釈の作用の中で行われ，かつ，一定の規範的な判断が介在しているという理解は共有されていると解される（前注（82・83）に上げた諸文献，後注（86・87）の諸文献参照）。

[85] 安田火災海上保険事件福岡地小倉支判平4・1・14労判604号17頁，学校法人聖パウロ学園事件大津地判平7・11・20労判688号37頁，龍澤学館事件盛岡地判平13・2・2労判803号26頁等。

第4節　紛争解決における合意と合意外規範の意義　　43

していこうとする見解が見られる。たとえば，前掲の論文において緒方桂子は，同最高裁判決について，「有期労働契約における雇用期間の有効性を趣旨・目的の観点から制限するという解釈原則を提示したもの」と理解し，「その方向で本件最高裁判決の法理を発展させるべき」とする。緒方は，使用者が試用のための雇用期間を設定し，適正判断に基づきつつ期間満了を理由に労働関係を終了させるという取扱いが，三菱樹脂事件最高裁判決で示された解約権行使の適法性審査，ひいては，解雇権濫用法理等の潜脱となるから，試用目的の期間の定めは，「特段の事情」のない限り，公序に反し無効となるとする。また，緒方は，この問題をむしろ雇止めの問題として処理すべきだとする見解を批判して，雇止めの有効性判断では，法的効果として本採用契約の締結が認められにくく，そのような「法的処理のあり方は，労働者の継続雇用の利益を著しく侵害するものであり，不合理」とする。

他には，「雇用保障の要請から見て合理的な契約解釈」として同最高裁判決の「読み替え」を是認する土田道夫の見解[87]，あるいは，試用のための有期契約の可能性を認めつつも期間の定めのない労働契約が原則であるという考え方から，試用期間の趣旨が同最高裁判決がいうように明確でない場合には，試用の時点で解約権留保付の期間の定めのない労働契約が成立していると解し，試用のための有期契約であることが明確にされている場合にも，本採用拒否について有期契約の更新拒否の場合と同様の法的処理がなされるべきとする西谷敏の見解[88]等[89]がみられる。

以上の見解は，どちらかというと試用目的の有期契約に対する否定的な評価を前提とし神戸弘陵学園事件最高裁判決の解釈手法を積極的に位置づけようとする見解とまとめられる。

86　学説の整理については，緒方桂子「試用を目的とする有期労働契約の期間の性質」『労働法重要判例を読む』（日本評論社，2008）55頁・61頁以下も参照。
87　土田道夫『労働契約法』（有斐閣，2008）200頁。
88　前注（10）西谷書146-147頁。
89　他には，労働契約に付された期間の法的意義が不鮮明である場合に「契約形式から見ると有期契約であることが一応明らかな場合について，それが試用目的である限り試用期間付労働契約（期間の定めのない契約）と見る解釈原則を示したもの」として評価する毛塚勝利「高校教師の期限付採用と解雇―神戸弘陵学園事件」教育判例百選〔第3版〕192頁・193頁や，最高裁判決の判断を積極的に評価する山本吉人「神戸弘陵学園事件最高裁判決」判例評論385号68頁等がみられる。

これに対し，同最高裁判決に対し明確に懐疑の念を示すものが見られる[90]。菅野和夫は，「解約権留保付きの期間の定めのない労働契約」という試用法理は，長期雇用システムの正社員の採用過程を想定しているから，同法理をそのまま有期労働者の労働関係に及ぼすのは「適用類型を異にしている」とし，また，わが国の労働法制に有期契約締結の利用目的についての制限が格別存在しないこと等を指摘して，問題を有期労働契約の雇止めの問題として取扱うべきとする。また，荒木尚志も，有期契約の規制についての不存在等を考慮して，「神戸弘陵学園事件判決は，試用目的の期間の定めは当然に無期契約の試用期間と解すべきという趣旨ではなく」当事者の合意の状況も加味しつつその趣旨を限定的に理解されるべきものとする。

　そして，同最高裁判決の解釈の仕方に懐疑的であるという点では菅野らの見解と共通するが，以上の諸見解とはまた異なって，試用の法的構成自体に見直しを迫る見解も現れている。下井隆史は，本来的な試用制度について，試用「期間中は本採用後の労働契約とは別個の，試用労働契約とでも称すべき特別の契約が締結されている」として二個の契約により法的構成をする。そして，下井は，中途採用者の増加や「トライアル雇用」，「紹介予定派遣」の存在により，試用の実質を備えた試用制度の増加が見込まれるという認識を示す一方で，そのような本来的な試用制度については，法的に上記の本採用後の労働契約とは別個の試用労働契約として構成すべき場合が増えることが考えられるとする[91]。

　(ⅳ)　このように判例の理解に絡んで，各学説で示される論拠や認識されている問題点は，契約解釈のあり方や期間の定めのある労働契約，期間の定めのない契約，あるいは，解雇権濫用法理の意義等を含んだ拡がりのあるものとなっている。ただ，これらの判例に対する学説の議論を通覧したとき，ここにも「労働契約の成立」に関する「問題の定型的把握・処理」を試みようとする傾向が指摘できる。

　まず，緒方のような，試用＝解約権留保付労働契約の成立と理解しようとする見解では，その傾向は顕著であろう。たしかに，緒方や土田はその帰結

90　以下，菅野については前注（76）200頁以下，荒木については前注（52）450頁参照。学説の中には，野川忍『新訂労働法』（商事法務，2010）のように，同最高裁判決の「読み替え」を，積極・消極どちらにも評価していないものも見られる。

91　下井隆史『労働基準法〔第4版〕』（有斐閣，2007）111頁以下。

第4節　紛争解決における合意と合意外規範の意義　　　　　　　　　45

を「契約解釈」の結果として捉えているから,「問題の定型的把握・処理」とすべきではないといえるかもしれない。しかし,それは意思解釈というよりは,試用を目的とする有期契約に対する否定的評価の帰結という感が否めない。そこでなされていることは,解釈という形を一応とってはいるが,むしろ,そのような評価に基づく試用についての既存の法理の応用,すなわち,「問題の定型的把握・処理」の延長と評価されうる。ここでは,その契約解釈自体の仕組みが明らかにされ,それが意思解釈であることが証明される必要がある。

　また,菅野のような有期労働契約=有期契約の雇止めついての法理の適用という場合も同じことが当てはまる。菅野は正社員と有期契約労働者の場合とによって法理の使い分けを主張しているようであるが[92],特定の雇用形態については特定の法理,別の雇用形態については別の法理,というのはやはり「問題の定型的把握・処理」と評価せざるを得ない。たしかに,いったん,試用が有期契約によるものと認定されれば,有期契約の雇止めについての法理によって解決していくのが現在の法状況からは適切といえるかもしれない。しかし,従来の学説や判例によれば,一応,試用についての法的構成は実に多様なものが考えられるのであって,各法理への振り分けの前に,たとえば停止条件説の構成によって,期間の定めのない労働契約の成立を契約解釈の中で探る必要がある[93]。

　さらに,下井の法的構成については,同教授が「試用労働契約」の法的構成をどれだけ試用についての典型的なものとして考えているのかは必ずしも明確ではないし,柔軟に法的構成を見直している点は評価できる。しかし,やはり,特定の問題については特定の法的構成,という「問題の定型的把握・処理」という従来と同様の傾向が看取されるように思われる。

　結局,これらの学説においてもなお,「問題の定型的把握・処理」の傾向が存在し,各問題領域への配置基準,すなわち,期間の定めのない労働契約の成立についての認定基準や裁判官の契約解釈作用について,依然として明らかでないといわざるをえない。その結果,隣接する問題領域が錯綜し各領域に備えられた法理の流用が生じる危険は解消されずに残ってしまう。

92　前注（76）菅野書201頁。
93　前注（20）水町論文は,様々な法的構成が考えられるべきとする（52頁以下）。

3 まとめ

1，2で生じていた問題をまとめる。1の場合には，「問題の定型的把握・処理」に問題が委ねられ，その中で，「労働契約の成立」から出発して一つ一つ特定され解決されるべき論点（合意や合意外規範の意義）が埋もれてしまっていた。また，2についても，「問題の定型的把握・処理」に引きつけて問題の解決が図られる一方で，「労働契約の成立」，とりわけ期間の定めのない労働契約の成立についての認定基準（要件）や契約解釈手法についての理論化が進んでおらず，問題領域の錯綜と関連する法理の流用の危険が生じている。

以上のように，「問題の定型的把握・処理」が労働契約の成立の理論の果たすべき役割を代替しており，その結果，「労働契約の成立」それ自体あるいはそれをめぐる論点が埋没してしまい，隣接する問題領域の錯綜と法理流用の危険が生じている。

第5節　契約外的関係性の出現と労働契約の成立理論

従来，わが国においては，「労働契約の成立」に関し，それが分析対象であることも十分に認識されずにきていた（第2節参照）。理論の不存在ゆえに，その局面において合意の意義が十分に反映されているとはいえず，労契法により合意の原則が強調される現在では，当事者の合意を十分に反映しうる理論の提示が求められる。ところが，比較的近年の立法には，一見すると，労働契約の成立に関する合意の意義を否定するような制度が導入されており，労働契約の成立をめぐる合意の意義を把握することが一層困難になってきている。

第1款　意思表示のみなし制度の導入

労働法の世界において，法により規律される当事者を法的に関係づける最も基本的な根拠として考えられているのは労働契約であり，そのことを本書も前提としている。ところが，以下に見るように近年の立法の中には，契約関係にない当事者間の関係を規律するものが散見される[94]。すなわち，平成24年8月に，労働契約法や労働者派遣法が改正され，それらによってあえて

言えば契約法の原則に対する挑戦ともいえるような規定が導入されている。具体的には，労働契約法に関しては，同18条1項が，一定の有期労働契約の締結・履行経過に基づき，当事者らの締結した有期労働契約とは直接関係のない新たな期間の定めのない労働契約の締結にむけた当事者（使用者）の意思表示（承諾）があったものとみなすことを定める（平成25年4月1日施行）。これは，従前の有期労働契約の存在を前提としながら，有期労働契約終了後には本来無関係のはずの当事者間に将来における一定の法的関係性を形成することを認めているといえる。

契約締結の自由に関する意思表示の見做しという点で，労働派遣法の申込みのみなし制度[95]も共通性を有する。

第2款　合意に基づかない契約的関係性の導入と労働契約の成立

言うまでもなく，契約締結の自由は契約自由の原則の一部をなし，契約法の中でも簡単に放棄されるような価値では全くない。さらに，使用者は，憲法「22条，29条において，財産権の行使，営業その他広く経済活動の自由をも基本的人権として保障」されているのであり，そのような「経済活動の一環としてする契約締結の自由を有し」ているとされている[96]。新しいみなし

94 　従来，わが国の労働法は，様々な規定の中で契約以外の根拠に基づく法的規律の対象となる関係性を前提としてきた場面も存在する。たとえば，労働契約法19条（平成24年改正）の定める有期労働契約の更新とその雇止めに対する解雇権濫用法理の適用，労働基準法（以下，「労基法」）39条1項に定められる年次有給休暇取得をめぐって問題となる「継続勤務」の解釈（日本中央競馬会事件東京高判平11・9・30労判780号80頁）や，育児介護休業法5条1項における「引き続き雇用された期間」の解釈（平成16年厚生労働省告示第460号〔「子の養育又は家族の介護を行い，又は行うこととなる労働者の職業生活と家庭生活との両立が図られるようにするために事業主が講ずべき措置に関する指針」〕第二・一・（二）・イ参照。）など，時間的な雇用の断絶により当事者間に労働契約が存在しない場合も含めて，問題の当事者間に契約関係が存在しない場合にも，様々な法規定が関係当事者間の関係を規律の対象としている。とはいえ，従来，そのような契約外的関係性は，あくまで個別的ないし例外的なものと捉えられるに止まっていたと解されるが，今回導入された諸制度はこれまでの諸制度とは形式的な面からかなり異なっており，契約外的関係性が正面から問題になると解される。

95 　労働者派遣法40条の6・1項（平成27年10月1日施行）。

制度は，このような憲法的価値にも直接的に関わる契約自由の原則と鋭く対立する。

具体的には，先の労働契約法18条1項が従前の有期労働契約の存在を前提に新たな契約の締結を当事者間に擬制する場合を考えよう。この例では，有期労働契約を締結する使用者は，期間の定めのない労働契約を締結したくないからこそ，あるいは，期間の定めのない労働契約の締結など想定していないから，有期労働契約を締結するのであろう。そうすると，新契約に関する当事者意思に関するみなし制度は，従前の有期労働契約を前提とする以上，新契約に関する使用者の意思だけでなく，従前の有期労働契約を形成する当事者意思にも反する可能性がある。このように，新たな制度の導入によって認められる契約的関係性は，一定程度何らかの形で当事者らが自ら形成した労働契約の存在を前提としているにもかかわらず，それが前提としている従前の契約を形成する当事者意思ないし合意を否定する作用を含む。

このような新たな制度の導入と現在の労働契約の成立に関する理論が十分に展開していないわが国の労働法体系の現状を合わせて考えると，そのような制度の導入は，合意ないし契約に関する議論の混乱を惹起するように思われる。まず，第4節までで示したように，合意の原則が強調される今日，あるいは，契約当事者間の関係の基礎として合意の原則が存在する以上，また，理論の欠如が問題を惹起していることからも，まずは合意の原則に十分に応じた労働契約の成立に関する理論が展開されなければならないというのがわが国の現状である。ところが，現在の労働法を見渡すと，上述のとおり合意に基づく労働契約の成立という前提を否定するような契機を含む制度が包摂されている。ここにおいて，労働契約の成立に関する理論は，そのような合意に基づかずに契約的関係性を導き出す新たな制度との関係で，合意の領域をどのように保ち，また，合意に基づかない契約的関係性にどのような法的地位を付与すべきであるのかも問われることになる。

そして，実態と理論の大きな文脈からみたとき，そのように当事者意思ないし合意に基づかない契約的関係性を労働契約の成立理論と結びつける試みは，労働契約論の進化の重要な一局面ということができる。というのも，このような新たな制度の導入の背景には，有期労働契約者の増加や間接雇用形

96　三菱樹脂事件最高裁大判昭48・12・12労判189号16頁。

態で就労する派遣労働者の存在があるからである。結局，新たな制度の導入が一見生じさせるように思われる労働契約の成立場面における合意の原則との矛盾は，従前は非典型なものとして位置づけられてきた契約的関係性を，労働契約の成立に関する理論ひいては労働法体系とうまく結合できるかどうか，という問題なのである。その意味で，労働契約の成立の局面における当事者の合意と合意以外に基づく法的関係性の理論的整理は，この局面における労働法を，従来の伝統的な雇用形態（直接，フルタイム，期間の定めのない雇用）を超えたより普遍的なものへと組み直すことを意味するのであり，今まさに取り組まれるべき課題である。

第6節　本書の課題と分析の対象・順序

　ここまで，主として，「労働契約の成立」がより尖鋭的に問題となることが予測された個別的労働関係法の中で，「労働契約の成立」の要素や，合意と合意外規範の結びつきにおける「労働契約の成立」の議論状況について検討し，そこでの問題を明らかにした。また，労働契約の成立の法構造を解明することが今後の労働法の新たな展開にも必須であることを述べた。

　以下，まず，これまで明らかにしてきた「労働契約の成立」をめぐる問題をまとめ，次に，その問題を解決するための本論文の課題を特定し，その後，本研究の分析の対象と方法，そして順序を示す。

第1款　労働契約の成立をめぐる諸問題

1　分析対象としての把握の不十分性と統一的な理論の欠如
(1)　分析対象としての把握の不十分性

　第2節でみたとおり，個別的労働関係法の領域において，「労働契約の成立」は分析対象として十分に把握されていない。考察の結果，「問題の定型的把握・処理」が労働契約の成立の理論が果たすべき機能を代替し，論点が十分に「労働契約の成立」の問題として捉えられていないという問題が生じていることが分かった。その意味で，「労働契約の成立」は分析対象として十分に確立していなかった。

(2)　統一的な理論の欠如

各問題領域において「労働契約の成立」自体が分析対象として確立していないために，第3節で見たように「労働契約の成立」に対して関心が寄せられず，「労働契約の成立」それ自体についての理論化が進んでいない状況にある。たしかに，「労働契約の成立」それ自体，すなわちその構成要素について，一定の要素を判例から析出できるが，各要素の不統一性と不透明性は否定し難かった。また，そのような問題を解消するにも，裁判例にみられる要素についての帰納的な分析には限界があった。

2 当事者意思・合意の意義の没却

第4節第1款で示したように，個別的労働関係法の分野において，問題が「労働契約の成立」から捉えられるのではなく，「問題の定型的把握・処理」によって解決されるために看過しがたい弊害が生じていた。すなわち，「問題の定型的把握・処理」は，それに付随する裁判官の解釈作用を通じて，当事者が合意していないようなことについての合意を認めることになっていたり（留保解約権の発生），合意したことを曖昧化ないし軽視する（職種合意の無意味化），という帰結をもたらしていた。

3 問題領域の錯綜と紛争処理基準の流用

第4節第2款で示したように，個別的労働関係法の領域で，労働契約の成立の位置づけや認定基準について確固とした統一的な理論がないために，法が問題領域を整序する有効な基準を示すことができなかった。他方で，既存の法理による「問題の定型的把握・処理」が幅を利かせ，当事者意思や，労働者保護の観点からも有益と解される他の法規定の機能する場面を縮小させてしまっている危険が見え隠れしていた。

4 予測可能性と法的安定性の欠如

さらに，1ないし3の問題は，労働法全体の性格の問題につながる。すなわち，「労働契約の成立」の構成要素（成立要件）についての不統一性や不透明性，当事者意思や合意が法的解決に反映されるかの点についての曖昧性，問題領域の未整理，といった点からわかるように，契約の成立の場面に限っても，法の性格が，予測可能性が低く，法的安定性を欠くものとなってしまっているといえよう。

5　当事者意思ないし合意に基づかない関係性の導入

そして，第5節で述べたように，現在の法状況からは，労働契約の成立に関する理論として，労働契約の成立そのものだけではなく，当事者意思ないし合意に基づかない法的関係性との整理も視野に入れた理論が必要となってきていた。

6　まとめ

以上からわかるように，「労働契約の成立」についての理論が要請されている。そして，必要とされるのは，個別の問題領域ごとの「労働契約の成立」の理論構築ではない。要素の意義や要素の相互関係，あるいは，隣接する問題領域を整理することができる，包括的かつ統一的な「労働契約の成立」の基礎理論であり，今後展開していく可能性のある新たな法的関係性も視野に入れた「労働契約の成立」の基礎理論である。本書は，この基礎理論を「労働契約成立の法構造」として解明すべき課題とする。

第2款　課　題

労働契約成立の法構造の解明を目標とする本書の具体的な課題は，上述のわが国の労働法の抱える問題から，以下のようにまとめることができる。

1　労働契約の成立の要素

「労働契約の成立」の構成要素については，日本法の議論状況の概観からわかるとおり，「労働契約の成立」がより直接的に問題となるはずの個別的労働関係法の分野でも，十分に明らかとはいえなかった。具体的検討の中で見られた要素の不統一性と不透明性，各事案限りの要素の設定と問題の処理，構成要素についての「労働契約の成立」からの演繹的な理論の欠如といった問題を解決するために，「労働契約の成立」の構成要素についての包括的かつ統一的理論が求められた。

そこで，どのような要素が「労働契約の成立」の要素として必要なのかが明らかにされる必要がある。言うまでもなく，これらは一定程度包括的に「労働契約の成立」について述べるものでなければならない。そして，「包括的に」解明されるということの中身には，各要素がいったいいかなる法規範

に照らして労働契約の成立の要素として必要とされるのか，つまりは各要素の意義が明らかにされるということも含まれる。

2　各要素間の相互関係

1のようにして「労働契約の成立」の構成要素が明らかにされたとしても，これはまだ「労働契約の成立」の定義的側面が明らかになったに止まるのであって，さらに各要素についての判断という局面を考えると，各要素間の相互関係が明らかにされる必要がある。たしかに，この点は1の「労働契約の成立」に要求される各要素の意義が明らかになることで一定程度解明されると思われるが，要素相互の関係性の不透明性といった日本の問題状況からして，より具体的に，各要素についてどのような判断基準の違いが存在するのかを知る必要がある。

3　各要素の主観的内容と客観的内容

本研究は，労働契約関係における当事者の合意の意義の解明を目指すものである。これは，第1節第2款で述べたとおり，二つの課題からなる。本研究の「労働契約の成立の法構造」という課題は，二つの課題のうちの一つ目の課題を遂行するためのものであり，二つ目の課題である労働契約の展開，終了場面における労働契約の成立に含まれる当事者の合意の意義の解明の前提として行われるものである。そして，二つ目の課題を成し遂げるためには，労働契約の成立時点での当事者意思ないし合意が何であるのか，また，それらの要素に不可分的に付着している合意外規範とは何であるのか，ということを「労働契約の成立の法構造」の解明時点で特定しておく必要がある。

そうすると，構成要素と要素の相互関係が明らかになったとしても，本研究の観点からすると，さらに，各構成要素を構成する「主観的内容」と「客観的内容」のあり方を整理する必要がある。ここで主観的内容というのは，「労働契約の成立」をめぐる当事者意思ないし合意そのものの内容または意義を指す。また，客観的内容というのは，そのような主観的内容としての当事者意思ないし合意に対する契約法や労働法，そして，それら当事者意思ないし合意の認定に関わる裁判官の果たす役割である。言い換えると，客観的内容とは，労働契約の成立という法的事象を構成する合意をめぐる合意外規範の意義である。

なお，本研究では，考察において明示していない場合でもこのような構成内容の区別を前提とする。特に第1部の考察の順序は，このような区別を前提としてなされている（詳細については，第1部第1章第4節を参照）。

4 法主体概念との関係

合意と合意外規範の相互関係の規範的内容を明らかにするという本研究の目的から，以上の「労働契約の成立」の要素の問題と合わせて，当事者と労働法とを結びつける労働法の適用においてメルクマールとなっている法主体（労働者）概念と「労働契約の成立」との関係も課題となる。

5 当事者意思ないし合意に基づかない法的関係性と労働契約の成立

近時の立法により，労働をめぐる法における合意の意義が重要性を増す一方，本来契約関係にない当事者間にも法的関係性をもたらすような契約外的要素ないし契約外的関係性が導入されている。労働契約の成立の法構造の解明と同時に，そのような合意と一見矛盾するような契約外的要素ないし契約外的関係性と労働契約の成立の法理論との共存のあり方も検討される必要がある。

第3款 分析の対象と順序

第2款で示した課題の解明に向けて，以下，本研究の対象と順序について述べる。

1 対象の限定
(1) 有効性の議論の捨象

民法の「冒頭規定」[97]（623条・632条等）は契約が，当事者が一定の事柄を「約することによって」（民法643条の委任の場合には「委託し，……承諾することによって」）「その効力を生じる」と定め，また，学説においても「契約が有効に成立する」[98]と表現されているため，契約の成立と有効性の問題は切

---

97 大村敦志『基本民法Ⅰ〔第3版〕』（有斐閣，2007）37頁。
98 河上正二『民法総則講義』（日本評論社，2007）296頁。

り離せないように思われる[99]。

しかしながら，成立と有効性との関係について，「原則として成立要件を満たせば契約は成立するが，例外的に有効要件を欠くことが主張・立証されれば効力は発生しない」とされる[100]。そして，成立要件は意思の合致を求めるもので，有効要件は意思の完全性（民法95条・96条）・内容の妥当性（民法90条）を求めるものである[101]。

本研究では，例外的に問題となる有効要件も含めた「広い意味の契約の成立」[102]ではなく，原則的に問題となる「狭義」[103]の契約の成立のみを考察対象とする（民法93条・94条の問題にも触れない）。

(2) 個別合意の排除

本論文は，労働契約に含まれる特定の内容（条件）についての個別合意（契約），あるいは，労働契約の成立に付随してなされる個別合意（たとえば賃金や勤務場所等に関する労働条件変更のための個別合意や競業避止義務についての個別合意）を，「労働契約の成立」としては考察しない[104]。なぜなら本研究の関心が，労働法を起動させる「労働契約の成立」における当事者意思ないし合意の意義あるいは法の作用の探求に向けられているからである。本書は，個別の合意ではなく，その前提となる労務の提供と賃金の支払を中心とする（労契法6条）大本の「労働契約の成立」を考察の対象とする。

(3) 労働条件明示義務

労働契約の成立に関連する問題として労基法15条の労働条件明示義務違反

---

99 わが国の契約法における契約の成立と契約の効力の位置づけや相互関係については，能見善久「契約の成立・効力・内容について」法教200号20頁（1997）が参考になる。能見は，「契約の成否」と「契約の効力・内容」の観点から契約法に関する民法学の流れを分析する中で，「民法典においては契約の成立要件と契約の有効要件との区別が明確でない」と指摘しその淵源について説明している（20-21頁）。

100 前注（97）大村書21頁。

101 同上。

102 同上。

103 同上。

104 個別合意の成立については，たとえば北山宗之「個別合意による労働条件変更―個別合意の成立・有効要件を中心に―」季労226号196頁（2009），山川隆一「労働条件変更における同意の認定―賃金減額をめぐる事例を中心に」『労働法学の展望』（有斐閣，2013）257頁を参照。

の問題がある。これにつき、本書は、本研究の検討対象たる労働契約の成立の法構造の議論の範疇には少なくとも直接的には入らないと考える[105]。したがって、本書では検討しない。

2　対象と順序——イギリス労働法における労務提供契約の成立

本研究では、イギリス労働法における法の適用決定の場面で問題となる労務提供契約の成立についての理論（とくに判例法理の展開）を考察対象とする。

(1) イギリス法の特徴
(i) 契約の成立についての理論の確立性

イギリス労働法の選定の理由としては、第一に、イギリス契約法における契約の成立要件の確立性が挙げられる。第1部第1章第1節で詳解するように、イギリス契約法では、契約の成立に、原則的に、当事者の申込みと承諾による合意の存在と、約因、契約意思という要件の充足が求められることが確立している[106]。当然、わが国でも、契約の成立について、様々な要件が求められることは多くの教科書類を見れば明らかである。しかしながら、日本法においては、契約の成立それ自体についての一般的な法律条文が存在しないためか、議論は、イギリス法と比較したときに、包括性や確立性を欠くように思われる[107]。したがって、たとえば、各要件相互の関係などを契約の成立の理論の全体の中で確認することは必ずしも容易ではない。

これに対して、イギリスにおいては、契約の成立についての要件が確立され、かつ、契約意思と約因といった要件同士の相互の関係などが、具体的に議論されある程度整理されている[108]。

また、日本の契約法には、コモン・ローの契約法上の契約の成立要件たる「約因」に対応する概念は存在しないが、「約因」についての判断作用と同じ作用が日本法においても裁判官の解釈作用の中に存在することが指摘されている[109]。そうであるならば、イギリスの契約法は、日本法が有しない契約

105　前注（53）荒木ほか書98頁でも、「労基法15条の労働条件明示義務違反があったとしても、上記2要素（指揮命令に服した労働提供と当該労働提供に対する賃金支払―引用者）の合意が認定できれば労働契約は成立する」とされる。本研究は、いかにして契約を成立させる合意が認められるかを問題とするものであり、成立に関する規制の効果は発展的課題の問題として考えたい。

106　*Chitty on Contracts* (G.H. Beale edn.), 29 th ed. 2004, at para. 2-001.

の成立の作用を解明する具体的な概念を有しているということになる。したがって，コモン・ロー契約法を一つのしかし重要な基礎とするイギリス労働法における労務提供契約の成立の理論は，わが国の裁判例や学説では約因に当たる概念がないためになかなか理論化しにくい点を規範的に議論することの助けになると予想される。

このように，イギリス労働法における労務提供契約の成立についての議論を考察することは，わが国において労働契約の成立の理論を考える上で一定程度有益性を有するといえよう。

(ⅱ) 法主体概念と労務提供契約の対応関係の明快さと判例の蓄積

イギリス労働法の選定の理由として，第二に，本論文において主たる考察対象となるイギリス労働法における法の適用決定のあり方が，日本法と異なった特徴を有しており，分析対象として優れていると考えられることが挙げられる。その特徴というのは，イギリス労働法における法の適用決定の基

---

107 管見の限りではあるが，まず，「契約の成立」自体に対する論者の関心の程度により，教科書類において「契約の成立」が議論される程度からして開きがある。そして，記述の内容を比較すると，契約の成立をみる視点（契約の成立の効果〔機能〕あるいは契約という観念〔契約自由など〕から考察するか），特定の論点の存否（申込みと承諾という合意の分析方法についての評価），特定の論点の現れ方（たとえば，確定性を契約の成立要件として捉えるか有効要件として捉えるのか）などにバラツキがみられる。一つ一つの理論は参考になるが，このような状況で契約の成立についての包括的かつ統一的な理論を見出すのは困難と言わざるをえない。また，大村敦志『消費者法〔第3版〕』（有斐閣，2011）65-66頁も，民法レベルで契約の成立要件（成立のために必要な合意の対象）についての「十分な議論」（66頁）がなされていないことを指摘する。なお，大村敦志「合意の構造化に向けて―『契約の成立』に関する立法論的考察を機縁として」別冊NBL No. 51『債権法改正の課題と方向―民法100周年を契機として―』（商事法務研究会，1998）31頁，34頁以下も参照。

108 See. Michael Furmston and G.J. Tolhurst, *Contract Formation* (OUP, 2010). 同書は，契約の成立に関連する問題と法について，裁判例を引きながら415頁にわたり説明する。日本でも教科書レベルで，契約の成立において求められる確定性について比較的詳しく説明するもの（前注（49）中田・加藤論文5頁）も見受けられるが，かなり例外的である。これに対して，イギリスの教科書では，合意の確定性や完全性が，必ず言及され詳しく解説されるのが通例である（Anson's Law of Contract (by J. Beaston), 29th ed., 2010; Treitel (G. H.), *The Law of Contract* (by Edwin Peel), 14th ed., 2015.）。

109 道垣内弘人「契約の成立をめぐって―その1」法教283号29頁（2004）を参照。

準にある。

　イギリスでも，個別的労働関係法や集団的労働関係法は，それらの制定法上の権利主体を，わが国と同様に，「被用者」や「労働者」とする。ただ，それと同時に，後に詳しく紹介するように，「被用者とは雇用契約の下で労務を提供する者」というように定義するので，法主体概念と特定の種類の労務提供契約との対応関係が明快である。

　そして，イギリス労働法（と社会保障法）は，上記のような特定の種類の契約（とくに「雇用契約」）の有無を法の適用決定基準とする仕組みを1906年以降制定法に導入してきたため，「雇用契約」の有無が紛争において争点となり，判例の相当な蓄積を有することになった。さらに，比較的近年の裁判例では，そのような労働法における労務提供契約の成立をめぐって，約因の具体的内容，約因と合意の確定性の関係，約因と契約意思との相互関係等が問題となっている。以上の裁判例を分析することで各成立要件の具体的な内容と成立要件間の相互関係を知ることができる。

　このように，労務提供契約の成立の要素の具体的内容や要素の相互関係が明らかになっていることから，先述の問題状況を抱えた日本の労働契約の成立の要素の解明に示唆に富むと考えられる。

(iii)　契約外的規範ないし契約外的関係性の存在

　イギリス労働法の選定の理由として，第三に，イギリス労働法においては，一定の種類の労務提供契約の成立という法的事実と，契約に還元できない要素により，法の適用が認められる場合があることがある。つまり，イギリスには当事者意思ないし合意に基づかない関係性を法的関係性として捉える契約外規範ないし契約外的関係性の例が存在する。しかも，同国においては契約の成立に関する確立した理論や労働法分野における判例の蓄積が存在するため，労務提供契約の成立をめぐる合意と契約外規範ないし契約外的関係性の相互関係を把握することが比較的容易である。さらに，近時，学説においても，契約外規範ないし契約外的関係性に関する理論の展開が見られる。

　以上(i)ないし(iii)からわかるように，イギリス労働法は，「労働契約の成立」それ自体の位置づけやその要素について不明な点の多いわが国の労働法に，「労働契約成立の法構造」の解明のために質量ともに十分な，そして格好の比較法の材料を提供している。

(2) 考察の具体的手順

　本書は，第1部で，イギリス労働法における労務提供契約の成立に関する議論を分析する。その中で，契約の成立要件，契約の性質，契約の解釈，労務提供契約と法とを結びつけている契約外規範ないし契約外的関係性について検討する（本研究では，先述の「労働契約の成立」の構成内容に関する主観的内容と客観的内容の区別を前提として，第1部の章立てを行っている。詳細は，第1部第1章第4節を参照）。そして，第2部で，イギリス労働法の考察から示唆を得つつ，日本の「労働契約の成立の法構造」の一般理論を提示し，また，そのように提示した一般理論によって具体的な問題に検討を加える。

第1部　イギリスにおける労務提供契約成立の法構造

　第1部は，イギリス労働法における法適用決定の実質的な基準としての労務提供契約の有無についての議論を考察し，イギリス労働法における労務提供契約の成立の法構造を解明する。具体的には，第1部の第2章から第5章まで，イギリス労働法における労務提供契約の有無の判断について考察する。第6章ではイギリス労働法における契約外規範ないし契約外的関係性に関する理論展開とそれに関連する法の実践を考察する。第7章では，第2章から第6章までの分析を総括し，イギリス労働法における労務提供契約の成立の法構造を示す。

　ただ，第2章以降の議論に入る前に，その議論の前提となるイギリス契約法や労働法について紹介しておくべき事項がある。第1章はその作業に充てられる。

第1章　予備的考察

　第1部の本論に入る前に，その議論の前提を紹介する。まず，契約の成立についてのコモン・ロー契約法の内容，次に，本研究が考察対象とする労務提供契約の有無の判断のイギリス労働法における意義，そして，労務提供契約の有無を判断する審判所や裁判所における管轄の問題を，以下，予備的考察として紹介する。

第1節　契約法における契約の成立要件

　イギリスの契約法では，本書に関係する単純契約（simple contract）の「契約の形成には三つの基本的な要素（essentials）があるといえる。それは，合意（agreement），契約意思（contractual intention），そして，約因（consideration）である」[1]。約因や契約意思に関する要求は，合意が法的に強制されるために，通常充たされねばならない要件（requirement）である。これに対して，不実表示や違法性に関する原則は，原則として拘束力が認められるであろう合意について法が実現するのを拒否し得るということを説明する特別な（special）要素についての効果を取り扱うものである[2]。

1　*Chitty on Contracts*（H. Beal ed.）, 29th ed. 2004, at para. 2-001. 田中和夫『英米契約法』（有斐閣，1947）6頁以下参照。田中和夫教授は，有効な契約の「成立要件」として，この三つを挙げ，これらの三つの要件が備われば「一應契約が成立する」とされる（前掲書9頁）。なお，*Chitty on Contracts*（H. Beal ed.）, 31th ed. 2012, at para. 2-001では，「契約の成立のための第一の要件は，当事者が合意に達することである。一般的にいって，合意は，申込者たる一方当事者によってなされた申込みが受諾者たる他方当事者によって承諾されたときに締結される。しかしながら，そのような合意でも，それが不完全であるとか，その条項が十分に確定的でないとか，その実行が実現しない条件に服しているとか，あるいは法的関係を形成する意思を欠いて締結されたものである，といった理由から，契約の効力を欠くということがある。合意は，同様に，約因を欠くという根拠から契約の効力を欠くということもある。」とされている。

そこで，以下では上記三つの基本的な要件の概念の内容について紹介する。ただ，それらの要件に加えて，合意の確定性（certainty）も契約の成立にとって頻繁に問題となる事柄であり[3]，また，本書で考察する裁判例を読み解くうえで欠かせないため，ここで紹介する。

第1款 合 意

コモン・ロー契約法では，契約は一ないし複数の約束からなり，その約束は，少なくとも約束者と受約者の二当事者，そして約束に含まれる宣言（declaration）や保証（assurance）についての共通の意思や期待の外部的表示からなる[4]。そして，このような表示は多くの場合，合意の形をとる。したがって，まず契約が成立したかどうかは，合意が締結されたか否かという検討から始まる[5]。

そして，合意が締結されたか否かは，方式（form）による約束の場合以外，確定的な申込みと承諾が存在したかによって判断される[6]。この申込みと承諾によって結ばれる契約は，「疑わしい場合には双方的契約が締結されたと考えるのが適当である」とされる[7]。双方的契約とは，申込みが約束を与えることによって承諾された際に，当該契約が両当事者において効力ある義務を生じさせるもので，どちらの当事者も何らかの作為または不作為をとる義務を負うことになる[8]。そして，確定的な申込みと承諾は，書面による，も

---

[2] Treitel (G. H.), *The Law of Contract* (by Edwin Peel), 14th ed., 2015, at para. 1-009.

[3] たとえば，契約解釈についての体系書（Michael Furmston and G. J. Tolhurst, *Contract Formation* (OUP, 2010)）でも，約因についての同様の項目がないにもかかわらず，「確定性と完全性」という項目が設けられて解説が加えられており（at p. 309），また，Anson's Law of Contract (by J. Beaston), 28th ed., 2002でも，「合意，確定性，意思の仕組みを扱い終えたところで，今度は，法的に強制可能な契約の正式的かつ実質的な他の要件に向かおう」として，約因等の説明が開始されている（at p. 73）。

[4] Anson, *Anson's Law of Contract* (by J. Beaston), 29th ed., 2010, at p. 29.

[5] Ibid.

[6] Ibid.

[7] Ibid., at p. 31.

[8] Ibid., at pp. 30-31.

しくは口頭による言葉，または行為（この場合は当該事案の状況によって判断される）により為されうる[9]。ただし，原則として申込みは不作為からは推論されない[10]。

なお，このような当事者の意思の判断は，主観的ではなく，客観的なものである。つまり，「法がある者に帰する意思は常に申込みの相手方の立場にある者によって合理的に（reasonably）解釈された場合に当該行為者が抱いている意思であって，必ずしも申込者自身の頭にあった意思ではない」[11]。

第2款　契約意思

「合意は法的帰結が考慮されて形成されたものとして合理的に考えられるものでないかぎり，拘束力のある契約を形成しない」[12]。つまり，当事者が自らの言葉や行為の結果が法的効果を生ずることを意図してそれらをなすことが，合意が法的拘束力を有する契約となるために必要とされる。

第3款　約　　因

イギリス法は，約束や合意をそのままでは，法的に強制可能であるものとは認めず，二つの契約形態のみを認めている。すなわち，方式（form）による契約と単純契約（simple contract）である[13]。本稿の考察対象となる労務提供契約がそれに当たる，「単純契約は，一般的な原則として，なんらの特別の方式において作成される必要はないが，約因の存在を要求し，約因は……，概して，約束と交換で何らかのものが与えられなければならないということを意味している」[14]。

具体的には，「価値のある約因は，法の意味においてだが，一方当事者に与えられる何らかの権利，利益，収益，もしくは利得，または，他方当事者

9　Ibid., at p. 31.
10　Ibid., at p. 31.
11　Ibid., at p. 32.
12　Ibid., at p. 70.
13　Ibid., at p. 75.
14　Ibid., at p. 75.

によって受け取られる，被られる，もしくは引き受けられる訴権放棄，不利益，損失，もしくは責任からなる」[15]。

　これは，区別の標としての互恵性（reciprocity）の概念をもたらすものであり，無償の約束は，イギリス法では拘束力を有しない[16]。

　以上からわかるように，約因は，基本的に，約束者への何らかの利益か受約者への何らかの不利益である。そして，「約因は必ず約束の見返りとして（in return for）与えられなければならない。そしてそれは，例外がないわけではないけれども，たいてい，約束者の要求に応じてなされる……。他方当事者の約束の見返りとしてではなく与えられた利益や被られた不利益は約因を構成することができない」[17]。

　約因は，約束に向けられたものであって，契約に向けられたものではない[18]。しかし，相互的な二つの約束が，双方にとって約因となりうるということは確立している[19]。したがって，たとえば，売主が物の引き渡しを数か月後にすると約束し，買主が引き渡しの時に商品に対して支払うと約束すれば，これによって拘束力のある契約が生じる。そして，明示の場合は言うまでもなく黙示の約束同士でも互いにとって約因を構成しうる[20]。また，通常，約束は，その約束の履行が，反対約束の履行と看做されるときに限って反対約束の約因と考えられる[21]。

　約因は約束と等価なものである必要はないが，「現実（real）のものでなければならない。約因は法の目から見て何らかの価値がある何かでなければならない」[22]。したがって，当事者により約因であるとされる約束が，強制されるにはあまりにも漠然とし，かつ，実体のない性格のものであることがありうるが，履行が約束者の裁量に完全に委ねられている約束は，強制可能でない。そのような場合，約因は「幻想的」であるとされ，約束が約因を構成

15　Ibid., at p. 91.
16　Ibid.
17　Ibid., at p. 92
18　Treitel, n. 2 above, at para. 3-004.
19　Ibid., at para. 3-008.
20　Ibid., at p. 3-008.
21　Ibid., at p. 3-008.
22　Anson, n. 4 above, at p.101

しないことになる[23]。

なお，約因は，契約法において一般的に「相互性」（mutuality）として表現される[24]。

第4款　確定性

Ansonの契約法についての解説書[25]は，合意という章の中で，申込みと承諾について説明した後，以下のように，合意の確定性と完全性について説明を開始する。「当事者らが申込みと承諾の要件（requirement）を充たしたという意味で，当事者は合意に達したかもしれないが，合意の条項が不確定であるから，もしくは，合意が当事者間の将来の合意のための必要性に言及することが認められるから，契約は存在しないという可能性がある」[26]。

また，Treitelの契約法の解説書[27]も，合意という章の中で，「契約についての第一の要求（requisite）は，当事者が合意に達していることである。一般的には，一方当事者が他方当事者による申込みを承諾するときに合意は形成される。さらなる要件（further requirements）は当該合意が確定的（certain）で最終的（final）なものでなければならない」というものである[28]と述べた上で，申込みと承諾についての説明を開始し，その後，「合意は，それがあまりにも曖昧であるとか明らかに不完全であるといった理由から，合意が確定性を欠いている場合には，拘束力のある契約ではない」として[29]，確定性について解説する。

上記のように，申込みと承諾による合意の成立が認められたとしても，さらに，合意は確定的なものでなければならない（確定性，不完全性，曖昧性は，契約法の解説書では一つずつ分けて説明されるのが一般的だが，契約解釈の解説書によれば，「この話題は，通常，契約の確定性として議論される」[30]とされる。本

23　Anson, n. 4 above, at p. 102.
24　S. Deakin and G. S. Morris, *Labour Law* (Hart Publishing, 2012), at para. 3.29 (at p. 164); Chitty. n. 1 above, at para. 2-153 (footnote 617).
25　Anson, n. 4 above.
26　Anson, n. 4 above, at p. 61.
27　Treitel, n. 2 above.
28　Treitel, n. 2 above, at para. 2-001.
29　Ibid., at para. 2-078.

章では，確定性の「要件」として記述することにする。）この確定性の要件については，「契約の条項が，契約違反の有無を決定し，そして適切な救済を与える基礎を生み出すものである」[31]，「法は当事者が彼ら自身の契約を作ることを求める。法は，最終的でも決着もしていない条項から当事者のために契約を作り出すものではない」[32]と説明される。このような説明からわかるように，この要件については，法的効果を当事者に帰すことが可能か，契約の自由の観点から正当性が認められるか，という考え方が背景にある。この確定性の「要件」から，将来において合意するための合意は，契約ではないことになり，また，重要な条項が確定していない，もしくは法により推定されえなくて，かつ書面がそれを確定するための仕組みを有していない場合には，契約は存在しない，と評価される[33]。

ただし，この確定性の要求について，裁判所は「法が取引の破壊者として批判されないように可能な限り契約を認めようと熱心である」[34]とされる。

第5款　要素の相互関係

最後に，要素の相互関係について，解説書のレベルで確認できる限りで紹介する。

1　約因と契約意思

要素の相互関係について比較的詳しく議論されているのが，約因と契約意思についてである。

両要件は合意の法的拘束性にかかわる。そこで，約因の存在が認められると契約意思の存在も認められるのではないか，という点が議論になる[35]。この点が何故問題になるのかは具体的に考えるとすぐにわかる。たとえば，労

30　G. McMeel, *The Construction of Contracts; Interpretation, Implication and Rectification* (OUP, 2007), at para. 14.04.

31　Anson, n. 4 above, at p. 61.

32　Ibid., at p. 61.

33　Ibid., at p. 61.

34　Ibid., at p. 61.

35　Michael Furmston and G. J. Tolhurst, n. 3 above, at para. 10. 17.

務提供と報酬の交換に関する事項，時給や就業時間，職務内容，就労場所，就労開始日等について明確に決定し一定の合意が形成されているとしよう。そして，このように重要な部分が合意されている場合には，契約を成立させる当事者意思も存在するといえそうである。こうした「考え方の背後には，約因という取引理論の下では，いったん価値のある約因が形成されると，当事者はそれぞれの他方当事者の約束に対する対価を与えており，そのことが意思を十分に証明している」[36]という考え方があるといえよう。

　Furmstonらによれば，このような考え方を採るかどうかは，取引の対価（price）というものが当事者によって決定されるべきと考えるか，あるいは取引の対価は裁判所が市場において認められるべきと考えるか，という判断を含むのだそうである[37]。前者の考え方に立つのであれば，約因と契約意思は重複するから契約意思の要件は当事者意思を二回確認することになる。しかし，前者のように考えると，家族間の日常的な約束についても多くの場合に契約であると考えることになり，不都合が生じる[38]。そして，現在のところ，「イギリス法においては，法の立場は，契約意思と約因の両方がともに，契約のための別々の要件である」[39]というものとして理解されている。

2　約因と確定性

　約因と確定性の相互関係については，これまで参照した代表的な契約法の解説書や契約の成立についての解説書[40]のレベルでは明確には確認することはできなかった。ただ，約因についての不確定性の例が紹介された後に，「その他の不確定性についての例は既に不完全な（incomplete）合意に関連して提示されているところ，〔判例[41]に見られる〕約因としての『実際上の』利益に関する認識は，不確定性を約因の一側面として認識すべきでないとい

36　Ibid., at para. 10.17

37　Ibid., at para. 10.17.

38　Ibid., at paras. 10.17-10.18.

39　Ibid., at para. 10.18.

40　Michael Furmston and G. J. Tolhurst, n. 3 above.

41　ここで挙げられている判例（Pitt v P.H.H. Asset Management Ltd. [1994] 1WRL327（CA）.）では，確定性がまず検討された後に約因の有無が別個に検討されている。

うことを意味するであろう」[42]という記述が確認できる。この記述から，確定性の要件は約因の確定性を問題とする場合もあるが，確定性が問題となっている場合にそれを約因の要件の一側面としてすべて約因の確定性の問題と理解することも適切でないと理解されているといえよう。

3　契約意思と確定性

「当事者がある合意についての不可欠な条項（essential terms）について合意に至っていないのならば，その不完全性は契約意思の欠落を明らかにしうる。同様に，不確定性は契約意思の欠落を明らかにしうる」[43]。との表現がみられる。

この表現からは，確定性の要件と契約意思の要件との連続性が明確に認識されていると言えよう。

なお，何が重要な条項であるかの決定は当事者に委ねられるとされる[44]。

第2節　労働法の法適用決定における基準としての契約

次に，本研究が考察対象とする労務提供契約の成立がどのようにイギリス労働法において問題となるのかについて示す。それは以下のイギリス労働法の仕組みのために問題となる。

現在のイギリス労働法においては，特定の種類の労務提供契約（伝統的にその中心は雇用契約であった）の有無が，法適用の基本的かつ実質的な基準となっている。ただし，イギリスにおいて，このような仕組みが，制定法の適用をめぐり重要になってくるのは，1906年労働者災害補償法の制定以降である（ただし，第4章でみるように1906年以前も雇傭契約は制定法の適用を決定する基準の一つではあった）。以下では，第2章以降に見る議論の前提として，また，イギリス労働法における労務提供契約の有無の重要性を示すために，法適用決定の基準としての契約の採用と展開について若干歴史的に概観する。

42　Anson, n. 4 above, at p. 102.

43　M. Furmston and G. J. Tolthurst, n. 3 above, at para. 11.05.

44　Ibid., at para. 11.03.

第1款　基準としての雇傭契約の採用と展開

イギリスでは，産業の種類や労務の内容というよりも，「雇傭契約（contract of service）」を主たる法の適用範囲を画する基準として導入した立法が，以下のように広がっていった。まず，社会保障法分野の立法，すなわち，1906年労働者災害補償法[45]（以下，「1906年法」）が雇傭契約を制定法の適用の基準として採用し，それを承継する諸法[46]，1911年国民保険法[47]，1946年国民保険法等[48]が雇傭契約を適用対象の基準とした。

また，労働法分野では，労働条件記述書や解約の予告についての権利を定めた1963年雇用契約法[49]を皮切りとして1965年剰員整理手当法[50]，1975年雇用保護法[51]，1978年雇用保護（統合）法等[52]が，その適用範囲の基準として，雇傭契約（contract of service）を採用してきた。

具体的には，たとえば，1978年雇用保護（統合法）の後身として，被用者の不公正に解雇されない権利といった被用者にとって重要かつ基本的な多くの権利を定める現行の1996年雇用権法[53]は，その主たる権利主体である被用者（employee）を，「雇用契約（contract of employment）を締結している個人，または，雇用契約の下で労働する（当該雇用が終了している場合には，労働していた）個人」とし，「『雇用契約』とは，雇傭契約（contract of service）または徒弟契約（of apprenticeship）を意味」する，と定めるのである。

このようにして，20世紀の「初期において，契約が，法的概念として，労

---

[45] Workmen's Compensation Act 1906.
[46] Workmen's Compensation Act 1925, s. 3 (1); Workmen's Compensation Act 1938, s. 1 (1) etc..
[47] National Insurance Act 1911, s.1 and Sch.1.
[48] National Insurance Act 1946, s. 1 (2); National Insurance Act 1965, s.3 (a); Social Security Act 1975, s.2 (1) etc..
[49] Employment Contracts Act 1963, s.8 (1).
[50] Redundancy Payments Act 1965, s.25 (1).
[51] Employment Protection Act 1975, s. 126 (1); Trade Union and Labour Relations Act 1974, s. 30 (1).
[52] Employment Protection (Consolidate) Act 1978, s. 153 (1); Health and Safety at Work etc. Act 1974, s. 53 (1).
[53] Employment Rights Act 1996, s.230 (1) (2).

使の間の直接的な関係の規制の側面を越える重要性を獲得し」,「雇用契約は,新たな法規の適用可能性を決定する手法として展開され,その結果,雇用契約という概念は,典型的な雇用関係を示す有用な概念として確立されるようになった」[54]。現在では,雇用契約（雇傭契約）は「社会的保護への入り口（gateway）」[55]とまで称される。

第 2 款　近年の立法における労働者概念と労働者の契約

次に,比較的近年の立法,すなわち,1998年全国最低賃金法,1998年労働時間規則等[56]は,「労働者」(worker) をそれらの法の権利主体としている。たとえば,1998年全国最低賃金法 1 条は,「全国最低賃金の資格を有する者は,その者の使用者により少なくとも全国最低賃金の賃金率で……報酬を受ける者とする」とし,その権利主体を「労働者」として各種の権利を定めている。そして,この「労働者」に当たるかは,問題となる当事者間の「労働者の契約」の存否に依拠するのである（第 3 款で詳述）。

実は,この「労働者」概念は,以前から制定法に導入されていたが[57],「被用者」を権利主体とする制定法からの非典型労務提供者の排除の問題が尖鋭化していた時代的背景から,その導入は特に注目を集めた。すなわち,「『労働者』モデルは,半従属労働者に適用されることが期待され,同モデルの近年の立法への拡張は,この労働者の範疇の存在とその保護の必要性とを認識するものとして,歓呼して迎えられた」[58]のである[59]。

また,1970年同一賃金法や差別禁止立法[60]は,「使用される (employed)」や「使用 (employment)」という基準により,その適用範囲を画している

54　Brian Napier, 'The Contract of Employment' in Roy Lewis (ed.), *Labour Law in Britain* (Blackwell, 1986), at p. 331-332.

55　S. Deakin and G. S. Morris, n. 24 above at. p.132.

56　National Minimum Wage Act 1998, s. 54 (3); Working Time Reglations 1998 SI1998/1833, reg. 2; Employment Relations Act 1999, s. 13.

57　Wages Act 1986, s. 8 (1); Employment Rights Act 1996, s. 230 (3).

58　Deirdre McCann, *Regulating Flexible Work* (OUP, 2008), at. p. 44.

59　Paul Davies and Mark Freedland, 'Employees, workers, and the autonomy of labour law' in Hugh Collins, Paul Davis, and Roger Rideout et. al. *Legal Regulation of the Employment Relation* (Kluwer law International, 2000) p. 267, at. p277.

（現在では，従前の差別禁止立法等の規定の多くが2010年平等法に引き継がれている）。たとえば，1975年性差別禁止法は，第6条1項で，一定の事柄に関して「人がその使用に関連して，女性を差別することは，違法である」と定めていた。そして，ここで規定される「『使用』とは，雇傭契約，徒弟契約，または，自分自身で労務（work）もしくは労働（labour）を遂行する契約の下での使用を意味する。」これは「使用（employment）」の場合の例であるが，「使用される employed」の場合に挙げられる契約の種類も，1970年同一賃金法と同様であった[61]。このように，これらの立法においても，雇傭契約（と徒弟契約）またはその他の特定の種類の労務提供「契約」の有無が制定法の適用を決定づけていたのである。ただし，これらの「使用」について裁判所が解釈して示した基準の具体的内容は上記の「労働者」概念と相当に重なっているので[62]，本書では扱わない。

第3款　制定法の適用と契約の有無の判断

1　制定法の適用と労務提供契約の結びつき

第1款，第2款の記述からわかるように，少なくとも1906年以降，特定の種類の労務提供契約の存否が，制定法適用の決定的な基準として導入されてきた。

そして，上述の契約の具体的な認定基準は，結局のところコモン・ローが決定または具体化することになる。というのは，元々コモン・ローの概念である雇傭契約の場合，制定法によりそれ以上その定義はされておらず，その内容の決定がコモン・ロー（裁判官）に委ねられ，また，制定法に契約の定義規定がある場合（労働者の契約）にも，結局，その定義の具体化（解釈）がコモン・ロー（裁判官）に委ねられるからである。

そして，社会保障法分野の立法に関して雇傭契約の性質（基準）を示した

60　Equal Pay Act 1970, s.1 (6); Sex Discrimination Act 1975 s.82 (1); Race Relations Act 1976, s. 78 (1).

61　「『使用される』とは，雇傭契約（contract of service），徒弟契約，若しくは，自分自身で労務または労働を自分自身で遂行する（execute）契約の下で使用されることを意味する」（Equal Pay Act 1970, s. 1 (6) (a).）。

62　M. Freedland, *Personal Employment Contract* (OUP, 2003), at p. 26.

判例が労働法分野においても重要な先例とされており[63]，基準となる契約についてコモン・ローが示した解釈（基準）は，分野や個別の立法の趣旨に関係なく用いられる[64]。

2 労務提供契約の有無の判断の概観

言うまでもなく，労務提供契約の有無は，当事者間に一定の種類の契約が存在することの確認を経て決定される。この確認は，具体的な契約上の権利義務の検討を行った上で，裁判官らが本書で明らかにしていく雇用契約や労働者の契約に関する判断基準に照らして，具体的当事者間の契約につき一定の契約の内容があると認めることでなされる（【図Ⅰ-1-1】参照）。

【図Ⅰ-1-1　労務提供契約の有無の判断プロセス】

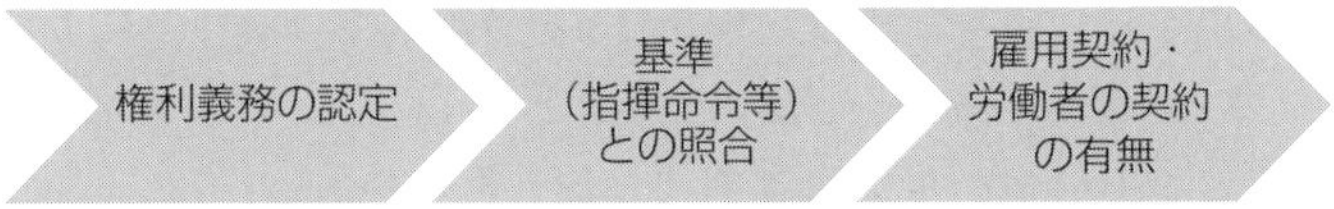

権利義務の認定　→　基準（指揮命令等）との照合　→　雇用契約・労働者の契約の有無

したがって，各契約類型につき各契約類型に特有の内容が判断基準として確立していたとしても，具体的な事案について自動的な解答がもたらされるわけではない。労務提供契約の有無の判断のためには，判断基準と照合される個別の事案における判断材料の収集とその評価が必要となる。イギリスでは，このような契約の有無を判断する過程である契約の性質決定（characterization）が，裁判官による契約の解釈を通じてなされることが認められている[65]。そして，そのように契約の有無の判断が契約解釈の作業の

63　第2章第1節第1款〔判決①〕では，社会保障法分野の立法をめぐって雇用契約の存否が争われるのだが，そこで示された雇用契約についての判断は，どの労働法の教科書でも紹介ないし言及されるほどの先例として位置づけられている。

64　Deakin and Morris, n. 24 above, at para. 3.1; Mingeley v Pennock and Ivory t/a Amber Cars [2004] IRLR 373.

65　Gerard McMeel, *The Construction of Contracts* (OUP, 2007), at pp. 13, 216-217. 典型契約制度を持たないイギリスについて，性質決定という用語を使うのはやや奇異に聞こえるかもしれないが，現在では，契約の性質決定の重要性が強く認識されている (op cit., at p. 13.)。*Chitty on Contracts* (by H. G. Beale), 31th ed. (Sweet & Maxwell, 2012), at paras. 1-089-1-090.

中でなされることは，労働法が規制対象とする労務提供契約についても同様である。つまり，判断基準と照合する判断材料の収集は，裁判官らによる契約解釈の場面においてなされるのである。

　　第4款　用　　語

　ここで，第1部のイギリス労働法における労務提供契約の成立を考察する上で用いる用語について整理しておく。第2節でも示してきた通り，本稿では，contract of service を雇傭契約とし，contract of employment を雇用契約と訳す。制定法上の定義によればこれらは互換的であり，イギリスの学者も特に区別してはいない。本稿が訳し分けるのは，裁判例で contract of service の方がより頻繁に用いられることと contract of service という用語が古くから用いられてきた概念であることを意識していることによる。
　また，本稿では，contract of service と対比されてきた contract for services を請負その他の労務提供契約と訳し[66]，contract for services の下で労務を提供する self-employed を「自営業者」とし，employment を原則として「雇用」，それでは不十分な場合に「使用」あるいは「労働」[67]と訳す。
　さらに，本研究では，雇傭契約と「労働者の契約」を，まとめて「労務提

---

[66] 小宮文人教授（『現代イギリス雇用法』〔信山社，2006〕67頁）は，contract of service を「雇傭契約」，contract for services を「非雇用的労務契約」と訳し，林和彦教授（「労働契約の概念」『労働契約の法理論』〔総合労働研究所，1993〕87頁）は，前者を「雇用契約」，後者を「その他の労務契約」とし，國武英生講師（「イギリスにおける労働法の適用対象とその規制手法」日本労働法学会誌108号184頁〔2006〕）は前者を「役務契約」，後者を「労務供給契約」とし，岩永昌晃講師（「イギリスにおける労働法の適用対象（一）（二・完）」法学論叢157巻5号56頁・158巻1号72頁〔2005〕）は前者を「雇用契約」，後者を「請負契約」とする。

[67] employment という用語は，イギリスでは雇用契約のもとで労務提供をする被用者についてだけでなくそれよりも広い「労働者の契約」のもとで労務を提供する者についても用いられるため，雇用の訳だけでは後者の契約のもとでの就労形態に対応できない。そこで，本研究では，employment が雇用契約に基づくものよりも広い範囲の就労ないし就労形態をさすときには，employment を労働と訳すことにする。ただし，先に見た差別禁止法におけるように，労務受領者が労務提供者を使用ないし利用するという意味でつかわれるときには，労働という言葉では意味が把握しづらい。そのような場合には，雇用契約に限られないという意味で「使用」という言葉を用いる。

供契約」と称することとし，労務を提供（労働）するものを「労務提供者」，労務提供を依頼または受領するものを「労務受領者」という。

なお，「奉公人（servant）」という表現は，被用者（employee）についての昔の言い方である[68]。

第3節　事実審と法律審

最後に，労務提供契約の成否が争われるイギリスの雇用審判所等の各審級における管轄について説明する。

第1款　裁判管轄

本研究は，制定法の適用をめぐって当事者間に雇用契約等の労務提供契約が存在するか否かが争われた裁判例を検討する。そして，その紛争に関する審級は，労使審判所（Industrial tribunal―現在の雇用審判所〔Employment Tribunal〕の前身であり，1998年に名称変更されて雇用審判所となる[69]），雇用控訴審判所（Employment Appeal Tribunal），控訴院（Court of Appeal），貴族院（House of Lords―現在は最高裁判所〔Supreme Court〕）という順である[70]。そして，労使審判所（雇用審判所）とその上級審には，重要な管轄の違いがある。すなわち，雇用控訴審判所の管轄は，法律問題に限られることが雇用審判所法により定められている[71]。つまり，事実に関する判断は労使審判所（雇用審判所）が管轄を独占し，労使審判所（雇用審判所）の事実に関

68　Simon Honeyball, *Employment Law* (13th ed.) (OUP, 2014), at para. 2.1.

69　Employment Rights (Dispute Resolution) Act 1998, s. 1 (1).

70　Employment Protection (Consolidation) Act 1978, s 136 (1); Employment Tribunals Act 1996 (c. 17), s. 21; Supreme Court Act 1981 (c. 54), ss. 15, 16; Appellate Jurisdiction Act 1876 (c. 59), s. 3; Constitutional Reform Act 2005, s. 40.

71　Industrial Tribunals Act 1996, s. 21. 1971年労使関係法第114条1項において，1963年雇用契約法，1965年剰員整理手当法等についてもこのような裁判管轄の区分が定められ，1978年雇用保護統合法においても，第136条がこの管轄区分を定めていた。また，社会保障法分野については，1965年国民保険法（s. 65）やそれを引き継いだ社会保障法1975年法（s. 94 (1)）が，管轄省の大臣のなした決定について，法律問題についてのみ裁判所に判断を求めることを許している。

する判断について控訴審判所以降の上級審は干渉できない。上級審は法律問題に関してのみ判断することができる。

なお，本研究で扱う多くの紛争例が上記の審級を経て判断されるが，それ以外の場合に，高等法院女王座部，控訴院，貴族院（最高裁判所）という審級を経て判断がなされる場合もある。この場合も，事実問題に関する管轄は，上級審には認められない。

第2款　上訴が許される二つの場合

1　裁判管轄と契約の有無の認定

各審級が有する管轄のため，当事者は，事実に関する問題については，上訴することができない。そして，上訴されている問題が事実に関する問題かどうかの線引きは必ずしも容易ではなく，本研究の扱う労務提供契約の有無についても上訴されている点が事実に関する問題なのか法律に関する問題なのかが議論されてきた。

たとえば，労使審判所において雇用契約の存在を否定された労務提供者が，控訴審判所で以下のように主張したとしよう。すなわち，労使審判所は雇用契約の性質を指し示す指揮命令が欠けていることを非常に重視していたが，先例では指揮命令は考慮に入れられるべき要素の一つにすぎず，労使審判所は他の要素をより重視すべきであった[72]。つまり，労使審判所が考慮すべき他の要素を考慮していない，その点で法律問題に関する誤りがある，と上級審に上訴した。

一見すると確かに法の誤りを上級審に対して主張しているようにも取れるが，このような主張は，結局，労使審判所がどのような事実を当該事案における雇傭契約の認定において重視して判断していたか，という労使審判所の事実認定・評価への批判にも繋がっていく可能性がある。このことから，実際に，問題が上級審の再考の許される法律に関する問題なのか事実に関する問題なのか，ということが激しく争われた[73]。

72　Challinor v Taylor [1972] ICR 129, at, pp. 131, 133.

73　cf. Ferguson v John Dawson & Partners (Contractors) Ltd. [1976] 1 WLR1213; Young &Woods Ltd. v West [1980] IRLR 201 (CA).

2 許される二つの場合

このような雇用契約の認定に関する派生的問題は，次の O'Kelly 事件控訴院判決によって詳しく論じられ決着している。

〔判決①〕 O'Kelly v Trusthouse Forte plc. 事件控訴院判決[74]（1984年）
【事実】 ホテル Y の宴会部門で労務を提供していた配膳人 X らとの間の雇用契約の有無が問題となり，労使審判所は X らと Y との間に雇用契約がなかったとしたが，控訴審判所はその判断を覆し X らの上訴を認めた。そこで，Y が控訴院に上訴。
【判旨】 上訴認容
　Fox 控訴院裁判官は以下のように判示した。
　私は，Edwards v Bairstow 事件貴族院判決において示された原則に従う。同判決において，Roskill 貴族院裁判官は以下のことを明らかにした。すなわち，「裁判所が特別委員会 special commissioner の結論に干渉すべきなのは，委員会が法律に関する問題について誤っているか，あるいはいかなる合理的な審判所が適切に導かれたならば至りようのない結論にたどりついているということが示された場合のみである。」[75]
　John Donaldson 卿記録長官は以下のように判示した。
　上級審には問題を法の問題に蒸留しない限り干渉する権限は無い[76]。
　「いずれの裁判所も法について自らを指示し，それを事実認定をする際適用し，そのように認定された事実に適用する。そのような判断を再考する際，唯一の問題は下級審がそれ自身に与えた法に関する指示を考察することである。判断はその理由を明示されているときもあるが，多くの場合にはその判断は推論されなければならない。これが上級審にとって誘惑の点である。上級審が胡散臭さや本能的な反感を抱くのも尤もで，その結果異なる結論に至るであろう。しかし，上級審が肝に銘じておくべきは，それは，事実が異なるように認定された，もしくは重視されるであろうと上級審が考えるから起こりうることである。好みに合わない場合もあろうが，上級審は提示された事実の結論を忠実に（loyally）受け止め，かつ，その結論を受けとめつつ，上級審は，干渉する前に，法律に関する問題についての誤った指示が存在したということに満足しなければならない。法に関する指示が表明されない限り，上級審は……，どのような適切な審判所も法に関する重要な事柄について適切に自らを指示していれば，上訴されている結論に至る

74　[1984] 1 QB 90 (CA).
75　Ibid., 121.
76　Ibid., 123.

ことは無かったであろうという場合に限り，そのように満足することができるのである。これは上訴側の非常に重い責任である。」[77]

　法の意味を解釈することは法の問題だが，その適用は様々に状況の異なる日常の事実に帰着する。「この意味で，しかし，この意味においてのみ，その結論は事実の結論である。より正確には，それは法についての結論だが，全体として事実の結論に依拠するものなのである。」[78]

　ある契約が雇用のそれであるかそれとも請負その他の労務提供契約のそれであるかを判断する際に適用される基準は純粋な法の問題であり，事実への適用もそうである。「しかし，それらの事実を認定するだけでなく質的に一定の制限（抽象的に定義することはできないが）の中でそれらを評価するのも，事実に関する権限をもつ審判所なのである。……それらの認定とその評価は正しい法的解答を示唆している。」[79]

　以上の判旨の趣旨はこうである。すなわち，労務提供契約の認定の問題は，法律に関する問題である。しかしながら，その答えは程度と事実の問題を巻き込んでおり，次の二つの場合のほか，上級審に干渉する権限はない。一つは，労使審判所が法において自らに誤った指示をなした場合，他の一つは，その判断が関連の事実に基づいて自らを適切に指示する労使審判所であれば至りようのないような判断である場合である。そして，第一の法についての指示の誤りは，基本的に適用される法の内容自体の誤りを意味し，かなり明白な場合と解される。また，上級審は労使審判所（雇用審判所）による特定の事実の認定や労使審判所がその事実に対してなした評価について再考は許されない。したがって，第二の場合として，上級審には，事実審により認定された事実を材料として，そこからはどうしても導けない結論が出されている場合にのみ干渉が許されることになる[80]。

77　Ibid.
78　Ibid., 124.
79　Ibid.
80　Lee Ting Sang v. Chung Chi-Keung [1990] 2 WLR 1173 (P.C.).

第4節　契約の有無の判断内容と考察手順

第1款　客観的内容と主観的内容

　第2節第3款で示した契約の成立場面における契約解釈の存在を前提に，本研究が明らかにしようとしているわが国の労働契約の成立の客観的内容と主観的内容に対応させると（序章第6節第2款3），本部でのイギリス労働法における労務提供契約の成立の内容は大まかに二つに分けて考えることができる。

　先述の判断過程（契約解釈）において，裁判官らは，当事者によって形成された権利義務関係を認定し，そのような権利義務関係を一定の基準（たとえば雇傭契約に関しては，指揮命令基準〔後述〕）に照らして，当事者間に形成された権利義務関係が一定の労務提供契約の関係のものといえるかを判断する。この作業の中では，二つの作業，すなわち，権利義務内容という判断材料の収集と，判断材料を評価するための判断基準の設定，という作業が存在する。今，これらの作業を，労務提供契約の成立という法的事実の構成内容という視点から捉えると，二つの内容から労務提供契約の成立という法的事実が構成されているということになる。すなわち，一つは，権利義務の認定という作業によって構成される内容が，当事者によって構成される権利義務というという意味で主観的な内容となっている。もう一つに，その材料を一定の種類の契約の性質として括りだす判断基準が存在し，これもまた労務提供契約という法的事実を構成しているのである。比喩的になるが，幾つもの権利義務（主観的内容）があって，それを一定（一定の種類の契約）のものとして纏めておく輪ゴムのようなものとして判断基準（客観的内容）が存在する。このように，労務提供契約の成立という法的事実は，当事者が構成する「主観的内容」と，法が提供する基準という「客観的内容」との，両方によって成り立っていると考えられる。

第2款　本章の考察順序

　こうして労務提供契約の成否という法的事実の構成を捉えるとき，本研究

の観点からは，当該法的事実の解明は，ひとまず，二つの内容を解明するものとしてなされることが便宜である。つまり，主観的内容と客観的内容の解明である。本書では，序章で示した問題関心から労務提供契約の成否の内容に迫る。そこで，本部においては，上記の主観的内容と客観的内容とを区別し，まず，客観的内容の解明に努める（第2章～第4章）。その後，主観的内容についての考察を行う（第5章）。より具体的に言い換えると，契約解釈の場面で最終的な判断基準となる契約の成立要件と契約の性質に関する基準についてまず考察し，その後，そのような判断基準に照らして評価されることになる事実の収集（権利義務の認定）の仕組みを考察していく。

第2章　契約の成立要件(1)——約因

　第1章第2節で示したように，イギリス労働法において法適用のメルクマールとなっているのは，雇傭契約（contract of service）と「労働者の契約（worker's contract）」である。イギリスでは，これらの契約の認定にあたって，まずは，「義務の相互性」の存在が要件となる。そして，この「義務の相互性」の位置づけは，裁判例の流れの中で変化してきた。議論を先取りすると，1980年あたりから，「義務の相互性」という言葉が裁判例に現れ，それは，当初雇傭契約の「契約の性質」の問題として認識されていた。しかし，その後，「契約の性質」とは問題の位相が異なる契約の成立要件の問題，すなわち，約因の問題へと位置づけを変化させていく。本章では，このような「義務の相互性」の位置づけの変化を明らかにし，「義務の相互性」の意義を把握する。そして，このように雇傭契約の「義務の相互性」についての位置づけを確定した後（第1節・第2節），さらに「労働者の契約」についての「義務の相互性」の内容を考察し（第3節），その後，「労働者の契約」に関する「義務の相互性」（約因）の理論展開を見る。そして，約因として求められる義務の拘束性の程度（第4節）を考察し，その後，本章における考察をまとめる（第5節）。

第1節　契約の性質としての登場

　「義務の相互性」が裁判例において盛んに議論されるようになったのは，1980年代あたりからである。それは，本書が考察対象とするイギリス労働法の適用決定のための雇傭契約の認定に関し判断した裁判例において頻繁に議論されるようになった。
　ここで，雇傭契約の認定の仕組み全体を概観し，本章で扱う「義務の相互性」の考察の位置づけを示そう。第1章で紹介したように，制定法は権利を「被用者」などの法主体に対して付与し，その法主体を「雇傭契約」といった契約類型によって定義している。したがって，ある制定法上の権利が契約

の他方当事者に対して労務を提供する者（労務提供者）に認められるかどうかは，その者と他方当事者（労務受領者）との間に典型的には雇傭契約の存在が認められるか，によって決定される。現在，コモン・ロー上，雇傭契約の認定において，主として四つの基準ないし要件が重視されている（第4章も参照）。それは，「指揮命令」（control）[1]，「統合性」（integration）[2]，「経済的現実」（economic reality）[3]，そして「義務の相互性」（mutuality of obligation）である[4]。しかし，これらの基準ないし要件は，雇傭契約の認定の場面で，認定の基準として最初から出揃っていたわけではない。それらは，雇用契約の認定にあたる裁判官らが，当初，単独・支配的な基準と位置づけられていた「指揮命令」基準の基準としての単独性・支配性を否定するあるいは批判する形で，つまり，「指揮命令だけではなく他の事柄も考慮できる」，として見出してきたものである。そして，そのようにして雇傭契約の認定が考慮要素を限定しない総合判断となる中で，「義務の相互性」も一つの考慮要素（契約の性質）として現れた。

　以上の流れの中で現れる「義務の相互性」の登場の経緯とその位置づけの推移を知ることは，本章の目的である「義務の相互性」の意義を把握する上で欠かせない。そこで，以下，どのように「指揮命令だけではなく他の事柄も考慮できる」ということが言われるようになったのか（第1款），次に，

---

[1] 労務の遂行の仕方について当該労務を提供する者が労務を受領する者の指示に従うものであるのか，という基準。Yewens v. Noakes (1880) 6 Q.B. 530 におけるBramwell 控訴院裁判官の有名な定義では，「使用人（servant）とは，その者がその者の労務（work）の遂行方法につきその者の使用主（master）の指揮（command）に服する者」とされている（Ibid. 532-533）。

[2] 労務を提供する者が，受領する者の事業の一部として使用されており，かつ，その者の労務が当該事業の不可欠な一部としてなされているか，という基準（Stevenson Jordan and Harrison Ltd. v Macdonald and Evans [1952] 1 TRL 101）。

[3] 労務を提供する者が，自らの計算において事業を営むものとして労務を提供しているか，という基準。Market Investigations Ltd. v Minister of Social Security [1969] 2 Q.B. 173

[4] これらの基準の登場と内容については，林和彦「労働契約の概念」秋田成就編著『労働契約の法理論―イギリスと日本―』（総合労働研究所，1993）77頁，岩永昌晃「イギリスにおける労働法の適用対象者（一）（二・完）」法学論叢157巻5号56頁・158巻1号72頁（2005），國武英生「イギリスにおける労働法の適用対象とその規制手法」日本労働法学会誌108号184頁（2006）も参照。

そこからどのように雇用契約の判断が総合判断化し（第2款），そして，そのような判断枠組みの変化の中でいかにして「義務の相互性」の基準が出現したのか（第3款）をみる。

第1款　指揮命令基準以外の基準の可能性

　雇傭契約の認定において，従来，決定的な判断基準として，指揮命令（control）基準が存在するものと受け止められがちであった。しかし，ある判例が明確に雇傭契約の認定の基準には「指揮命令だけではなく他の基準もある」ということを打ち出す。それが，雇傭契約の認定に関するリーディングケースである Ready Mixed Concrete v Minister of Pensions & National Insurance 事件[5]（以下「Ready Mixed Concrete 事件」という）である。

〔判決①〕　Ready Mixed Concrete v Minister of Pensions & National Insurance 事件高等法院女王座部判決（1968年）[6]
【事案の概要】　生コンクリートの製造販売会社Xは，運搬業務の一部を，傭車運転手Aと，Aが独立契約者である等とする詳細な書面契約のもとで行っていたところ，年金・国民保険大臣Yが，Xは，1965年国民保険法3条に基づきAの使用者として，保険料を支払う義務があるとし，これに対してXが大臣に不服申立をしたところ，大臣は申立てを棄却する決定をなした。そこで，Xが，同法65条に基づき高等法院女王座部に上訴した。
【判旨】　上訴認容・決定取消し
　MacKenna 裁判官は，以下の判断を示した[7]。
　「雇傭契約は，以下の三つの要件が満たされる場合に，存在する。(i)奉公人が，賃金その他の報酬と引換えに，その者がその者の雇主のために何らかの労務の履行において自らの労務（work）と技術を提供することに同意する。(ii)奉公人が，明示であれ黙示であれ，当該労務の履行において，その者が他方当事者を雇主とする十分な程度の他方当事者の指揮命令に服することに同意する。(iii)その他の契約規定が，当該契約が雇傭契約であることと，整合的である。
　(i)と(ii)については多言を要しない。

5　[1968] 2 Q.B. 497
6　[1968] 2 Q.B. 497.
7　Ibid., at 515-517.

(i)について。賃金その他の報酬がなければならない。そうでなければ約因（consideration）がなく，約因なくしてはいかなる種類の契約も存在しない。当該奉公人はその者自身の労働（work）と技術を供給することが義務づけられていなければならない。」

　　　（中略）

「第三のかつ消極的な要件が，私の意図としては，重要な要件である。私は，私が，雇傭契約の性質（nature）と不整合な規定ということで，何を意味しているのか説明する」。

　　　（中略）

「他方当事者が指揮命令に服して労務を提供する義務は，必ずしも十分とは言えないが，雇傭契約の必要条件である。当該契約の条項が全体として他の種類の契約ならば，当該契約は何らかの他の種類の契約であろう……。裁判官の仕事は，当該契約を分類すること（to classify）である（〔つまり〕労務（work）や労働（labour）の契約から，売買契約を区別する仕事のようなもの〔である〕）。裁判官は，その際，指揮命令に加えて，他の事柄も考慮できる。」

　以上の判断において注目すべき点は以下である。
　①指揮命令基準の相対化が重要である。すなわち，指揮命令基準が，雇傭契約の重要ではあるがあくまで一つの性質として捉えられている。このことは，第三要件（消極的要件）が，雇傭契約の性質に関するものとして位置づけられていること，そして，指揮命令基準が充足されていても第三要件が充たされないことによって，雇傭契約の存在が否定される，つまり，指揮命令の要件と第三要件が質的に同じ土俵に存在することが示されていることからわかる。この意味で，指揮命令という基準（契約の性質）は，その雇傭契約の判断基準としての単独性・支配性を否定され，相対化された。
　次に，②「裁判官は，その際，指揮命令に加えて，他の事柄も考慮できる」とされたため，指揮命令基準以外の他の基準にも雇傭契約の認定にあたって活躍する途が開かれた。ここに，後の裁判官らは，当該契約が雇傭契約であるかどうかを判断する際に，「指揮命令」に縛られずに，当該判断のための他の基準を定立し基準に合致する事実を検討できる先例の基礎を得ることになった[8]。
　最後に，本章が「義務の相互性」の意義に着目することから重要となってくるのが次の点である。すなわち，③MacKenna裁判官の三要件の定式に

おいて，約因が第一の要件に挙げられている点である。そこでは，(ii)や(iii)についての言及よりも前に，「約因なくしてはいかなる種類の契約も存在しない」として，契約の「性質」ではなく，契約の「存在」が問題とされていたのである。

第2款　総合判断への移行

　MacKenna 裁判官の三要件の定式の登場以降，雇傭契約の認定に用いられる基準が多様化していく。そして，その多様化の中で「義務の相互性」という要件が登場するのである。

1　基準の併存

　ところで，MacKenna 裁判官の雇傭契約の認定定式は，三要件から成り，それらには一定の序列を認めることができる。すなわち，約因がなければいかなる契約も存在し得ないというのであれば，全ての要件の中で，約因の要件の充足は第一のものとなるはずである。次に，指揮命令は「必要条件」とされていたから，この要素がない場合は，三番目の消極的要件が充たされていても意味はなく第二要件から第三要件へと判断を進める必要はないだろう。このように，一番目，二番目，三番目，という要件の序列が存在した。

　しかしながら，このような認定定式における要件の序列は，その後，MacKenna 裁判官の定式を基礎として雇傭契約の認定が総合判断化するその流れの中で崩れていったのである。このことが，「義務の相互性」の要件の登場のあり方に重要な影響を与える。そこで，そのような認定の総合判断化を推し進めた Market Investigations Ltd. v Minister of Social Security 事件（以下，「Market Investigations 事件」）高等法院女王座部判決を次に考察しよう。

〔判決②〕　Market Investigations Ltd. v Minister of Social Security 事件高等法院女王座部判決[9]（1969年）

8　See. C. D. Drake, 'Wage-Slave or Entrepreneur?' 31 (1968) MLR 408, at p. 423; Brian Napier, 'The Contract of Employment' Chapter 12 of Roy Lewis (edn.) *Labour Law in Britain* (Basil Blackwell, 1986), at p. 336.

【事実の概要】 市場調査を業とする会社 X は，調査人名簿を作成し，必要に応じて当該名簿上の者に連絡を取り，調査人として X の調査業務を遂行することを依頼していた。A は，X の調査人として X に指示された調査を遂行し X から報酬を得ていた。社会保障大臣 Y が，A が1946年国民保険法等における雇用される者（employed person）に該当する，すなわち，A が X との雇傭契約の下で労務を提供しているとした。X が Y の決定を不服として高等法院女王座部に上訴。高等法院では，A と X との間の契約が雇傭契約であったか請負その他の労務提供契約であったかが争点となった。

【判旨】 上訴棄却

Cooke 裁判官は，以下のような判断をした[10]。

Ready Mixed Concrete 事件高等法院女王座部判決等「のそして他の近年の裁判例をもって，私自身は先例についての長い回顧に乗り出すことはしない。……契約が雇傭契約として分類されうるために充足されなければならない第一の条件（condition）は Ready Mixed Concrete 事件で MacKenna 裁判官によって述べられたものであること，すなわち，A が何らかの形態の報酬と引き換えに，その者がその者自身の労務と技術を B のための何らかの労務の遂行において供給することに同意するということである……。しかしながら，この条件が充足されることでは十分ではない。さらなる基準（tests）が，当該契約の性質や規定が全体として，当該契約が雇傭契約であるということと整合的か整合的でないか（consistent or inconsistent）を決定するために適用されなければならない。

私は，かつては労務（work）の遂行において B が A に行使できる指揮命令の範囲と程度が決定的な要素であるとする考え方があったと言うことが適当であると考える。しかしながら，そういった指揮命令の範囲と程度の分析それ自体は決定的でないことは長く明らかであった。

　　　　（中略）

指揮命令が決定的な基準でないなら，そうすると他の重要な考慮要素は何であろうか。この問いに対して何らの包括的な答えも与えられてこなかったが，多くの裁判例に手がかりを見出すことができる。」

三つの裁判例[11]における判断を参考にすると，「適用されることとなる基本的な（fundamental）基準は次であることが示唆される。すなわち，『それらの労務を遂

9　[1969] 2 Q.B. 173.
10　[1969] 2 Q.B. 183-185.
11　Montreal v Montreal Locomotive Works Ltd. [1947] 1 D.L.R.161; Bank voor Handel en Scheepvaart N. V. v Slartford [1953] 1 Q.B. 248; United States of America v Silk (1946) 331 U.S. 704.

行することに従事している者が自己の計算において事業に携わる者としてそれらを遂行しているのか』。……完全なリストは編集されていないしおそらく完全なリストはその問いの決定に際して重要な考慮点に関して編集されえず、特定の事案において様々な考慮点が有するべき相対的な重要性についての厳密な法則を設定することもできない。言えることのせいぜいは、指揮命令は疑いなくいつも考慮されなければならないが、指揮命令はもはや唯一の決定的な要素（factor）として考えられえないということである。」[12]

　Cooke 裁判官の新たな基準（経済的現実 economic reality と称される[13]）の定立は間違いなく Ready Mixed Concrete 事件の MacKenna 裁判官の判断の影響の下になされているといえよう。
　しかし、重要なことに、その判断枠組みの構造に微妙な違いが認められる。まず、Cooke 裁判官は、上記のように、MacKenna 裁判官の第一要件（約因）を確認する。ここまでは、MacKenna 裁判官と変わりはない。ところが、次から細かく見ると、MacKenna 裁判官の示した判断枠組みと決定的な違いを有しているのである。すなわち、そのように述べた後、これ（約因）だけでは十分でないとして、「さらなる基準（tests）が、当該契約の性質や規定が全体として、当該契約が雇傭契約であるということと整合的か整合的でないか（consistent or inconsistent）を決定するために適用されなければならない」とし、さらに、「指揮命令」が決定的でないことを説いて、経済的現実基準と称されるようになる基準を定立する。しかもこの基準は、「基本的な基準」とされているのである。
　以上の判断枠組みでは、第一要件を除くと、雇傭契約との「整合」性が問題とされるということになり、その「整合」性という位相において「指揮命令」と「経済的現実」という基準が配置され、判断枠組みの全体が成り立つことになる。
　ところが、これに対して、MacKenna 裁判官の定式の場合には、指揮命令基準は整合性の要件とは別個に立てられ、前者が第二要件、後者が第三要件とされ、両者の間には一定の序列が存在した。しかしながら、本判決では、

12　[1969] 2 Q.B. 173, at 184-185.
13　S. Deakin and G. S. Morris, *Labour Law* (Hart Publishing, 2012), at para. 3. 28 (p. 162).

「指揮命令」と「経済的現実」という基準は，ともに雇傭契約との「整合」性を決する重要な要素として質的に同じ位相（雇傭契約との整合性という位相）で，つまり，MacKenna 裁判官の定式の第三要件の言葉の下で指揮命令基準と経済的現実基準が出てきている。たしかに本判決でも「指揮命令」基準は必ず考慮されるべきとされるなど一定の優先性を認められているのであるが，「指揮命令」と「経済的現実」の基準が，雇傭契約との「整合性」という位相において併存するものとして捉えられたという点は，後の裁判例の展開と義務の相互性の登場の経緯を理解する上で非常に重要である。

　こうして，本判決において，MacKenna 裁判官の定式においては比較的序列が明確であった三要件のうち，二番目と三番目の要件が，雇傭契約との「整合性」という位相で並べて捉えられた。この意味で，Cooke 裁判官の総合判断は，MacKenna 裁判官の定式の構造を微妙に変化させ[14]，雇傭契約の有無の判断の総合判断化をさらに推し進めるものであった。

2　総合判断の定着

　1で示したように，Cooke 裁判官は，MacKenna 裁判官の定式の構造を微妙に変化させた上で，「基本的な基準」として経済的現実基準を明確な形で定立した。そして，後の判決では，むしろこの Cooke 裁判官の判断の影響の下，雇傭契約の認定の基準が指揮命令だけではないことが声高に主張され，様々な考慮要素を指揮命令と併存させる判断が試みられたのである。たとえば[15]，以下のように，現在において基準の一つとして認知されている統合性基準も，指揮命令基準等と併存する基準として捉えられていることが確認できる。

　先の Ready Mixed Concrete 事件高等法院上王座部判決より前に，実は，ある事件の判断のために Denning 控訴院裁判官により統合性基準が示されていた[16]。それは，「雇傭契約の下では，ある者が当該事業の一部として使

14　MacKenna 裁判官と Cooke 裁判官の判断における指揮命令の重要性が異なるものであることを指摘するものとして Wanner Holidays v Social Services Sec. [1983] ICR 440, at 454.

15　See also. Global plant Ltd. v Secretary of State for Health and Social Security [1971] 3 W.L.R.269, 277-279; Wickens v Champion Employment [1984] ICR 365, 368-369.

われており，かつ，当該労務提供者の労務が当該事業の不可欠な（integral）一部としてなされている」[17]かどうか，というものである。そして，Denning控訴院裁判官は，この基準を示す際に，指揮命令基準が必ずしも普遍的に適切な基準でないことを指摘していた。しかし，この基準の定立が，Cooke裁判官の判断手法のように後続の裁判例に影響を与えたことは確認できず，むしろ，Cooke裁判官の判断の影響の下で，再度，指揮命令基準等と並べられて一つの基準として位置づけられている。そのことを示すのが，次のBeloff v Pressdram Ltd and another事件大法官部判決のUngoed-Thomas裁判官の判断である。

〔判決③〕　Beloff v Pressdram Ltd 事件大法官部判決[18]（1973年）
【事実の概要】　A新聞社の記者Xは，社内でもA社新聞を代表するような地位にあり同紙の編集にも深くかかわる地位にあった。また，Xは，他のジャーナリスト同様，放送業に携わり，テレビに出演し，執筆活動をしていた。他方で，Xは，A社にフルタイムで労務を提供し，A社から給与を支払われていた。他社YによりA社誌上のXの覚書きが転載されたために，XがYに対して著作権の侵害による損害賠償を求めて大法官部に提訴した。1956年著作権法第4条の規定から，Xが当該覚書きの著作権を有するか否かに関し，当該作品が雇傭契約の下での労務提供の中でなされたか否かが問題となり，A・X間の雇傭契約の有無が争点となった。
【判旨】　請求棄却
　Ungoed-Thomas裁判官は，先に紹介したCooke裁判官の判示部分を引用した後に以下のように判断した[19]。
　「被用者の労務（work）に対して要求される技術が高まれば高まるほど，当該被用者が雇傭契約の下にあるかを判断する際，指揮命令は重要でなくなる。指揮命令は，状況に従ってその重要性が変化する多くの要素のうちの一つに過ぎない。Xのような高度な技術を要する仕事において，それは実質的に重要ではないと思われる。先例から現れる基準は，Denning控訴院裁判官が述べたように，一方で当

16　Stevenson Jordan and Harrison Ltd. v Macdonald and Evans [1952] 1 TLR 101 (CA).
17　Stevenson Jordan and Harrison Ltd. v Macdonald and Evans [1952] 1 TLR 101 (CA), at 111.
18　[1973] 1 All ER 241.
19　Ibid. 250.

該被用者が当該事業の一部として使用され，そしてその者の労務が当該事業の不可欠の部分であるか（統合性基準―引用者），……あるいは，〔Market Investigations 事件で〕Cooke 裁判官が明らかにしたように，当該労務が自己の計算により事業に携わる者の地位においてその者によりなされたのか（経済的現実基準―引用者），である」。

このように，雇傭契約の認定において，「指揮命令」は「多くの要素のうちの一つに過ぎない」とされ，その上で，「経済的現実」や「統合性」もその他の基準として並立させられている。このように「指揮命令」は，基準としての地位を相対化され他の基準と並置させられた。

第3款　総合判断の中の義務の相互性

　本章の主たる考察対象たる「義務の相互性」も，上記の総合判断化の定着の中で一つの考慮要素として現れた。ただ，「義務の相互性」が議論されるようになった背景には，イギリス労働法に独特な権利資格要件の存在と，同国における就業形態の存在がある。そこで，「義務の相互性」が登場する判例の検討の前に，以下ではまずこれらの点について説明する。

1　問題の背景
(1)　継続性を前提とする権利

　「義務の相互性」が裁判例に現れた背景には，イギリス労働法に独特の権利構造がある。すなわち，制定法上被用者や労働者に認められる権利の中には，当該労務提供者が被用者等と認められても，さらに，雇用契約に基づく雇用の継続性と長さが権利の資格要件となるものがある。本研究に関連するものでは，労働条件記述書についての権利，不公正に解雇されない権利，剰員整理手当についての権利が挙げられる。これらの権利に関しては，権利の要件として，それぞれ，1か月，1年（2012年4月6日より2年），2年といった法の定める期間の雇用の継続性（continuity）が存在することが要求される[20]。たとえば，1996年雇用権法1条に定められる労働条件記述書の権

20　ERA1996, s 198; ERA 1996 s. 108 (1) and SI1999/1436, art. 3.; ERA 1996, s. 155.

利の場合は，同法198条が「第1条から第7条は，その者の雇用が1か月を超えて継続していない場合には，当該被用者に適用されない」と定めている。したがって，労務提供者に労働条件記述書の権利が認められるには，1か月以上継続した雇用が必要とされる。

(2) 雇用の継続性

この雇用（「被用者に関しては，……雇用契約の下での雇用（employment）」[21]）の継続性は，1996年雇用権法であれば，210条以下の規定により算定される。まとめると，継続性は基本的に週を単位として算定され[22]，したがって，同法の規定に従って1週間雇用の継続性が認められない場合は，その週によって雇用の継続性が破られることになる[23]。問題なのは，ある週がどのような場合に継続性の認められる週として数えられるかという点であるが，1996年雇用権法は，週の全体もしくは一部において被用者と使用者の関係が雇用契約によって規律されている（governed）場合，当該週を雇用が継続している週として算入するとしている[24]。ここからわかるように，雇用の継続性も，結局，雇傭契約の存在に依拠している[25]。

(3) 義務の相互性と臨時的労務提供者

以上の制定法上の権利と雇用の継続性の要件との関係で，次のような法の適用に関する問題が生じるのである。まず，1日あるいは1週間といった比較的短期間の労務提供契約の下で働く労務提供者が審判所に制定法上の権利の申立てをしたとしよう。そして，当該権利の要件として，1年（2年）といった一定の期間にわたる雇用の継続性が求められるとする。そうすると，その期間の雇用の継続性の基礎となる雇傭契約の有無が労務提供者の権利の有無の前提問題として争われることになる。

ただ，注意が必要なのは，裁判例においては，当初，「雇用の継続性」の問題としてというよりは，雇用の継続が要求される期間全体を覆う雇用契約の有無の問題として，この要件の充足が議論された点である。この点につい

21　ERA1996 s. 230 (5).
22　ERA1996 s.210 (3).
23　ERA1996 s.210 (4).
24　ERA1996 s.212 (1).
25　Stevean Anderman, 'The Interpretation of Protective Employment Statutes and Contracts of Employment' (2000) 29 ILJ 223, at p. 235.

てはさらに後述するが，なぜそのようになったのかを予め詳しく述べるとこうである。裁判例上頻繁に現れた臨時的 (casual) 労務提供者の場合を例に考える。この就業形態では，労務と賃金との交換が時間軸上に点在している。このような就業形態で労務提供をする者について，制定法上の権利の有無が問題となった場合，労務受領者の側は，労務提供者が自己の「被用者」であることを否定しようとする。これは，労務受領者側で，そのような就業形態で働く者は自己の従業員ではない，と常識的に観念することにもよると思われる。こうして労務提供者を自己の被用者ではないと労務受領者が主張すると，問題は，当該労務提供者が，問題となっている権利の主体といえるか，という点になる。そこで，前述したイギリス労働法における被用者と雇傭契約との結びつきから，当該労務提供者と受領者との間に，雇傭契約が存在したか否か，しかも，問題の権利が雇用の継続性を要件とすると，雇用の継続性の問題もクリアする継続的な雇傭契約が存在した否かが争われることになったのである。このようにして，当事者間の関係が継続的な雇傭契約によるものといえるのか，が多くの紛争において判断されることになった。

(4) 一般合意と個別合意

より具体的に，どのような状況で(3)で述べたような雇傭契約の有無が争われたのか。以下，その点について説明する。

次に説明する二段階の合意の仕組みに起因して[26]，1970年代後半から，臨時的労務提供者の被用者性（雇傭契約の有無）が頻繁に争われるようになった。二段階の合意は，たとえば，給仕[27]，看護師[28]，船員[29]など，様々な職種に就く者と労務受領者との間で締結されており[30]，ある程度普遍的に広がった合意の形態であった。

二段階の合意の仕組みについて説明する。最初に，【図Ⅰ-2-1】にあるよ

---

26 イギリスでは，臨時的労務提供者に関する問題は従前より存在したが，1980年代あたりから使用者がより一貫して法の適用を免れるような形での臨時的労務提供者の使用を図ったとされる (Patricia Leighton, 'Problems Continue for Zero-Hours Workers' (2002) 31 ILJ 71, at p. 74.)

27 McMeechan v Secretary of State for Employment [1997] IRLR 353.

28 Clark v Oxfordshire Health Authority [1998] IRLR 125.

29 Hellyer Brothers Ltd. v McLeod [1987] ICR 526.

30 Patricia Leighton, n. 26 above, at p.74 below.

うに，臨時的労務提供者が，労務受領者との間で，多くの場合書面による一般合意等と呼ばれる合意を締結する。この一般合意には，職務内容や勤務場所，賃金率等が定められている。そして，重要なことに，この一般合意には，労務提供者が仕事の依頼を断る自由や，労務受領者が仕事を依頼しない自由についても規定されている。給仕を例にとると，一般合意は，宴会会場での給仕という仕事内容や賃金率，さらに，両当事者における仕事の依頼あるいは依頼に対する承諾を拒否する自由，といった内容で締結される。

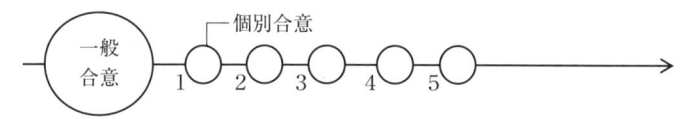

【図Ⅰ-2-1】 一般合意と個別同意

次に，実際の労務提供・受領が行われる際に，当事者は，実際の個別の労務提供・受領に関する個別合意などと呼ばれる合意を締結する。この個別合意では，たとえば給仕がどの宴会会場に行って何時間労務を提供するのか，などが合意される。そして，その後依頼される別の会場については，また別の個別合意が締結され（個別合意2），そして，その後も同様にして個別合意が締結されていく（個別合意3，4，5）。こうして，一般合意と個別合意の二段階の合意の仕組みが完成する。

そして，このような合意の仕組みの下で働いていた労務提供者が，一般合意によって雇傭契約が成立したものとして制定法上の権利の行使を主張すると，次のような問題が生じる。すなわち，一般合意の段階では，両当事者が，労務提供または労務の依頼を義務づけられていない，あるいは法的に拘束されないということが合意されているので，たとえ実態として継続的に個別合意が締結されていたとしても，法的には一般合意のような合意は雇傭契約とはいえない，と労務受領者が主張するのである。その主張は，より具体的には，個別合意と個別合意の合間において当事者を拘束する相互的な義務，義務の相互性（mutuality of obligation）がないというものであった。こうして，一般合意の拘束力の問題として，義務の相互性という要素が問題になったのである。

そして，各判例では，その有無が問題とされた継続的な雇傭契約について

様々な呼称が当てられた。すなわち，グローバル契約（global contract[31]），傘契約（umbrella contract[32]），一般契約（general contract[33]），全覆契約（overarching contract[34]）などである。様々な呼称が用いられるが，これらは全て継続的な雇傭契約の認定段階では法的に曖昧な位置づけにある当事者間の関係を，一時的に呼称するために使用されたものであり，名称の違いに特に意味はない。学説においても，様々に呼ばれる契約を一括して「『グローバル』雇用契約」[35]などとして議論されるようになる。

とはいえ，当事者間で締結された関係全体を覆う合意が「契約」と呼ばれていても，そもそもそれが「契約」と認められるのか自体も争われている。そこで，裁判例の中には，用語の中立を保つために，継続的な契約の成立の判断対象となる関係（とりわけ当事者間で最初に締結される合意）を一般取決め（general engagement）とし，実際に労務の提供と受領（報酬支払）がなされる関係を個別取決め（specific engagement）とするものがみられる[36]。本書では，二段階の契約（合意）の仕組みに関しては，一律に一般合意と個別合意と称することにする。

2　一つの考慮要素としての義務の相互性

1のような事情の下，「義務の相互性」の有無が裁判例で頻繁に判断されるようになった。では，この基準は具体的にはどのように出現したのか。それは，第2款2で確認した雇傭契約の認定の総合判断化の流れの中で一つの考慮要素として現れた。つまり，登場の当初，「義務の相互性」は，先に見た指揮命令や経済的現実といった基準と同様に，契約の性質の位相のものとして登場したのである。

まず，「義務の相互性」が比較的早い時期に議論された[37]Airfix Footwear

31　ex. Hellyer Brosthers Ltd. v McLeod [1987] ICR 526 (CA), at p. 540.

32　ex. Ibid.

33　後掲〔判決④〕【事実の概要】参照。

34　Stevevedoring & Haulage Services Ltd. v Fuller [2001] IRLR 627.

35　Patricia Leighton and Richard Painter, '"Task" and "global" contracts of employment' (Case note) (1986) 15 ILJ 127.

36　McMeechan v Secretary of State for Employment [1997] IRLR 353. 同様にグローバル契約と単発取決め（single engagement）と称するものとして，Clark v Oxfordshire Health Authority [1998] IRLR 125.

事件控訴審判所判決（以下，「Airfix Footwear 事件」という）をみる。

〔判決④〕　Airfix Footwear Ltd. v Cope 事件控訴審判所判決[38]（1978年）
【事実の概要】　Xは，自宅で，Y社の提供する機材と材料を用いて靴を作り，靴の需要量にも影響を受けたが，通常一週間に五日働き，毎日一定の個数の靴を仕上げ，完成させた靴の数に応じてYから週ごとに「賃金」を得ていた。このような就労状況であったところ，YがXに労務を依頼しなくなり，XはYを名宛人として，不公正解雇の申立てをした。これに対して，YはXが自己の被用者であることを否定したが，労使審判所はX・Y間に雇傭契約が存在するとしXがYの被用者であることを認めた。これに対して，Yが控訴審判所に上訴した。

控訴審判所において，Yは，労使審判所の認定事実からは同審判所の出した結論は出てこないと主張した。その中で，Yは，Xが労務を供給する義務と労務提供者が依頼された労務を引き受ける義務という相互的な義務の要素を，指揮命令，統合性，経済的現実の要素と並列的に捉えて[39]，これらの要素がX・Y間の契約には欠けているから，X・Y間に雇傭契約が存在しないとした。さらに，Yは，X・Y間に上記のような義務の相互性がなかったことから「XとYとの間に存在した契約はせいぜいXが働く上での一般的な条項を定めた契約に過ぎず，それは雇用契約ではなかった。」「この種の一般契約（general contract）が存在したならば，彼女が実際に労務をするごとに，彼女は個別の契約を締結することになったのである」[40]と主張した。
【判旨】　上訴棄却

37　Deakin and Morris, n. 13 above (2012), at para. 3.29 (p. 166).
38　[1978] ITR 513.
39　Yは，X・Y間で展開してきた関係全体に関する契約について，「これはYによって労務を供給する義務のない契約である。つまり，Yは労務を供給するかしないかその選択に従ってなすことができた。……Xは，……労務を引き受けるよう義務づけられておらず，Xはいつでも断ることができた。……報酬についての規定（仕事ごとの支払い）が雇傭契約の存在と<u>整合的でない</u>。さらにXは他の者のために自由に働くことができたし，Xの労働時間や労働場所に関して実際の指揮命令がなかった。Xはかなりの（some）財政的リスクを負っていた……。したがって，Xは，実際に自己の計算で事業に携わっていた。Xは指揮命令に服してはいなかったし，組織の一部でもなかったし，裁判例において時々採用されるすべての種類の基準（tests）に従って，Xは雇傭契約における被用者であると審判所によって適切に認定されえなかった」，という趣旨の主張をした (Ibid. 515-516.)。
40　Ibid., 516.

控訴審判所は以下のように判断した[41]。

「会社とある者の間の取決めが他方当事者の意思によって労務が供給されうるそしてなされうるというようなものであれば——言い換えると，会社がその選択に従って労務を供給したりしなかったりできて，他方の者が自分の都合に従って当該労務を承諾したりしなかったりできるというものであれば——<u>これは雇用契約として適切には分類されないというのが尤もである。</u>」

<u>そのような相互的な義務が認められない場合には，実際の労務提供・受領毎に個別の契約が存在し，「全体を覆う取決め（arrangement）それ自体は雇用契約であろうと請負その他の労務提供契約であろうと，労働に関する契約ではない。」</u>

　本判決の判断を見る上で，重要なのは，まず，Yの主張の仕方である。事実の概要からも分かるように，この事件の控訴審判所において，Yは，一般合意（Yの言葉では「一般契約」）と個別合意とが重複して存在する点については特に強い疑問を呈してはいない。その主張は，あくまで雇用契約を判断する様々な基準に照らして，X・Y間に労務の依頼と提供に関する相互の義務の欠如からX・Y間の契約の雇傭契約性が否定される，というものである。

　そして，控訴審判所の判断については，本件における一般合意が「雇用契約として適切には分類されえない」といった表現から，問題とされている相互の義務の欠如ゆえに，本件における一般合意が「契約」として認められないから雇傭契約に分類されないとしているのか，あるいは，本件における一般合意が「雇傭」契約として認められないから雇傭契約に分類されないとしているのか，明確ではない。むしろ，一般合意が「労働に関する契約ではない」としている点からは，他の契約としてであれば一般合意が契約として認められるとしているかのように読める。

　このように，本件控訴審所判決においては，一般合意が「契約」として存在し，さらに，個別の「契約」も存在すると判断されているのか明らかでない。それゆえに，相互的な義務の有無，すなわち，「義務の相互性」という要素が雇用契約の分類の基準として位置づけられているのか，あるいは，継続的な契約が認められるための要件（つまり，契約の成立要件）として問題となっているのかも必ずしも明確ではなかった。

　注目したいのが，「義務の相互性」が現れたとされるこの判決において，

41　Ibid., 516-517.

当事者が自己に有利な雇傭契約の認定基準を主張するという形で[42]「義務の相互性」が問題となってきた点である。さらに，本判決以後もこのような総合判断の考慮要素の一つとして「義務の相互性」が問題とされていくのである[43]。「義務の相互性」についてのリーディングケースとされる[44] O'Kelly 事件の高等法院女王座部判決[45]（以下，「O'Kelly 事件」という）でも，同事件の労使審判所は，「『申立人ら（労務提供者ら）の会社に対する関係には多くの雇傭契約の特質が含まれている。我々の見たところ，欠けているひとつの重要な構成要素（ingredient）が義務の相互性である』」とし，さらに，「『我々は，もちろん，義務の相互性の欠如それ自体は，決定的な要素ではないことは認識しているし，ふさわしい状況では，たとえ労務を供給し遂行する義務が存在しなくても社外労務提供者が雇傭契約の下で労務を提供する被用者として認められうることを認識している（Airfix Footwear 事件控訴審判所判決・後述の Nethermere 事件の控訴審判所判決参照）。それでも，これは我々が評価をなす際にかなりの比重を置いたひとつの要素である』」としたのである[46]。

そして，同事件の控訴院の多数意見の裁判官らは，同事件の労使審判所の判断には基本的に法における誤りや認定事実と結論の不整合が見当たらないことを確認し，労使審判所の判断を肯定している。つまり，同事件においては，「義務の相互性」を雇傭契約の認定の一つの基準・要素と取り扱うこと

42　前注（39）の Y の主張参照。

43　Wickens v Champion Employment [1984] I.C.R. 365, 371（EAT）でも，控訴審判所は，「我々には，使用者の側に仕事を見つける義務がなく，臨時的労務提供者の側にその者についてなされた依頼を承諾する義務がないということは，……通常の雇傭契約における労働（employment）の特徴とあまり整合的でない（quite inconsistent）ように思われる。当該使用者と当該臨時的労務提供者との関係には，継続性という要素（element）と，被用者に対する使用者の配慮という要素が全く欠けているように思われる」，としており，当事者の相互的な義務が「継続性」といった雇傭契約の要素として捉えられている。他に，パートタイム消防士の待機時間に義務の相互性がないことが，「指揮命令」基準の中で検討されていると思われる事例として，Bullock v Merseyside County Council（EAT）[1978] I.C.R. 419。

44　Deakin and Morris, n. 13 above, at para. 3. 29（p. 165）.; Brian Napier, n. 8 above, at p.336.

45　[1984] 1 Q.B. 90（CA）.

46　Ibid., 106. 労使審判所の判決は判例集が存在せず参照できないため，直接の引用ではなく，控訴院による労使審判所の引用を引用している。

について特段議論されていなかったのである[47]。

　以上のようにして,「義務の相互性」も,指揮命令や経済的現実と並ぶ,総合判断化した雇用契約の認定における考慮要素の一つとして現れた[48]。

第2節　契約の成立要件への移行

　第1節では,「義務の相互性」のイギリス労働法における登場をみた。それは,雇傭契約の認定判断における重要ではあるが一つの考慮要素に過ぎなかった。しかし,この要素は,結局,契約の成立要件,すなわち,約因として位置づけられていく。以下では,この位置づけの変化をみる。

第1款　第一要件としての義務の相互性

1　削ることのできない最小限
　「義務の相互性」が約因として位置づけられることの先鞭をつけたのがNethermere事件控訴院判決である。

〔判決⑤〕　Nethermere (ST. Neots) Ltd. v Gardiner 事件控訴院判決[49]
　　　　　（1984年）
【事実の概要】　Xらは,自宅において,Y社提供のミシンとYのトラックにより毎日供給される材料により年少者用のズボンを縫製し,Yから報酬を得ていた。契約上,労務提供者らの就労時間や業務量に関する特段の定めはなく,それらは

47　この後Nethermere事件で「義務の相互性」がそもそも何らかの契約が「存在」したのかを判断するものなのか,当事者間の法的関係の「分類」基準のうちの一つなのかが議論される。そして,同事件で,Kerr控訴院裁判官はO'Kelly事件が「義務の相互性」が契約の「存在」（成立）を判断するものなのか,契約を「分類」するものなのかについて直接議論していないことを指摘している (Netheremere (St. Neots) Ltd. v Gardiner [1984] ICR 612, at.629)。

48　Gwyneth Pitt, 'Law, Fact and Casual Workers' (1985) 101 LQR 217は,次の〔判決⑤〕以前の状況につき,「多くの先例が,義務の相互性が,雇傭契約についてのその他の性質（characteristic）のように,考慮すべき単なる一つの要素であって決定的なものではありえないという見方に立っていた」とする (at p. 237.)。

49　[1984] ICR 612.

第 2 節　契約の成立要件への移行　　　97

労務提供者らに委ねられ，業務量を減らしたい場合はトラック運転手にその旨を告げて減らすことができた。ただし，運転手が X らを訪問する意味があるだけの程度に労務を引き受けることが条件であった。このような事情の下，X らが Y を名宛人として，労使審判所に不公正解雇の申立てをなし X・Y 間の雇用契約の有無が争われた。

　労使審判所は，全員一致で雇傭契約の存在を認めた。ただ，この際，同審判所は，Y には X らに労務を供給する義務がなかったことと，X らにも供給された労務をなす義務がなかったことを事実認定していた。

　Y が控訴審判所に上訴した。Y は，そこで，上記のような「相互的な義務が欠ける場合には法の問題として雇傭契約は存在しえない。なぜならば，相互的な義務はそのような契約の決定的な前提条件（vital pre-requisite）であるといわれているからである」という旨の主張をした[50]。さらに，Y は，先述した Airfix Footwear 事件の控訴審判所判決が，一定の事実から相互的な義務が認められるとしても，雇傭契約が存在するというには義務の相互性が存在しなければならないということを明らかにしている旨主張した。これに対し，X は，「義務の相互性」は，雇傭契約の認定において重要ではあるが，一つの基準または要素にとどまると主張した。

　控訴審判所は，多数意見で，Y の主張を否定し，X・Y 間の雇用契約の存在を認めた。これに対して，Y が上訴し，X・Y 間で控訴審判所におけるのと同様の主張の対立（「義務の相互性」の位置づけについての対立）が生じた。

【判旨】　上訴棄却（Kerr 控訴院裁判官が反対意見を述べた。）

　Stephenson 控訴院裁判官は以下のように判断した[51]。

　「法は何らかの，また，どのような相互的な義務を，雇傭契約が存在する前に要求しているのか。雇傭契約に関する法が，労使審判所が認定していなかった，あるいは，その証拠から推論（infer）できないような，相互的な義務が存在しなければいけないというものであるならば，労使審判所は法律に関して誤った指示をしており，その判断は破棄されるべきである。」

　　　（中略）

　被用者側に要求される義務については，先例において簡潔に明らかにされている。そして，「それは，Ready Mixed Concrete 事件高等法院女王座部判決における MacKenna 裁判官によって展開された。すなわち，

　『雇傭契約（contract of service）は，以下の三つの要件が満たされる場合に，

50　[1983] ICR 319, at 323.
51　[1984] ICR 612, at 622.

存在する。(i)奉公人が，賃金その他の報酬と引換えに，その者がその者の雇主のために何らかの労務の履行において自らの労務（work）と技術を提供することに同意する。(ii)奉公人が，明示であれ黙示であれ，当該労務の履行において，その者が他方当事者を雇主とする十分な程度の他方当事者の指揮命令に服することに同意する。(iii)その他の契約規定が，当該契約が雇傭契約であることと，整合的である。』

……私は，相互的な義務に関する以外，彼が(i)と(ii)について述べていることを引用しない。〔すなわち，〕

『賃金その他の報酬がなければならない。そうでなければ約因が存在せず，約因なくしてはいかなる種類の契約も存在しない。奉公人はその者の労務もしくは技術を提供することが義務づけられていなければならない。』

私（本件 Stephenson 控訴院裁判官—引用者）の判断では，雇傭契約が成立するためには両者に削ることのできない最小限の義務（irreducible minimum of obligation）が必要である。私は先に引用した〔MacKenna 裁判官の判断の〕記述におけるよりもさらに少ないものを最小限の義務として設定し得るか疑問に思う。」[52]

しかし，労使審判所の認定は，義務の相互性を完全に否定しているものではなく，証拠は極めて薄い（so tenuous）が，労使審判所の判断は是認できる[53]。

Kerr 控訴院裁判官は以下のように反対意見を述べた。

「第一の段階においては，問題の『雇用（employment）』に関連して主張されている『被用者』と『使用者』との間に何らかの契約的に拘束力のあるつながり（nexus）が存在することが要求される。……第二の段階は，何らかの拘束力ある契約が存在すればであるが，するのであれば，当該契約関係の性質（nature）を分類または決定すること」が求められる[54]。

（中略）

「本上訴は〔O'Kelly 事件控訴院判決等の場合〕とは異なっている。なぜなら，まず，問われるべき事柄が，第一段階においていくらかの法的拘束力のある『傘』契約について要求されるものが充たされていたかどうかというものであるからであるからであり，したがって，問われるべき事柄が，第二段階において労使審判所に相互的な義務が『雇用契約』つまり『雇傭契約』を生ぜしめるかどうかの検討に入ることが許される前に，労使審判所が一定の相互的な拘束力のある法的義

52　Ibid., 623.

53　Ibid., 624-626.

54　Ibid., 628.

務の存在が必要であるということを考慮に入れていたかどうかだからである。」[55]

「私には，労使審判所が，『基本的な基準』（経済的現実—引用者）とする基準を基礎として二段階目に突入したように見える。……それは，私が決定的な第一段階として述べたもの，すなわち，何らかの拘束力ある契約があるか否かということを決定する点を，考慮に入れていない。それ（基本的な基準—引用者）は，第二段階において求められる契約関係の性質を分類する有用な手段以上のものではないのである。」[56]

以上の判旨で注目されるのは，大きく分けて三点である。

（ⅰ）まず，義務の相互性の位置づけである。「義務の相互性」に関するリーディングケースとされる O'Kelly 事件控訴院判決だけでなく，本判決においても「義務の相互性」の要素が重視されており，その点は明白である[57]。この点に関し，学説も，本判決を受けて，「本判決における多数意見や O'Kelly 事件控訴院判決における Ackner 控訴院裁判官が理解するように，義務の相互性は，雇傭契約か請負その他の労務提供契約のどちらが存在しているのかどうかを決定する際に考慮されるべき一つの要素なのか，それとも，本判決の Kerr 控訴院裁判官の理解するように，ありとあらゆる契約形式に必須のもの（sine qua non）なのか」が明確になっていないと指摘していた[58]。

上記の指摘については，「義務の相互性」が，契約の分類の際の一つの考慮要素として位置づけられるべきか，それとも，いかなる契約についても要求される必須の要素として位置づけられるべきか，という「義務の相互性」の位置づけに関する対立が O'Kelly 事件控訴院判決と本控訴院判決とにわたって存在したことを指摘するものとしては参考になる。しかし，実際のところ，本判決の多数意見の裁判官も，「義務の相互性」の位置づけについて Kerr 控訴院裁判官と認識を共通していると見るのが正しい。以下，その点を確認していく。

まず，反対意見を述べた Kerr 控訴院裁判官は，「何らかの拘束力ある契

55　Ibid., 629.
56　Ibid., 630.
57　Jean Warburton, 'The employment of home workers' (Case note) (1984) 13 ILJ 251, at p. 253.
58　Jean Warburton, n. 57 above, at p. 253.

約」が存在するかどうかの問題として、「相互的な拘束力のある法的な義務」の存在を要求している。約因は、イギリスの契約法において単なる約束と拘束力のある契約とを区別する基準であり、Kerr 控訴院裁判官は約因と明言はしていないが、同裁判官の「相互的な拘束力のある法的な義務」の有無という基準は、約因の有無を問う基準と考えるのが自然である。そして、多数意見の中の Stephenson 控訴院裁判官においても、Reday Mixed Concrete 事件高等法院女王座部判決の MacKenna 裁判官の雇用契約の認定定式の第一要件である約因と、「義務の相互性」とが結びつけられている。そして、Stephenson 控訴院裁判官は、これを、「削ることのできない最小限」と称している。

　以上からして、Kerr 控訴院裁判官も Stephenson 控訴院裁判官も、「義務の相互性」を約因と捉えているものと考えられる。したがって、本件控訴院判決においては、多数意見と少数意見の区別なく、相互的な義務の存在（「義務の相互性」）は契約の成立要件たる約因として位置づけられているといえる。「Nethermere 事件において、全ての控訴院裁判官が、相互的な義務について、それがなければあらゆる場合にいかなる種類の契約も存在しない不可欠のものであると考えたことはたしか」[59]なのである。

　以上のとおり、本判決において、従前 MacKenna 裁判官の雇傭契約の定式の中で第二要件や第三要件の位相（契約の性質の位相）で捉えられていた「義務の相互性」は、第一要件の位相（契約の成立の位相）へと移動した。

　(ii) 次に注目されるのが、契約の成立と契約の性質の区別である。(i)のように、「義務の相互性」は契約の性質の位相から契約の成立の位相へと移動した。このことは、見方を変えると、雇用契約の認定において二つの位相が存在することがある程度意識されるようになったということである。たしかに、本控訴院判決から、位相（契約の成立と契約の性質）を区別すべきことの理由を引き出すことはできない。ただ、契約の成立と契約の性質とがどのように区別され始めたのか、という点が、Kerr 控訴院裁判官の反対意見の中の明快な「二段階プロセス」に見出すことができる。同控訴院裁判官は、第一段階を約因について判断する段階として、第二段階を契約の性質について判断する段階として区別した。このように、同控訴院裁判官は、契約の成立

59　Gwyneth Pitt, n. 48 above, at p. 238.

と契約の性質の段階を明確に分けて見せた。

(ⅲ) そして，その区別の存在と区別の意義の観点から注目されるのが，Kerr控訴院裁判官が約因（義務の相互性）と契約の性質の関連に言及している点である。すなわち，同裁判官は，本上訴で問われるべき問題が，「労使審判所がいくらかの相互的な拘束力のある法的な義務が存在していることが，労使審判所が……第二段階において<u>それらの義務が</u>『雇用契約』つまり『雇傭契約』を生ぜしめるかどうかを検討することが認められる前に，存在しなければならないということを考慮に入れていたか」であるとしていた。ここでは，Kerr控訴院裁判官の理解において，第一段階で問われる相互的な義務は第二段階でも問題になることが示されており，第一段階で問われる相互的な義務と契約の性質を生じさせる義務との重複が認められていることが窺われる。

Kerr控訴院裁判官のこの理解が正しいとすれば，第一段階と第二段階において裁判官の検討対象となる当事者間の権利義務はかなりの程度で重複しているといえそうであるが，それにもかかわらず，Kerr控訴院裁判官は，二つの判断段階を分けたのである。なぜそのように分けたのかというと，各段階において問題とされる事柄＝判断基準が異なるとKerr控訴院裁判官が考えたからである。Kerr控訴院裁判官の頭の中では，検討の対象（義務）は両段階では重複するとしても，第一段階においては，相互的な拘束力ある法的な義務（最小限）の有無が問題なのであり，その問題を判断するための基準が設定されるべきであるのに対して，第二段階においては，経済的現実といった基準による契約の性質（内容）の分類が問題なのであり，その問題を判断するための基準が設定されるべきである，ということが認識されているのである。

もっとも，このKerr控訴院裁判官の二段階プロセスの理論は，同裁判官の意見が反対意見であったことと，また，「義務の相互性」の位置づけが約因として理解されるようになっていく端緒となった本控訴院判決で示されたものであるという事情から，明快な理論とはいえ，確立したものとして捉えることはできない。判断の段階性，そして，「義務の相互性」と契約の性質の相互関係については，「義務の相互性」の位置づけがより明確になった段階における裁判例の分析によるべきであろう。この点については，さらに後に議論する。

2 影響と不明確性の残存

1のように，控訴院判決により，「義務の相互性」は約因に結びつけられた。同判決に従えば，MacKenna 裁判官により第一要件として位置づけられたように，この要素は雇傭契約の認定において，何よりもまずクリアされねばならない決定的な要素となったはずである。たしかに，その後，Nethermere 事件控訴院判決における「義務の相互性」についての理解を共有するものも見られた[60]。しかしながら，依然として「義務の相互性」を指揮命令等と並ぶ雇用契約の認定の一考慮要素とする裁判例も存在した。たとえば，ある控訴審判所判決は，Nethermere 事件控訴院判決を引用しつつ，「労使審判所が取るべき適切な道とは，様々な見出しの下で雇用契約に整合的なまたは整合的でない要素を並べることである」るにもかかわらず，労使審判所が「義務の相互性」という要素のみに依拠して判断したとして，労使審判所の判断を破棄していた[61]。

このような状況で，次の Carmichael 事件貴族院判決は，〔判決⑤〕Nethermere 事件控訴院判決を引用して（〔判決④〕O'Kelly 事件控訴院判決は引用せずに），義務の相互性について述べたのである。

〔判決⑥〕　Carmichael v National Power Plc. 事件貴族院判決[62]（1998年）
【事実の概要】　X らは，Y の前身である A の案内係募集の広告をみて応募し面接を受け，その後，A からの通知と返信用書面を受け取った。当該通知には，就労場所，職務内容，時給の額，就労形態が記載され，この A の申込みを承諾する場合には，返信用書面を A に返信しなければならない旨の記載があった。そこで，X らは，「私は，あなたからの要請に応じた臨時のベースでの発電所案内係としての雇用の申込を喜んで承諾します」と記載された返信用書面に署名して，A に返

60　たとえば，Heller Brothers Ltd. v McLeod 事件控訴院判決は，「Airfix Footwear 事件において明示的に決定されなかったひとつの重要な点は，……〔制定法〕定義の雇用契約（contract of employment）は（それが制定法外の名前である「グローバル契約」もしくは「傘契約」あるいは何か別の名前であろうと），当該関連期間の全期間にわたって存在する相互的な義務がなくても存在しうるか，という点であった。この点に関するあらゆる疑問が Netheremere 事件における〔本控訴院〕の判断によって解決された。……〔本控訴院〕の三人の裁判官ら全員が，雇傭契約を形成するには各当事者に法的に拘束力のある相互的な義務がなければならないということを認めたのである」とする。

送した。なお，募集広告にも，「要請に応じた臨時のベース」の雇用であることが明記されていた。その後，XらはAまたはYに，AまたはYから要請されたとき，断ることもあったが，通常，発電所案内係として労務を提供し前記時給額による支払を受けていた。しかし，勤務時間の増加から，Xらは，労働条件記述書の交付を求めて労使審判所に申立てをなした。同審判所と控訴審判所はXらが通知の権利主体たる被用者であること（X・Y間の雇用契約の存在）を否定したが，控訴院はそれを認めた。Yが貴族院に上訴。

【判旨】原判決破棄

　Irvine大法官は，Nethermere事件控訴院判決のStephenson控訴院裁判官の判断と，他の裁判例のWaite控訴院裁判官の判断[63]とを引用して以下のように述べた。

　「Aの側に不定期の仕事を供給する義務も，Xらの側にそれを引き受ける義務も課されていなかった。したがって，雇傭契約を形成するのに必要な<u>削ることができない最小限の相互的な義務</u>（irreducible minimum of mutual obligation）が欠けていた。」

61　Salih v Vista plc t/a Joe Bananas 1 December 1995（EAT/241/95）. 他に，McMeechan v Security of State for Employment〔1997〕IRLR 353　同事件では，O'Kelly事件の控訴院判決が，「その〔労務提供〕者が自己の計算において事業を営んでいるのかどうかを判断するために」，それ自体で唯一の決定的な要素となるような要素があるのではなく，「当該関係のすべての点を考慮する」判断手法を示しているのだとする。そして，この手法の下で，「相互的な義務という基準」が考慮されるものとされている。すなわち，それが欠けることは，「〔そのような状況ではどのような契約も生じていないと考えられ—Waite控訴院裁判官〕その契約〔雇傭契約〕を否定する強力な指標（pointer）となる」（Ibid. 356）とされている。ここでは，「義務の相互性」の欠如が，契約が存在していないことを意味するから雇傭契約を否定する指標となるとしているが，義務の相互性を法的拘束力ある契約の成立に不可欠のものとしての約因であるという観点から論じていないO'Kelly事件の控訴院判決の手法の下で，あくまで「指標」として「義務の相互性」が捉えられているようにも解され，その位置づけが「約因」としてのものなのか若干曖昧であった。

62　〔1999〕ICR 1226（HL）.

63　Clark v Oxfordshire Health Authority〔1998〕IRLR 125. 同判決は，被申立人の指定する病院の依頼に基づき臨時的に就労していた看護士の傘契約の存在を否定した判決で，関連期間全体において義務の相互性がなければ傘契約が存在しないということを確立した先例として，Netheremere事件控訴院判決を，そしてそれに従った裁判例として Heller Brothers Ltd. v McLeod 事件控訴院判決を引用している（Ibid. 128, 130）。

このように，貴族院は，Nethermere事件控訴院判決を引用しつつ，同判決と同様に，「削ることのできない最小限の相互的な義務」という表現を用いたのである。ここから，貴族院においても，基本的に，「義務の相互性」は契約の成立要件たる「約因」として認識されたと解される。

ただし，このIrvine大法官は，特段，先のO'Kelly事件の控訴院判決（義務の相互性の位置づけが曖昧であった判決）を引用してNethermre事件の控訴院判決との違いを論じるなどしていない。また，それらの判決の違いが同事件の控訴院も含めそれまでの裁判例において明示的に問題となっていたという経緯などもみられない。したがって，本件貴族院判決がどちらの「義務の相互性」の位置づけをとるかを明らかにすることまで意識していたとまではいえない。

第2款　分かれる理解

上記のように，考慮要素の一つとしての「義務の相互性」は，法的拘束力ある契約を成立させる要件としての契約法にいう「約因」として位置づけられるようになっていった。つまり，性質の基準から成立要件へと質的に変化した。しかし，先に述べたように，Carmichael事件貴族院判決は，Nethermere事件控訴院判決の前後の「義務の相互性」の位置づけの変化について明示的に言及していたわけではなかった。そして，判例における「義務の相互性」の位置づけについて，学説はそれを約因として理解するものと契約を分類する基準（契約の性質）として理解するものとに分かれている。

あらかじめ述べておくと，本研究は，次の第3款においてCarmichael事件貴族院判決以後の裁判例を分析し，判例が，現在では，「義務の相互性」を約因として理解しているものと結論する。判例における理解の到達点が明らかになる以上，「義務の相互性」を契約の性質と理解する学説を検討してもあまり意味がないように思われるかもしれない。しかし，「義務の相互性」を契約の性質の位相で位置づける学説と，現在の裁判例とが矛盾していることが示されれば，これまでの裁判例の流れからも位置づけが難しい「義務の相互性」につき，本書の理解の正当性を示すことができる。また，学説間の相違を分析することで，裁判例が契約の成立（約因）と性質（指揮命令の要素等）とを区別したことの意義がより明らかになる。実際のところ，

第 2 節　契約の成立要件への移行　　　　　　　　　　　　　105

　Nethermere 事件で反対意見を付した Kerr 控訴院裁判官は，約因に関する判断と契約の性質に関する判断の材料となる義務が重複していることを指摘していた。このことからも，契約の成立の部分の判断と性質の部分の判断とは，截然とは区別しがたいといえる。だが，やはりそれらは区別できるし，また区別して考えることの実質的意義が存在するのである。

　1　優先問題としての認識
　まず，本書と「義務の相互性」の位置づけの変化についての理解を共有するものが以下である。
　M. Freedland は，『人的雇用契約』という著書[64]で，以下のように「義務の相互性」についての近年の裁判例の流れを分析している[65]。
　まず，O'Kelly 事件控訴院判決が「義務の相互性」という概念に近づき，Nethermere 事件の控訴院判決が，それを人的雇用契約の法において特別の概念として適用した。その特別の文脈において，「労働する，使用する，そして報酬を支払う方式あるいは取り決め一式が，〔会社等の〕継続的な主体との間で雇用契約を構成するには，労務提供者の側に現在あるいは将来における労務提供への，そして雇用主体（employing entity）の側に現在あるいは将来における使用と報酬の支払いへの，性質として契約上のものであると認められるだけの確固とした，継続的なかかわりがなければならない」[66]ということが要求されるようになった。そして，Carmichael 事件の貴族院判決も含めた後続の判決によって，この義務の相互性の要求の展開のために，間歇的・臨時的労務提供者について，実際に労務提供等がない期間について継続的な雇用契約があったとすることが困難であるということが明らかにされてきている。
　「義務の相互性によって，臨時的あるいは間歇的労務提供者の雇用の契約的継続性についての議論を投げかけることは，根本的にその議論の方向を変えている。それは，次第に，臨時的・間歇的労務に向けた取り決めを具体的に示す契約を，雇傭契約としてあるいは請負契約として分類するか，という

　64　M. Freedland, *The Personal Employment Contract* (Oxford University Press, 2006 (first published 2003)).
　65　Ibid., at p. 98-105.
　66　Ibid. at p. 100; see also. footnote 89.

第一の関心からその議論をシフトさせている。義務の相互性という形での議論は，異なった枠組みの，そして確かに理論的には先に来る問を提起するものとしてだんだんみなされるものとなってきた。つまり，それらの取り決めが，そもそも何の種類であれ，継続的な契約（a continuing contract）を生じさせるのか（という問を──引用者）。」[67]

以上の M. Freedland の整理では，「義務の相互性」が，契約の分類という初期の問いからその問いに優先する問い，すなわち，問題となる当事者間の労務の提供・受領に関する取り決めが「そもそも何の種類であれ，継続的な契約を生じさせるのか」という問いを提起するものへと変化していったことが認められている。そして，「義務の相互性」は分類の基準としてではなく，契約の成立の要件として，明確に述べていないが，約因として認識されている。

また，D. Brodie も[68]，裁判例における「義務の相互性」を，約因と理解している。同教授は，「義務の相互性」について，「真の問題は約因が存在するかどうか」[69]であるとした上で，Ready Mixed Concrete 事件高等法院女王座部判決の MacKenna 裁判官の，第一要件についての記述とそれが約因であることを明らかとしている部分を引用する[70]。そして，MacKenna 裁判官のいう第一要件，すなわち，報酬と労務の交換についての合意は，雇傭契約を形成する「削ることのできない最小限の各当事者における義務」[71]を構築するものとして表現されているとするのである。もちろん，この「削ることのできない最小限の各当事者における義務」という文言は Nethermere 事件控訴院判決からの引用である[72]。

2 分類の中の義務の相互性

次に，「義務の相互性」が契約法に言う「約因」であるとしつつも，それを雇用契約の分類基準の説明の中で説明する整理の仕方がみられる。

67　Ibid., at p. 101.
68　D. Brodie, *The Employment Contract* (OUP, 2005).
69　Ibid., at p. 10.
70　Ibid., at p. 10.
71　Ibid., at p. 10.
72　Ibid., at p. 10.

第 2 節　契約の成立要件への移行　　　　　　　　　107

　例えば，Hugh Collins, K. D. Ewing と Aileen McColgan の共著は，「基本合意が使用者の側の労務を供給するという義務と被用者の側に要求された時に労務を提供するという義務を定めるものでない限り，まったく何らの種類の契約を支持する『約因』すなわち『義務の相互性』がない。臨時的労務提供者の立場に関するこの見解は Carmichael 事件の貴族院判決によって確認された」とし，基本的に「義務の相互性」を「約因」と捉えている[73]。しかし，同書では，O'Kelly 事件の控訴院判決と Netheremere 事件の控訴院判決とにおける「義務の相互性」についての意味の違い，雇用契約の認定の問題における位置づけの変化は言及されていない。また，同書は，1996年雇用権法上の「雇用契約の意味はコモン・ローの基準に委ねられ，それは，主として，(a)個別的に労務を遂行するという約束と引き換えに賃金を支払う義務，(b)労務の遂行に使用者の行使する指揮命令の程度，(c)当該組織に当該被用者が統合されている程度，(d)当該労務提供者への危険の分配，を含む諸要素の不確定リストを単に検討するものである」とする[74]。ここでは，「義務の相互性」が最初に挙げられているものの，「義務の相互性」が，「約因」として決定的な考慮要素として挙げられているのか，つまり，どの程度「分類」基準の位置づけから離して捉えられているのかが若干不明確になっている印象を受ける[75]。

73　Hugh Collins, K. D. Ewing, and Aileen McColgan, *Labour Law; Text and Materials* (2nd. ed.) (Hart Publishing, 2005), at p. 157. このような見方は，2012年に出版された同じ著者らによる教科書 (Hugh Collins, K. D. Ewing, and Aileen McColgan, *Labour Law* (Cambridge University Press, 2012)) でも基本的に継続しており，「『義務の相互性』という用語は，混乱を招きがちである。というのは，様々な事案において議論されている問題が何の種類であれ長期にわたる契約が存在するかということであり，その問題が合意と約因に関する契約法の通常の原則を起動させるものだからである。義務の『相互性』という観念は，雇用契約につき人々が思い描く種類の約因の表現である。それは，支払の見返りとしての労働の提供の約束と，それと対応する形での指示に従った労働の遂行の提供である。」とされている (at p. 179.)。

74　Hugh Collins, K. D. Ewing, and Aileen McColgan, *Labour Law; Text and Materials* (2nd. ed.) (Hart Publishing, 2005), at p. 173 (Hugh Collins, K. D. Ewing, and Aileen McColgan, *Labour Law* (Cambridge University Press, 2012), at p. 200でも同様である。)。

3 一つの基準としての義務の相互性

S. Deakin と G. S. Morris は，被用者の認定の文脈において裁判例で言われてきた「義務の相互性」は，むしろ，雇傭契約の独特の要素としての要求であるとしている。

同教授らは，「指揮命令」，「統合性」，「経済的現実」を順に説明し，「『経済的現実』基準の明確性にもかかわらず，近年の裁判所の判決は『義務の相互性』という形で人的指揮命令の一形態に新たな強調を置いている」と，「義務の相互性」の説明を始める[76]。そして，相互性自体は，あらゆる双務契約に必要な特徴であるが，1970年代後半，「義務の相互性」という語句で「一定の期間にわたって存在する雇用関係を維持する相互的なかかわりの存在」という別の意味が雇用法に入ってきたとしている[77]。また，「義務の相互性」の基準の登場が「『経済的現実』という基準を否定し，かつ，雇用の基礎としての形式的な従属性を再び主張する試みとして見られるべきである」[78]としている。ここでは，「義務の相互性」と「経済的現実」とが雇用契約の認定においてそれぞれ対立しうる一つの基準として捉えられている[79]。

この見解においては，「義務の相互性」は，あくまで「指揮命令」の要素を新たに強調し，「経済的現実」の要素の意義を打ち消す，というように，MacKenna 裁判官の認定定式の第二要件や第三要件と同じ，契約の性質（分類）の位相で捉えられ，約因としては捉えられていないといえよう。

---

75 このようにして「義務の相互性」を契約法の「約因」として捉えるものとして他に，Simon Honeyball, *Textbook on Labour law* (13th.ed.) (Oxford University Press, 2014), at p.25. 同書は，「厳格な契約法においては，削ることのできない最低限の義務なくして何らかの契約形態がどうにかして存在しうることを認めるのは困難であり……，そうするとこの要素だけでは必要的区分を引くようには思われないだろう」としている (at pp. 25-26)。

76 Deakin and Morris, n. 13 above, para. 3.29 (p. 164).

77 Deakin and Morris, n. 13 above, at para. 3.29 (p. 164).

78 Deakin and Morris, n. 13 above, at para. 3.29 (pp.167-168).

79 同様に，「義務の相互性」を他の基準と並置して説明するものとして，Davis Lewis and Malcolm Sargeant, *Essential of Employment Law* (9th. Ed.) (CIPD, 2007), at pp.36-37.

4　継続性の要素の位置づけ

2のような理解を1または3のどちらの理解と同一視するかは措くとして、1と3の「義務の相互性」の理解の相違は、「義務の相互性」の内容の理解に重要な違いを生じさせる。

以下、1と3で現れた見解を比較し、その相違を明確にしよう。

(1)　「義務の相互性」の位置づけの理解と継続性の要求

まず、1で紹介したFreedlandは、継続的な契約の成立が認められるには、「義務の相互性」として、労務提供者・受領者間の労務提供や報酬等についての「確固とした、継続的なかかわり」が要求されると理解していた。

これに対して、3で紹介したDeakinらの見解は、雇傭契約の性質の位相で、「一定の期間にわたって存在する雇用関係を維持する相互的なかかわりの存在」を「義務の相互性」の内容として理解していた。

これら二つの見解は、どちらも、継続的な関係性の有無を問題としている。とはいえ、Freedlandの理解においては、それが要求されるのは、問題とされる契約が傘契約とかグローバル契約と称されるような「継続的な（continuing）」契約として成立したと認められるためである。これに対して、Deakinらの見解では、雇傭契約の性質として継続的な関係性の有無を問うものとして「義務の相互性」が位置づけられているので、雇用契約の認定にあたり、契約期間の長短にかかわらず、継続的な関係性の要素の充足が求められることになる。

(2)　短期間の雇傭契約の存在可能性

(1)の見解の相違から気になるのが、短期間の雇傭契約というものの存在可能性である。そのような雇傭契約はDeakinらの見解の場合には認められにくくなるであろう。他方で、Freedlandのような見解をとる場合、短期間の雇傭契約の存在可能性は認められるのであろうか。1に分類したBrodieの以下の分析は、Freedlandが明言していない比較的短期間の雇傭契約の場合について述べている。

Brodieは、まず、「現代の論争は、相互的な義務についての『削ることのできない最小限』を超えて、相互的な義務〔という基準〕が、将来の履行についてもさらに要求するものかどうかについてである」[80]とする。

80　Brodie, n. 68 above, at p. 10.

そして，Brodie は，「削ることのできない最小限」以上のさらなる要求は存在しないという見解の帰結を以下のように説明する。すなわち，この見解に立つとき，「契約の継続性に関する問題は，契約が形成されるか否かという優先的な (prior) 問いに関係がない。〔そして，〕継続性と期間についての問題は，コモン・ローにより別の形で強調されている。例としては，契約が継続的であると考えられるというデフォルト・ルールが挙げられる[81]。このように契約の形成において継続性が関係ないと理解するとき，「全ての雇用契約は，期間が決定的に一時的なものであったとしても，労務と報酬の交換という点で，当該契約の期間について義務の相互性を有するといえる。」[82]

一方，Brodie は，上記と対比される見解，すなわち，将来の履行を「義務の相互性」として要求する見解についての帰結も述べている[83]。しかしながら，その理解は，若干矛盾しているように思われるので[84]，ここでは割愛する。

先述のとおり，Freedland は，「義務の相互性」を契約の存否の位相の問題として捉え，「継続的な契約」の有無の判断に関して，「義務の相互性」の

---

81 Ibid.
82 Ibid.
83 そのような場合，「使用者は，当事者らが継続する関係についてのいかなる法的な拘束的な義務の〔関係に〕入っていないということを証明しようとするであろう。使用者は，労務提供が間歇的になされている場合には，（それが雇用契約であろうとなかろうと）当該労務提供は連続するバラバラの契約によって引き受けられたのだと主張するであろう。『全関連期間にわたって存続し続ける相互的な義務が欠けているため』契約的な継続性が存在しえないと主張されるだろう。」。
84 前注 (83) の場合の Brodie の見解を矛盾なく理解することは困難である。なぜならBrodie が念頭に置いているのは継続的な契約の成立と思われる。ところが，前注 (83) のように，契約の性質の問題として継続性が要求されると理解する使用者が，当該労務提供がバラバラの契約によるものである，つまり，継続的な義務がないから個別の契約が連続するだけだと主張するというのであれば，Brodie の本文で紹介した「義務の相互性」に最小限以上のものを要求しない場合と特に相違はないのである。そこで Brodie の見解が成立の位相で継続的な義務を要求する見解であることから，以上を敢えて矛盾なく理解しようとすると，短期的な契約の成立について義務の相互性として将来の履行を要求するものとして理解されることになる。しかし，短期的な契約の成立に将来に向けた継続的な義務を要求すること自体矛盾しているように思われるのである。

内容として当事者間の「継続的なかかわり」が要求されると理解していた。また，Brodie は，約因たる「義務の相互性」の内容として「削ることのできない最小限」以上に，将来の履行について要求が含まれないとすれば，期間が一時的な場合でも，当該（一時的な）期間中の「義務の相互性」が認められ雇用契約が認められる可能性があるとしていた。つまり，Freedland や Brodie のように，「義務の相互性」を約因として捉えると，認定しようとしている契約の期間の長短に応じて義務の相互性の具体的な内容が変わってくるに過ぎないということがわかるのである。この意味では，契約の成立に関する判断のレベルで，「義務の相互性」を要求したとしても，何ら過度な要件を課すものではないのである。

これに対して，Deakin のように「義務の相互性」を契約の性質の位相で捉えると，雇傭契約として分類されるために，継続的な「かかわり」が要求されるから，短期的な労務提供・受領については，当該労務提供・受領が存在する期間も，雇傭契約としては分類されにくくなるであろう。

このように，「義務の相互性」を契約の成立の位相で捉えるか，あるいは契約の性質の位相で捉えるかで，比較的短期の雇傭契約の存在可能性が肯定されるか，が変わってくると解されるのである。

そして，判例がどちらの立場を採用したかが，第3款における判例の展開をみることで明らかになる。

第3款　約因としての定着

本節ではここまで「義務の相互性」についての Carmichael 事件貴族院判決までの裁判例の流れを分析してきた。しかし，第1款までの判例の状況，また，第2款の学説の状況からしても，Carmichael 事件貴族院判決までだけでは，それが契約法に言う「約因」として裁判例において認識されるようになったと断ずるまでにはいかない。そこで，その後の裁判例をみる。

結論を先に述べると，裁判例においては，約因としての「義務の相互性」の理解が浸透し，一定程度確立してきているといえる。以下に紹介する裁判例は，必ずしも，先に検討してきた臨時的労働者に関するものに限られない。しかし，これらの判決は，裁判所において「義務の相互性」が約因として理解されていることを示している。

〔判決⑦〕　Stephenson v Delphi Diesel Systems Ltd. 事件控訴審判所判決[85]
　　　　　（2003年）

【事実の概要】　Xは，派遣会社Aに仕事を得るために登録し，Aは，Yにおける雇用を依頼し，XはYにおける就労を開始した。その約9か月後，XはYに直接雇用されることとなり，仕事の内容や指揮命令についても従前と変わりがなかったが，Yから直接報酬を支払われることとなった。しかし，直接雇用の日から約5か月後，XはYから解雇された。Xは不公正解雇を審判所に申し立てた。しかし，不公正に解雇されない権利は当時は1年間の継続雇用を要件としていたため，Aを介してXがYに対して労務を提供していた期間についてもX・Y間に雇傭契約が存在したといえるかが争われた（イギリスにおける派遣労働の規制は，派遣元と労務提供者の契約関係を定義していないため，裁判所におけるコモン・ローの基準によって，当事者間の契約が雇用契約によるものか請負その他の労務提供契約によるものかが判断され，労務提供者が被用者に当たるか否かが判断される〔規制の詳しい内容については，第3章第1節第1款を参照〕）。

【判旨】　上訴棄却

　Elias審判長は以下のように判断した。

　「おそらく，Montgomery v Johnson Underwood Ltd. 事件控訴院判決におけるLongmore控訴院裁判官の意見[86]から始めるのがふさわしい。すなわち，

　『使用者と主張されるものにおける義務の相互性と指揮命令の要求は，雇傭契約の存在にとって削ることができない最低限である（Carmichael事件貴族院判決〔Irvine大法官〕によって肯定されたNethermere事件控訴院判決〔Stephenson控訴院裁判官〕参照）。』

　「相互性の意義は，それがそもそもある契約が存在するかどうかを決定するということにある。指揮命令の意義は，ある契約が適切に存在する場合に，それが適切に，他の何らかの種類の契約ではなくて，雇傭契約として分類されるのかを決定するということにある。」[87]

　「そもそも契約が存在するのかどうかという問題が，使用者のためにある者が労務を提供しているが，しかし，時々に応じた臨時のベースでのみそのように労務提供しているという場面で，非常に頻繁に議論に上る。そうすると，契約が各雇用期間の合間においても存在し続けているということを証明することがしばしば必要とされる。諸判決は，しばしば，個人が労務提供していないときにも，関連

85　[2003] ICR 471.

86　[2001] ICR 819, 831 (para. 46).

87　[2003] ICR 471, at 474 (para. 10).

期間全体にまたがる契約（over-arching contract），あるいはときに『傘契約』と呼ばれるものが存在し続けているかどうかを判断する必要があった。この特定の文脈で，裁判所は，当事者間に何らかの義務の相互性が証明される必要を強調してきたのである。しかし，すでに示しているように，そのときなされていることは，契約が適切に推認されるための何かがなければならないということを言うにすぎない。何らの相互性もなければ，すなわち，ときに『削ることのできない最小限の義務』と呼ばれるものがなければ，契約は存在しない。」[88]

「使用される者が依頼されたときに労務提供を承諾することが要求されるか否か，あるいは，使用者が可能なときは労務を申込むことが義務づけられているかどうかは，当該労務が実際に遂行されている期間に契約が存在しているかという問いには関係がない。」[89]

本判決で注目したいのは，三点である。

まず，①「義務の相互性」が契約の成立に関する判断のためのものであると理解されている点である。そして，判旨をみればわかるように，Nethermere 事件控訴院判決と Carmichael 事件貴族院判決の流れの中で問題になっていた「義務の相互性」（「削ることのできない最小限の義務」）は，契約の存在（成立）を問うものとして位置づけられている。

次に，②Elias 審判長が，相互性の問いが契約の存在の有無を決定し，そして，それが認められる場合に，契約を分類する指揮命令が問題となるとした点である。先に分析したとおり，〔判決⑤〕Nethermere 事件控訴院判決で，Kerr 控訴院裁判官は，判断の二段階プロセスを提示し契約の成立と性質の位相を分けていた。「義務の相互性」の位置づけが Carmichael 事件貴族院判決以後の判例において約因として浸透してきていると考えられる中で，Kerr 控訴院裁判官同様に，Elias 審判長もそのような二段階プロセスを提示しているのである。

最後に，③個別の労務提供・受領についての「義務の相互性」の発見である。Elias 審判長は，いわゆる継続的な傘契約（一般契約）の成立については各個別の雇用の合間にも最低限の義務が存在することが求められるとした。その一方で，上記最後のパラグラフにおいて個別の労務が実際に遂行されて

---

88 Ibid., 474 (para. 11).
89 Ibid., 474 (para. 14).

いる期間について契約が存在するか否かの判断に，常に当事者が仕事の労務提供や労務供給を義務づけられているかどうかは問題とならないとしている。つまり，継続的に一定（削ることのできない最小限）の労務と報酬の交換が認められる必要があったのは，認定の目標が「継続的な」契約であったからである。

したがって，「義務の相互性」自体は，継続性という要素を含まず，短期間の個別の労務と報酬のやり取りについても，当然，「義務の相互性」は認められるし，また，そのように成立したと認められる契約は雇用契約として分類されうるのである。言い換えると，契約の成立・性質どちらの位相においても，関係の継続性に関係なく労務と報酬の交換がありさえすれば，当該契約は雇用契約に分類される可能性があることが示されているのである。これは先に紹介した「義務の相互性」を契約の性質のレベルで理解し，裁判例が継続性の要素を契約の性質として要求すると理解するDeakinらの見解とは明らかに矛盾する。その一方で，Brodieが示した，「義務の相互性」について「削ることのできない最小限」以上のさらなる要求は存在しないと理解する見解の帰結[90]と合致するのである。

このように，契約の成立の位相と契約の性質の位相，それぞれにおける問題が整理されて，個別の労務と報酬との交換についての雇用契約の成立を問うとき，継続性を問題とする必要がないことが示された。そして，②のように契約の成立と契約の性質が区別されると，判断基準の混乱が回避され，その結果，個別の雇用契約の存在が容易に認められることも示唆されたのである。たしかに，個別の雇用契約の存在は，本件において結論を左右するものではない。しかし，第1部第6章第2節で紹介するように，個別の雇用契約の存在への気づきは，雇用契約と法との新たな結びつきの可能性を開く理論的前提となっており，今後の労働法の展開においても一つの鍵となってくると解される。

それはともかく，このStephenson事件控訴審判所判決では，約因（consideration）という言葉は用いられていない。そこで，次の判決を紹介し

---

90 Brodieは，契約の形成において継続性が関係ないと理解すると，「あらゆる雇用契約は，労務と報酬の交換という意味で期間が決定的に一時的なものであったとしても，当該契約の期間について義務の相互性を有するといえる」という帰結になる，としていた（第2節第2款4参照）。

よう。

〔判決⑧〕 Cotswold Developments Construction Ltd. v Williams 事件控訴審判所判決[91]（2006年）

【事実の概要】 大工 X は，下請会社 Y に，Y と書面の契約は締結していなかったが，約21か月の間，毎日規則的に労務を提供していた。X はときに Y からの仕事を断ることがあり，また，X は Y からの特別のシフト要請を断ることがあった。X は仕事をしなかった場合には Y から報酬を受けていなかった。Y が X を解雇したため，X が，1996年雇用権法に基づく不公正解雇，違法な賃金控除，1998年労働時間規則に基づく有給休暇手当の支払等について，Stratford 雇用審判所に申し立てた（これらの主張により X の被用者性と労働者性が問題となる）。

雇用審判所において，Y は，X が被用者にも労働者にも当たらないと主張した。同審判所は，X が労働者であることのみを認め，双方から上訴（交差上訴）がなされた。

【判旨】 上訴認容（控訴上訴認容）・破棄差戻し

Lngstaff 審判長は以下のように判示した。

Byrne Brothers（Formwork）Ltd v Baird 事件控訴審判所判決[92]で，「Underhill 勅選弁護士（控訴審判所審判長—引用者）は，以下のように述べた。

すなわち，『我々は，義務の相互性が雇用契約においてと同様，〔労働者の契約〕においても必要な要素であると認める。』」

さらに，同氏（Underhill 弁護士）は以下のように続けた。

すなわち，「『相互性の要求の根拠は，雇用契約に特有のものではない。言い換えると，その要求は，一般契約法の一部として生じる。』」

ただし，同氏が議論している義務の相互性は，「雇用契約について具体化された相互性の要求であって，それは一般契約法についてのものではない。つまり，我々は，同氏がここで，Elias 審判長が Stephenson 事件控訴審判所判決で述べていたことと全く同じことを述べていたものと考える。Elias 審判長は，そのとき，契約の前提条件としての約束の交換（つまり約因〔consideration〕）について言及していた。そのように解すれば，同勅選弁護士は，労働者と主張されるものと使用者と主張される者との間に契約がなければならないということ以上のことは述べていないのである」[93]。

---

91 [2006] IRLR 181.
92 [2002] IRLR 96.
93 Ibid. 184-185, 187.

このように，〔判決⑦〕で紹介したElias審判長の判断における「義務の相互性」はやはり約因だったのであり，後続の裁判例でもそのように理解され受け入れられているのである。さらに，後に，控訴審判所の長官となったElias審判長は，James v Redcats (Brands) Ltd.事件控訴審判所判決[94]の中で，臨時的労働者についての文脈で，「何らかの種類の相互的な義務がなければ，どのような契約も存在しえない。それは単純な契約法の原則であり，雇用契約に特有のものではない」[95]と述べた。

第4款　義務の相互性の内容

「義務の相互性」は契約法にいう約因である。では，この相互的な義務の内容とは一体何か。「義務の相互性」の義務の具体的内容については，ここで述べるように大まかな内容のみが議論されるに止まっている。これまでの裁判例の検討からも漠然と知れるところではあるが，その内容についてまとめておこう（学説における「義務の相互性」の内容についての理解については，第2款参照）。

第1節第1款でみたように，雇傭契約の認定についてのMacKenna裁判官の三要件の認定定式においては，「賃金その他の報酬がなければならない。そうでなければ約因（consideration）がなく，約因なくしてはいかなる種類の契約も存在しない。当該奉行人はその者自身の労務と技術を供給することが義務づけられていなければならない」，とされていた。これによれば，「義務の相互性」があるというためには，当事者間の合意により使用者とされる者が「賃金その他の報酬」を支払うことが義務づけられていなければならないことになる。

しかしながら，判例では必ずしも報酬支払の義務のみが使用者側の約束として約因を構成するものとして限定されているわけではない。実際の裁判例では，使用者とされる者の報酬支払の義務だけでなく，使用者とされる者の，被用者とされる者に対する労務を供給（依頼）する義務も約因を構成する使用者側の義務となることがあまり議論されることなく受け入れられてきてい

94　〔2007〕IRLR 290.

95　〔2007〕IRLR 290, at 303 (para 78).

る[96]。

たとえば,「義務の相互性」が約因として位置づけられる端緒となったNethermere事件控訴院判決においても,「義務の相互性」の内容として考えられていたのは,会社における労務提供者に労務を供給(依頼)する義務であり,労務提供者におけるその供給された労務をなす義務であった[97]。また,Carmichael事件貴族院判決も同様に,「A(Yの前身—引用者)に臨時的労務を依頼する義務も,Xらにそれを引き受ける義務もなかった。したがって,雇傭契約を形成するのに必要な削ることのできない最小限の相互的な義務が存在しなかった」としている[98]。

このように,これまでの裁判例では,「義務の相互性」の具体的内容は,使用者側においては,労務を供給(依頼)する義務あるいはなされる労務に対して報酬を支払う義務となっており,一方,被用者側においては,依頼ないし供給された労務を提供する義務となっている。

第5款 まとめ

約因としての義務の相互性の位置づけが明確になったので,ここで,本章第2節における分析の結果をまとめておこう。

1 約因としての義務の相互性

裁判例における「義務の相互性」の位置づけが確定した。それは,契約の性質(指揮命令や経済的現実)の位相から契約の成立(存在)の位相へと移った。少なくとも裁判例においては,「義務の相互性」は,契約法上の約因として位置づけられている。

そして,「義務の相互性」の具体的内容は,使用者については,労務を供給(依頼)する義務あるいはなされる労務に対して報酬を支払う義務であり,一方,被用者については,依頼ないし供給された労務を提供する義務である。

---

96 James v Greenwich London Borough Council [2007] ICR 577は,先例は「正確にはどのような相互的な義務が証明されなければならないかについて異口同音には述べていない」(at. 581-582)とする。

97 [1984] ICR 612, at.624.

98 [1998] ICR 1226, at 1230.

2 契約の成立と性質の区別

「義務の相互性」が約因として位置づけられ，契約の成立と契約の性質の各位相が明確に認識されるようになった。

そして，契約の成立と性質の各位相で問題とされるべきこと（または基準）が整理されたことにより，傘契約等の関連期間全体を包摂する契約についてはともかく，個別の労務と報酬の交換については義務の相互性（約因）が認められること，そしてそれが雇用契約として分類されうることが明らかとなった（第6章でこのことの意義はより詳しく論じる）。

第3節　労働者の契約と約因

イギリスには，第1章第2節第2款で紹介したように，被用者と労働者という法主体概念が存在し，それぞれの概念が雇用契約と「労働者の契約」に結びつけられている。そして，約因は契約法上の要件であるから，「義務の相互性」が約因であるとするならば，「労働者の契約」についても問題となるのは当然のように思える。

他方で，この「労働者の契約」が1997年以降の立法に積極的に取り入れられたのは，まさに，雇傭契約の有無の判断において「義務の相互性」の要素が問題になっていたことが背景にあった。それまでの雇傭契約と「義務の相互性」に関する判例の流れを受けて，とりわけ使用者が作成する書面等において「義務の相互性」の不存在を明示することによって制定法上の保護から排除されている個人らの問題を意識して，政府がその権限に基づきそれらの個人にも保護を及ぼそうとしたのである[99]。

では，労働者の契約については「義務の相互性」は問題とならなかったのであろうか。以下では，「労働者の契約」と「義務の相互性」の要素との関係について考察する。

---

[99] Paul Davies and Mark Freedland, 'Employees, workers, and autonomy of labour law' in Hugh Collins, Paul Davies, and Roger Rideout, *Legal Regulation of the Employment Relations*（Kluwer law international, 2000）p. 267, at p. 276.

第1款　労働者の契約と義務の相互性

「労働者の契約」の約因は，裁判例の中で，雇用契約の約因の解明と並行して明らかにされた。本章第2節のようにして，裁判例の中で位置づけられた雇用契約の「義務の相互性」が，「労働者の契約」も含めた「労働分野における契約」の約因の理論へと展開していったのである。以下では，まず，「労働者の契約」の定義を確認して，その後，判例の展開を考察する。

1　労働者の契約の定義

制定法[100]では，「労働者」は以下のように定義される。

「『労働者』とは，以下の契約を締結しているまたはその下で労務を提供している（または，雇用が終了している場合には，その下で労務を提供していた）個人を意味する。

(a)　雇用契約（contract of employment），

(b)　明示であると黙示であると，かつ，（明示の場合であれば）口頭であると書面であるとを問わず，それによって，個人が，契約の観点から，当該個人によって営まれる，専門的または商業的事業の，依頼人または顧客の地位にない契約の他方当事者のために，自分自身で労働または労務を履行することを引き受ける，その他のあらゆる契約。

また，あらゆる労働者の契約（worker's contract）についての言及は，以上に従って解釈される。」

以上の定義からすぐに了解されるように，労働者の概念は，(a)雇傭契約だけでなく(b)の契約類型も含む，被用者概念よりも広い概念である。また，上記(b)の契約は，(a)の雇用契約（これは「雇傭契約」である[101]）を包摂する契約類型である（後掲【図Ⅰ-2-2】参照）。そして，「労働者の契約」について裁判例上問題となるのは，上記(b)の定義である。言うまでもなく，労務提

100　ここでは1998年労働時間規則の定義（Working Time Reglations 1998 SI1998/1833, reg. 2）を紹介しているが，他の制定法でも同様の定義が用いられる（National Minimum Wage Act 1998, s. 54 (3); Employment Relations Act 1999, s. 13.; Employment Rights Act 1996, s. 230 (3).)。

101　Employment Rights Act 1996, s. 230 (2); National Minimum Wage Act 1998, s.54 (2)．

供者は認められる可能性が一番高い概念によって，制定法上の権利主張をするからである。そこで，元々「労働者の契約」は，(a)と(b)の契約を含むものであるが，本研究は，実際上問題となる(b)の定義に対応する契約類型を，通常，「労働者の契約」と呼ぶこととする。

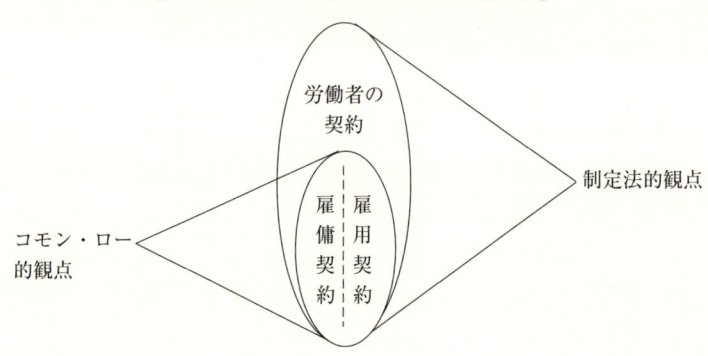

【図Ⅰ-2-2　労働者の契約と雇傭契約】

2　労働分野における契約
(1)　議論の端緒
　裁判例において，「労働者の契約」の「義務の相互性」が議論されるようになった。学説には，「義務の相互性」が雇用契約の性質と解されていた影響であろうが，「労働者の契約」について「義務の相互性」が問題となることを明らかにした[102] Byrne Brothers（Formwork）Ltd 事件控訴審判所判決は驚きをもって迎えられた[103]。

〔判決⑨〕　Byrne Brothers（Formwork）Ltd v Baird 事件控訴審判所判決[104]
（2002年）
【事実の概要】　Xらは，Yと，下請合意を締結して，建設現場にてYに労務を提供した。当該合意には，YがXに労務を供給することができなくてもYが何らの責任も負わないこと，XもYの仕事依頼を断る権利があること，Xが自費で他の

102　Douglas Brodie, 'Employees, Workers and the Self-Employed' (2005) 34 ILJ 253, at p. 2005.
103　D. McCann, *Regulating Flexible Work* (OUP, 2008) at p. 47.
104　[2002] ICR 667.

労働力を雇うことができること等が定められていた。このような事情の下，Xらが Y に対して，1998年労働時間規則に基づき年次有給休暇の手当の支払と，Yによる1996年雇用権法に基づく不公正解雇等を雇用審判所に申し立てた。年次有給休暇についての権利は「労働者」に認められ，不公正に解雇されない権利は「被用者」に認められるところ，Y が X は労働者でも被用者でもないと主張した。そこで，雇用審判所は，まず，X が権利主体といえるかについて判断し，「義務の相互性」がないとして被用者であることを否定した。その一方，Xらが「労働者」であることは認めた。Xらは「被用者」の判断については上訴しなかったが，Y が「労働者」についての判断に対して上訴した。

【判旨】　上訴棄却

Underhill 勅選弁護士（審判長）は以下のように判示した（以下の判示部分は既に第2節第3款〔判決⑧〕で紹介したものと重なる部分もあるが，異なった視点から分析するので再び紹介する）。

「我々は，義務の相互性は，〔労働者の契約〕においても雇用契約におけると同様に，必要な要素であると認める。相互性の要求は雇用契約に特有のものではない。それは，一般契約法の一部として生じるのである。しかし，我々には，そのことが Y を助けるとは思われない」[105]。合意書面の文言からは，一回一回の労務提供が終われば当事者は関係から立ち去ることが認められたとも理解できるが，当事者らはその権利を活用していない。全関連期間において X らは継続的に労務を提供していた[106]。

このように，「労働者の契約」についても「義務の相互性」が問題となることが明らかになってきた。こうして，本件において「控訴審判所は，義務の相互性が雇用契約についてと同様に，制定法上の労働者概念についても必要な要素であると認め」，「義務の相互性の要求は，単なる一般契約法の要素であると述べた」[107]のである。ただし，上記事件の控訴審判所では，「義務の相互性」がないとして否定された雇傭契約の認定について X らは上訴していなかった。そのため，雇傭契約についての「義務の相互性」の内容と「労働者の契約」についてのそれとの異同は明確にはなっていない。また，「労働者の契約」に関する「義務の相互性」の内容も具体的に明らかではない。

105　[2002] ICR 667, at 680.

106　Ibid, at 680-681.

107　Douglas Brodie, n. 102 above, at p. 255.

(2) 位置づけと内容

雇傭契約と「労働者の契約」についての「義務の相互性」がより詳しく論じられたのが、以下の〔判決⑩〕Cotswold Developments Construction 事件控訴審判所判決（〔判決⑧〕と同じ判決）とその後に出された〔判決⑪〕James 事件控訴審判所判決である。

〔判決⑩〕 Cotswold Developments Construction Ltd. v Williams 事件控訴審判所判決[108]（2006年）

【事実の概要】 大工 X は、下請会社 Y に、書面の契約は締結していなかったが、約21か月の間、毎日規則的に労務を提供していた。X は、ときに Y からの仕事を断ることがあり、また、X は Y の臨時のシフトを断ることがあった。X は仕事をしなかった場合には Y から報酬を受けていなかった。Y が X を解雇したため、X が、1996年雇用権法に基づく不公正解雇、違法な賃金控除、1998年労働時間規則に基づく有給休暇手当の支払等について、雇用審判所に申し立てた。

雇用審判所において、Y は、X が被用者にも労働者にも当たらないと主張した。同審判所は、X が労働者であること（賃金控除以下の請求）のみを認めた。その際、同審判所は、事案の状況から、仮に「義務の相互性」が存在していたならば、X が被用者とされるに十分な Y の指揮命令に服していたとしつつ、当事者間に「義務の相互性」がないことを理由に、X は被用者ではないとした。他方、同審判所は、労働者であると認める際に、「X は、当事者間の契約の条項により、X が自分自身での労務を遂行することが求められていた」[109]とし、X が関係の当初から継続的に拘束されていることを認めるかのような認定をしていた。

この雇用審判所の判断に対して、双方から上訴（交差上訴）がなされた。X も Y も、雇傭契約または「労働者の契約」についての「義務の相互性」が「ある」もしくは「ない」という雇用審判所の認定を根拠として、両方の契約において「義務の相互性」が「ない」もしくは「ある」と主張した。そこで、二つの契約類型における約因としての「義務の相互性」の異同が控訴審判所で問題となった。

【判旨】 上訴認容（交差上訴認容）・破棄差戻し

Langstaff 審判長は以下のように判示した（以下の判示部分は既に第2節で紹介したものと重なる部分もあるが異なった視点から分析するので再び紹介する）。

Byrne Brothers (Formwork) Ltd v Baird 事件控訴審判所判決[110]で、「Underhill

---

108　[2006] IRLR 181 (EAT).

109　Ibid., 183.

110　[2002] IRLR 96.

第3節　労働者の契約と約因

勅選弁護士は，以下のように述べた。

すなわち，『我々は，義務の相互性が雇用契約においてと同様，〔労働者の契約〕においても必要な要素であると認める。』」

さらに，同氏は以下のように続けた。

すなわち，「『相互性の要求の根拠は，雇用契約に特有のものではない。言い換えると，その要求は，一般契約法の一部として生じる。』」

「(物の売買のためとか，労働と労務のためとか，あるいは運送のための) 契約の一方当事者が労務か支払いのどちらかを供給しなければならず，他方契約当事者が遂行することを依頼された場合に労務を提供することに同意しなければならないということは，一般契約法の一部では何らない。それは<u>労働（employment）に関する契約に特有の相互性の要求であ</u>〔る〕。つまり，我々は，同氏がここで，Elias 審判長が Stephenson 事件控訴審判所判決で述べていたことと全く同じことを述べていたものと考える。Elias 審判長は，そのとき，契約の前提条件としての約束の交換（つまり約因〔consideration〕）について言及していた。そのように解すれば，<u>同弁護士は，労働者と主張されるものと使用者と主張される者との間に契約がなければならないということ以上のことは述べていないのである。</u>」[111]。

このように，「労働者の契約」の義務の相互性について論じる中で，Langstaff 審判長は，「労働（employment）に関する契約」についての約因としての「義務の相互性」とその内容を論じている。そして，Stephenson 事件控訴審判所判決における Elias 審判長の判示を引用していることからして，この「義務の相互性」が雇傭契約についても求められるものと理解していると解される。

以上はまだ若干わかりにくいが，次の控訴審判所判決で，審判所長官[112]である Elias 審判長によって，この Langstaff 審判長の判断が是認され，さらに整理されている。

111　[2006] IRLR 181, at 187.

112　高等法院女王座部首席裁判官によって高等法院または控訴院から控訴審判所の裁判官として任命された者の中から，同首席裁判官によって控訴審判所の長として任命された裁判官 (Employment Tribunals Act 1996, s. 22 (1) (3), Constitutional Reform Act 2005, ss. 15, 148, Sch. 4 paras. 246 (2) (a), 246 (3); S.I. 2006/1014, art. 2 (a), Sch. 1)。

〔判決⑪〕 James v Greenwich London Borough Council 事件控訴審判所判決[113]（2007年）

【事案の概要】 派遣労働者Xが，派遣元Aとの間で「臨時労働者合意」を締結してYに労務提供をしていたが，2か月間病気休職をした。その後XはYの仕事に復帰しようとしたが，Yには既にAからXの代替要員が派遣されており，YからXはもはや必要とされなくなったと告げられた。そこで，Xが雇用審判所にYに対する不公正解雇の申立てをなし，X・Y間の雇傭契約の有無が問題となった。雇用審判所は申立てを棄却し，Xが控訴審判所に上訴。

【判旨】 上訴棄却

審判所の長官（President）であるElias審判長は以下のように判断した。

「先例は，正確にはどのような相互的な義務が証明されなければならないかについて異口同音には述べていない。Cotswold Developments Construction事件控訴審判所判決でLangstaff審判長により関連の事案が慎重に分析された。彼が指摘するように，使用者の義務は，ある時には労務を依頼するものであるといわれ，またある時には支払いをするものといわれる。我々に思われることは，<u>決定的な内容は，義務の性質が，労働分野における契約（the contract in the employment field）を設置するような，労務を提供する何らかの義務を巻き込んでいなければならない</u>ということである。何らの相互的な義務がないとなると，Carmichael事件貴族院判決が明らかにしたように，単にそもそも何の契約もない。<u>相互的な義務が存在し，かつ，それらが何らかの形で，問題の労務提供者によって自分自身で提供されなければならない労務の提供に，また，それに対する支払に関連している場合に，労働分野における契約（a contract in the employment field）が存在することになる。そして，指揮命令の性質と程度が十分な場合に，その契約は雇用契約となる。</u>」[114]

控訴審判所長官であるElias審判長の明らかにするところから，「労働者の契約」とその「義務の相互性」を，以下のように整理することができよう。

（i）「労働分野における契約」と「義務の相互性」

「労働者の契約」は，「労働分野における契約」の範囲の中で把握されている。なぜなら，Elias審判長の判示部分が，「義務の相互性」を「労働に関する契約に特有の相互性の要求」，つまり約因であるとしたLangstaff審判長

---

113 ［2007］ICR 577
114 Ibid., at 581-582.

の判断を受けたものだからである。そして,「労働分野における契約」が契約として成立(存在)するために,「義務の相互性」が要求される。
　(ii)「義務の相互性」の内容
　「労働分野における契約」の「義務の相互性」の内容もより明確になっている。すなわち,それは,相互的な義務が「何らかの形で,問題の労務提供者によって個人的に提供されなければならない労務の提供に,あるいは,それに対する支払いに関連している」ことである。
　(iii)「労働分野における契約」の判断枠組み
　以上の判例の中では,「労働分野における契約」についても,雇用契約の場合と同様,契約の成立と契約の性質とを分ける判断枠組みが取られていることも確認できる。重要な点であることから,ここで触れておこう。
　〔判決⑪〕James 事件控訴審判所判決で Elias 審判長は,「相互的な義務が存在し,かつ,それらが何らかの形で,問題の労務提供者によって自分自身で提供されなければならない労務の提供に,また,それに対する支払に関連している場合に,労働分野における契約が存在することになる。そして,指揮命令の性質と程度が十分な場合に,その契約は雇用契約となる」とする。
　したがって,雇用契約や「労働者の契約」の認定に当たっては,まず,当事者間に相互的な義務が存在し,それが,「労働分野における契約」のものであるかが問題となる。ここでは,(ii)の「義務の相互性」の内容が基準となる。次に,最初の段階を通過して成立したと評価された契約が,「指揮命令」等の要素により,より具体的な契約類型に属するものとして分類される。この段階で,「指揮命令」という雇用契約を示す要素がある場合には,当該契約は雇用契約として認定される。また,「労働者の契約」の契約の性質が認められれば,「労働者の契約」として認定されるであろう。以上のとおり,「労働分野における契約」の認定は,契約の成立と契約の性質を判断する二段階のものとなっている。
　このように,認定の定式が「労働分野における契約」も対象とするものとなっても,雇用契約の場合と同様,契約の成立と契約の性質とは区別されている。
　このような判断枠組みの下,「義務の相互性」は,「労働分野における契約」の契約の成立部分に関する約因として,判例上展開しているのである。

第2款　労働分野における契約の約因と契約の性質

　ところで，第1款でみたように，労働法の適用が問題となる際，「義務の相互性」は，「労働分野における契約」を設定するような内容であることが要求される。そうすると，この「義務の相互性」の内容は，「労働分野における契約」として認められるだけの特定の範囲に収まる契約の性格を一定程度帯びているといえよう。また，契約の成立と契約の性質とを区別して認定する手法は，イギリス労働法が雇用契約と「労働者の契約」という異なる二つの契約類型を有するという特殊な性格に起因する面もあるかもしれない。そうすると，契約の成立と契約の性質とをわざわざ区別して判断する必要がどこにあるのか，ということが疑問に思われるに違いない。

　判例からは，実践に根ざした理論的な区別の根拠が認識されていることが窺われる。区別の根拠としては，判断の素材は同じでも判断の基準が違うということが挙げられる[115]。この点を示唆するのが，先に検討した〔判決⑩〕Cotswold Developments Construction 事件の控訴審判所判決である。

〔判決⑫〕　Cotswold Developments Construction 事件の控訴審判所判決[116]（2006年）
【事実の概要】　〔判決⑩〕【事実の概要】参照。
【判旨】　上訴認容（交差上訴認容）・破棄差戻し
　Langstaff 審判長は，「義務の相互性」が契約の約因の問題として必要とされることを確認した後，以下のように判断した。
　「契約が存在したとなると，次にはその契約がいかなる種類の契約かを決定する必要がある……。当該契約が雇傭契約であれば，それによりもたらされる結果は極めて重要なものである。」制定法上の権利義務やコモン・ロー上の不法行為責任などが認められるかどうかという意味で。「これらの事柄は，何らかの種類の契約が存在することが認められるというときの相互的な義務の性質（nature）によっ

115　雇用契約については，二つが整理されずに，臨時的労働者についての個別の労務と報酬の交換について雇用契約の存在が認められることが見失われてしまう危険や，要求される契約の性質に継続性の要素が加わる危険が生じていた。このように，二つの判断を混同してしまうと議論が混乱し，「義務の相互性」の認定や契約の性質の認定が不当に厳格になってしまう可能性がある。
116　[2006] IRLR 181 (EAT).

て決定される。」[117]

　　　　（中略）

　「雇用契約を雇傭契約とする古い（old-fashioned）標記は……その関係の中核に『労務（service）』を置いている……。しかしながら，我々は，『労働者』のような制定法上の定義を考える際に，問題なのは制定法の単語であると認める。それらの語句は何らの使用者の負う義務にも焦点を当てていない（「使用者」と「労働者」との間にある契約が存在することを認めるのに十分な義務を別として）。それらの語句は労働者の側の義務の性質に焦点を当てている。」[118]

　「明らかなことは，ある個人が労働者であるためには，その者が(a)契約に服し，かつ(b)それに従ってその者が自分自身で労務を遂行することを引き受け，かつそれが(c)その者の専門的職業あるいは商業的事業の依頼人または顧客でない者のため，であることである。」[119]

　本判決で契約の成立と性質の区別という観点から注目すべき点は以下である。第一に，契約の存在をもたらした義務，すなわち，相互的な義務が契約の性質の判断において考察対象となることが明らかにされている点である。
　なお，この点は，既に〔判決⑤〕Nethermere 事件控訴院判決において，Kerr 控訴院裁判官も，義務の相互性の内容となる義務と雇傭契約の性質を示す義務との重複を認めていた。
　第二に，その契約の性質の検討にあたっては，考察の対象は成立の場合と同じでも，考察の基準が異なることが示唆されている点である。すなわち，「労働者」（労働者の契約）の場合には，制定法の定義に基準を求めることが指摘されている。この判断の段階においては，制定法が契約の定義を置いたことが直接的な意味を持つことになる。したがって，契約の性質についての判断の段階で成立と性質を混同すれば，制定法の定義の意義を不当に歪める弊害が生じうるということになろう。

117　Ibid., 187 (para. 47).
118　Ibid., 188 (para. 49).
119　Ibid., 188 (para. 50).

第3款　まとめ

1　労働分野における契約と約因

雇用契約の約因として位置づけられるようになった「義務の相互性」は，さらに，「労働者の契約」も含めた「労働分野における契約」についての約因として位置づけられるようになった。

2　契約の成立と性質の区別

雇用契約や「労働者の契約」の認定は，契約の成立の判断と性質の判断との二段階から成る。第一段階では「義務の相互性」の存在が問題とされ，第二段階では第一段階で検討された相互的な義務の内容が各契約類型に関する性質に関する基準から判断される。第二段階における基準は，契約の成立の段階における基準とは異なる。この段階において，「労働者の契約」については，制定法による定義が基準となる（雇傭契約については，コモン・ローによる内容の具体化—指揮命令等が基準となる）。

第4節　拘束性の程度

雇用契約について，「義務の相互性」は，「削ることのできない最小限」と控訴院や貴族院によって表現されていた。では，約因として認められるだけの義務の程度とはいかなるものか。本節ではこの点について考察する。とはいえ，実際に労務と報酬の交換が行われている個別の労務と報酬の交換については，義務の相互性はほとんど問題とはならないであろう。なぜなら，その交換が実際に存在しているからである。義務（拘束性）の程度が義務の程度の最小限の有無として実際に問われるのは，傘契約などと呼ばれる継続的な労務提供契約の成立が争われる場合である。そこで，本節では，継続的な雇用契約の成立について，「義務の相互性」の有無が争われた判例を素材としてその義務（拘束性）の具体的程度を考察する。

第1款　合理的な程度

「義務の相互性」が雇用契約の「約因」として認められる契機となった

第4節　拘束性の程度　　　　　　　　　　　　　129

　Nethermere事件の控訴院判決を，拘束性の論点についての考察の出発点とする。同控訴院判決では，少数意見のKerr控訴院裁判官も含めて，合理的な（reasonable）な程度の拘束性で足りると解されていた。

〔判決⑬〕　Nethermere (St. Neots) Ltd v Gardiner事件控訴院判決[120]
　　　　（1984年）
【事実の概要】〔判決⑤〕【事実の概要】と同じであるが再掲する。
　Xら（X_1・X_2）は，自宅において，年少者用のズボンをY社提供のミシンとYのトラックにより毎日供給される材料により縫製し，Yから報酬を得ていた。契約上，労務提供者らの就労時間，業務量に関する特段の定めはなく，それらは労務提供者らに委ねられ，業務量を減らしたい場合はトラック運転手にその旨を告げて減らすことができた。ただし，運転手が訪問する意味があるだけの程度にすることが条件であった。このような事情の下，XらがYを名宛人として，労使審判所に不公正解雇の申立てをなしX・Y間の雇用契約の有無が争われた。
　労使審判所は，全員一致で雇傭契約を認め，Yが控訴審判所に上訴した。控訴審判所は，多数意見で，Yの主張を否定し，X・Y間の雇用契約の存在を認めた。これに対して，Yが上訴。
【判旨】　上訴棄却（Kerr控訴院裁判官が反対意見を述べた。）
　Stephenson控訴院裁判官は，以下のように判断した。
　Xらは以下のように主張する。「労使審判所はXらに合理的な（reasonable）量の労務を引き受ける義務があり，かつYに合理的な量の労務を供給する義務があったと認定することが」認められたと。
　相互的な義務についての「証拠はかなり薄い（so tenuous）」。しかし，「（労使審判所の）審判長の記録によれば，X_1は『私は必要とされた場合はいつでも労務を提供した』と言って」いる。「X_1はもう労務を提供できないという場合には断っていたが，X_1はYに事前にX_1がいつ休暇を取るか知らせていた。そして，Yのトラックの運転手であるAは，X_1がほとんどめったに断らず，労務を提供したくないという場合にはきちんと予告をしていたことを認めている。Xらは共に，工場における労務提供者と同じ率で支払われることとなる週ごとのタイムシートを規則的に提出していた。」
　「私は，なぜ，継続的なホームワーク（在宅労務提供者）の十分に確固なものとなった期待（well founded expectation）が，一年以上の期間にわたって規則的に労務が供給され引き受けられたことによって，強制力のある契約に硬化（harden）

120　[1984] ICR 612.

あるいは精製（refined）すべきでないのか理解できない。」[121]

　Dillon 控訴院裁判官は次のように判断した。

　「X らが自分の労務提供の時間を決定でき，希望したときに休暇や休憩を取ることができ，いずれの日に何着の服を引き受けるかを変更できたないし特定の日には全く引き受けないことができたという単なる事実は，間違いなく労使審判所が雇傭契約の有無を検討する際に考慮する要素ではあるが，それは法の問題としてそのような契約の存在を否定しない。」

　「私には，法において，雇傭契約の存在が，……当事者間で幾年かにわたり続いた取引の経緯から推認されえないという理由が見当たらない。

　……トラックの運転手に訪れる意味を持たせること（つまり，無駄足とならないようにすること―引用者）を前提にどれくらいの仕事をするかの判断はホームワーカー次第であったという B（会社の管理者）の証言は，<u>いったん X らが Y のために社外労務提供者として行動することに同意すると，社外労務提供者に合理的（reasonable）な量の労務を引き受ける義務をもたらす（import）ものとして解釈されるに十分のものである</u>。反対に，<u>できるだけ公平であるべきであったのはトラックの運転手であったという B の証言は，Y が工場において取り扱える範囲を超えた〔X らに〕供給できる労務を有するときには，必ず X らに労務の合理的な配分（share）を供給する義務をもたらすものと解釈されるに十分なものである</u>。」[122]

　Kerr 控訴院裁判官以下のように反対意見を述べた。

　「<u>被用者と主張される者に関する避けられない要求は，……被用者と主張される者が何らかの最小限の（some minimum），あるいは，少なくとも合理的な（reasonable）量の労務を使用者と主張される者のために引き受け遂行する義務に服していなければならないということである</u>。」[123]

　このように，Nethermere 事件控訴院判決では，三人の裁判官らは，一応一致して合理的な（reasonable）程度の拘束性で足りるとしていた。そこでは，労務提供者らが，労務受領者により依頼された労務を断る自由が認められている。ただし，二つの点に留意する必要がある。一つ目は，本件においてはこのような自由が存在する一方，実際の当事者間に継続的かつ規則的な労務提供・受領が実在していた点である。そして，二つ目は，賛成意見を述べた

121　Ibid., at 627.
122　Ibid., at 635.
123　Ibid., at 629.

第4節　拘束性の程度　　　　　　　131

裁判官らが、労務提供・受領についての義務を推認している、すなわち、契約の成立を取引の実態から推認している点である。つまり、契約の成立を認めるために裁判官の契約解釈を通じた一定の操作が存在していた。この点で、理論的な弱さあるいは人為的な側面は否めなかった。

第2款　強い拘束性の程度

　Nethermer 事件控訴院判決の後の裁判例は、一般的に、相互的な義務が存在すると認めるのにより強い拘束性を要求する傾向にある。

〔判決⑭〕　Heller Brothers Ltd v McLeod 事件控訴院判決[124]（1987年）
【事実の概要】　Xらは、長い者では、約30年間、Y（Hellyers Brothers. Ltd.）に専属的に、船員（漁師）として労務を提供していた。Xらは、一回の航行（数日から時には数か月に及ぶ）の後、陸で幾日か過ごし、再び基本的に前回と同じ船で航行をするという労務提供を繰り返していた（一年間のうち350日以上海で労務提供をしていた者もいた）。また、Xらが特定の航行において乗船したくない場合には、船長や船の管理者に乗船しなくてよいかについて尋ねていた。この事案では、1970年商船法との関係で、個別の航行毎に船員合意というものが当事者間で締結される建前となっていたという特殊な事情があった[125]。しかし、Xらは、1978年雇用保護統合法81条の雇用の継続性を要件とする剰員整理手当の権利について労使審判所に申立てをした。そこで、上記のような労務提供受領実態についてその全体を覆う一つの雇傭契約が存在するかが争われた。労使審判所はそのような雇用契約があると判断したが、Yが控訴審判所に上訴し、控訴審判所はYの上訴を認容した。そこで、Xらが控訴院に上訴した。
【判旨】　上訴棄却
　Slade 控訴院裁判官は以下のように判断した。
　「実際には、乗船から外すことにYの許可が慣行的になされていたというのが尤

124　[1987] ICR 526
125　とはいえ、判旨は、「我々には、法の原則として、1970年法とその下で作られた規則が、当該漁師がそれらの条文の上にあるか否かにかかわらず存在し続け、しかし、その者がそれらの条文から離れている時にのみ実際に作用するグローバル契約の存在をそもそも不可能とする、という理由は見当たらない」(Ibid., at 546) としており、制定法が当事者らの関係を規制していることを理由に、全体を覆う一つの契約の存在自体の理論的可能性を否定してはいない。

もであろう。しかし，このことからこれが何らかの契約上の義務によるものであったというものでもない。……Xら全員が審判所で述べたように，『Xらが〔その存在を〕認識してもらいかつ立場を確実なものとしなかった場合には，恒常的に労務を得る機会が，消えてしまうと言っては言い過ぎだが枯れてしまう』」[126]。乗船から外れる場合についての事実は，「法的拘束力のある義務の下にその者らがおかれているという推認（inference）を正当化するのには十分ではなかった。」[127]

　この判決では，長い者では30年にわたってYに労務を提供してきたのにもかかわらず，また，乗船しない場合にはXらはYに許可を取っていたのにもかかわらず，法的拘束性があるとは認められなかった。

〔判決⑮〕　Clark v Oxfordshire Health Authority 事件控訴院判決[128]（1998年）
【事実の概要】　Yのナースバンクシステムの下，看護師Xは，Yの統括する地域内の病院で，Yの要請に従い，また，要請があるときにのみ看護師として労務を提供していた。Xは，ナースバンクシステムでの就労に先立ち，Yから書面を交付されており，そこには，職務（バンクナース）・職位，報酬の算定方法等が記載されていた。また，労働時間についても記載され，週当たりの最大労働時間数や，仕事が一日単位のものであること，また，仕事が必ずあることの保証はないことが明らかにされていた。このような事情の下，XがYを名宛人として1978年雇用保護統合法に基づき労使審判所に不公正解雇を申し立てた。労使審判所は，X・Y間の関連期間全体を覆う雇用契約の存在が認められないと判断し請求を棄却したため，Xが控訴審判所に上訴した。控訴審判所は，Xの上訴を認め，これに対してYが控訴院に上訴した。
　Xは，控訴院において，原則としていくらかの義務の相互性が雇用契約を基礎づけるのに必要であること認めつつも，「現代の労働市場においては，裁判所はグローバル契約を基礎づけるのに要求される『削ることのできない最小限』の相互的な義務を低いレベルに設定すべき」[129]として本件において十分な相互性があったと主張した。

126　Ibid., at 548.
127　Ibid., at 548-549.
128　[1998] IRLR 125 (CA)
129　Ibid., at 130.

第 4 節　拘束性の程度　133

【判旨】　Christopher Slade 卿は，以下のように判示した。
「私としては，グローバル雇用契約を基礎づけるのに要求される相互的な義務は，必ずしも，そしていずれの事案でも労務を供給し遂行するという義務からなる必要はないと考える。一つ明快な例をとると，私の意見では，一方当事者が依頼された場合に労務を引き受けてそれをなす義務と他方当事者の労務が依頼されなかった期間待機させていることに支払うという義務，これで十分であるように思われる。しかしながら，私の判断では，……先例は，我々に相応の (some) 義務の相互性がグローバル雇用契約を基礎づけるのに必要であるとすることを要求している。本件で，私は，X が個別の従事についていない期間にも存続している，そのような相互性を認めることができない。」[130]

この判決では，控訴院によって，先例における「義務の相互性」の内容とレベルについての厳格性が認識されている。

〔判決⑯〕　Carmichael v National Power Plc 事件貴族院判決[131]（1998年）
【事実の概要】　（事実の概要は既に〔判決⑥〕において示した通りである。ここでは，拘束性の程度について関係のある事実を補足して関連の判示部分を紹介する。）
X らは A（その後身である Y）との間で，A の「要請に応じた臨時ベース」で労務を提供するという書面を交わし発電所案内係として労務を提供していた。実際に，X らは，A（Y）から要請があり，X らが労務提供可能でかつそうすることを選択した場合に労務を提供した。より具体的には，X らは，最初の 2・3 年は週に 4 から 6 時間程度労務提供をしていたが，徐々に就労時間が増加し，5 年後には週25時間程度労務を提供するようになっていた。X らは通常依頼があれば労務を提供していたが，それに応じない場合もあった。
このような事情の下，X らは，1996年雇用権法上の労働条件記述書の交付を求めて労使審判所に申し立てたが，同審判所も控訴審判所も請求を棄却した。X らが控訴院に上訴した。
控訴院[132]で多数意見を示した Ward 控訴院裁判官は，当事者間で取り交わされた書面を解釈し，X らには「合理的な (reasonable) 量の労務を引き受ける義務」を，Y には「会社が供給できる仕事がある時はいつでも各案内係に合理的な (reasonable) 労務の配分を行う義務」があったとし，「当事者間に契約的に拘束力

130　Ibid., at 130.
131　[1999] ICR 1226.
132　[1998] ICR 1167.

のある関係が存在した」[133]とした。これに対して，Yが貴族院に上訴。
【判旨】 原判決破棄・労使審判所判決の復活（全員一致）
　Irvine大法官は，拘束性の程度について直接的に議論はしなかったが，以下のように判示した。
　<u>「実質として，労使審判所は，書面が，当事者らが後に形成するかもしれない一連のアドホックな雇傭契約あるいは請負契約その他の労務提供契約のための枠組み（framework）を定めたものに過ぎない。そして，案内係として労務を提供していない時は，XらはYと何らの契約関係になかったと判断したのである。当事者らは，労務を供給するもしくは引き受ける義務を負ってはおらず，せいぜい他方当事者の依頼に応じていれば，各当事者にとり最も利益にかなうと両者が考えていたという意味で，道徳的な誠実（loyalty）義務を想定していたに過ぎない。」</u>[134]

　ここから，貴族院は，控訴院の認定した合理的な程度の義務を法的な義務と認めなかったといえる。また，書面は後続の個別の契約のための「枠組み」を定めたものに過ぎないし，個別の契約の間には労務提供・受領の義務はなく，あるとしてもせいぜい「道徳的な誠実義務」であるとした。
　以上，〔判決⑭〕ないし〔判決⑯〕からわかるように，判例は，拘束性を認めるのに，労務提供者において労務の依頼を断る自由，または，労務受領者において労務を供給することをしないでおく，あるいは報酬を支払わないでおく自由を許容しない厳格な立場に立っている[135]。

第3款　例外的な場合

　とはいえ，Carmichael事件貴族院判決の後も，同判決を踏まえつつ，その程度について議論するものがみられる。

〔判決⑰〕　Cotswold Developments Construction事件控訴審判所判決[136]
　　　　　（2006年）

133　Ibid., at 1187-1188.
134　[1999] ICR 1226, at 1229.
135　M. Freedland, n. 64 above, at p.101.
136　[2006] IRLR 181.

【事実の概要】〔判決⑩〕【事実の概要】参照。
【判旨】 破棄差戻し
　Langstaff 審判長は以下のように判示した。
　「労使審判所は，全般的に，とりわけ本件審判所は賃金と労務の交換という意味での『義務の相互性』の適用を特徴づける何かさらなるものを取り違えている可能性がある。つまり，被用者が労務提供を断る権利を有するということは，全体を覆う契約からそのような相互的な義務を奪うものではないということである。また，使用者が労務を与えないでおく選択を行使しうるという場合も奪うものではないのである。焦点は，個人において労務を提供するいくらかの義務（some obligation）が，そして，他方当事者において労務を供給するあるいはそれに対して支払ういくらかの義務があったか否かに当てられなければならない。Nethemere 事件の控訴院判決で Stephenson 控訴院裁判官は，それを『……削ることのできない最小限の義務』と置いた。彼は，家内労務提供者が被用者とされた事案の中でそう判断した。Taverna 婦人（労務提供者—引用者）は，彼女がそれ以上できない場合には労務提供を断っていた。彼女は，彼女の都合に合わせて労務提供をした。このように，少なくともいくらかをする義務（obligation to do some）があるという場合には，彼女の労務提供を断る権利の存在もその行使も決定的ではない。……Kerr 控訴院裁判官は結論において賛成しなかったが，彼もまた『避けられない要求』を，被用者として主張される者が『……何らかの最小限あるいは少なくとも合理的な量の労務を使用者と主張される者に対して引き受けかつ履行する義務に服していなければならない』ことであるとした。」[137]

　本控訴審判所判決は，〔判決⑬〕Nethemere 事件控訴院判決を先例としつつ，一定の法的な義務が認められるかに焦点を当て，いくらかの（some）義務の存在を認定しようとしている。そのようにして，労務提供・供給を断るあるいは控える自由が，法的義務の認定を必ずしも妨げるものではないことを示した。
　実際に，この控訴審判所判決に依拠しつつ最小限の義務を認めた裁判例も存在する。

〔判決⑱〕　Haggerty v St Ives Plymouth Ltd. 事件控訴審判所判決[138]

137　Ibid., 188-189 (para. 55).
138　[2008] All ER (D) 317 (UKEAT/0107/08/MAA).

(2008年)

【事実の概要】　本や雑誌を印刷しているYに製本補助としてYの要請に応じて臨時的に労務を提供していた（Xは実際に就労を拒否する日が多くあった）Xが，Yを名宛人として1996年雇用権法上の不公正解雇を申し立てた。雇用審判所（多数意見）はX・Y間に継続的な雇用契約が存在するとし[139]，Yが上訴。

【判旨】　上訴棄却

　Elias審判長（審判所長官）は以下のように判示した。

　Xは，我々に「Cotswold Developments事件において，控訴審判所が──我々には，完全に正しく思われるが──問題が，使用者が労務を依頼しないよう選択できるというあるいは被用者がそれを断ることを選択できるという事情があったか，ではなく，いくらかの労務を依頼するあるいはそれに応じた労務を提供する義務があったか否かであると強調した，判断を参照させる。」[140]

　　　（中略）

　本件の「基準は，法的な義務が生じたという認定を支えるだけの十分な事実の基礎が存在するかどうかである。」[141]

　「〔労使審判所の〕多数意見の判断には十分な根拠がある。」[142]

　しかしながら，同じ審判長によって，当事者双方に労務提供を断るあるいは労務供給をしないでおく自由があるという事情がある場合には，最小限の義務が認められる場合が限定的なものに過ぎないことも明らかにされている。

139　控訴審判所の引用によると，雇用審判所は，「彼女（労務提供者）に特定の依頼を引き受ける義務はなかったことを間違いなく認める。しかし，彼女がもし労務の依頼をずっと断り続けていたならば，彼女の名前は臨時的労働者のリストから除かれることであったろうことを確信する。同様に，保証された最小限の量の労務はなかったが，申立人（労務提供者）は，彼女が適切な（reasonable）量の労務を依頼されるものであるという期待（expectation）を有していた。労務の流れが乾ききってしまったならば，彼女は間違いなくどこかほかの場所へ仕事を探しに行ったであろう。私は，これらの状況が全体を覆う雇用契約（contract of employment）があると認定させるだけの当事者間の最低限の相互的義務に十分──十分だけであるが──達していると考える」として，義務の相互性を認めている。

140　Ibid., para. 16.

141　Ibid., para. 28.

142　Ibid., at para. 29.

〔判決⑲〕　Postworth Ltd. t/a Skyblue v Ashworth 事件控訴院判決[143]
　　　　（2008年）

【事実の概要】　Xは，Yにより交付された書面に署名しA（YはAの一部門である）の下で派遣労働者として約6年間労務を提供していたが，Aに就労しなくなってから2か月後，Yの直接の被用者としてYに対する労務提供を開始した。契約書面では，Xが臨時的労働者であること，XがYの被用者ではないこと，個別の労務の間には契約が存在しないこと，X・Y双方に労務提供・受領を求める権利がないことが明らかにされていた。ただし，Xは，個別の労務について承諾することを強制はされていなかったが，ほとんど断ることはなかった。

　XがYに直接被用者として労務提供をするようになってから，XはYにより解雇された。そこで，XがYを名宛人として雇用審判所に不公正解雇の申立てをした。雇用の継続性の要件のために，当初のXの派遣労働者としての労務提供がX・Y間の一つの継続的な雇用契約によるものであるかが問題となった。義務の相互性についての認定に不明確な点もあったが，同審判所はその契約の存在を認めた。そこで，Yが上訴。

【判旨】　上訴認容・破棄差戻し

　Elias審判長（審判所長官）は以下のように判示した。

　「私は，……一定の場合において労務提供を断る権利は必ずしも労務提供を承諾する義務と相いれないものではないこと，そして，何らかの労務提供を承諾する義務があるということで十分であることを認める（Cotswold Developments 事件控訴審判所判決の Langstaff 裁判官判示参照）。しかしながら，私の判断では，Xの証拠から，たとえ実際には彼がめったに申込まれた労務を断ることがなかったとしても，個別の従事を承諾する義務があったということを見出すことは不可能である。」[144]

　「この結論に至る際，私は最近の，Nethermere 事件控訴院判決と Airfix 事件控訴審判所判決に従った，〔判決⑱〕Haggerty 事件における控訴審判所の判決を念頭に置いている。同判決は，労働が依頼されかつ承諾されたということの継続的な繰り返しに基づき，そこから労務提供義務を推認（infer）することが可能な状況が例外的に存在しうるということを認めている。しかし，私は，被用者自身も含め，両当事者が，当該被用者が個別の従事を承諾するか否かについての自由を有すると考えている状況においては，そのような推認（inference）がいかにして可能なのか理解できない。」[145]

143　19 June 2008（UKEAT/0183/08/LA）.
144　Ibid., para. 22.

この事件は，事実審たる雇用審判所が継続的な雇用契約の存在を認めていた点では，〔判決⑱〕と同じであった。しかし，本件の控訴審判所は判断を覆した。たしかに，本判決でElias審判長は，労務提供者における労務提供を断る自由が必ずしも法的義務の存在を否定するものではないとする。しかし，Nethemere事件控訴院判決等で用いられたそのような義務を推認する手法が「例外的」にしか意味を持たないことにも言及している。したがって，実質的には，当事者における労務提供または労務供給をしない自由が存在する場合に，継続的な雇用契約の存在はほとんど認められないことになろう。

第4款 まとめ

以上の裁判例の考察から，義務の相互性が認められるための拘束性は，労務提供者が依頼された労務を断る自由を有している場合，あるいは，労務受領者が労務を依頼しないでおく自由を有している場合には，基本的には認められない，という結論を得る。この意味で，比較的強い拘束性が要求される。

　もっとも，第6章でみるように，この継続的な契約の成立の問題については，制定法上の規定による解決が見出されている。したがって，イギリス労働法の文脈では，この拘束性のレベルを論じることの重要性は，その解決が見出される以前よりも，減少している面がある。

第5節　小　　括

「義務の相互性」に関する本章の考察を小括する。

第1款　位置づけの確定

1　性質から成立へ

イギリス労働法においては，約因（義務の相互性）の問題が，継続的な雇用契約の有無の問題として議論されてきた。第1節で示したように，当初，それは契約の性質の位相で議論されていた。しかし，第2節で示したように，

145　Ibid., para. 23.

第5節 小 括

それは、Nethermere 事件控訴院判決によって、MacKenna 裁判官の雇用契約の認定定式の第一要件、すなわち、約因（契約の成立要件）と結びつけられ、その後の判決でも約因として理解されていると評価できた。

2 「労働分野における契約」の成立
(1) 義務の相互性の一般性
「義務の相互性」は、「労働者の契約」についても、一般契約法においてすべての契約に求められる「約因」として求められる。
(2) 判断枠組みの二段階性
審判所長官（President）の Elias 審判長は、「労働分野における契約」を設定するような相互的な義務の存在が契約の成立の位相で必要となることを明らかにした。さらに、同審判長は、「労働分野における契約」が、指揮命令の要素等によって雇傭契約等の契約類型に分類されることを明らかにした（【図Ⅰ-2-3】参照）。つまり、「義務の相互性」と契約の性質（分類）の判断枠組みは、雇用契約だけでなく、「労働分野における契約」についても及ぶようになった。この判断枠組みにおいて、第一段階で「義務の相互性」が認められたならば、「労働分野における契約」の成立が認められる。そして、第二段階で、そのように成立したと認められる契約が、雇用契約あるいは「労働者の契約」として分類される。

【図Ⅰ-2-3 労働分野における契約の分類過程】

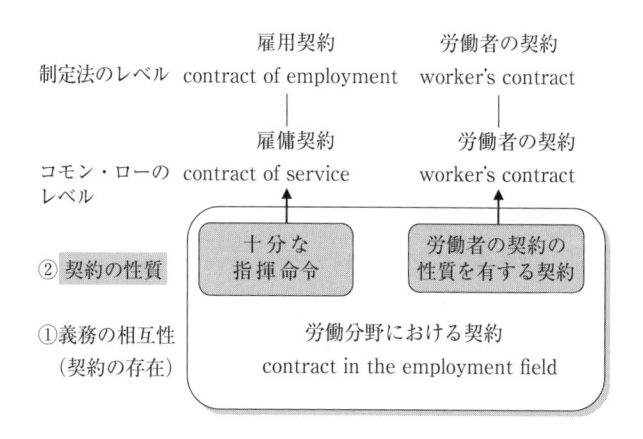

	雇用契約	労働者の契約
制定法のレベル	contract of employment	worker's contract
コモン・ローのレベル	雇傭契約 contract of service	労働者の契約 worker's contract
② 契約の性質	十分な 指揮命令	労働者の契約の 性質を有する契約
①義務の相互性 （契約の存在）	労働分野における契約 contract in the employment field	

(3) 契約の成立と性質の区別

「労働分野における契約」の「義務の相互性」についての判断は、当事者間の関係を一定程度分類するものである。なぜなら、その認定の結果が、「労働分野における契約」を生じさせたという評価になるからである。しかし、この判断は契約の性質の判断と区別されるべきものであった。なぜなら、成立と性質の位相では判断基準が異なっており、二つを混同することは、たとえば「労働者の契約」のような制定法によって設定された契約類型の定義の意義を歪めてしてしまうからである。

3 個別契約の成立

「義務の相互性」が契約の性質の位相から契約の成立の位相へと移動し、各位相において問題となる事柄（要件）が整理された。その結果、両位相で、関係の継続性ということが個別の労務提供・受領（報酬支払）に関しては問題とならないということも示唆された。こうして、各個別の労務提供・受領（報酬支払）について、雇傭契約の成立が認められうることがより明確になったと解される（第6章第2節も参照）。

第2款 内 容

1 雇用契約

雇用契約の「義務の相互性」（約因）の内容は、使用者については、労務を供給（依頼）する義務あるいはなされた労務に対する報酬支払義務となっており、他方、被用者については、依頼ないし供給された労務を引き受け提供する義務となっている。

2 労働分野における契約

雇用契約も含む「労働分野における契約」の「義務の相互性」の内容は、相互的な義務が「何らかの形で、問題の労務提供者によって自分自身で提供されなければならない労務の提供にあるいはそれに対する支払いに関連している」ことである。

3　継続性の要素の不必要性

　イギリスでも，雇用契約について，期間の定めのない雇用契約で働く常勤被用者のそれという一般的なイメージないし「想定」が存在してきた[146]。この事実上のイメージからすれば，雇用契約の成立やその性質として，継続的な要素が含まれるように思われがちであろう。しかし，イギリスでは，とりわけ裁判例における「義務の相互性」の議論の中では，約因と契約の性質の問題が整理され，継続性の要素が単発的でない「継続的な」契約の成立についてのみ問題となることが認識されているようであった。つまり，継続性の要素は契約の期間の問題として要求されるにすぎないのである。この意味において，雇用契約について，継続性は契約の成立や契約の性質に要求される要素ではないといえる。

第3款　拘束性の程度

　判例は，労務提供者または労務受領者が，依頼された労務を断る自由または労務を供給することをしないでおく自由を有する場合には，傘契約等と呼ばれる継続的な契約の成立を認めない傾向にあり，比較的厳格に拘束性のあることを要求する立場にあるといえる。Carmichael事件において，貴族院により，当事者が関係形成前に交わした書面は，その書面以後の労務提供契約のための「枠組み（framework）」を定めたものに過ぎないと一蹴されていた。たしかに，同貴族院以後も合理的な程度の拘束性で法的義務の有無を判断するものも見られた。しかし，上記のような自由が当事者によって留保されている場合，かなり例外的に「義務の相互性」の存在が認められるに過ぎなかった。

146　M. Freedland, n. 64 above, at p. 15; D. McCann, n. 103 above, at p. 3 et seq.

第3章　契約の成立要件(2)——契約意思

　本章では，契約の成立要件である契約意思について考察する。
　イギリス労働法では，契約意思が三者間労務供給関係における労務提供者と実際の労務提供先との間の黙示の雇傭契約の推定の場面で問題となった。その議論の中で，当初混同されていた契約意思の認定と第2章で考察した「義務の相互性」の認定とが区別されるようになり，また，それら成立要件の認定と，契約の性質の認定についても区別されるようになった。
　本章では，これらを区別するようになった判例の展開を示し，契約意思という労務提供契約の成立要件（要素）の内容自体と，その要素を具体的に形成する当事者意思ないし合意がいかにして裁判官らの契約解釈作用を通じて契約意思として認められるのか，を明らかにする。そして，この契約意思の認定の場面における裁判官らの契約解釈作用の限界と黙示の労務提供契約の成立の一般的な可能性について述べる（とはいえ，契約解釈の仕組みについては，第5章で詳しく述べる）。
　以下では，まず，予備的考察において判例を分析するイギリス労働法における前提を確認し，第2節以降，黙示の雇傭契約の成立についての判例の理論展開を考察していく。

第1節　予備的考察

第1款　雇用保護立法と黙示の雇用契約の成立の問題

　まず，イギリスで，どのようにして三者間労務供給関係における労務提供者と労務提供先との間の黙示の雇用契約の推定が問題となるのかについて説明する。

1　1996年雇用権法と雇傭契約
　第1章第2節で紹介したように，イギリスでは，契約の相手方に労務を提

供する者に関する諸権利（たとえば不公正に解雇されない権利や，剰員整理手当の権利）が，制定法（1996年雇用権法）に定められている。その主たる権利主体は被用者（employee）であり，結局，被用者と労働者と主張される者の間の雇傭契約の有無によって，主張される権利義務の有無が決定される仕組みになっている。そして，この1996年雇用権法の適用の問題として，以下の事情のために，派遣労働者と労務提供先との間の黙示の雇傭契約の存在が争われる。

2 労働紹介業法と派遣労働者

日本の労働者派遣法とは異なり，イギリスにおける労働者，労働力の供給元，そして労働力の提供先の関係について規律する1973年労働紹介業法[1]（以下，「1973年法」）は，当事者の契約関係についての明確な定めを欠いている。たしかに，1973年法は，使用（employment）を定義することにより労働者（worker）と使用者（employer）を定義し[2]，さらに労働紹介業（employment agency）[3]，そして労働事業（employment business）[4]について定義している。しかしながら，それらの規定によって当事者間の契約関係がいかなる種類の契約関係かは決定されていない。

まず，「労働紹介業」とは，「使用者の下での使用を労働者に見つけるための，または，使用者の供する使用のために労働者を使用者に提供するための，……サーヴィスを提供する事業（利益のために営まれるものであると否とにかかわらず，また，いかなる他の事業に関連して営まれるものであると否とにかかわらない）。」とされる（【図Ⅰ-3-1】参照）。

---

[1] Employment Agencies Act 1973. 同国における派遣の法的規制については，有田謙司「イギリスにおける労働者派遣法制の現状と問題」世界の労働57巻9号14頁（2007）参照。

[2] Employment Agencies Act 1973, s. 13 (1). 1973年法は，「『使用』は，(a) 請負その他の労務供給契約（contract for services）の下でなされる専門的な従事その他による使用，(b) ある者が無料の食事付宿泊と少額の金銭，または，無料の食事付宿泊のみの受領と引き換えに，家庭の家事労働を補助しなければならない取決めの下でのその者の個人の家庭への受入れ，を含む。」と規定し，「労働者」と「使用者」がこれに従って理解されるとする。

[3] Employment Agencies Act 1973, s. 13 (1) (2).

[4] Employment Agencies Act 1973, s. 13 (1) (3).

【図Ⅰ-3-1　労働紹介業】

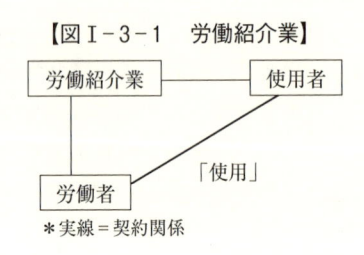

```
労働紹介業 ───── 使用者
   │         ╱
   │       「使用」
   │      ╱
  労働者
```
＊実線＝契約関係

　これに対して,「労働事業」とは,「当該事業を運営する者の使用の下にある者を, 何らかの立場にある他の者のために, かつ, その者の指揮命令の下で働くよう, 提供する事業（利益のために営まれるものであると否とにかかわらず, また, いかなる他の事業に関連して営まれるものであると否とにかかわらない）。」とされる（【図Ⅰ-3-2】参照）。

【図Ⅰ-3-2　雇用事業】

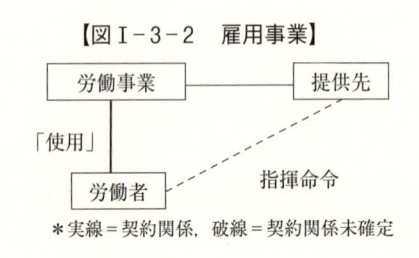

```
労働事業 ───── 提供先
   │         ╲
「使用」       ╲指揮命令
   │         ╲
  労働者 ─ ─ ─ ─
```
＊実線＝契約関係, 破線＝契約関係未確定

　まず, 以上の定義からわかるように, 労働紹介業と労働事業は, 労働者の実際の労務提供先ではなく, 労働者の実際の労務提供先を見つける, あるいは提供先に労務提供者を見つける主体である。
　そして, 黙示の雇傭契約の有無が労働事業の場合に問題になる。すなわち, まず, 法の定義から, 事業の「使用の下にある者」を労務提供先に提供する労働事業の場合, 労働事業と労働者との間に「使用」が存在する。ところが, この「使用」が雇傭契約によるものであるとは限らない。というのも, 1973年法は,「使用」に, 請負その他の労務提供契約（contract for services）の下でなされるものも含まれるとするからである[5]。他方で, この場合の労働者

5　前注（2）参照。

と提供先との契約関係についての定義もなされていない[6]。そして，この仕組みの下では，労働事業が労働者への報酬の支払いに責任を負う。しかしその一方で，労働者と提供先との間に，直接的な明示の契約はないが労務遂行についての指揮命令関係がある。そうすると，当該労働者は労働事業との関係でも被用者（雇傭契約の下で労務を提供している）と評価されるのが難しくなる[7]。

こうした事情の下で紛争が生じ，労働者は，供給元との関係も定かでないため，あるいは提供先との間に指揮命令関係があることから，明示の契約はないが指揮命令関係のある提供先を名宛人として，1996年雇用権法上の権利を審判所に申し立てる（このとき，供給元・提供先の両方が名宛人とされる場合もある）。そこで，1996年雇用権法上の申立ての前提問題（被用者か否か）として，労働者と提供先との間の黙示の雇傭契約の成否が問題となるのである。

こうして，「現代雇用法における困難かつ最も論争のあるものの一つ」に属する問題として[8]，また，労働法分野で黙示の雇傭契約が議論される代表的な場面として[9]，派遣労働者と提供先との間の黙示の雇傭契約が議論されるのである。第2節以降で検討するのは，その黙示の雇傭契約の成否について判断した諸判決である。

3 用　語

ここで用語についての整理をしておく。第2節以降の判決では，1973年法上の三者間労務供給関係における三当事者を表す用語は特に問題とされてい

6　S. Deakin and G. S. Morris, *Labour Law* (Hart Publishing, 2012), at para. 3.35 (p. 182).

7　Haris Kountourous, 'The UK: Responding to the Need for Protection in a System Preoccupied with Flexibility' in Kerstin Ahlberg, Brian Bercusson, Niklas Bruun, Haris Kountouros, Christophe Vigneau & Loredana Zappala, *Transnational Labour Regulation: A Case Study of Temporary Agency Work* (P.I.E. Peter Lang,2008), at p 65.

8　S. Deakin & G. S. Morris, n. 6 above, at para. 3.35 (p. 182).

9　例えば，Hugh Collins, K.D. Ewing and Aileen McColganの共著 Labour Law (Hart Publishing, 2005) では，索引に「雇用契約」・「黙示の契約」の項目が設けられている。しかし，ここから辿ることができるのは，本稿で取り上げる派遣労働者と提供先間の雇傭契約についての議論のみである。

ないので[10]、裁判例等の展開を検討する本研究では、三者を、労働者（あるいは派遣労働者[11]）、派遣元、派遣先（あるいは顧客・最終利用者[12]）と呼ぶ。また、裁判例は、三者間労務供給関係について、派遣関係（agency relationship）と表現することがあり[13]、本書も、当事者間に雇傭契約が存在するかとは関係なく、三者間労務供給関係について「派遣」という用語を用いる。

第2款　雇傭契約の認定

次に、第2節以降の黙示の雇傭契約についての裁判例を考察する為に、判例において示される基本的な雇傭契約の認定手法を簡単に再度確認しておこう。

1　雇傭契約の三要件

第2章で紹介したように、Ready Mixed Concrete 事件高等法院女王座部判決において MacKenna 裁判官が雇傭契約の認定定式を示していた[14]。すなわち、雇傭契約の認定においては、次の三つの要件が満たされねばならない。①約因（義務の相互性）の存在、②指揮命令の存在、③その他の契約規定がその契約が雇傭契約であることと整合的であることである。

そして、雇傭契約の認定定式は、各条件の優先順位を有していた。第一要件である約因（義務の相互性）は契約の成立要件であるから、この条件が充たされなければ、第二要件について検討する必要がない。そして、第二要件は「必要条件」であってこの要素が認められない場合には、第三要件も検討

10　本稿で扱う判決も含め、一般に、雇用事業に言及するとき、'employment agency' の用語が使われる（Gillian Morris, 'England' in Roger Blanpain and Ronnie Graham edn., *Temporary Agency Work and the Information Society* (Kluwer Law International, The Hague, 2004) at p 106.)。

11　なお、判決において、労働者が 'agency worker' と表記されることが多いが、上記のような意味での「派遣」（雇傭契約があるとは限らない）であって、我が国の労働者派遣法上の「派遣」とは異なる。

12　判決において、"client" や "end-user" と呼ばれることが多い。

13　James v Greenwich London Borough Council [2007] ICR 577.

14　第2章第1節第1款参照。

されない（第4章第2節第2款も参照）。そして，第一・第二の要件が満たされた上で，第三の要件について，「経済的現実」，「統合性」といった雇傭契約の性質を示す（ないし否定する）要素が検討される。

2 実態重視の認定——雇用契約の時間的展開を認める契約解釈

次に，雇傭契約の有無を検討する際の契約解釈手法についても言及しておく必要がある。実は，第5章で詳しく考察するのであるが，第2章で紹介したCarmichael事件貴族院判決[15]は，契約解釈のあり方についても重要な判断を示していた。本章における以下の考察においても重要になるので簡単に確認しておこう。同事件貴族院判決で示された契約解釈の内容を簡単に述べると，それは，当事者意思を根拠に，契約書面などを交わすなどした合意締結後であっても，当事者の行為等が当事者の意思を示すものであると認められる場合には，そのような行為等を労務提供契約の認定の判断の考慮に入れる（すなわち合意内容として認める）ことを正当とし，書面等の事前の取決めの重要性を相対化するというものであった[16]。このように，同貴族院判決において，ある裁判官（Hoffmann貴族院裁判官）が，当事者がどのように契約内容に関して合意したかを根拠として，労務提供に関する合意の解釈の時間的幅を，合意締結に至る過程から履行過程全体にまで引き延ばしていた[17]。

そして，本章で考察対象となる判例では，この契約解釈が一つの鍵となってくるのであるが，判例を見ていく際に注意すべきは，Carmichael事件貴族院判決で議論の焦点となっていたのが，約因たる「義務の相互性」であったこと，そのため，Carmichael事件貴族院判決が提示した契約解釈手法はその「義務の相互性」の認定という文脈と結びついていたということ，である。

第2節 判断枠組みの形成と不明確性の残存

以下では，第1節で述べた派遣労働者と派遣先との間の黙示の雇傭契約の有無が争われた判例を検討していく。

---

15 Carmichael v National Power plc [1996] ICR 1223 (HL).
16 S. Deakin & G. S. Morris, n. 6 above, at para. 3.20 (p. 150).
17 S. Deakin & G. S. Morris, n. 6 above, at para. 3.20 (p. 150).

容易に想像がつくように，イギリスでも，労働者と派遣先との関係も含め，労働者と派遣元，派遣元と派遣先間で，三者相互の関係を事前の書面等によって詳細に取り決めておくことが多い。たとえば，労働者は派遣元・派遣先いずれとの関係でも被用者にはならない，労働者は派遣元によって報酬を支払われる，労働者は派遣元との請負その他の労務供給契約に基づき臨時的に労務を提供する，等々である。第2章における考察からわかるように，これらは審判所が雇傭契約の認定をするにあたって判断を左右する重要な要素であり，そのような事項が詳細綿密に書面に記載されるのである。

ところが，第1節第2款2でその骨子を紹介した1998年のCarmichael事件貴族院判決が提示した当事者間の契約書面の意義を相対化する契約解釈手法よれば，雇傭契約の認定において，当事者間の事前の取決めは決定的でなくなる。このため，三当事者間で，事前かつ明確に派遣労働者と派遣先との関係が，雇傭契約に基づくものでない等と定めたところで，審判所の前では，その取決めも無意味となる可能性がある。そこで，第3節以降の事案では，労働者と派遣元，派遣元と派遣先間の各取決めにおいて労働者と派遣先間に雇傭契約がないと意識的に定められている（あるいは雇傭契約が認められないように定められている）場合に，Carmichael事件貴族院判決の解釈手法を応用して，労働者と派遣先との間の黙示の雇傭契約の可能性が追及されることになったのである。

しかしながら，以下に見るそれ以前の判例は，むしろ裁判所等が労働者と派遣先との間の雇傭契約を推定して，労働者と派遣先に契約関係を「課す」ことに謙抑的であった[18]。判例の展開をそこから追って，本章での考察対象たる契約の成立要件の内容をより深く見ていくことにしよう。

第1款　契約の有無の問題としての認識

この時期における代表的な判決は，共通して，Ready Mixed Concrete事件の雇傭契約の認定定式と黙示の雇傭契約の推定とが，異なる判断であることを認めていた。つまり，同認定定式の①の約因の問題と黙示の雇傭契約の

18　Deirdre McCann, *Regulating Flexible Work* (Oxford University Press, 2008), at p. 150.

第 2 節　判断枠組みの形成と不明確性の残存　　149

推定の問題とは異なる問題であることが感知されていた。ただその一方で，黙示の雇傭契約の推定の理論は十分に整理されておらず，曖昧なままになっている点もあった。

　まず，以下の Hewlett Packard 事件雇用控訴審判所判決では，①黙示の雇傭契約の推定と Ready Mixed Concrete 事件で示された雇傭契約の認定とが区別されていた。また，②そのような判断枠組みがとられたことで，契約の推定が認められない場合に Carmichael 事件貴族院判決の契約解釈手法が問題にならないとされた。

〔判決①〕　Hewlett Packard v Murphy 事件雇用控訴審判所判決[19]（2001年）
【事実の概要】（【図Ⅰ-3-3】参照）
　A 社の取締役であり被用者であった X は，コンピューターの専門家であり，A 社が派遣元 B と締結した書面契約の下に，B の顧客である Y にコンピューター技術を要する労務提供をしていた。B は同時に，Y との間にも書面による労務提供についての契約を締結していた。A と B との間の契約では，A は請負人（contractor），X は承認された顧問とされ，A が B の不特定の顧客にコンピューターに関する労務を提供すること，A が B の顧客の指揮命令等に服すること，B から A への料金の支払が定めてあった。他方，B・Y 間の書面契約では，B の派遣人員が，Y の被用者でないこと，Y の指揮命令に従うこと，Y の B に対する支払等が定められていた。
　その後，Y から B に対して，B・Y 間の合意条項に基づき X の労務遂行能力不足を理由とする X の労務の終了要請がなされた。そこで，B は A の取締役としての X に対して，B・A 間の合意条項に従って X の労務の終了を通知した。

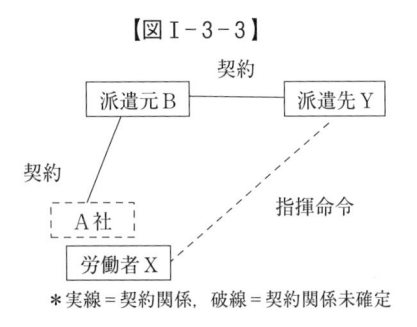

【図Ⅰ-3-3】

```
              契約
    派遣元B ────── 派遣先Y
       │          ╲
  契約 │           ╲ 指揮命令
       │            ╲
    ┌─────┐        ╲
    │ A社 │         ╲
    └─────┘          
    労働者X
```

＊実線＝契約関係，破線＝契約関係未確定

―――――――――
19　Hewlett Packard Ltd v O'Murphy [2002] IRLR 4.

このような事情の下，Xが，雇用審判所にYに対する不公正解雇を申し立て，その前提問題としてX・Y間に雇傭契約が存在するか否かが問題となった。同雇用審判所は，労務に関し，XがY組織に組み込まれていたとか，Yの指揮命令を強く受けていたとして，X・Y間に雇傭契約があると判断し，Xの申立てを認容した。これに対してYが，XとYとの間には，何ら契約関係がなく，その点で雇用審判所は誤ったとして控訴審判所に上訴した。このとき，Yは，Ready Mixed Concrete 事件の雇傭契約の認定定式は契約の性質を判断するためのものであり，本件のような契約の有無の判断には同定式は関係がないと主張した。他方，Xは，書面を重視したYの主張に対して，Carmichael 事件貴族院判決を参照して当初の合意は後続の口頭での合意や行為によって変更されると主張した。そこで，控訴審判所では，控訴審判所に，①契約の有無の判断と Ready Mixed Concrete 事件における雇傭契約の認定との関係，②当事者間の相互の関係が書面により明らかにされている場合の Carmichael 事件貴族院判決の意義が問われた。

　なお，本件では，X・B間ではなくA・B間で労務提供に関する明示の契約が締結されている。しかし，控訴審判所は，特に問題とせずにXとY間の雇傭契約の有無を問題としている。

【判旨】　上訴認容

「雇用審判所はその問題（Y主張の契約の有無の問題—引用者）を全く強調していなかった。彼らは契約があることを前提として当該契約が何であったかということを決定する次の段階へと進んでしまったと思われる。これは重大な欠陥」[20]である。

「Yは，XとYとの間に何の種類であれ契約があったかどうかを確定するのが，この種の事案における雇用審判所の責務であると主張するにおいて，正しい。」[21]

　　　（中略）

「Xの契約が変更されたという主張は認められない。XとYの間には契約がなかった。したがって，契約は変更されない。」[22]

　このように，本判決では，①XとYのような派遣労働者と派遣先との関係について，Ready Mixed Concrete 事件の雇傭契約の認定とは別に，契約の有無が問題となることが明確に認識されている[23]。そして，②契約の有無

20　Ibid., 7.
21　Ibid., 8.
22　Ibid.

を判断する前に、Carmichael 事件貴族院判決の適用の検討をすることが否定された。ただし、①の判断を引き出した Y の主張は、厳密には誤っていた。というのは、第2章で示したように Ready Mixed Concrete 事件の三要件の定式で要求される「義務の相互性」はコモン・ロー契約法上の契約の成立要件たる約因であり、それによって問題となるのは Y が問題としている場面と同様、「契約の有無」であるからである。しかし、ここでは、それらの「契約の有無」の問題の異同について、Y も、Y の主張を認めた控訴審判所も、雇用審判所が契約の有無を問題にしていないということ以上に踏み込んだ分析を展開しないままであった。つまり、この判決からは、問題の正確な把握を読み取れるほどには議論は詰められていなかったという点を指摘することができる。

第2款　義務の相互性の認定との違い

第1款の Hewlett Packard 事件では、契約の有無の問題と Ready Mixed Concrete 事件の雇傭契約の認定手法における「義務の相互性」との関係は議論されていなかった。また、契約の有無を判断する際、何が問題とされているのかもはっきりとはしていない。これらの点を示すものとして、第3節の Dacas 事件控訴院判決でも議論されることになる次の Stephenson 事件雇用控訴審判所判決を挙げることができる。ただ、前掲 Hewlett Packard 事件雇用控訴審判所判決と比べると、今度は Carmichael 事件貴族院判決の取扱いについて不明確な点があった。

1　書面の意義と Carmichael 事件貴族院判決
〔判決②−1〕　Stephenson v Delphi Diesel System Ltd. 事件雇用控訴審判所判決[24]（2002年）
【事実の概要】（【図Ⅰ-3-4】参照）

X は、派遣元 A と契約して労働者として登録した。当該契約においては、A の顧客への X の労務提供に対する A による報酬の支払い、X が労務提供時に A の顧客の指揮命令に従うこと、A と顧客が事前予告や法的責任なく労働者に労務従

23　McCann, n. 18 above, at p. 150.
24　Stephenson v Delphi Diesel System Ltd. [2003] ICR 471 (EAT).

事の終了を指示できること等が定められていた。他方，A・Y間で契約が締結され，Aの派遣人員による，Yの規則等の遵守，Yが特定する労務への従事や，当該人員が労務に不適当と判明した際のYの要請に基づくAによる人員の引き上げ，Yの労働時間設定権限等が定められていた。

Xは，Yによる面接の後，AからYへの労務提供の依頼を受けて，Yの指揮命令下で労務提供を開始した。その約9か月後，Xは，Yから直接雇用され，その後も従前同様の労務提供を行った。ただし，Xの報酬はYから支払われるようになった。さらに約8か月後，YはXを解雇した。

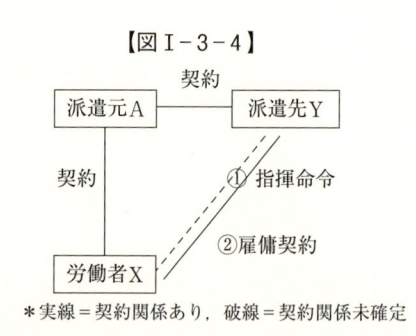

【図Ⅰ-3-4】

```
       契約
派遣元A ───── 派遣先Y
  │  ╲         ╱│
  │   ╲   ①指揮命令
契約    ╲     ╱
  │     ╲  ╱
  │  ②雇傭契約
  │      ╲
労働者X ────
```

＊実線＝契約関係あり，破線＝契約関係未確定

そこで，Xは，雇用審判所にYを名宛人として不公正解雇を申立て，その前提問題として，XがYに直接雇用される前の段階におけるX・Y間の雇傭契約の有無が争われた（第2章で述べたとおり，イギリスの1996年雇用権法では，不公正解雇の権利は一定の長さ以上の雇用の継続〔雇用契約の存在に依拠する〕をその要件としている。本件では，Yによる直接雇用の期間がその期間〔当時は一年間の雇用の継続性が求められた〕に満たない。そのため，XのAを介したYへの労務提供がYとの雇傭契約によるものかが争われた）。雇用審判所は，義務の相互性・指揮命令の存在を否定してXの請求を棄却した。そこで，Xが，それらについての認定につき雇用審判所が誤っているとして，雇用控訴審判所に上訴した。義務の相互性の認定につき，Xは当事者の関係の「実態」を中心として，Yは「書面」を中心として，判断がなされるべきことを雇用控訴審判所で主張した。そこで，雇用控訴審判所は，①書面が当事者間の権利義務をどのように認定するのかについて，そして，②争点が雇用審判所の「義務の相互性」の認定に関するものであったことに起因して，義務の相互性の認定と黙示の雇傭契約の推定との関係について，判断した。

25　[2003] ICR 471, at 477-478.

【判旨ⅰ】[25]　上訴棄却

　Ｘの「Ｘ・Ｙ間に直接の契約があったという主張に関して，……Ｙは，そのような主張をすることが単に書面と整合的でないと主張する。」

　「我々は，Ｙが正しいと考える。当事者らが『通常の』契約的義務を締結していたと理解していたならば，当事者は明らかにそれに基づいて物事を実行するであろうし，Ｘは，通常の場合のようにＹから支払われていたであろう。

　我々は，ここで一応簡単に，<u>ある性質の契約が存在せしめられるようになっているかどうかを判断するのに，当事者らが実際に自らの義務であると考えていたことをどのように実行したかを考慮することは適法である</u>，ということを示す。<u>Carmichael 事件貴族院判決参照</u>。」

　本判決は，本件において書面取り交わし以後の当事者の関係の実態を検討することを，Carmichael 事件貴族院判決を引用して正当化している。しかし，この点，〔判決①〕Hewlett Packard 事件雇用控訴審判所判決は，契約の有無の決定の前段階で，Carmichael 事件貴族院判決の原則の適用を問題にすることを否定していた。本判決でも，次の２のように，本件での問題が本来，〔判決①〕Hewlett Packard 事件と同じ意味での「契約の有無」である一方で，「義務の相互性」の有無の問題ではないことが認められている。にもかかわらず，「契約の有無」の問題が未解決のまま同貴族院判決の原則が議論されている。これは，当事者の主張が不十分なことに起因している面もあるが，第３節以前の段階では控訴審判所までのレヴェルにおいて，契約の有無がいかなる点で問題となっているのかという問題そのものが正確に把握されておらず，そのため，認定手法についても一致した見解が得られなかったことを示唆している。

　２　黙示の契約の推定と義務の相互性の認定

　次に，黙示の契約の推定と義務の相互性の認定とが異なることの認識が，以下の同控訴審判所の判示部分から読み取れる。

〔判決②－２〕　Stephenson v Delphi Diesel System Ltd. 事件雇用控訴審判所判決[26]（2002年）

26　Stephenson v Delphi Diesel System Ltd. [2003] ICR 471 (EAT)

【事実の概要】　（〔判決②-1〕【事実の概要】を参照。）
【判旨ⅱ】[27]　「我々は雇用審判所の審判長による相互性の問いに向かうアプローチは正しいものであったとは考えない。」「もし彼が適切に自らを指示していれば，彼が実際には異なる根拠に基づき達した結論，すなわち，当事者間に契約的な関係がないという結論にのみ達しえたと確信する。より正確には，彼は義務の相互性がなかったとしたのだが，我々には，何らの契約関係もなかったということにならなければならないように思われるのである。
　我々は，Yが一度でもXと何らかの直接的な契約関係に入ろうと意図したであろうということを示す何らの根拠もないと確信する。」
　Hewlett Packard事件において，雇用控訴審判所は以下のように判断した。すなわち，『『雇用審判所はその問いを自らに問い，証拠に沿ってそれに答えていたならば，……〔労働者と派遣先に〕何らの契約的つながりもなかったという結論に達しなければならなかったであろう……。』』
　そして，同様のアプローチが他の事件[28]でもなされている。
　「したがって，我々は，本件において，XとYとの間に何らかの契約関係を生じさせるような義務の相互性はなかったと認定する。われわれがそのように判断するのは雇用審判所によって認められたものとは別の理由によるというのが本当であるが，我々は，その結論が適切に法を適用したならば雇用審判所が適切に達しえた唯一の結論であると考える。」

　ここから，本判決は，黙示の契約の推定と義務の相互性の認定とを区別していることがわかる。すなわち，本判決は，雇用審判所の契約関係がないという結論は正しいとする。しかし，判示によれば，ここでの問題は，本来「相互性の問いに向かうアプローチ」とは異なるアプローチで判断されるべき契約関係の有無なのである。このように，本判決では，義務の相互性の認定と黙示の契約の推定の作業は別個のものとして把握されている。
　そして，ここでは，「Yが一度でもXと何らかの直接的な契約関係に入ろうと意図したであろうということを示す何らの根拠もない」とされており，黙示の契約の推定が問題となる場合には当事者の契約関係に入ろうとする意思が問題となることが示されている。

27　[2003] ICR 471, 478 et seq.
28　Costain Building & Civil Engineering Ltd v Smith [2000] ICR 215; Esso Petroleum Co v Jarvis (unreported) 18 January 2002.

第3款　まとめ

　第1款，第2款でみたように，後述する〔判決④〕Dacas 事件控訴院判決以前には，黙示の雇傭契約の推定と Ready Mixed Concrete 事件の雇傭契約の認定とが切り離して考えられていた。ただし，1の Hewlett Packard 事件雇用控訴審判所判決では，黙示の契約の推定作業と Ready Mixed Concrete 事件の雇傭契約の認定手法との関係が詰めて議論されていなかった。また，2の Stephenson 事件雇用控訴審判所判決も，黙示の契約の推定が問題となる際の Carmichael 事件貴族院判決における契約解釈手法の位置づけについて曖昧な面を残していた。つまり，この段階では，黙示の雇傭契約の成否の問題がいったい何を問題とするものか十分に正確に把握されておらず，そのため，その問題を判断する手法の点でも一致していなかった。

第3節　黙示の雇傭契約の可能性の追求

　イギリス契約法は，黙示の契約について，「契約は容易には推定されない」という基礎に立つ[29]。第2節においても，控訴審判所は，契約の推定に謙抑的であった。しかしながら，2004年に，以下にみる Dacas 事件控訴院判決が出され，黙示の雇傭契約の可能性は，派遣労働者と派遣先にとってにわかに現実味を帯びてくるようになる[30]。

---

[29] Treitel (G. H.), *The Law of Contract* (by Edwin Peel), 14th ed., 2015, at para. 4-003 (p. 188); *Chitty on Contracts* (Hugh Beale ed.), 31th ed. 2012, at para. 2-163 (p. 253).

[30] これ以前に，Franks 事件控訴院判決（Franks v Reuters Ltd [2003] IRLR423 (CA)) がある。同事件でも，以下で紹介する Dacas 事件の控訴院判決の Mummery 控訴院裁判官がやはり判断しており，同控訴院裁判官は，Carmichael 事件貴族院判決を引用して，黙示の契約の推定の可能性を示している。Dacas 事件の Mummery 控訴院裁判官の理論は，この Franks 事件に伏在していた理論を，雇用・就業形態の説明等を加えて一般論の形に整えたものと評価できるため（McCann, n. 18 above, at p. 151.)，本研究では Dacas 事件控訴院判決を検討する。

第1款　義務の相互性の認定との接合

1　黙示の雇傭契約の可能性

以下の事実の概要にあるように，Dacas事件の控訴院では，労働者と派遣先の間の雇傭契約の有無は争点ではなかった。にもかかわらず，本控訴院のMummery控訴院裁判官は，Carmichael事件貴族院判決を基礎に黙示の雇傭契約の推定の可能性を示唆した。そして，この判断が後続の判決に影響を与えていく。

〔判決③－1〕　Dacas v Brook Street Bureau (UK) Ltd. 事件控訴院判決[31]
　　　　　　（2004年）

【事実の概要】　（【図 I - 3 - 5 】参照）

　Xは，派遣元 Y_1 を介して，施設 Y_2 に清掃作業員として労務を提供していた。Xと Y_1，Y_1 と Y_2 の間には，当初よりそれぞれ書面による契約が交わされていた。Xと Y_1 の書面では，Xが，Y_1 との間で「臨時的労働者」として，「請負その他の労務供給契約」を締結し，顧客に労務提供をなすこと，また，Y_1 や Y_1 の顧客との関係で雇傭契約は存在しないことが明記されていた。さらに，X・Y_1 間で継続的な労務提供・供給の義務がないこと，Y_1 が X に対して報酬を支払うこと，X が顧客の指揮命令等に従うこと，X，Y_1，顧客全員が予告や法的責任なく労務従事を終了できること等が定められていた。

　他方，Y_1 と Y_2 との書面では，Y_1 の派遣人員が Y_2 の指揮命令に従うこと，当該人員が労務に不適当と判明した場合に Y_2 が Y_1 に当該人員の引上げを要請できること，Y_2 からの Y_1 への支払方法等が定められていた。

　上記の取決めのもと，Xは，同じ施設で，Y_2 の指揮命令を受け，週5日毎日約8時間，約4年間労務を提供していたが，Y_2 は X が施設訪問者に対して不作法であるとし，Y_1 に X の引上げを要請した。そこで Y_1 は X に対して，もはや供給する労務がないと告げた。

31　Dacas v Brook Street Bureau (UK) Ltd. [2004] ICR 1437 (CA).

第3節　黙示の雇傭契約の可能性の追求

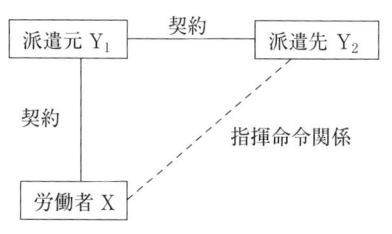

【図Ⅰ-3-5】

```
派遣元 Y₁ ——契約—— 派遣先 Y₂
       |              ╲
      契約           ╲
       |          指揮命令関係
    労働者 X
```

＊実線＝契約関係，破線＝契約関係未確定

　そこで，Xは，Y₁とY₂両方に対する不公正解雇を雇用審判所に申し立てた。雇用審判所は，XはY₁の被用者ではなく（雇傭契約がない），Y₂との間には契約さえないとして，申立てをすべて棄却した。これに対し，Xは，Y₂についての判断に対しては上訴せず，Y₁に関する判断についてのみ上訴した。そして，雇用控訴審判所は，XはY₁の被用者であるとした。そこで，Y₁がこの判断に対して控訴院に上訴した。

【判旨 i 】　X・Y₁間の雇傭契約を否定して上訴認容
　Mummery 控訴院裁判官は以下のとおり判示した。
(黙示の雇傭契約)[32]
　「制定法の『雇傭契約』に関する雇用契約の定義は明示的に『黙示の』契約も認めている。……雇傭契約は何らかの特別の形式が求められるものではない。当該事案の証拠に基づき，当事者の行動や，当事者やなされた労務を取り囲む状況からの必要的推論（necessary inference）によって，雇傭契約は推定されうる……。」
　「極めて重要な点は，契約書面の解釈は重要であるが，それは必ずしも雇傭契約の問題について決定的とは限らないという点である。……（もしあるなら）各当事者間相互の関係について，その真の性質が決定される際に，当事者の占める全体的な状況が考慮される必要がある。」
　「法の問題として，……当該申立人の地位についての問題が提起された場合に，他方当事者と明示の契約を持たない当事者間の黙示の契約は，雇用審判所により検討されねばならない可能性である。」
(一般原則)[33]
　派遣元と派遣先の取決めは，非合法のものでも不当なものでもない。しかしな

32　Ibid., 1442 et seq.
33　Ibid., 1451 et seq.

がら，それらの取決めは，一般的な解釈の原則によって背景事情（context）をも加味して解釈されるものであり，X と Y_1，Y_1 と Y_2 との間で作成された「明示条項に義務が記載されているという事実は，それらの者が三者間の取決めを超えて黙示の契約を読み込まれることを妨げない。」

以上の判旨の趣旨は，こうである。①雇傭契約についても当事者の行為等の実態からの必要的推論により黙示の雇傭契約が認められうる，②①の判断において契約書面は決定的ではなく，むしろ当事者の占める「全体的な状況」が重要である，③雇用の権利に関する地位の問題が生じた場合には，雇用審判所は黙示の雇傭契約の可能性を検討しなければならない，④一般的な契約解釈の原則として，三当事者間の明示の条項はそれ自身否定されることもないが，労働者と派遣先間の黙示の雇傭契約の推定を妨げない。

2 理論的根拠

次に，同控訴院判決は，Carmichael 事件貴族院判決の契約解釈手法によって，上記1の理論を基礎づけた。以下がその判示部分である。

〔判決③－2〕 Dacas v Brook Street Bureau (UK) Ltd. 事件控訴院判決（2004年）[34]

【事実の概要】 〔判決③－1〕【事実の概要】参照。

【判旨 ii】[35]

「Stephenson 事件の雇用控訴審判所判決に基づく……Y_1 の主張についてのいくつかは，明らかに正しい。<u>当該取決めは，見せかけではなかった。……当事者の主観的な意図に関しては，おそらく Y_1 や Y_2 の側に Y_2 が X と直接的な契約関係に入ることになるという意思はなかったというのが正しいであろう。</u>」しかしながら，「この点についての結論を出す前に，私は，X が労務提供していた数年の間に，Y_2 と X の間で，実際に何が進行していたのかを知りたいと思う」。

「Carmichael 事件貴族院判決は，……黙示の雇傭契約についての問題を扱ったものではない。」しかしながら，同判決は，以下の二つの点を示したことで重要である。すなわち，第一に，義務の相互性が欠けていれば，雇傭契約は存在しえない。「第二に，当事者間の取り決めを証拠づける書面がある場合にも，当該書面が合意

---

34 Dacas v Brook Street Bureau (UK) Ltd. [2004] ICR 1437 (CA).
35 Ibid., at 1454.

の排他的記録を構成するように意図されたものでない場合には，雇用審判所は，雇傭契約の有無を判断するにあたって，申立人が労務に従事して以降，当事者が述べたことやなしたことから推論（inference）をなすことができる。」

　判決が言及しているStephenson事件雇用控訴審判所判決は，先述のように，「〔派遣先〕が一度でもXと何らかの直接的な契約関係に入ろうと意図したであろうということを示す何らの根拠もない」としていた。つまり，黙示の雇傭契約の成否の問題が，当事者における契約関係に入ろうとする意思の問題であるとの認識を示していた。これに対して，本判決は，「この点についての結論を出す前に」当事者の関係の実態を検討する途を，Carmichael事件貴族院判決の契約解釈原則によって正当なものとしている。このため，本判決は，黙示の雇傭契約の成否の問題と義務の相互性の問題を区別しつつも，契約解釈を行っていく中で，「義務の相互性のレヴェル」（さらには指揮命令）を検討して問題に答える理論を提供することになった[36]。こうして，Carmichael事件貴族院判決を介して，義務の相互性の認定作業と黙示の雇傭契約の成否の問題とが癒着し始めた。

第2款　理論の承認と必要性の要件の確認

1　理論の承認

　上記の〔判決③〕Dacas事件控訴院判決の労働者と派遣先との関係についての見解が，他の控訴院裁判官らによって引用され「強固なものにされた」[37]。それが，以下のMuscat事件控訴院判決である。

〔判決④－1〕　Cable & Wireless plc v Muscat 事件控訴院判決[38]（2006年）
【事実の概要】　（【図Ⅰ-3-6】参照）
　A社に通信の専門家として雇用されていたXは，Aから，請負人（contractor）となりXが提出した代金請求書に対するAの支払を受ける会社Bを設立するよう

36　McCann, n. 18 above, at p 152; Richard Nicolle and Nicola Briggs, 'Employment case law update' 156 (2006) NLJ 588.
37　McCann, n. 18 above, at p. 152.
38　Cable & Wireless plc v Muscat [2006] ICR 975 (CA).

命じられた。そして，AはXを解雇し，ただちにXを請負人として従前同様の業務に従事させ続けた。数か月後，AはY社に引き継がれた。そして，Xは，Yの指揮命令を受けて，従前同様の労務を提供し続けた。雇用審判所の認定では，この時まで，XはYの被用者であるとされている（この認定については争われていない）。

ところが，YはXを請負人であると考えていた。Xは，従前同様Yに労務を提供しB名義でYに代金請求書を提出していた。しかし，Yはそれに対する支払いをしないままにして，Yが請負人と直接には取引をしないこと，Xが派遣会社を通じてYに労務提供すべきことを告げた。Yは，C社とC社による人員派遣に関する合意を締結し，他方，B社とC社は，約4か月にわたってBが労務を提供する「請負その他の労務供給契約」を締結した。当該契約では，Bの労務が特定され，また，X・Y・Cにそれぞれ継続的な労務提供又は労務供給義務がないこと，X・Y，X・C間で雇傭契約が生じないことが明記されていた。そして，Xは，B社の代表として，Xを任命された個人，YをCの顧客とする，就労時間や報酬が記載された書面に署名した。この後，C社がB社に代金請求書に対する支払いをするようになった。そして，同契約期間満了以後，XはBの代表者として，1か月毎に契約に署名して労務提供を続けていたところ（計3回），その後，YがXにXの労務提供が必要でなくなる旨告げ，Xの労務提供が終了することになった。この間，Cの果たした役割は，Xが提出していた代金請求書に対する支払いのみであった。

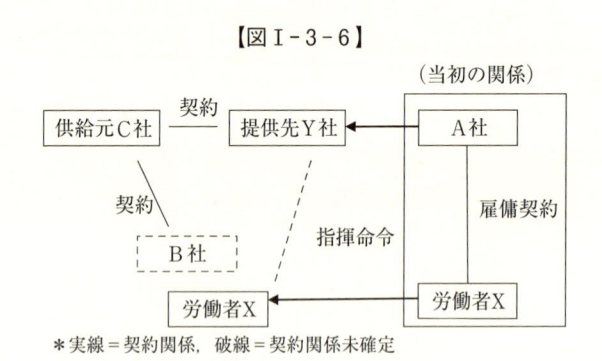

【図Ⅰ-3-6】

＊実線＝契約関係，破線＝契約関係未確定

このような事情の下，Xが，雇用審判所にYに対する不公正解雇を申立て，その前提問題として[39]，XがCを介してYに労務を提供するようになって以降も，X・Y間に雇傭契約が存在するかが争われた。雇用審判所はDacas事件の控訴院判決を受けて[40]X・Y間の黙示の雇傭契約を推定しXの請求を認容した。これに対し，Yは，Dacas事件の控訴院判決により示された理論が誤りである等として，控訴

審判所に上訴した。しかし，控訴審判所がこれを棄却した。そこで，Yが同様の主張をして控訴院に上訴した。

本件で，Yは，①Dacas事件控訴院判決で示された黙示の契約の認定に関する見解は傍論であり雇用審判所等を拘束しない，②同控訴院判決の見解それ自体が誤っている等と主張した。②について，具体的に，Yは，Dacas事件控訴院判決や本件雇用審判所判決において黙示の雇用契約の推定の「必要性」の検討がないとしてその誤りを主張した。そこで，「必要性」の検討も含めて同控訴院判決の理論の正当性が控訴院に対して問われた。

なお，雇用審判所は，C社と契約を締結しXの労務提供の代金請求書を提出していたのはB社であったという事実によっては，Xの地位に変わりはないとしたが，この点については上級審で争われていない。

【判旨 i 】[41] 控訴院は，Yの①についての主張を斥けた上で上訴棄却。

Smith控訴院裁判官は以下のとおり判示した。

「Carmichael事件において，貴族院は，以下のように判示した。すなわち，ある合意に向かう当事者が，ある書面……が当事者らの合意の排他的記録を構成するように意図されない限り，当該契約に関する性質あるいは条項に関して生じるあらゆる問いは，書面，口頭でのやりとり，そして行為も含む，あらゆる証拠の検討に基づき決定されるべき事実の問題である。そうであるから，Dacas事件でMummery控訴院裁判官が，雇用審判所は当事者間の関係についてのあらゆる証拠を手掛かりに黙示の契約の存在の可能性を検討すべきであるといったとき，彼によって示された見解は批判されえない。それは正しいアプローチである。黙示の契約の存在が推定されるかどうかは状況による。『使用者』による指揮命令と同様，削ることのできない最小限の相互性という要求が，存在しなければならない。それは，起こっていることに取引実態（business reality）を付与するよう黙示の契約の存在を推定するのに，必要に違いない。」

39　厳密には，1年間の継続雇用の存在が不公正解雇の権利資格要件となっているため，Xの場合，Xが被用者としてA社に労務提供していた時期と，その後A社がY社に引き継がれたがXがYの被用者として認定された時期，そしてXがYに対してCを介して労務を提供していた時期を合計して，1年間の継続雇用が認められる必要があった。そこで，最後の時期において，X・Y間に雇傭契約があるか否かが争われた。

40　本件の雇用審判所判決は，当事者らの希望により，Dacas事件の控訴院判決が出された上で判断を下すために延期されたという経緯がある（[2006] ICR 975 (CA), at 979)。

41　[2006] ICR 975, 984.

ここからわかるように，本件控訴院判決において，Carmichael事件貴族院判決を介して，義務の相互性の認定と黙示の雇傭契約の推定とがつなげられ，最終的には，雇傭契約の有無の決定が義務の相互性（さらには指揮命令）の検討に拠るべきこととなった[42]。そして，この理論構造が，Dacas事件控訴院判決を受けたものであることは明らかである。

2 必要性の要件の確認

イギリス契約法では，黙示の契約の認定にあたり，「契約〔の存在〕を主張する当事者が，それを認定する必要性を示さねばならない」とされる[43]。ところが，この認定のための基本的要件は，本章におけるこれまでの裁判例において必ずしも明確な形では出てきていなかった。たしかにDacas事件控訴院判決も，黙示の契約が「必要的推論」により認定されるとした。しかし，実際には同判決が当事者間の関係の実態の検討を経て，どのように雇傭契約を推定する「必要性」を検討したかを跡付けることは困難であった[44]。これに対し，Muscat事件控訴院判決においては，事実の概要でみたように，Yの主張を受けて「必要性」がより意識的に議論されている。以下がその判示部分である。

〔判決④－2〕 Cable & Wireless plc v Muscat事件控訴院判決[45]（2006年）
【事実の概要】〔判決④－1〕【事実の概要】参照。
【判旨ⅱ】[46]
　Smith控訴院裁判官は以下のとおり判示した。
　Aramis事件控訴院判決[47]で「Bingham控訴院裁判官は，契約が推定される条件についての幾つかの一般的な見解を示した。」

42　R. Nicolle and N. Briggs, n. 36 above, at p 588.
43　Chitty, n. 29 above, at para. 1-097（p. 79）.
44　Frederic Reynold QC, 'The Status of Agency Workers: A Question of Legal Principle' 35（2006）ILJ 321, at p 323; Michael Wynn & Patricia Leighton, 'Will the Real Employer Please Stand Up? Agencies, Client Companies and the Employment Status of the Temporary Agency Worker' 35（2006）ILJ 301.
45　Cable & Wireless plc v Muscat [2006] ICR 975（CA）.
46　[2006] ICR 975. at 987 et seq.
47　[1989] 1 Lloyd's Rep 213.

(中略)

　Dacas 事件の Mummery 控訴院裁判官は，黙示の契約の推定が「必要的推論」からなされることを述べていた。「我々は，これが Aramis 事件控訴院判決において言及された原則についての〔Mummery 控訴院裁判官の〕正しい理解の表れであると考える。さらに，本件の雇用審判所の判決においても，Dacas 事件控訴院判決における『最も関連のある有用な部分』についての言及があ」り，そこで挙げられている最初の段落が，前記の Mummery 控訴院裁判官が「必要的推論」について言及した段落である。したがって，「本件の雇用審判所も必要性の基準に言及していた。」
　「X・Y 間の関係と仕組みに取引実態を付与するために継続的な雇用契約 (employment contract) を推定することが必要であった。」

　このように，本判決は，「その推論はかなり人為的に思われる」と評されてはいるものの[48]，黙示の雇傭契約の推定についての先例を引いて，推定する必要性が要求されることを示した。

第4節　場面の識別と必要性要件の明確化

　第3節で分析した二つの控訴院判決の結果，いったんは黙示の雇傭契約の推定の可能性がより広がったかのように思われた[49]。しかしながら，その後，以下にみる James 事件雇用控訴審判所判決 (Elias 審判長〔雇用控訴審判所長官〕) により，黙示の雇傭契約の推定と義務の相互性の認定とが区別されるべきことが詳細に説かれ，風向きは逆方向へと転じたのである。

第1款　理論の整序

1　場面と問題の識別

〔判決⑤-1〕　James v Greenwich London Borough Council 事件雇用控訴
　　　　　　審判所判決[50]（2006年）
【事実の概要】（【図Ⅰ-3-7】参照）

48　M. Wynn & P. Leighton, n. 44 above, at 307; see also. F. Reynold QC, n. 44 above.
49　R. Nicolle and N. Briggs, n. 36 above, at p. 588.
50　James v Greenwich London Borough Council [2007] ICR 577.

Xは，A₁派遣元を通してYに労務提供をしていた。その後1年以上たって，Xは，時給が上がることから，A₂派遣元を介してYに労務提供をするように派遣元を変更し，X・A₂間，A₂・Y間で，明示の契約が締結された。

X・A₂間の契約は，「臨時労働者合意」と銘打たれ，X・A₂間の契約が請負その他の労務供給契約であるという条項等に加え，派遣先との間で雇傭契約が成立しないことや時給が規定されていた。他方，A₂・Y間の契約では，YからA₂への支払いにA₂の手数料等を含めること，A₂における労働者への賃金支払い義務，Yが派遣人員に対する指揮命令権を現実の労務提供・受領のみにおいて有すること等が定められていた。

このような取決めのもと，XはYに労務を提供していたが，病気により約2か月間休職した。その後，Xは仕事に復帰しようとしたが，Yには既にA₂からXの代替要員が派遣されており，Xは最早必要とされなくなったと告げられた。

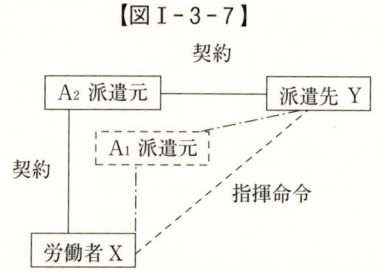

【図Ⅰ-3-7】

```
            契約
   A₂派遣元 ────── 派遣先 Y
      │      A₁派遣元    
   契約│      ╎  ╲指揮命令
      │      ╎    ╲
      │      ╎      ╲
     労働者 X
```

＊実線＝契約関係，破線＝契約関係未確定または従前の契約関係

そこで，Xが雇用審判所にYに対する不公正解雇の申立てをなし，その前提問題として，XとYとの間に雇傭契約があるかが争われた。雇用審判所は申立てを棄却し，Xが雇用控訴審判所に上訴した。

【判旨ⅰ】[51] 上訴棄却

Elias 審判長は以下のように判示した。

「雇用契約（contract of employment）が存在するかという問いは，いくつもの場面で生じる。」

第一に，<u>当事者間に契約があることは認められているが</u>，「当該契約が雇用契約か請負その他の労務提供契約か」が争われる場面である。「その場面では，唯一の問題は，雇用契約を構成するような十分な指揮命令があるかである」。

第二に，<u>Carmichael 事件等</u>が例であるが，「労働者が何らかの臨時的な労務を使

---

51 Ibid., 582 et seq.

用者のためにしていて，何らかの理由のために，労務が履行されていない時期においても雇用契約が確実にあると示さなければならない場面である。」ここでは，各臨時的労務提供・受領において当事者間に契約関係があることには疑いがないが，「履行される労務がない期間においても……関係を規律する契約があるか」という問が生じる。この文脈で，裁判所は，義務の相互性（「契約的関係を形成するだけの十分な法的義務があるか」）を問題としてきた。

「第三に，本件にみられるように，派遣関係（an agency relationship）がある場面である。典型的には，本件のように，派遣元と労働者の間に，労働者が最終的な顧客または最終利用者にその者の労務を提供することに同意する契約があり，かつ，顧客と派遣元との間にも契約がある。通常，最終利用者と労働者間に何の種類であれ明示の契約はない。この状況において，何らかの契約が，確立した原則に従って適切に推定（implied）されない限り，そもそも契約は存在しない。」そして，「派遣の事案では，最終利用者と労働者間に関係はある。」しかしながら，ここでの「問題は，当該労務が，最終利用者と労働者との間での契約上の義務に従って提供されているのか」である。

このように，Elias 審判長は，①雇傭契約の存在が問題となる各場面を区別し，②各場面における問題が異なることを明らかにした。こうして，③義務の相互性の認定と黙示の契約の推定とを切り離した。すなわち，Dacas 事件控訴院判決の理論では，義務の相互性の認定作業と黙示の契約の成否の判断とが癒着を起こし始めていた。これに対し，Elias 審判長は，雇用契約の有無が問題となる場面を識別し，各場面において必要とされている作業を判示の第二場面と第三場面に別々に振り分けることによって，互いが結びつかないように整理したのである。

2　必要性の要件

では，義務の相互性の認定から切り離された黙示の雇傭契約の成否の判断は，何をその判断基準とするのか。この点について，Elias 審判長は先例を駆使して「必要性」の要件に明確な位置づけを与えた。

〔判決⑤-2〕　James v Greenwich London Borough Council 事件雇用控訴審判所判決（2006年）[52]
【事実の概要】　〔判決⑤-1〕【事実の概要】を参照。

【判旨ⅱ】[53]　Dacas事件控訴院判決は，三者間の取決めは，「自動的に労働者と最終利用者間に契約が推定される可能性を排除しきるものではな」く，雇用審判所は常にその可能性を検討しなければならないとした。しかし，同事件のMummery控訴院裁判官が，黙示の契約の推定は「必要的推論」から生じるものとしていることに注意が必要である。

　また，Muscat事件の控訴院も，Dacas事件のMummery控訴院裁判官と同様，Aramis事件控訴院判決を引用し，起こっていることに取引実態（business reality）を与えるために契約を推定するには，問題がそのような契約を推定することが「必要」であったかであることを強調していた。

　「この点は，Mitsui事件[54]でStaughton控訴院裁判官によって，彼が以下のように述べたとき，さらにより強く示された。すなわち，『当事者が，当事者らが既に第三者のために負っている義務の下に何かをなすよう義務づけられていること以上の何か，あるいは，それとは異なる何かをしていたということを示すだけでは不十分である。当事者らがしていることが，黙示の新たな契約が存在するということとのみ整合的で，かつ，そのような契約がないということと不整合でなければならない。』」[55]

　ここで挙げられているAramis事件控訴院判決とMitsui事件控訴院判決は，契約法の解説書で，黙示の契約の推定が否定されたものとして挙げられる代表的な判例である[56]。このように，本判決は，黙示の雇傭契約の推定作業を「伝統的な」契約法の平面に引き戻し，「必要性」の要件を検討すべきことを説いたのである[57]。

3　必要性が認められる場合

　では，黙示の雇傭契約の推定のための「必要性」とはどのような場合に認

52　James v Greenwich London Borough Council [2007] ICR 577.
53　Ibid., 583 et seq.
54　Mitsui & Co Ltd v Novorossiysk Shipping Co (The Gudermes) [1993] 1 Lloyd's Rep. 311.
55　Ibid., at para. 35.
56　Treitel, n. 29 above, at para. 4-003 (p. 189); Chitty, n. 29 above, at para. 2-163 (p. 273).
57　Bruce Gardiner, 'Status unknown' 157 (2007) NLJ 210.

められるのか。Elias 審判長は，二つの場合を挙げる[58]。

〔判決⑤-3〕　James v Greenwich London Borough Council 事件雇用控訴審判所判決[59]（2006年）
【事実の概要】〔判決⑤-2〕【事実の概要】参照。
【判旨ⅲ】[60]
　一つは，派遣の場面における「正式の書面契約が，それらの契約が，関係の本当の性質について，故意に第三者や裁判所を誤解させるように意図されているという意味で，見せかけの場合」であり，もう一つは，見せかけでない場合でも，「明示契約が，もはや，実際に起こっていることを適切に反映しておらず，〔起こっていることに〕適切な説明を与えるために契約を推定することが必要な場合」である。

4　派遣関係の設定と必要性の要件

　Elias 審判長は，黙示の雇用契約の成否の判断において基準となるのが，「義務の相互性」ではなく，契約を推定する「必要性」であることを明らかにした。また，「当事者らがしていることが，黙示の新たな契約が存在するということとのみ整合的で，かつ，そのような契約がないということと不整合でなければならない」と，必要性の具体的内容を一定程度明らかにしている（〔判決⑤-2〕を参照）。
　ただ，「当事者らがしていること」（【判旨ⅱ】）を判断材料とするというのであれば，契約締結後の事情も加味しつつ判断される「義務の相互性」の場合と判断材料の面で重複するように思われる。義務そのものが認められるということと，契約を推定する必要性が認められるということには，いかなる違いが存在するのであろうか。Elias 審判長は，本件の結論を述べた後，黙示の契約の推定についての一般論を，「その作業において雇用審判所の助け

58　引用した部分は，本件の後，雇用控訴審判所において，Elias 審判長自らが，National Grid Electricity Transmission v Wood UKEAT/0432/07/DM において，James 事件控訴審判所判決での判断を整理したものである（para. 21.）。James 事件でも同様の判示がされているが（Ibid, at 588, 590-591.），十分に整理されておらず若干わかりにくいので，Wood 事件の控訴審判所で整理された箇所を紹介している。
59　James v Greenwich London Borough Council [2007] ICR 577.
60　前注（58）参照。

となる」ように，「見解」(observation) という形でまとめている。その中にはこの点についての有用な解説が含まれている[61]。

〔判決⑤－4〕　James v Greenwich London Borough Council 事件雇用控訴審判所判決[62]（2006年）
【事実の概要】〔判決⑤－1〕【事実の概要】参照。
【判旨iv】
　推定の「問題は，契約が実際に履行された仕方（way）が派遣の取決めと整合的であるか，言い換えると，〔その仕方〕が労働者と最終利用者との黙示の契約とのみ整合的でありかつそのような契約がないことと不整合となるかである。もちろん，契約がなければ，当然，義務の相互性は存在しない。しかし，<u>臨時的労働者の場合においては，相互的な義務の探求が契約の有無を決定するのに対して，派遣の場合には，契約の探求が相互的な義務の有無を決定するのである</u>。」[63]
　「当事者らの地位を規律する派遣関係がなかったならば，労働者と最終利用者の間の契約の推定は避けられないであろう。労務は受け取られる報酬のために履行されている。しかし，その派遣関係により，根本的な形で（in a fundamental way）事情が変えられている。」[64]

　以上の判示部分から，まず，①「義務の相互性」の認定の場面でも黙示の雇傭契約の推定の場面であっても，「契約が実際に履行された仕方」が判断材料となることが確認できる。したがって，判断材料という点からのみ考えると，やはり，「義務の相互性」の有無の判断と黙示の雇用契約の成否の判断とは，区別しにくい。しかし，②「派遣関係」の設定により，相互的な義務の存在が問題となる場合と問題が「根本的な形で」変化するのである。ここにおける「派遣関係」とは，派遣労働者と派遣元，派遣元と派遣先，それぞれの間での明示の契約が締結されていることである。この「派遣関係」の設定により，「派遣の場合には，契約の探求が相互的な義務の有無を決定する」とされるように，相互的な義務があるかないかは直接の問題ではなくな

61　本文で取り上げるほかに，単なる時間の経過によっては，契約が推認されないことが確認されている（Ibid., para 59 below.）。
62　James v Greenwich London Borough Council [2007] ICR 577.
63　Ibid., at para. 54.
64　Ibid.

る。そこでの問いは，派遣労働者と派遣先の間に存在する関係性を，明示の派遣関係ではなく，黙示の契約によって説明する必要があるか否かなのである。より端的にいえば，明示の派遣関係による説明可能性を打ち消すだけの黙示の雇用契約を認定する必要性が求められるのである。

第2款　控訴院による承認

上記の雇用控訴審判所判決に対して，Xが控訴院に上訴した。実務的にも，James事件の「雇用控訴審判所によって示された理論は，Dacas事件とMuscat事件と不調和なものである可能性がある」として不透明性が指摘され[65]，上級審の判断が「待望」[66]される状況にあった。この控訴院で判断を示したのが，先のDacas事件と同じMummery控訴院裁判官である。

〔判決⑥-1〕　James v Greenwich London Borough Council事件控訴院判決[67]（2008年）
【事実の概要】　〔判決⑤-1〕【事実の概要】参照。
Xが控訴院に上訴。
【判旨】　原判決維持
Mummery控訴院裁判官は以下のように判断した。
派遣労働者の事案における問題は，『臨時的労働者』の事案のように相互的な義務が存在するかではなく，労働者と最終利用者間で契約を推定すべきかである。そのときの困難は，推定が，「労働者による最終利用者への労務の提供を，あるいは，最終利用者の派遣元を介しての労働者についての報酬の支払いという事実を説明する為に，必要ではないであろうということである。それらの事実と当事者間の関係は，労働者と派遣元間の，そして，派遣元と最終利用者間の，真正な明示の契約によって説明可能であり，その結果，黙示の契約は必要なものとして正当化されえない。」[68]
また，「本件では，Carmichael事件〔や〕本件の雇用審判所によってとられた義務の相互性のアプローチは，特段有用ではない。……ここでの問題は，当事者自

65　Gardiner, n. 57 above, at p. 211.
66　Ian Smith, 'Employment law brief, 158 (2008) NLJ 442
67　[2008] IRLR 302.
68　Ibid., at 305.

身が行為した態様を検討して，〔労働者と派遣先〕間の雇用契約（contract of employment）を推定することが必要かどうかである。」[69]

　こうして，控訴院においても，①雇用契約の有無が問題となる場面の識別がなされ，②義務の相互性の認定と黙示の雇用契約の推定とが切り離して考えられるようになった。そして，③黙示の雇用契約の推定が問題となる際にはCarmichael事件貴族院判決の「義務の相互性アプローチ」は問題とならず，当事者間の関係の実態をもとに契約を推定する「必要性」が検討されるべきことが確認された。

　先述したように，イギリス契約法は，黙示の契約の推定について，「契約は容易には推定されない」という基礎に立つ。今までの判例からわかるように，これは雇傭契約についても同様であった。イギリスにおいて，たしかに第2節の段階では，判例は必ずしも整序された理論構造を示すに至っていなかった。また，第3節の段階では，「司法介入主義」と批判されるように，推定作業の中で「公正な結果」の達成が試みられていたように思われる[70]。だが，結局は，雇傭契約も契約法の基礎から逃れることはできなかった。

第3款　法的関係形成意思の不存在

　臨時的労務提供者について問題とされる「義務の相互性」は，コモン・ロー契約法上の「約因」として位置づけられる。では，黙示の雇傭契約の推定において要求される「必要性」とは，契約法の観点から何を問題とするものであるのか。この点は今までの判例では，必ずしも明確に述べられていなかった。本章冒頭で，問題となっているのが契約意思（contractual intention）であるとしていたが，ここでそのことを確定する。

　ここで，代表的な契約法の解説書を参照してみよう[71]。まず，そもそも黙示の契約の推定とは一体何を行う作業なのか。そこで，「明示契約と黙示契約」という箇所をみると，「基本的な事柄につき明示の合意がある場合には，法的関係を形成する意思（intention）が通常想定される。それ以外が当事者

69　Ibid., at 307-308.
70　M. Wynn & P. Leighton, n. 44 above, at 302.
71　Chitty, n. 29 above.

の行為から契約を推定すべき事情の場合である。そうすると，契約〔の存在〕を主張する当事者が，それを推定する必要性を示さねばならない」[72]とされている。

ここから，黙示の契約の推定は，①究極的には「法的関係を形成する意思」を推定するものであるが，②当事者らの行為により基礎づけられる「必要性」からそれを認めるものであることがわかる。

この「法的関係を形成する意思」は，契約法上，合意（agreement）や約因と並んで契約の成立に不可欠とされる一つの独立した要件，つまり契約意思である[73]。そして，この契約意思については，以下のように説明される。すなわち，「ある合意が，約因によって支えられているけれども，法的関係を形成する意思を欠いてなされたから，契約として拘束力がない」とされる場合がある。そして，通常の取引において，多くの場合「明示の合意をする当事者らが実際に法的関係を意図していたことを示す必要は必ずしもない」。しかし，ときに「明示の合意がない当事者間で，互いについてそのように（合意があるように―引用者）行動したことから，黙示の合意が当事者の行為から推定されるべきだという主張」がなされることがある[74]。そして，そのような場合の多くにおいて，そういった主張は「契約意思」（contractual intention）がないという理由から否定されてきた[75]。

同解説書は，このように説明して幾つかの判決を引用しており，そのうちの二つが，まさに，James事件でElias審判長が必要性について説明する際に引用していた二つの判決[76]である。

以上から，派遣関係において黙示の雇傭契約の推定に要求されるようになった「必要性」とは，契約法において契約の成立に不可欠な契約意思の有無を判断するものと解して差支えなかろう[77]。したがって，派遣関係におけ

72　Ibid., at para. 1-097 (p. 79).
73　Ibid., at para. 2-001 (p. 171), para. 2-161 (p. 272).
74　Ibid., at para. 2-163 (p. 273).
75　Ibid.
76　同解説書199頁注の621において，The Aramis [1989] 1 Lloyd's Rep. 213と，Mitsui & Co Ltd v Novorossiysk Shipping Co (The Gudermes) [1993] 1 Lloyd's Rep. 311とが挙げられている。
77　Michael Wynn, 'End of the line for temps?' 158 (2008) NLJ 352.

る黙示の雇傭契約の問題は，本稿で検討した判例の流れの中で，契約法の枠内において，契約意思の問題として明確な形で位置づけられるようになったといえる。この流れは，裁判所における「契約意思がより重要性を有する契約の自由への回帰」[78]とも表現されている。

第4款　問題の行方

1　契約解釈の限界

James 事件において Mummery 控訴院裁判官は，かなり異例と思われる以下のような「追記」を付した。

〔判決⑥－2〕　James v Greenwich London Borough Council 事件控訴院判決[79]（2008年）
【事実の概要】　〔判決⑥－1〕【事実の概要】参照。
【判旨】　Mummery 控訴院裁判官は以下のように判示した[80]。
　紛争当事者やその代理人の中には，国会によって雇用契約を有する労働者に制定法上の権利が制限されていることの不満の解消を，裁判所や審判所が適法にできるという「非現実的な期待」(unrealistic expectation）を抱いているように思われる者がいる。「裁判所や雇用審判所は法の中における建築家であり……それらは他者によって創設された法の構造の範囲内で動かなければならない」から，裁判所等は，定められた場合以外，制定法上の権利を付与することはできない。裁判所等は，派遣労働者に労働に関する保護が欠けているという問題状況に気がついている。「これは，利害当事者間の議論に特徴づけられる国会における討議と決定に向く……社会的・経済的政策の事柄である。」

　ここには既存の法の枠内でしか行動を許されない裁判官の苦悩（契約法の限界）と立法への期待が滲み出ている[81]。
　元々，Dacas 事件等の控訴院の理論に対しては，実務家や学説から根本的

78　Ibid., at p. 352.
79　[2008] IRLR 302.
80　[2008] IRLR 302, at 308.
81　see also. Edward Brown, 'Protecting Agency Workers: Implied Contract or Legislation?' 37 (2008) ILJ 178, p. 184 et seq.

な批判が寄せられていた。

　まず，実務家から，コモン・ローの法原則の基礎にシンプルに立ち返ってみたときに，Dacas事件等の一連の控訴院判決には，黙示の契約の推定に要する「必要性」の検討場面が存在していないことが端的に批判されていた[82]。

　また，学説から[83]，「多くの臨時的な派遣労働者に対する労働保護に関する空白……が，おそらく裁判官の今の実際的な考え方を命じているのだろう。しかしながら，拙速は，しばしば解決すべきよりも多くの問題を生み出す」[84]とかなり手厳しい批判がなされていた。この批判は，「労働に関する保護が緊急に〔派遣労働者〕に必要とされている」[85]としつつも，①派遣の取決めに向けた当事者意思，そしてそれによって形成された権利義務関係が，黙示の契約の推定により「踏みつぶ」されること[86]，②派遣先との黙示の契約の推定が，派遣関係に利点を見出す実務実態や労働者の意識にそぐわないこと，③これらに起因する関係者から見たときの法の明確性の欠如と実務の混乱，④解決の方向としては，より大きな視点で「独特な派遣関係の性質」[87]に応じた契約論や規制を検討していくべきだ，といった点に基づきなされた。

　以上の批判からして，Dacas事件の控訴院判決の理論は，理論的にも実態的にも，また，今後の法理論・法システムの発展という観点からも，問題の多いものであったということであろう。たしかに，これらの批判を受けると，かりに，同理論がそのまま受け入れられていけば，問題が裁判官の解釈作用に帰され，その解釈という追試しにくい作用の中に，生み出されるかもしれない新たな権利や理論も昇華させられることなく曖昧なままに留められるのかもしれない，と思わせられる。

2　見えない出口

本章で検討した裁判例において申立てが派遣先の不公正解雇の責任追及に

82　F. Reynold QC, n 44 above; see also, B. Gardiner, n. 57 above.
83　M. Wynn & P. Leighton, n. 44 above.
84　Ibid., at 320.
85　Ibid., at 302.
86　Ibid., at 301.
87　Ibid., at 319.

あったことからわかるように，黙示の雇傭契約の成否の問題は，臨時的派遣労働者の雇用の継続性についての問題でもあった。しかし，このような臨時的派遣労働者の問題の解決を，派遣先との雇用契約の推定によってはかることは，判例の流れからは「簡単ではない」[88]ものとなり，1で示したような理由からも実際的にも理論的にも有効なものとはいえない。ただ，現状においても有効な手立てがなされているとは言いがたいようである。

(1) 立法的解決

解決の方向としては，Memmery 控訴院裁判官が示唆していたように，何らかの立法的解決が取られることが考えられる。実は，James 事件控訴院判決の後，2010年に派遣労働者規則[89]が制定された。ただ，この規則の主眼は，基本的な労働・雇用条件（basic working and employment condition）について，派遣労働者の派遣先労働者との均等待遇を図ることにあり，それ自体は望ましいとしても，上記の臨時的派遣労働者の問題の根本的な解決にはならない[90]。学説でも，以前から，「平等モデル」（「最終利用者が，当初から，期間の定めのない被用者に適用される程度には好ましい条件を申し込むことが要求されることを原則とする」）によっては，「James 事件やそれ以前の事案で生じた問題は解決されない」ことが指摘されていた[91]。黙示の雇用契約をめぐる問題の趣旨は，判例によっては明確に述べられていないが，派遣先の負うべき派遣労働者の雇用責任をどのように構築するかという点であると解される。

だが，現時点では，この点についての臨時的派遣労働者の問題は解決されていない。

(2) 派遣元との雇傭契約

派遣労働者について派遣先との契約関係が認められにくいということが明確になると，今度は，派遣元との雇用契約の可能性がより重要性を増すであろう。この点については，第4章において詳しく述べるが，可能性が全く閉ざされているというわけではないが，イギリスの判例法の状況は派遣労働者にとって決して有利な状況とはいえない。したがって，イギリスの派遣労働

---

88 Deakin and Morris, n. 6 above (2012), at para. 3.35 (p. 184).
89 The Agency Workers Regulations 2010 SI 2010/93.
90 規則の「雇用の安定」という観点から問題を指摘するものとして有田謙司「イギリスにおける派遣労働と2010年派遣労働者規則」季労228号160頁 (2010)・172頁参照。
91 E. Brown, n. 81 above, at pp. 186-187.

者は，雇用責任を求められる明確な主体を有していないことになる。

第5節 小　括

本章での分析をまとめよう。

第1款　黙示の雇傭契約の推定と義務の相互性の認定の区別

　黙示の雇傭契約の推定と「義務の相互性」の認定とが，James事件雇用控訴審判所判決，控訴院判決により，明確に区別されるようになった。黙示の雇傭契約の推定の場合，問題となっているのは，契約意思という成立の要件であった。こうして，雇傭契約の認定というとき，契約の成立の段階の判断として，契約の推定（契約意思の問題）や「義務の相互性」（約因の問題）の認定が識別される。

第2款　必要性の要件

1　必要性
　次に，派遣の取決めが設定され，労働者と派遣先間の契約の推定が問題となる場合には，関係の実態から契約を推定する必要性が要求されることが明らかとなった。そして，その必要性が認められるのは，①派遣の取決めが見せかけである場合，②新たな契約が認められないと不整合なほどに実際には当事者が明示の契約どおりに行動していない場合，である。

2　判断材料
　必要性の要件についての判断は，当事者間の関係の実態に基づきなされるものであり，判断において考慮する事情は，存在すると主張される契約成立時に限定されない。この点では，「義務の相互性」の認定の場合と共通する面がある。

3　派遣関係の設定の意義
　契約意思の推定は，「義務の相互性」と判断材料における共通性を有して

いるように見えても，その基準は異なる。すなわち，その推定には，派遣労働者と派遣元，派遣元と派遣先，それぞれの間の合意（契約）によって，派遣関係が設定されることにより，当事者の関係をそのような派遣関係ではなく派遣労働者と派遣先との間の契約によって説明することが認められるだけの必要性が存在することが要求される。この要件の充足は，「かなり困難」なものである。

第3款　問題解決の方向性

　Dacas事件控訴院判決等により，派遣労働者と派遣先との間に黙示の雇傭契約を推定することが困難であることが明確となり，控訴院裁判官により，立法的解決が示唆されることになった。

第4章　契約の性質

　契約法上の契約の成立要件が充たされることにより，労務提供契約は法の世界に「契約」として存在（成立）することになる。しかしその事実だけでは，特定の種類の労務提供契約が当事者間に存在すると認められ，労働法規制が適用されるかは未だ確定しない。最終的にそれが確定するのは，成立した契約が一定の種類の労務提供契約であるかという判断による。

　具体的には，第2章（約因），第3章（契約意思）でみた契約法上の契約の成立要件は，労務提供契約の有無の判断の第一段階（契約の成立）の位相に存在する問題しか扱えない。契約の分類（性質）の第二段階における判断があって初めて，当事者の合意は，具体的な当事者間における特定の種類の労務提供契約として存在することが認められ，労働法の世界において規律の対象となる契約として意味を持ち始める。

　そして，本章が考察対象とするのが，この第二段階に位置し，当事者の契約の種類を判断する基準となる労務提供契約の性質である。

　本章では，まず，第1節で契約の性質により法の適用決定を行うことの歴史的意義ないし正当性を概観する。この点の考察は，現代の様々な立法が介入する労務提供契約関係における契約の性質の内容とそこでの当事者意思や合意の意義を確認することを目的としている。次に，第2節において，現代における契約の性質の内容を考察する。

第1節　身分基準から契約基準への移行

　本節では，歴史的にどのようにして制定法の適用が最終的に契約の性質によって決定されるようになったのかを考察する。これは，契約の性質が最終的に法の適用決定の基準となる法の枠組みの意義に関する考察であり，そのような枠組みにおける判断基準としての契約の性質が有する歴史的な意義を確認するものである。

第1款　二重の基準と刑法による履行強制

　時代は1823年まで遡る。個別的労働関係法に関係する労働法等の適用基準が契約基準に一本化し，それに伴って，「契約の性質」が重要なものになるのは，後述するとおり，1906年におけるとある法律においてである。したがって，1823年まで遡る必要はないように思われるかもしれない。しかし，基準が契約に一本化することによって重要になった「契約の性質」の意義を知るためには，それ以前の「基準が一本化していない状況」を知ることが有用である。そこで，以下では，後述する1906年の法律に達するまでの各種制定法の内容と適用関係に関し，必要な限りで概観する。

　まず確認しておきたいのが，以下の主従法の内容である。

　「『主従法』立法史において一つの時代を画した」[1]とされる1823年雇主と奉公人との間の，および雇主と徒弟，職人その他の者との間の苦情を解決する治安判事の権限を拡大する法[2]（以下，「1823年法」）と，同法の適用範囲を当時のほぼすべての産業や職業の労働者に拡大した1829年雇主と奉公人との間の苦情を解決する治安判事の権限を絹マニュファクチャーに雇用されている人々にも拡大するために，現国王の治世4年の法律の権限を拡大するための法[3]（以下，「1829年法」）は，以下のような規定を置き，労働者についての刑法による契約の履行強制の枠組みを設定した。

　まず，1823年法第3条は，治安判事に，一定の産業や職種の奉公人の雇傭

---

[1] 石田眞『近代雇用契約法の形成』（日本評論社，1994）81頁。石田教授は，二つの意味で同法が「主従法」立法史における一つの画期であったとしている。「第一は，その雇用契約規制が，産業資本確立期の雇用関係の変化に対応して，形態変化を遂げたという意味」で，「第二は，一八二三年法・一八二九年法が当時のほぼすべての産業や職業の労働者をその適用範囲におさめたという意味」においてであるとする（82頁）。

[2] An Act to enlarge the Powers of Justices in determining Complaints between Masters and Servants and Between Masters, Apprentices, Artificers and others. 4 Geo. 4. c. 34 1823, Great Britain Law and Statutes: Statutes at Large, vol. 63 at p. 143.

[3] An Act to extend the Powers of an Act of the Fourth Year of His present Majesty, for enlarging the Powers of Justices in determining Complaints between Masters and Servants, to Persons engaged in the Manufacture of Silk.10 Geo. 4. c. 52. 1829, Great Britain Law and Statutes: Statutes at Large, Vol. 69, at p. 311.

第1節　身分基準から契約基準への移行

契約違反について，特別な権限を与えた。すなわち，「農業奉公人，あるいは，職人，キャリコ捺染工，手工業職人，鉱夫，キール夫，坑夫，ガラス工，陶器工，レーバラーその他の者」が，「他の者と雇傭契約を締結し，かつ，〔①〕（契約当事者によって署名された書面による）契約に従って労務を開始しない場合，〔②〕当該契約が書面によると否とにかかわらず労務提供を開始したが当該契約の期間満了前に労務を放棄する場合，〔③〕当該契約を履行することを怠る場合，または，〔④〕当該契約についての履行その他における非行等について責を負う場合」には，雇主側の申立てに従い，契約当事者たる奉公人に対する逮捕令状を発布し，申立てを調査することができる，ことを定めた。そして，治安判事は，上記の不履行等が認められる場合には，①当該奉公人を有罪として矯正院（刑事矯正施設）における一定の期間の重労働につかせるか，それに代えて，②当該奉公人の賃金の全部または一部を減額することによって，違反者を罰するか，または，③当該奉公人を解雇（discharge）することが認められた。

そして，1829年法は，このような1823年法上の治安判事の契約履行強制の権限を，さらに，「帽子，毛織物，リンネル，ファスチャン，綿，鉄，皮革，毛皮，麻，亜麻，モヘア，そして絹」製造の奉公人と雇主の間の契約にも拡大した。

こうして，1823年法が当時のほぼすべての産業や職業の労働者に適用されることになった[4]。

以上のように，1823年法と1829年法は，適用対象を確定する基準の一つとして雇傭契約概念を置き，他方で具体的な産業の種類を列挙して法適用のもう一つの基準とした。そのため，1823年法の適用は，雇傭契約の有無，そして，産業・職業該当の有無，という二重の基準によることとなった。

だが，このような「合意の民事的な強制力によってではなく，刑罰による国家の直接介入によって労働者の雇用契約の履行を強制する」[5]仕組みは，労働者側の平等化の要求によって変化を迫られていく。この平等化とは，抽象的には，「使用者と被用者を，法のもとで，できるかぎり同様の条件に置くこと」[6]を意味し，より具体的には，「①労働者の雇用契約違反に対する制裁

4　前注〔1〕石田書86頁。
5　前注〔1〕石田書138頁。

を原則として刑事罰から使用者の場合と同様に民事罰にすること，②労働者の雇用契約違反にかかわる手続きを……刑事手続きから民事手続きにすること，③雇用契約違反事件の管轄を治安判事[7]から通常裁判所に移行させること，の三つの内容」[8]であった。このような要求の中では，「労働者の法的な主体性の確立」[9]ということも意識されていた。

そして，1823年法は，1867年雇主と奉公人との間の法を修正する法[10]により様々な重要な修正が施された[11]。すなわち，治安判事の管轄に対する一定の変更が加えられ[12]，また，被用者は原則として逮捕令状（warrant）ではなく民事訴訟上の手続たる召喚令状（summons）によって出頭を命じられるようになり[13]，また，雇傭契約の不履行がなされた場合の制裁の民事化（罰金に加えて損害賠償を裁定する権限が治安判事等に与えられた[14]）が図られるなどしていた。しかし，そのような修正はあったが，一定の条件の下「加重的な性格」の契約違反の刑事制裁として自由刑が残るなど[15]，労働者の契約の不履行に対する，刑罰による強制という側面は依然として残っていた。

6 　前注（1）石田書197頁。なお，1867年法は，雇傭契約の当事者を表す言葉として，それまでの制定法たる「主従法」で用いられた Master と Servant ではなく，Employer と Employed を用いている (s. 2.)。

7 　前注（1）石田書118頁以下は，治安判事の性格についても詳しく分析している。同分析によれば，1850年代末までに，特定の工業化した地域において，地方官職である治安判事の地位の多くを，炭鉱主，製鉄工場主，製造業者などを含めた産業人が占めるようになっていたことが明らかにされている（122頁）。

8 　前注（1）石田書198頁。

9 　前注（1）石田書194頁。

10 　An Act to amend the Statute Law as between Master and Servant. 30 & 31 Vict. c.141 1867. Great Britain Law and Statutes: Statutes at Large, Vol. 107, at p. 1219.

11 　詳しい内容については，前注（1）石田書211頁以下参照。

12 　同法第4条。

13 　同法第4条。

14 　同法第9条。

15 　同法第14条。

第2款　刑罰による契約の履行強制の廃止と二重の基準の存続

1　刑罰による契約の履行強制の廃止

1875年，使用者労働者法[16]（以下，「1875年法」）と共謀罪および財産保護法が制定された。これらの法の制定により，雇用契約規制における公的な問題と私的な問題とが区別され，前者は刑事法の領域で後者は民事法の領域で扱われるようになった[17]。こうして，使用者と労働者間の私的な紛争に関し，一定の産業・職業に就く者の雇用契約の履行を刑罰によって確保する治安判事の権限は制定法から姿を消した[18]。

2　民事法上の特別の取扱い

ところが，1にもかかわらず，依然として，後述のとおり民事法上の取扱いにおける「身分」的ないし「階級」的不平等は残っていた[19]。そして，1875年法は，その適用範囲を，以下のように定めていた。

すなわち，「『労働者』は，家内奉公人をのぞき……，労働者，農業奉公人，雇職人，職人，手工業職人，炭鉱夫その他の肉体労働に従事し，……契約が，明示であると黙示であると，口頭であると書面であると，雇傭契約であると自分自身で何らかの労務又は労働を遂行する契約であるとにかかわらず，使用者との契約を締結し，または，その下で働くすべての者」[20]である。

このように，同法の適用対象は，一定の労務提供契約を使用者との間で締結し「肉体労働」に従事する者に限定され，「1875年以前と同様に，家内奉公人や事務員（上級労働者）は引き続き適用除外とされた」[21]。

そして，この1875年法は，以下の三つの権限を，県裁判所と，一定の場合に，民事管轄としての裁判所とみなされる略式管轄権をもつ裁判所に与えた[22]。すなわち，第一に，県裁判所等は，当事者の関係に関連して生じる賃

16　Employers and Workmen Act 1875.
17　前注（1）石田書260-261頁。
18　前注（1）石田書259頁以下；Deakin and Wilkinson, *The Law of Labour Market* (OUP, 2005), at p. 75 below.
19　前注（1）石田書263頁。
20　1875年法第10条。
21　前注（1）石田書263頁。

金や損害賠償その他の請求権同士を調整し相殺することができた。第二に，事案のあらゆる状況を考慮して，県裁判所等が相当と考える場合には，当該契約のもとで支払われるべき賃金その他の金銭の分配に関し，また，賃金，損害賠償その他の金銭が生じている場合に，県裁判所等が相当と考える条件によって，県裁判所等が当事者間の契約を解除することができた。そして，第三に，県裁判所等がその他の契約違反に対する損害賠償を認める場合であって，当該被告が，当該原告の同意を得て，契約の未履行部分の履行について裁判所に担保を供する意思を有する場合，県裁判所は，そのような担保を認め，損害賠償に代えて，契約の履行を命じることができた。

このように，1875年法は，労働者を治安判事の刑法による契約の履行強制から解放した一方で，雇用契約上に立つ一部の者を，「社会的地位や身分」[23]によって枠囲みし，それらの者と使用者との間の関係について，上記のような民事法上の特別な取り扱いを設定したのである[24]。実際に，労働者が使用者による取り扱いに憤慨し欠勤したところ，使用者が，労働者が許可なく不当に職場放棄したとして，1875年法の下，損害賠償を求め，これに対して労働者が「自分は1875年法の適用を受けるような労働者ではない」として争った事例も見られる[25]。結局，この1875年法においても，民事法上の取り扱いにおいて法の下の不平等が存在していたのである。そしてその不平等な扱いを受ける者の範囲を画していたのが，上記のとおり労働者の定義の中の「肉体労働」という語句であった。

とはいえ，この1875年法が，実際には労使双方にとって必ずしも魅力的なものではなかった[26]ためか[27]，「肉体労働」の語句を含む労働者かどうかが裁判所で頻繁に争われたのは，次にみる1875年法の適用基準を引き継いだ1880年以降の使用者責任法そして労働者災害補償法を巡る紛争においてで

22　1875年法第10条。

23　Simon Deakin, 'The Evolution of the Contract of Employment, 1900-1950—The influence of the welfare state'(Chapter 11) in Whiteside, N., and Salais, R., (eds), *Governance, Industry and Labour Markets in Britain and France—The Modernising State in the Mid-Twentieth Century* (London: Routledge, 1998), at p. 215.

24　S. Deakin 教授は，「双務的で互恵的な権利と義務を具現化する『雇用契約』は，比較的地位の高い，事務的，経営的あるいは専門的地位で労務に従事した労働者のために展開したとのみいいうる」とする（S. Deakin, n. 23 above, at p. 215.）。

25　Jackson v Hill [1884] Q.B. 618.

あった。

第3款　基準の継受と階級基準の残存

　個別的労働関係法の適用と連続性を有する制定法の適用が，雇傭契約の有無に完全に依拠するようになったのは，1906年労働者災害補償法以降のことである。ただ，そこでの「契約の性質」の意義を理解するためには，同法以前に存在したそれに連なる制定法の適用の状況を知る必要がある。すなわち，同法の前身として，イギリスで最初に無過失責任にもとづく労働災害の救済制度を設立した1897年労働者災害補償法[28]が存在し，さらに遡ると，労働災害の救済に関し，コモン・ローの代位責任法理と，同法理の適用において労働者側に不利に働いていた共同雇用の法理を一部廃止した1880年使用者責任法（以下，「1880年法」）が存在した。第2款で触れたように1875年法の適用基準を引き継いでいたのが，この1880年法である。以下では，1880年法等における労働者概念を確認し，その内容についての裁判所の理解を確認する。

1　1880年使用者責任法の定義

　1880年使用者責任法[29]は，以下のようにその適用対象者たる労働者を定義した。
　すなわち，「『労働者』（workman）という表現は，鉄道奉公人と1875年使用者労働者法が適用されるすべての者を意味する。」[30]
　このように，1880年法は，法の適用対象者について，1875年法とのつながりを明確にしていた。現物給与禁止法の諸法も含め，この時期の「重要な諸

26　Willibald Steinmetz, 'Was there a De-juridification of Individual Employment Relations in Britain?' in Willibald Steinmetz (edn.), *Private Law and Social Inequality in the Industrial Age—Comparing Legal Cultures in Britain, France, Germany, and the United States* (OUP, 2000), at p. 265.

27　団体交渉の機能の拡大とともに同法の意義が薄れていったことについては，S. Deakin, n. 18 above, at p. 84; F. Tillyard, *Industrial law* (London:A. & C. black, 1928), at pp. 328-329.

28　Workmen's Compensation Act 1897, 60 & 61 Vict. c. 37, 1897.

29　Employer's Liability Act 1880 43 & 44 Vict. c.42 1880.

30　s. 8.

法、すなわち、1875年使用者労働者法、1880年使用者責任法、そして1831年から1896年までの現物給与禁止法は、労働者についての共通の定義を有していた」[31]。

1875年法は、先に述べたように、刑法による雇傭契約の履行強制の仕組みを定めていた制定法たる主従法と歴史的なつながりを有していた。そして、それは、同時に、同法上の使用者と労働者の関係について民事法上の特別な取り扱いを定めるものであった。そのため、この時期の制定法の状況について「保護的法律と抑圧的法律が、相前後して編み合わされていた」[32]と評される。そして、1875年法は、先に述べたように、主として二重の基準、すなわち、①肉体労働の有無および②雇傭契約等の契約の存否を用いていた。

2 主たる義務の内容

判例を確認すると、1（さらに第2款2）で確認した労働者の範囲は、法律の文言どおり、肉体労働者に限定されている。1880年法の適用または1875年法の定義が争われた事例には、乗合馬車の運転手（〔判決①〕）、路面電車の運転手[33]、列車の警備員（〔判決②〕）の事例がある。

〔判決①〕　Morgan v The London General Omnibus Company 事件控訴院判決[34]（1884年）

【事実の概要】　Xは、日給4シリングの賃金で、Y所有の乗合馬車の運転手として労務を提供していたところ、馬車の欠陥により馬車から転落し負傷した。Xは、運転手としての労務提供だけでなく、馬を交換する手伝いをしていた。XがYを名宛人として、1880年法上の賠償を求めて県裁判所に提訴したところ、Yが、Xは1880年法の適用を受ける労働者ではないと主張。県裁判所はYの主張を容れて、Xの請求を棄却し、Xが高等法院女王座部に上訴したが、女王座部もXの上訴を棄却。そこで、Xは、控訴院に上訴した。

【判旨】　上訴棄却（三人の控訴院裁判官全員一致）

Brett記録長官は以下のように判示した[35]。

31　Frank Tillyard, *Industrial Law*, (A. & C. Black Ltd, 1916), at p. 3.
32　Deakin, n. 23 above, at p. 216.
33　Cook v The North Metropolitan Tramways Company.
34　[1884] 8 K.B.832.
35　Ibid., at 833-834.

「従前の立法（1875年法と1880年法—引用者）において使われていた『〔肉体労働〕その他の（otherwise）』という文言は，制定法が肉体労働に従事する者にのみ適用されることを意図していたことを示している。」

「確かに彼は馬を交換するのを手伝っていたかもしれないが，彼の本当のかつ実質的な業務は，乗合馬車に客を呼び込んで，彼の使用者のために乗客によって支払われる金銭を受け取り保持しておくことである。」

〔判決②〕　Hunt v Great Northern Railway Company 事件高等法院女王座部判決[36]（1891年）
【事実の概要】　Xは，Yの貨物警備員をしていた。Xの主たる義務は，車両の警備と誘導，そして車両を整列させることであったが，他方，状況に応じて荷物の積み下ろしなどもXの仕事とされていた。YからXに対して支払われる賃金から，YによりYの病気葬儀給付基金への分担金が控除されていたが，XがYの仕事を辞めるときにもその金銭が返金されることはなかった。そこで，退職後，Xは，そのような控除が，1887年現物給与禁止法に違反し違法であるとして，県裁判所に控除額の返還を求めて提訴した。1887年法第2条は，その適用対象を，「1875年使用者労働者法において定義される労働者」としており，そのため，本件でも，Xが1875年法上の「労働者」に当たるかが問題となった。県裁判所がこれを否定し，Xが女王座部に上訴した。
【判旨】　上訴棄却（全員一致）
　Pollock 裁判官は以下のように判示した[37]。
　問題は，Xが，1875年法10条の意味における「肉体労働に従事する者」であったかどうかである。
「貨物警備員の義務は，乗客警備員の義務と同じで，すなわち，列車が適切に配置されることを確認し，慎重に指示することである。それは注意，技術，そして経験を要する義務であり，それが含む労働とは身体的なものというよりも精神的なものである。」
「彼の主たる義務は彼の知能を使うものであって，手を使うものではなかった。」
Morgan 事件控訴院判決等の「裁判所は，主たる義務の性質を考慮して，その者が肉体労働に従事するものでなかったという意見であった。」

36　[1891] 1 Q.B. 601.

37　Ibid., at 603-604.

このように，1880年法等（1875年労働者使用者法）の労働者の範囲は，法の定義通り，「肉体労働」をする者に限定されていた。さらに，その判断基準の内容は，労務提供者の労務内容に身体的な労働が含まれているかではなく，いわば「主たる義務」が肉体的なものか精神的なものか，が中心となっていた。

3　1897年法労働者災害補償法における定義の変化

1のような定義による適用範囲の設定は，漸次変化していく。1897年労働者災害補償法[38]（以下，「1897年法」）の適用対象者の定義は以下である。

「労働者（workman）は，肉体労働その他によるとを問わず（whether by way of manual labour or otherwise），その者の合意が，雇傭（of service），徒弟その他であるとを問わず，……本法が適用される使用（employment）に従事するすべての者を含む」[39]と定義した。

ここから明らかなように，本法の定義は，肉体労働以外による労働者にも適用を認める可能性を有していた。

4　労働者階級基準の残存

労働者の定義において肉体労働の後に「その他」という語句が挿入され，文言だけみると基準としての肉体労働から1897年法は解放されるかにも思われた。では，実際には1897年法の適用範囲はどう変わったのか。この点が，1906年法以降の制定法の適用基準として導入されていく契約の性質の意義との関係で重要である。以下，この時期の代表的な判例であるSimpson事件控訴院判決を検討する。

〔判決③〕　Simpson v Ebbw Vale Steel, Iron, and Coal Company 事件控訴院判決[40]（1905年）

【事実の概要】　Yのために，Yが所有する炭鉱の管理者をしていたAが，Yに対する義務の履行の最中に坑内で事故に遭い死亡した。Aは，Yから，年400ポンドの報酬と無償での家屋と石炭の給付を受ける地位にあった。Aは，通常，坑内で

38　Workmen's Compensation Act 1897, 60 & 61 Vict. c 37 1897.
39　s.7 (2).
40　[1905] 1 K.B. 453.

義務を履行していたが，他の労働者のように肉体労働をするように義務づけられてはいなかった。死亡したAの妻XがYを名宛人として，1897年法上の補償を求めて県裁判所に提訴したところ，県裁判所は請求を棄却した。そこで，Xが控訴院に上訴。

　控訴院では，1897年法の「労働者」の定義の拡張が問題となった。
【判旨】　上訴棄却（全員一致）
　Collins 記録長官は以下のように判示した[41]。
　法の定義は，「ある者が，肉体労働に従事していないとしても，同法の定義内の労働者になることを可能にしている。しかし，その定義は，……合理的に（reasonably）解釈されなければならず，その主たる目的は当初より明らかである。彼は，それでも労働者でなければならないのである。すなわち，通常の言葉ではその者が肉体労働に従事していないとしても，それでも労働者でなければならない。」

　法の定義の所以は，「以前は，狭い解釈が『労働者』という語に与えられており，それを肉体労働に従事する者に制限し，それによって，通常の語法であればその語に含まれる者を排除していたということにある。たとえば，路面電車の運転手」が例である。

　「しかし，法はその言葉にそのような拡大を認めているが，それはなお労働者のままなのである。」

　法の全体から，法が「通常人がその『労働者』という言葉で考えるものに依拠していることが明らかである。法は，従属的（dependence）立場を想定している。すなわち，法は，労働者階級を，ある意味で，『思慮に乏しき者（inopes consilii）』であるように取り扱って，そして，立法者は，それらの労働者のために，彼らが彼ら自身でできないことをしているのである。言い換えれば，労働者に十分に判断力がないか，あるいは，彼ら自身を保証するだけの十分な資力がないことを想定して，立法者が，彼らに一種の国家保障を与えているのである。そのような原理が十分な給料を稼ぐ者に及ぶはずがない。」

　Mathew 控訴院裁判官は以下のように判示した[42]。
　「国会の法は，その言葉を通常かつ普通の意味で用いつつ，労働者の保護（protection）のために考えられたと思われる。」
　「この言葉はとても重要であり，『その他の』という言葉を用いて，立法者があらゆる雇傭契約（contract of service）に同法の給付を及ぼすことを意味していた

41　Ibid., 457-458.
42　Ibid., 459.

というのは，信じがたいことである。」
　Cozens-Hardy 控訴院裁判官は以下のように判示した[43]。
　まず，「何らかの種類の雇傭契約がなければならない。しかし，法は，通常，労働者と呼ばれる人々を対象としており，その条項の趣旨は，支配的な概念を念頭に置きつつ，何かそのごく端のあるいは境界を広げようとしている。」
　「我々は，狭い解釈ではそこから排除されるであろう人々を，『労働者』という階級（class）に含める。」

　判旨から以下のことがいえる。すなわち，①法の定義が拡張されたことは認められているが，法適用の基準は，雇傭契約の有無に移されることはなく（Mathew 控訴院裁判官の判断と Cozens-Hardy 控訴院裁判官の判断参照），あくまで「労働者」という語句が通常もたらす意味とされたこと，②①の結果，判断の基準の中身が，知的レベルや資力のレベルに鑑みて雇主に対して従属的立場にある労働者階級であるかいなかであったこと，③その背景には立法の「家父長的温情主義者（paternalist）」[44]的側面をうかがうことができたこと，が指摘できる。
　このように，「労働者」の概念は「労働者階級」とイコールで捉えられ，その概念の範囲により法の適用範囲が決定されていたのである[45]。1897年法で拡張されたように見えた定義も，「肉体労働に従事していない者がほんの一部その定義規定の中に入ってくるようになる」[46]効果をもたらしたものに過ぎなかった。
　ところが，次の裁判例では，1897年法の「労働者」の定義について，注目すべき反対意見が付されている。

〔判決④〕　Bangnall v Levinstein Ltd. 事件控訴院判決[47]（1906年）
【事実の概要】　修士号の学位を持つ科学者 A が，会社 Y に，書面合意の下，実験等の労務提供をしていた。当該書面合意では，会社に A の全時間を供すること，

43　Ibid., 461.
44　Deakin, n. 23 above, at p. 216.
45　F. Tillyard, n. 31 above, at p. 1.
46　Ibid., at p. 2.
47　[1906] 1 K.B. 531 (CA).

第1節　身分基準から契約基準への移行　　　　　　　　　　189

能力の最大限の発揮，労務遂行における部局の全命令への服従，日報作成，仕事場近くの居住や，契約終了後における，研究成果の漏洩禁止・競業避止等が定められていた。同書面における報酬の項目では，年200ポンドから始め，五年目まで一年ごとに15ポンド上昇すること，YからAへの，Aによる発明等から生じる利益の一部支払がなされること等が定められていた。また，期間は五年とされ，Aが上記の義務に違反した場合の罰金の支払いも定められていた。実際のAの労務には，実験等に伴う肉体的労務が含まれていた。

　Aは，労務提供中，実験物質の毒に侵されて死亡。Aの妻が，Yを名宛人として，1897年法上の補償を求めて県裁判所に提訴し，県裁判所は請求を認容。Yが控訴院に上訴。

【判旨】　上訴認容（二対一，Farewell 控訴院裁判官反対意見）

　Collins 記録長官は以下のように判示した[48]。

　〔判決③〕Simpson 事件控訴院判決は，「一般的な (popular) 意味がその『労働者』という単語に与えられなければならず，かつ，技術のある専門家 (expert) を労働者と呼ぶことは，その言葉の通常の意味 (the ordinary meaning of that term) から離れることを意味するという立場を再確認した。」

　　　　（中略）

　「問題は，その者が何をする為に使用されていた (employed) のかである。彼は労働者として使用されていたのかそれとも技術を有する専門家 (adviser) として使用されていたのか」である。

　Farwell 控訴院裁判官は反対意見を述べた[49]。

　「私は，教育 (education) が同法における補償の請求に障害となるというのには気が進まないのである。私の考えでは，その者が紳士 (gentleman) であるか否かについての検討，あるいは，彼の教育がよいか悪いかの検討は，重要ではない。……合意において，故人が，彼にあてられる労務において権限者のあらゆる命令に従うことを引き受けていたことが事柄の中心に置かれる。それは，当然，通常の労働者の使用 (employment) に見られる通常の規定である。」

　Collins 記録長官が，Simpson 事件控訴院判決に従って，「労働者」の通常の意味から事案を判断していることが分かる。そこに現れるのは，労働者か専門家かという対比である。

48　Ibid., 540.
49　Ibid., 542-544.

これに対して，Farwell 控訴院裁判官は，労務の内容よりも，むしろ，合意において労務提供者が労務遂行中に雇主側の命令に服従することが義務づけられているかに着目しており，注目される。なぜなら，このように雇主における指揮命令権限に着目する判断は，1906年以降の雇用契約の有無の判断と通じるところがあるように思われるからである。とはいえ，ここでのFarwell 控訴院裁判官の判断は，あくまで，雇用契約ではなく，「労働者」概念自体の範囲の広狭に基づいた判断であった。

以上のように，1897年法では「労働者」概念は肉体労働者以外に拡張される余地があったが，判例における同法の適用範囲は，「労務の内容」，究極的には，「労働者」という語句の日常的な意味を介して労働者階級に結びつけられていた。

第4款　階級から契約へ

1　制定法の定義と基準の一本化

その後，1906年労働者災害補償法（以下，「1906年法」）は，1897年法とは明らかに異なる「労働者」の定義を採用した。

すなわち，「『労働者（workman）』は，……<u>肉体労働であると事務的労働その他であるとを問わず</u>，……雇傭契約（contract of service）または徒弟契約を締結し，もしくは，その下で労務を提供するあらゆる者を意味する。」[50]

また，5年後の1911年国民保険法（以下，「1911年法」という。）は，被保険者の範囲を画するのに，使用（employment）という用語を用い，その内容として雇傭契約を用いた[51]。

1906年労働者災害補償法こそが現在のイギリスの労働法の人的適用範囲を「確立」したと評価されているところ[52]，このように1906年労働者災害補償法と1911年国民保険法は，「肉体労働という基準を放棄」[53]していた。そして，

---

[50]　1906年法第13条。

[51]　1911年法は，健康保険の被保険者を，法の特定する使用（employment），すなわち，「イギリスにおいて，書面であると口頭であると，明示であると黙示であると，当該使用される（employed）者が使用者その他により支払われるとを問わず，……雇用契約（contract of service）または徒弟契約の下で使用」される者とした（s. 1 and First Schedule）。

これらの制定法の定義は，法の適用が争われる場面における「裁判所の注意を『雇用契約』に集中させた」[54]。では，この基準たる「雇傭契約」の具体的内容はどのようなものであったか。以下，裁判例を検討する。

2 指揮命令基準の階級性と契約性
(1) 前法における解釈との連続性

同時期の雇傭契約の判断基準として指揮命令基準を採用した先例として有名なのが，以下にみる Simmons 事件控訴院判決である。

〔判決⑤〕 Simmons v Heath Laundry Company 事件控訴院判決[55]（1910年）
【事実の概要】 Xは，Yのためにスカート機械工としての労務を提供中火傷を負い，片手が使えなくなった。そこでXは，従前他で得ていたピアノ技術からの収入が，1906年法の附則の定める補償額に当たるとして，Yを名宛人とした補償額を県裁判所に請求した。当該附則の適用が認められるためには，Xのピアノ教師等としての労務提供が雇傭契約に基づくものである必要があったところ，県裁判所はXの請求を棄却。そこで，Xが控訴院に上訴。
【判旨】 上訴棄却（全員一致）
　Cozens-Hardy 記録長官は以下の判断を示した[56]。
　「本上訴は，労働者災害補償法における『雇傭契約』という用語の意味についての問いを生じさせる。」
　「私は，『その他』というという言葉は教師の場合も含むのに十分であるから，決して，教師が同法の範囲内に入り得ないということをいうつもりはない。」学校の教師等は，通常の場合，同法上の請求が可能であろう。
　Fletcher Moulton 控訴院裁判官は以下の判断を示した[57]。
　「問題は，実質的に，同法における『雇傭契約』の語句に与えられるべき範囲に向けられている。法の問題として，すべての雇傭契約（contract of service）により，ある者が同法上の労働者とされるわけではない。」しかし，私は，『その他』

52　Nicola Countouris, *The Changing Law of the Employment Relationship*（Ashgate, 2007）, at p. 26.
53　F. Tillyard, n. 31 above, at p. 2.
54　S. Deakin, n. 23 above, at p. 217.
55　［1910］1 K.B. 543.
56　Ibid., 547-548.
57　Ibid., 549-550.

という語句の一般性は教えることに関する契約を排除しないと考える。「どのような教えることに向けた契約が同法の範囲に入るのかいなかの検討が必要である。」
　労務を提供している者に対する，その労務のために契約をしている者からの直接的な指揮命令（control）の量が増えれば増えるほど，当該契約が雇傭契約であると判断する根拠は増」す。労務が提供される場所も考慮される。
　Buckley 控訴院裁判官は以下の判断を示した[58]。
　「問題は，実質的に，〔法における〕『雇傭契約』の真正なる意味である。」
　1897年法と1906年法の労働者の定義は異なっているから，Simpson 事件控訴院判決は本件と直接関係はない。しかし，「本法上の『雇傭契約』の意味についての問題が，やはり，その用語が，通常人が雇傭契約から理解することを本法に持ち込むのかどうかということであるから，同判決は指導的である。」
　Simpson 事件控訴院判決で Collins 記録長官が，「法は従属の立場を想定としている」等としたことが念頭に置かれなければならない。
　　（中略）
　「雇傭契約は必ず奉公人の存在を含むものである。……Bramwell 控訴院裁判官は Yewens v Noakes 事件判決で，『奉公人は，ある者がその者の労務をする仕方についてその者の雇主の命令（command）に服する者である』とした。」
　「一般的にいって，雇傭契約は，必ず，当該契約の下で労務を提供する者に，労務を提供される者の命令に従う義務があることを意味する。」

　以上の判旨から以下のことが指摘できる。①いずれの裁判官の判断においても，判断基準が，雇傭契約に一本化されたことが見て取れる。その結果，「教える」という「労務の内容」自体によっては雇傭契約であることが否定されないことが示されている。また，②記録長官以外の判断においては，指揮命令の要素が重視されている。
　他方で，③1897年法と1906年法の連続性の有無を考えたとき，各裁判官の判断を比べると見逃しがたい「ばらつき」がある。
　まず，Moulton 控訴院裁判官は，「すべての雇傭契約により，ある者が同法上の労働者とされるわけではない」とし，結局，指揮命令といった事情の総合考慮により結論を導くとする。1906年法の定義をそのまま読めば，基準は雇傭契約に一本化されるはずであるのに，同裁判官の判断は，あたかも雇傭契約上に，指揮命令基準によって新たな囲みを設けるもののように読める。

58　Ibid., 550-553.

次に，Buckley 控訴院裁判官の判断は，重要な点で疑問の残るものである。同裁判官は，Simpson 事件控訴院判決を引用して，雇傭契約の存否の判断と従属性の判断とを結びつける。そして，その判断の中身が，奉公人の存在（指揮命令）の有無なのである。したがって，Buckley 控訴院裁判官の判断においては，1897年法における労働者階級という基準の影響が，雇傭契約への基準の一本化によっても，完全には払拭されていなかったと言わざるをえない。

以上のように，1906年法の適用に関する裁判例において，一方で，基準が雇傭契約に一本化されたように見えるが，他方で，潜在的な1897年法との連続性は否定できない状況にあり，指揮命令基準が，拡大された制定法の範囲をむしろ制限的に解するように機能したことが指摘できるのである[59]。

(2) 基準の一本化と指揮命令基準の可能性

しかし，(1)に対し，Simmons 事件控訴院判決と時間的には前後するが，1906年法の下で指揮命令基準が労務提供者にとって功を奏したと評価できる判決が見られるのも事実である。

〔判決⑥〕 Walker v Crystal Palace Football Club, Ltd. 事件控訴院判決[60]
（1909年）

【事実の概要】 Y とフットボール選手である X は，X が，一年間，Y のために試合に出てプレイしかつ詳細に定められた各種規則を遵守する旨の契約を締結していたところ，試合中に負傷しプレイできなくなった。契約期間終了後，X は Y に補償を求め，県裁判所は X が労働者に当たるとし請求を認容した。Y が控訴院に上訴。

控訴院で，Y は，指揮命令の要素が雇傭契約に不可欠であるとし，選手は，どのように技術を発揮するか会社の指示に従うものではないとして，同要素の存在を否定しようとした。

【判旨】 上訴棄却（全員一致）

Cozens-Hardy 記録長官は以下の判断を示した[61]。

X は，「われはれは，……通常の意味（ordinary sense）で，その者が『労働者』であるかどうかを考えるのではなく，X が」法の定義内の「労働者」であるかを

---

59 S. Deakin, n. 23 above, at p. 219; N. Countouris, n. 52 above, at p. 26.
60 Walker v Crystal Palace Football Club, Ltd. [1909] 1 K. B. 87.
61 Ibid., at 91-92.

考える。
　　（中略）
「ある人が特定の種類の労務をし，かつ，その者が一般的な指示に従う場合には，誰からも制御されずにその者自身の判断をなすという理由だけで，法の作用する範囲から排除されない。」

　以上の判旨で注目されるのは，以下の点である。
　①『労働者』という語句の持つ通常の意味ではなく，法の『労働者』の定義に従うとされたことが注目される。というのは，前述のように，結局1897年法において労働者概念が羈束されていたのは，「労働者」概念についての通常人における理解（労働者階級）であったからである。ここでは，そのような従前のアプローチが否定されている。
　次に，②指揮命令基準の幅の広さが注目される。労務遂行にXの判断が介在しているというYの主張を否定し，指揮命令の存在が認められるのには「一般的な指示」で足りるとしている。
　以上のように，1906年法が制定されて間もなくは，雇傭契約を巡る判例の内容は一口では言い表しがたい状況にあった。その時期においては，1897年法の労働者概念と1906年法の雇傭契約概念との連続性，そして，それに伴う指揮命令基準の登場を否定しがたい一方で，1906年法の1897法との非連続性，すなわち，1906年法下での基準の雇傭契約への一本化とその内容としての幅の広い指揮命令基準の可能性を指摘することができたのである。
　(3)　指揮命令基準の有用性
　たしかに，この後雇傭契約の判断基準として指揮命令基準が一つの代表的な要素と捉えられていき，学説からかえって同基準に対して時代遅れとの批判が強力になされるようになる[62]。しかし，Simpson 事件控訴院判決以後も，判断基準として一本化した雇傭契約の内容をなす指揮命令基準の一定の有用性（同基準の幅の広さ）が確認できる[63]。
　以下に紹介する判例は，看護師の労務提供中の事故に起因する負傷についての労働者災害補償法の適用が争われた事案である。

62　O. Kahn-Freund, 'Servants and Independent Contractors' (1951) 14 MLR 504;C. D. Drake, 'Wage-slave or Entrepreneur?' (1968) 31 MLR 408.

ただ，当該判例の検討に入る前に，関連する判例の流れについて少し言及しておこう。同判決以前から，病院において労務を提供する医師や看護師といった医療従事者が過失により患者に対し医療事故を起こした場合に，病院の経営主体にも雇主としての代位責任が問えるかが争われてきた[64]。そのような紛争でまず問題となったのが，前提としての労務提供者と病院との間の雇主と使用人との関係の有無，すなわち，雇傭契約の有無であった。そして，医師や看護師は，労務遂行に当たって高度な専門性を発揮すること，それに起因する労務遂行に当たっての幅広い裁量を有していること，手術室内における労務提供という病院の指揮命令が及ばない状況における就労実態などから，医師や看護師と病院との間の雇傭契約の存在が否定される傾向にあった。看護師については，当初，「看護師らは一般的には奉公人（servant）であるが，……手術と検査に当たっては，そうではない。被告〔病院〕の命令に従うことが義務づけられているとき，あるいはその限りでは看護師らは被告〔病院〕の奉公人であるというのが尤もであるが，手術に向けて手術室のドアが閉まるやいなや……看護師らは被告〔病院〕の命令下にあることを止める」のである[65]というように，状況によって「被告の奉公人でなくなる」[66]と理解されていた。

　しかし，以下の判例にみられるように，状況によって労務提供者が奉公人であったりなかったりするという理解は克服される。そして，そのような判例における雇傭契約の認定では，〔判例⑥〕にも通ずる指揮命令の幅の広さが認められているのである。

〔判例⑦〕　Wardell v Kent County Council 事件控訴院判決[67]
【事実の概要】　看護師であるXは，Yが経営する病院に勤務し，看護婦長の指示

63　以下紹介する判例のほかにも，Hill v Beckett [1914] 1 K. B. 579. では，労務提供者Xと被告会社Yとの間に，明示の契約がなく，かつ，Xは，直接的にはYと関係を有する監督者（foreman）の指揮命令を受けていたが，XとYとの間に指揮命令が存在することが認められた。
64　指導的判例としては，Hillyer v Governors of St. Bartholomew's Hospital [1909] 2 K.B. 820.
65　[1909] 2 K. B. 820, at 826.
66　Ibid.
67　[1938] 2 K.B. 768.

で患者への手当のため薬品を熱していたところ，薬品が爆発し負傷した。当該指示の際，看護婦長は，Xに対して何をすべきかについては指示したが，どのように指示された行為をすべきかについては命じていなかった。しかし，Xは，睡眠，食事，休憩の時間に関する当該病院の規則を遵守することが求められ，一般的に看護婦長の指揮命令の下にあり，看護婦長による指示の遂行方法につき看護婦長とXとの間に意見の不一致が見られるときは，Xは看護婦長に従わねばならなかった。Xは，1925年労働者災害補償法（以下，「1925年法」）に基づき，Yを使用者として県裁判所に補償の裁定（award）を求めたところ，県裁判所は，X・Y間の契約が雇傭契約に当たらず，Xが1925年法にいう「労働者（workman）」（同法の第3条によれば，労働者は，使用者と雇傭契約を締結している又は使用者との雇傭契約下で労務を提供する個人を意味する）ではないとしてXの請求を認めなかった。そこで，Xが控訴院に上訴した。

【判旨】 Slesser控訴院裁判官とMacKinnon控訴院裁判官により上訴認容（Greer控訴院裁判官が反対意見）

Slesser控訴院裁判官は以下のとおり判断した。

「〔Xの労務の遂行方法の状況から〕，<u>従事する個別の業務ごとにやり方を指示する者が変わり得たということは確かであるが，Xが，いつでもXの労務を遂行する方法についての指示に従うことが契約によって求められていたことは明らかである。</u>」[68]

「コモン・ロー上，奉公人の過失による行為に関し使用者の有責性が問題となる際，当該使用者は，問題の行為時において，当該奉公人が当該雇用（employment）の局面の外で行動していた，あるいは別の者のために労務を提供していたということを示すことにより，免責されうるというのが尤もである。<u>この事実は，雇傭契約が継続しているということと共存し得るのである。</u>」病院の経営主体は適切な者を看護師として供給するということ以上のことは引き受けていない。しかし，「このことだけで，経営主体が……看護師を雇っていないと主張できるようになるわけではない。」[69]

MacKinnon控訴院裁判官は以下のとおり判断した。

「確かに，Xは，訓練された有資格の看護師としての技術を有しているし，Xが週給の見返りとしてその技術を行使することに黙示的に合意していたことは間違いない。しかし，<u>当該〔労働者〕の定義に入る労働者であることが明らかな者でも一定の専門的技術を有しそれを行使することに従事する者が多くいる。例えば，</u>

---

68 Ibid., at 781-782.

69 Ibid., at 785.

料理人，高級家具師，作曲家，そして〔判例⑥〕Walker 事件控訴院判決に現れたようにプロのサッカー選手に至ってもである。」[70]

　この判決は，使用者の代位責任の議論において混同されがちだった問題，すなわち，雇傭契約の有無の問題と免責の可否の問題とを区別したことに重要な意義が認められている[71]。両者が区別されない状況で，雇傭契約の有無に関する判例として使用者の代位責任に関する判例がその後の裁判例で引用されるようになっていたならば，使用者の代位責任固有の問題が雇傭契約の有無の問題に混入してしまうことになり問題であったであろう。しかし，この判決では，雇用契約の有無の問題は代位責任の免責の問題と区別され，その上で雇傭契約の有無が問題とされている。そしてその中で，従来の雇傭契約の有無に関する判例が参照されている。したがって，上記判決は，使用者の代位責任という問題領域に限定することなく，他の問題領域で雇傭契約の有無が問題となる場合にも参照して問題がない。
　そして，本書の文脈において重要な指揮命令の内容に関しては，上記判決について次の点が注目される。それは，病院の経営主体と労働者との間に病院の経営主体が適宜指定する看護婦長といった第三者が入りその者が労務遂行に関する指揮命令をしていたとしても，また，その第三者による指揮命令が労務の遂行方法にまで及んでいなくても，雇傭契約の存在が認められている点である。この点から，個別の事案によって一定の差異はあるかもしれないが，契約締結後に任命される第三者を介した間接的な指揮命令や，遂行すべき労務を指示するのみであるという意味で抽象的な指揮命令も，雇傭契約の指揮命令として認められうるということができる。このように，指揮命令基準は，一定の幅を持ったものとして観念されている。
　先述のとおり，現在に至るまで指揮命令基準は批判を浴びてきた。たしかに，指揮命令基準に対する批判は，社会の実態に合っていないという点では，後の時代とりわけ今日における多様な就業形態を前提とすれば，妥当なものと解されるに違いない。しかしながら，学説でも「境界にある事例における〔指揮命令〕基準の不十分性は，同基準の本質的な不適合性から生じるので

70　Ibid., at 787.
71　A. L. Goodhart, 'Hospitals and Trained Nurses' (1938) 54 LQR 553, at p. 564.

はなく，同基準が，もはや現代における社会的または経済的実態を必ずしも反映していないことにある」[72]とされている。指揮命令基準が提示された「19世紀においてもクレーン運転手や機関車運転手は存在した。指揮命令基準が現実に代わる『法的フィクション』となったがゆえに，『指揮命令』基準における危機は，指摘されていたようには生じなかったのである……。たしかに，技術や社会の進歩は『指揮命令』基準の現実的な適用をより困難なものとしてきた。しかし，かなり早い段階の判例には，使用者以上に技術を持った労務提供者に関するものもあったのである」[73]。このような学説における理解は，上記の裁判例にも合致するものと解される。判例を仔細に見ると，指揮命令基準が登場したときから，その基準自体にも一定の広がりが認められており，当時の文脈において一定の有用性をもたらしていた。

(4) 指揮命令基準の登場した時代における意義

上で見たように，指揮命令基準それ自体にも一定の幅があるということも注目されるべき事実である。しかし，指揮命令の批判に没頭し看過してはならないもう一つの重要な事実がある。それは，肉体労働ないし労働者階級という基準が放棄された後に，雇傭契約と指揮命令基準が現れたという事実であり，その事実の示す指揮命令基準の意義である。

すなわち，〔判決④〕の修士号を有していた科学者が死亡していた事案におけるFarwell控訴院裁判官の反対意見を想起すれば，指揮命令基準には歴史の一時期における重要な意義があったことがわかる。同控訴院裁判官は，「肉体労働その他」を問わないとして労働者を定義した1897年法の下で，労務の内容よりも，むしろ，当事者間の合意において労務提供者が労務遂行中に使用者側の命令に服従することが義務づけられているかを基準に判断すべきとしていた。裏を返せば，この多数意見とはならなかった反対意見は，1897年法の下では，階級基準を放棄し，当事者が形成した合意の内容（性質）によって法の適用を決定する仕組みが達成されなかったことを示唆している。そうであれば，現代においては，学説が指摘する通り指揮命令基準がもはや労務提供の実態と合致していないという批判は一定の正当性を有しているとしても，その点のみの批判だけで指揮命令基準を評価するのは妥当で

72　C. D. Drake, n. 62 above, at p. 413.

73　J. Clark and Lord Wedderburn, 'Modern Labour Law: Problems, Functions, and Policies' in *Labour Law and Industrial Relations* (Clarendon, 1983), at. p. 150.

はないはずである。1897年法から1906年法へと労働者の定義が変わった歴史の一時期においては，指揮命令基準は，基準の内容自体とは別の意味で画期的な意義を有していた。すなわち，契約関係それ自体を法適用のメルクマールとする指揮命令の基準の登場は，法の適用における身分基準から契約基準へという重要な転換を実現した側面も有していた。

3 現代における契約の性質の位置

その後，雇用契約の有無の判断の最終段階（第二段階）が，契約の性質によって判断されるものとなっていることについては，第2章において「義務の相互性」についての議論を考察する中で示したとおりである。また，「労働者の契約」も含めた労務提供契約の認定が，契約の成立と契約の性質の二段階から成ることが認識されていることも前述のとおりである。

いま少し敷衍するならば，Ready Mixed Concrete 事件高等法院女王座部判決における MacKenna 裁判官の雇用契約の認定定式が重要であった[74]。そこでは，(i)約因の存在，(ii)十分な程度の指揮命令，(iii)他の契約規定が雇傭契約と整合的であること，の三要件の充足が求められた。そして，MacKenna 裁判官は，(iii)の要件の提示により指揮命令以外の基準の支持を表明した。その結果，経済的現実基準等が認定の基準として認められるようになったのである。このように，現在では，契約の性質によって労務提供契約の有無が最終的に決定されており，雇傭契約については指揮命令が依然として重要な要素として位置づけられている。

もっとも，経済的現実基準や統合性基準が労務提供者における労務受領者に対する経済的従属性の側面を考慮するものであることも指摘されている[75]。そうだとすれば，雇傭契約の有無あるいは制定法の適用決定にあたって，契約の性質というよりは身分的な要素が重視されてきているように思われるかもしれない。しかしながら，少なくとも判例においては[76]，法の適用決定は，それでもなお，経済的従属性そのものを問題とするのではなく，契約の性質

74　イギリス労働法の教科書で，雇用契約の認定について Ready Mixed Concrete 事件高等法院女王座部に触れないものはないといってもよい。

75　S. Deakin and G. S. Morris, *Labour Law* (6th ed.) (Hart Publishing, 2012), at para. 3.18 (p. 145-146).

76　第2節第3款参照。

に基づく契約関係の分類の問題として理解されていると解される[77]。

第5款 小　括

　第3款でみたように，1875年使用者労働者法と連続性を有していた1880年法よりも適用範囲を広げた1897年労働者災害補償法でも，二重の基準は雇傭契約に一本化しなかった。すなわち，1897年法は，労働者の定義をする際に「肉体労働その他の」と労務の内容に拘らないかのような定義を取ったにもかかわらず，実際の適用範囲は，「労働者」という言葉の通常の意味を介して資産レベルや知的レベルという意味での階級的従属性に依然として結びつけられていた。
　しかし，第4款でみたように，1906年労働者災害者補償法において労働者の定義が変わった。すなわち，1906年法がその定義において「肉体労働であると事務的労働その他であると」として労働者が肉体労働に従事する者に限られないことを明確にした。このことにより，〔判決⑤〕・〔判決⑥〕で確認できたように，その判断の中心が，不完全ではあるが，雇傭契約に移っていった。そして，ここで現れたのが指揮命令基準であった。その意味で，指揮命令基準は，制定法の適用における，階級（身分）基準から契約基準へという流れを象徴する側面を有していた。
　こうして，制定法は，その適用に関して，当事者の従属性から当事者が自由意思により締結する契約の性質へと基準を求めていくことになったのである[78]。言い換えると，当事者と労働をめぐる法とが，一応ではあるが，当事者らの意思によって締結され形成された契約の性質によって繋げられる建前をとるようになった。

第2節　契約の性質の特定と具体化

　第1節で示したように，個別的労働関係における法の適用は，最終的に契約の性質によるようになった。現代では，その方法が一般化し，雇傭契約は

---

[77] Hugh Collins, K.D. Ewing and Aileen McColgan, *Labour Law* (Hart Pblishing, 2012), at pp. 185-186; Deakin and Morris, n. 75 above, at p. 146.

[78] See also. C. D. Drake, n. 62 above, at p. 420-421.

「社会的保護への入り口」とまで称されている（第1章第2節第1款）。

第1款　緒　言

1　契約の性質の主観的内容・客観的内容と本節での考察対象

ところで，契約の性質を決定する場面において，裁判官らは，当事者によって形成された権利義務関係を認定し，そのような権利義務関係を指揮命令など一定の労務提供契約の性質とされる基準に照らして，当事者間に形成された権利義務関係が一定の労務提供契約の関係のものといえるかを判断する。この判断過程の中で，指揮命令基準などの「契約の性質」が判断の基準になっている。この判断過程を経て，一定の労務提供契約の成立という法的事実が認められるのである。以上からわかるように，また，第1章第4節第1款でも述べていたとおり，労務提供契約の成立という法的事象は，当事者によって構成された権利義務という主観的内容と，一定の種類の契約の性質として法が提示する基準としての客観的内容によって成り立っているのである。

そして，第1節の考察も示唆するように，イギリス労働法において，判断基準としての客観的な「契約の性質」それ自体，最初からあたかも当然のごとく法律の世界に存在しているわけではない。その客観的な内容は，裁判官の法の解釈によって決定され判断の基準とされる。ここ第2節では，法の適用決定の最終段階において判断基準となる「契約の性質」の客観的な内容自体がどのような仕組みで決定されるかについて見ていく。より具体的には，契約の性質の客観的な内容が，制定法や裁判官らによってどのように決定される仕組みになっているのか，を考察する。

なお，本節の考察からも明らかになるように，この「契約の性質」の定義的または客観的な内容決定の局面において，具体的な当事者意思は基本的に意義を有しない。それが，具体的な紛争の場面で契約の性質に関して重要な役割を演じるのは，第5章で考察する当事者の権利義務内容の認定（契約解釈）の場面であり，それについては契約の性質の主観的内容を構成するものとして，第5章において詳しく検討する。

2 制定法による契約類型の指定と類型ごとに問題となる事柄

本格的な本節の考察に入る前に，本節における考察対象をもう一段階明確にしておこう。

(1) 制定法による決定

最初に確認しておかなければならないのが，第1章第2節第1款と第2款で述べたとおり，イギリス労働法においては，制定法が，被用者概念や労働者概念の定義を通じて，いかなる契約類型を法の適用対象とするかの第一次的な決定を行っている。その結果，雇傭契約と「労働者の契約」が法適用の基準として重要な契約類型となっている。

(2) 契約の性質の客観的内容に関する解釈者の役割

次に，上記契約類型ごとに，契約の性質の客観的内容を解釈する裁判官らに求められる役割が大きく変わってくる。

伝統的な概念である雇傭契約は，制定法がコモン・ローから「借用している」[79]概念である。その概念の内容は，コモン・ロー（裁判官等）により提示され，具体的な紛争においては，裁判官らはそのようにして判例の中で示された雇傭契約の定義内容を基準としつつ，当事者間の権利義務を契約解釈によって認定し，その権利義務の内容を上記基準に照らして評価し，最終的に当事者間に雇傭契約があるか否かを決定する。

これに対し，「労働者の契約」は，制定法にその定義が存在する。そのため，「労働者の契約」については，ひとまず，制定法の定義内容をそのまま基準とすることができる。したがって，「労働者の契約」の場合には，雇傭契約の場合に存在する裁判官らによる定義作業（法の解釈）が存在しないと思われるかもしれない。しかし，後述のように，実際には「労働者の契約」の定義も裁判官らによる解釈（具体化）を必要とし，その解釈された内容に照らし，契約解釈を通じて認定された当事者間の権利義務関係が分類され，具体的な当事者間における「労働者の契約」の有無が決定される。

要するに，①雇傭契約については，契約の性質の内容の「特定」の場面において裁判官（審判長）の解釈作用が存在する。これに対し，②「労働者の契約」については，「労働者の契約」の定義の「具体化」の場面において裁判官らの解釈作用が存在する。

---

79 Deakin and Morris, n. 75 above, at para. 3.1（p. 131）.

このように，契約の性質の客観的な内容の特定ないし具体化において，契約類型ごとにそもそも裁判官らに求められる役割が異なっている。
　以下では，まず，雇傭契約（contract of service）の契約の性質の客観的内容につき，その特定の仕組みの実相に迫る。次に，「労働者の契約」(worker's contract）の定義の具体化の内容を考察する。こうして労務提供契約の認定の基準の内容がどのように特定あるいは具体化される仕組みになっているのか，契約の性質の客観的な内容とは何なのかを明らかにする。

第2款　雇用契約と指揮命令

　ここでは，雇用契約（雇傭契約）の契約の性質の客観的な内容がどのような仕組みを通じて特定されるのか，考察する。以下では，まず，指揮命令の要素の意義について確認した上で（1），そのような指揮命令の要素の内容の変遷について考察し（2），その特定の仕組みを明らかにする。

1　指揮命令の要素の重視

　第2章で示したように，Ready Mixed Concrete 事件高等法院女王座部判決以降の裁判例の中には，指揮命令基準を MacKenna 裁判官のいうような必要条件としては必ずしも重視していないように思われる判決も存在した[80]。また，現在の教科書類には，主な雇傭契約の「契約の性質」（基準）として，指揮命令，経済的現実，統合性の要素が必ず挙げられ[81]，中には経済的現実基準を重視すべきことを示唆するものも存在する[82]。しかし，比較的近年の

---

[80] たとえば，第2章第1節で紹介した〔判決③〕（統合性）や〔判決④〕（義務の相互性），Global Pland Ltd. v Secretary of State for Health and Social Security [1971] 3 WLR 269（指揮命令の要素は雇傭契約を示す強力な要素としているが，あくまで様々な要素の中の一つとして扱われている）；Warner Holidays Ltd. v Sevretary of State for Social Services [1983] ICR440（指揮命令の要素についてはあまり重要視されず経済的現実がより決定的となっている）；そのような判例の傾向に触れるものとして Simon Honeyball, *Texbook on Employment Law* (13th ed.) (OUP, 2014), at p. 23.

[81] たとえば，Simon Honeyball, n. 80 above, at paras. 2.21-2.2.3.

[82] Deakin and Morris, n. 75 above, para. 3.28 below. また，Ready Mixed Concrete 事件高等法院女王座部判決が出たすぐ後に，経済的現実基準を重視すべきことが説かれていた（C. D. Drake, n. 62 above, at p. 422-423.)。

判例では、Ready Mixed Concrete 事件の MacKenna 裁判官の判断と Carmichael 事件貴族院判決に基づき、指揮命令基準が原則的な基準であることが以前よりも強調されている。

〔判決⑧〕　Montgomery v Johnson Underwood Ltd. 事件高等法院女王座部判決[83]（2001年）

【事実の概要】　X は、派遣元 Y_1 に登録していたところ、Y_1 から派遣先 Y_2 での就労を提示され、Y_1 との間で労働時間や賃金率について合意した。その後、X は、Y_2 での就労を開始し、Y_1 は合意通りに X に報酬を支払っていた。X は Y_2 に約二年半労務を提供していたところ、Y_2 は、X が Y_2 の電話を私用することに不満をもち、Y_1 に X の派遣中止を要請した。Y_1 は、X の労務提供を中止させ、他の労務提供先を提示したが、X は応じなかった。このような事情の下、X は、Y_1・Y_2 それぞれに対する不公正解雇の申立てを、雇用審判所になした。Y らが X が各自の被用者であることを否定し、X と Y らの間の雇傭契約の有無が問題となった。雇用審判所は、X は Y_2 の被用者でないとした一方、Y_1 の被用者であることを認めた。その際、雇用審判所は、Y_1 には X に対する指揮命令の権限がなかったと認定していた。

X と Y_1 両方が控訴審判所に上訴し、控訴審判所は雇用審判所の判断を是認し、Y_1 が控訴院に上訴した。

【判旨】　上訴認容・原判決破棄（全員一致）

Buckley 裁判官は、Nethermere 事件控訴院判決や Carmichael 事件貴族院判決を引用した後、以下のように判示した。

「私は、Ready Mixed Concrete 事件高等法院女王座部判決からの引用部分（McKenna 裁判官の雇傭契約の認定のための三要件―引用者）は依然として最もよい指針であり、かつ、雇用契約が存在するための要件としての削ることのできない最小限を含むものであると考える。……幾つかの近年の判例が明らかにしているように、その指針は審判所に雇用契約の有無を確認するにあたって、全体像（whole picture）を検討することを命じている。しかし、全体をみる前に『相互的な義務』と『指揮命令』をまず十分に確認することが重要である。」[84]

Longmore 控訴院裁判官は以下のように判示した。

「私は、一時、上訴についての審問の間、Y_1 の主張が、X が被用者でも独立の契約者でもないという結論につながるという事実に困惑させられた。X が Y_2 の職

83　[2001] IRLR 270.
84　Ibid., at para. 23.

第 2 節　契約の性質の特定と具体化　　　　　　　　　　　205

場で独立契約者となると考えることは馬鹿げている。したがって，X が被用者であり，もしそうであるならば，派遣元たる，Y_1 の被用者であると結論づけることが自然かもしれない。

　このような推論は，雇用審判所と控訴審判所の決定を受けたものである。しかし，私はこのアプローチは間違っていると考える。……審判所は，Y_1 においてほとんどあるいはまったく指揮命令，指示，あるいは監督がなかった事案において，X が Y_1 の被用者であるという結論を維持することはできない。……<u>義務の相互性と使用者とされる側における指揮命令の要求は，雇用契約の存在に削ることのできない最小限である（Nethermere 事件控訴院判決〔Stephenson 控訴院裁判官〕と同判決を是認した Carmichael 事件貴族院判決〔Irvine 大法官〕参照）。</u>」[85]

　本控訴院判決の各控訴院裁判官は，Carmichael 事件貴族院判決等の「削ることのできない最小限」という表現を指揮命令の要素にまで及ぼしている。したがって，本控訴院判決は，貴族院判決が，指揮命令の要素をより重視すべきことを示していると解しているのであろう[86]。そしてこの控訴院判決の後，他の控訴院判決によっても同様に「義務の相互性」と指揮命令が雇用契約の「削ることのできない最小限」として捉えられ[87]，下級審にも影響を与えていることが確認できる[88]。

　なお，Carmichael 事件貴族院判決は，「義務の相互性」それ自体の認定にあたって，書面にこだわらず，書面を交わした後の行為についても契約解釈の検討に入れるとしていた。したがって，厳密には，この控訴院判決（Buckley 裁判官の意見）は，義務の相互性の認定以前には事案の全体像を検討しないと理解しているように思われる点で，貴族院判決に反するものと解される。おそらく，Carmichael 事件貴族院判決の関連期間全体の事実を検討に入れる契約解釈手法が，雇用契約の認定をあまりにも漠然としたものにすることになることが危惧されたものと解される[89]。

85　Ibid., at paras. 45-46.
86　S. Honeyball, n. 80 above, at para 2.2.1 (p. 24).
87　Dacas v Brook Street Burea (UK) Ltd. [2004] ICR1437 (at para. 49); Bunce v Postworth Ltd. t/a Skyblue [2005] IRLR 557 (para. 26).
88　ex. Bebbington v Palmer (t/a Sturry News) (UKEAT/0371/09/DM); A D Bly Construction Ltd v Cochrane (UKEAT/0243/05/MAA).

2 指揮命令の概念における雇用形態の変化

上述のとおり、その内容は把みきれない面もあるが、イギリス労働法においては、雇用契約概念が制定法の適用基準として中心的な役割を担うようになってから現在に至るまで、指揮命令基準は一貫して雇用契約の性質の客観的内容の中心的な内容であった。とはいえ、制定法がそのように指示したのではない。

制定法は、コモン・ロー（裁判官等）に雇用契約（雇傭契約）の定義を委ねていた。そこで、制定法に定義が存在しない以上、コモン・ローは特定の時代を背景として存在する雇傭契約類型を参考に定義されることになる。たとえば、フォーディズム・モデルの広がりを背景とした契約の定義の変化が指摘されている。すなわち、「労働力の供給に関する経営者の指揮命令が、産業労働についての社会学上の特徴となり、やがて契約の定義にも浸透し、ブルーカラーかホワイトカラーかに関係なく、工場システム内におけるすべての労働者を類似のものとした」[90]というように。このように、雇傭契約の定義の具体的内容は、裁判官らによる法（法において雇傭契約とは何か）の解釈作用により、前後の時代背景に影響を受けつつ、より特定の時代の労働の実態あるいは法による規制を反映したものとなると解される[91]。

このような概念の展開が判例においてまとまって議論されるわけではないが、以下では、その様な展開の一端を示す裁判例を考察しよう。ひとまず、第1節において1906年以降の指揮命令の要素の広がりについては、使用者の代位責任に関する判例を見る中で示した。次に、ここで、さらに時代を進め、現在の指揮命令基準についての先例である1968年の判例を出発点とし[92]、指

89　同裁判官は、紹介した判示部分の前に、以下のように述べている。すなわち、「異なる審判所が、それぞれの時期に、酷似する事実について異なる結論に達するということは避けられないことであろう。しかし、法における明確性と予測可能性という目的が完全に放棄されないかぎり、審判所が判断において依拠する原則は可能な限り明確であるべきであるしそのように表現されるべきである」。そして、この後Montgomery事件控訴院判決の影響を受けたDacas事件控訴院判決では、Carmichael事件貴族院判決の契約解釈手法が支持されている。

90　Nicola Countouris, n. 52 above, at p. 27.

91　See also, S. Honeyball, n. 80 above, at para. 2.2.1 (pp. 23-24)；前注（1）石田書では、イギリスにおいて、制定法たる「主従法」の背景事情から雇用契約の範囲が変化したことが綿密な分析により明らかにされている。

揮命令の内容が特定される仕組みについて考察してみたい。
　(1)　McKenna 裁判官の認定定式における指揮命令
　雇傭契約の三要件を示した先例である Ready Mixed Concrete 事件高等法院女王座部判決を，指揮命令の内容が確定される仕組みの理解の出発点とする。

〔判決⑨〕　Ready Mixed Concrete 事件高等法院女王座部判決[93]（1968年）
【事実の概要】　第2章第1節第1款〔判決①〕【事実の概要】参照。
　傭車運転手と労務受領者との間の雇傭契約の存否が問題となった。
【判旨】　上訴認容・原決定破棄
　McKenna 裁判官は以下のように判示した。
　「〔指揮命令〕について。指揮命令は，なされること，それがどのようになされるべきか，それがなされる際に使用される道具，それがなされるべき時間と場所を決定する権限を含む。これらすべての指揮命令の側面は，その権利が一方当事者を雇主に，そして他方当事者をその奉公人にする程度に十分に存在しているかどうかを判断しながら検討されるべきである。当該権利は制限のないものである必要はない。」[94]

　この出発点となる判決において確認しておきたいのは，指揮命令の具体的内容とその抽象性である。すなわち，この判決は，遂行されるべき仕事の内容，方法，時間，場所についての無制限とはいえなくとも「十分」な程度の指揮命令の権利があれば，指揮命令の要素の存在が肯定されるとしていた。そこでは，指揮命令の「権利は制限のないものである必要はない」と明確に述べられていた。

92　雇用契約の有無の判断基準については，すでに豊富な先行研究が存在する（岩永昌晃「イギリスにおける労働法の適用対象者（一）（二・完）」法学論叢157巻5号56頁・158巻1号72頁（2005）・國武英生「イギリスにおける労働法の適用対象とその規制手法」日本労働法学会誌108号184頁〔2006〕）。中でも，指揮命令の詳しい内容については，林和彦「労働契約の概念」秋田成就編著『労働契約の法理論』（総合労働研究所，1993）77頁・89頁以下。
93　[1968] 2 Q.B. 497.
94　Ibid., at p. 515.

(2) 指揮命令の概念の拡がり

　上記〔判決⑨〕Ready Mixed Concrete 事件高等法院上座部判決のとおり，1968年の雇傭契約の内容に関する先例でも，指揮命令が無制限のものでなくてもよいということ，言い換えると「十分」な程度のものであればよいとされていた。

　では，その後，指揮命令の抽象性は，どのように時代状況と適合するように展開していったのであろうか。以下，この点について比較的詳しい議論が見られる近年の労務提供者と派遣元との間の雇傭契約の存否について判断した裁判例を考察しよう。

　（ⅰ）ところで，イギリス労働法においては，第3章第1節第1款2で述べたとおり，1973年労働紹介業法に明確な定義がないため，派遣労働者と派遣元との間についても，雇傭契約の有無が問題となる。ここで指揮命令の基準の抽象性を考える上で興味深い事態が生じることになる。すなわち，派遣の場合には，通常，派遣労働者と派遣元は，二人の間に派遣先が登場する前後に報酬や就業形態について一定の取決めをし，また，派遣元が労働者に報酬を支払う。その一方で，労務提供の遂行方法や時間管理などについて，派遣先が実際の指揮命令を行う。そうすると，日々の労務提供が労務提供者と派遣元との間の契約に基づくものであるとしても，指揮命令の観点からは，当該契約が雇傭契約であると認められにくくなる。このため，労務提供者と派遣元との間の雇傭契約の有無は，指揮命令の内容の抽象性についての，現代における試金石としての側面を有することになるのである。つまり，派遣のような多数当事者間の労務提供・受領の形態をめぐって，雇傭契約の有無を判断する指揮命令基準の抽象性の限界が問われ，その問いは，指揮命令基準の内容がどのように社会における労務提供・受領に対応しうるものなのか，を最終的に問うことになる。ここにおける議論の中に，我々は，雇傭契約というコモン・ロー上の契約の「契約の性質」と，社会における労務提供・受領の実態との対応関係の一局面を見ることになる。

　（ⅱ）労務提供者と派遣元との間の労務提供契約の存在が注目され，その文脈で指揮命令の内容が議論され始めたのは，McMeechan v Secretary of State for Employment 事件控訴院判決[95]の出現からである[96]。というのは，

95　[1997] IRLR 353.

同控訴院判決により，労務提供者と派遣元との間のわずか四日間の契約が雇傭契約であることが認められたからである。この判決により，派遣労働者と派遣元との間の雇傭契約の可能性に期待が寄せられるようになり，その場面において指揮命令が議論されることになった。

ただ，同事件の控訴院においては，労務提供者と派遣元との間で取り交わされた書面に関連期間全体を覆うような継続的な契約の存在（義務の相互性）を否定する規定が存在したため，議論の中心はあくまで継続的な契約の存否であった。同事件においては，第2章でみた「義務の相互性」が主たる争点であったのである。そのため，同事件の控訴院判決は，労務提供者と派遣元との間での指揮命令自体が問題になった場合にどのような判断がなされるかについては空白のままにしていたということができる。

とはいえ，派遣元と労務提供者との間に個別の労務提供・受領に着目し雇傭契約の存在を認めたため，この控訴院判決はその後一定の注目を集め続け，その可能性に期待が寄せられてきた[97]。たとえば，第3章で考察した労務提供者と派遣先との間に雇傭契約を推定する試みが一時期控訴院により肯定的に解された時期においてさえも，労務提供者と派遣元との間の雇傭契約という「代替的なアプローチ」の強み（advantage）を指摘するものがみられたのである[98]。

(iii) 結局のところ，次の控訴院判決の結論が，臨時的な労務提供者と派遣元との間の雇傭契約の認定に向けた裁判所における探求熱をあるいは学説の熱を「冷ます」[99]ことになった。しかしながら，同事件において，雇用審判

---

96 これ以前に労務提供者と派遣元との間の雇傭契約の有無が争われ否定された事例として Wickens v Champion Employment [1983] ICR 365.
97 Paul Davies, 'European Developments – Amendments To The Acquired Rights Directive' (1998) 27 ILJ 365; Michael Wynn, 'End of the line for temps?' (2008) 158 NLJ 352; Deirdre McCann, *Regulating Flexible Work* (OUP, 2008), at pp. 41, 148.
98 Hugh Collins, K.D. Ewing and Aileen McColgan, Labour law: Text and Materials (2th ed.) (Hart Publishing, 2005), at p. 193. Collins 教授らは，派遣元との雇用契約のアプローチをとる場合には，「派遣元がそれ自身の事業の一部として使用者の通常の義務を考えることが要求され，かつ，事業の費用が料金における追加料金を通じて顧客に向けられ得るということ」が強みとされる。つまり，派遣先が労務提供者に対して賃金を支払うという構成（黙示の雇用契約）よりも，「代替的アプローチ」の方が派遣の実態と合致しており法的構成における無理がないということであろう。

所により派遣元における指揮命令の権限が事実認定の結果否定されていたことには注意が払われるべきである。なぜなら,事実認定の権限は,第一審である雇用審判所が独占しており控訴院もその認定を覆すことができないからである。つまり,第一審である審判所によって認定された事実を覆すことができない以上,結論は見えていたあるいは結論を覆すのには実際上相当に困難が存在したのである。そのような事情を考慮すると,注目すべきは,控訴院がそのような指揮命令の要素の不存在に関する雇用審判所の認定を覆えさなかったという事実ではなく,むしろ,以下に紹介するように,同事件において控訴院が労務提供者と派遣元との間の雇傭契約の存在の可能性を完全には否定していない点,そして,その可能性について一定の説明を加えている点である。

〔判決⑩〕　Montgomery v Johnson Underwood Ltd. 事件控訴院判決[100]
　　　　　（2001年）
【事実の概要】〔判決⑧〕【事実の概要】参照。
【判旨】　上訴認容・原判決破棄（全員一致）
　Buckley 控訴院裁判官は以下のように判示した。
　Ready Mixed Concrete 事件高等法院女王座部判決において「McKenna 裁判官は,雇傭契約の有無についての問へ解答が出される前に,(i)〔約因〕と(ii)〔指揮命令〕が存在するとすれば,(iii)〔の要素〕により合意に関するあらゆる条項の検討が要求される,ということを明らかにした。(ii)について,同裁判官は,労務提供の遂行のあり方に関する指揮命令を含む初期の（early）指揮命令の概念が重要であると考えていたが,不可欠なものであるとは考えてはいなかった。……社会は沢山の例を与えてきた。すなわち,船長,外科医,研究補助者やテクノロジーの専門家。これらの場合には,そのような〔初期のような〕直接的な指揮命令は存在しない。多くの場合には,使用者ないし経営管理者は当該労務がどのようになされるかについてのかなり一般的な観念（a very general idea）以上のものを持たないし,それに直接干渉したいという気持ちも持たないであろう。しかしながら,何らかの十分な指揮命令の枠組みがたしかに存在せねばならないのである。」[101]
　　　　（中略）

99　D. McCann, n. 97 above, at p. 148.
100　〔2001〕IRLR 270.
101　Ibid., at para.19.

第 2 節　契約の性質の特定と具体化　　211

「社会と雇用の性質と方法とが展開し続ける中で，問題の労務に関する『相互的な義務』の性質と程度，さらに，当該労務を遂行する個人についての『指揮命令』の性質と程度も同様に継続的に展開していくことは自明である。事柄の本質からしてこの過程の先導は，雇用審判所と控訴審判所によってなされるであろう。」[102]
　（中略）
「私は，派遣元による労務の依頼が，たとえ別の職場での労務に関する場合であっても，派遣元により支払われることになる報酬のために個人により承諾されるものであるならば，相互的な義務の要求を満たしうるということを認めるであろう。……私は『指揮命令』がないという結論に至っているので，このことについてはこれ以上述べることは望まないのである。」[103]
「私は，決して，派遣元によって供給され支払われた労務提供が，法律に関する問題として，『十分な指揮命令』を生じさせないと進んで言おうとしているのではない。それは，当事者間の合意と当事者がどのようにその合意を作動させたのかに対する実際的な接近と検討を要する事柄である。」[104]

　以上の判示部分において注目されるのは，以下である。① Buckley 控訴院裁判官において，指揮命令という概念の内容が，社会の発展に伴い変化することが認められていること，かつ，②指揮命令が「かなり一般的な観念」として存在しうることも認められていることである。ただし，③指揮命令の十分な構造は依然として必要とされる。そして，④同控訴院裁判官は，派遣元と労務提供者間の雇傭契約の場合についても，「義務の相互性」と指揮命令の要素が認められる可能性を否定しておらず，むしろそのように本判決の趣旨が理解されることを懸念しているようにさえ思われる。
　このように，本控訴院判決は，McMeechan 事件控訴院判決の示していた派遣元と労務提供者との間の雇傭契約の可能性を否定していなかった。本控訴院判決の原判決への批判は，むしろ，雇用審判所が，McKenna 裁判官の第一要件と第二要件を飛び越えて第三要件のみに焦点を当てて結論を出した点にあった[105]。
　もっとも，すでに見たように，20世紀前半から，医師・看護婦といった専

102　Ibid., at para. 23.
103　Ibid., at para. 40.
104　Ibid., at para. 41.
105　Ibid., at para. 28.

門的知識・技術を有する者の労務提供について，病院等による具体的な指揮命令は当然存在しないが，それが雇傭契約に基づきなされるものと認められるようになっていた[106]。また，労務提供者が会社との契約に基づき労務を提供しているが，顧客の現場監督者によって具体的な指揮命令を受ける場合にも，指揮命令の存在が認められていた[107]。そもそも，雇傭契約についての「初期の事例は，しばしば，使用者よりも技術的に長けた被用者に関するものであった」[108]事実も指摘されている。このように，一般論のレヴェルでも具体的な判例からしても，指揮命令の要素のこれまでの広がりは，労務提供者と派遣元との間の雇傭契約の可能性を許容しうるように思われる。

(iv) ところが，上記の Montgomery 事件控訴院判決の後，Bunce v Postworth 事件控訴院判決[109]により指揮命令の観点から労務提供者と派遣元間の雇傭契約の存在について否定的な見解が示された。こうして〔判決⑩〕Montgomery 事件控訴院判決が事実として派遣元との関係で派遣労働者が被用者に該当しないとした帰結の上に，雇傭契約の可能性に対する否定的な色が重ねられていったのである[110]。

ところが，さらにその後，以下にみる Consistent Group Ltd. v Kalwak 事件控訴審判所判決において，Elias 審判長（控訴審判所長官）により，非常に限定的な形でではあるが，労務提供者と派遣元との間の雇用契約の存在が肯定されている。

なお，この控訴審判所判決は，後に契約解釈のあり方に問題があったとして控訴院により覆されたが，さらに後に別の事件について出された控訴院判決により Elias 審判長の示した契約解釈についての指針は肯定されている[111]。

---

106 Wardell v Kent County Council [1938] 2 K.B.768; Gold v Essex [1942] 2 K.B. 293; see also. Cassidy v Ministry of Health [1951] 2 K.B.343.
107 Gold Plant Ltd. v Secretary of State for Health and Social Security [1971] 3 WLR 269.
108 S. Honeyboall, n. 80 above, at para. 2.2.1 (p. 23)
109 [2005] IRLR 557.
110 Edward Brown, 'Protecting Agency Workers: Implied Contract or Legislation?' (2008) 37 ILJ 178, at p. 179-180.
111 Protectacoat Fightglow v Szilagyi [2009] IRLR 365; Autoclens Ltd. v Belcher [2010] IRLR 70; G. Pitt, *Employment Law* (9th ed.) (Sweet & Maxwell, 2014), at para. 3-006 (p. 101) (para. 91). 詳細は，第5章を参照。

〔判決⑪〕 Consistent Group Ltd. v Kalwak 事件控訴審判所判決[112]（2007年）
【事実の概要】 ポーランド国民の X らは，ポーランドにいる間に派遣元 Y_1 と仕事の取決めをした上でイギリスに入国し，Y_1 の提供する宿泊施設に滞在し始めた。その後，X・Y_1 間で契約が交わされ，X らは，Y_2 に対する労務提供を開始した。報酬からは宿泊料等が控除されていた。X・Y_1 間で交わされた書面には，契約を終了させるために二週間の予告が必要であること，X が下請契約者であり臨時ベースで労務を提供すること，そして，X・Y_1 間で労務を必ず供給するあるいは依頼された労務を必ず引き受ける義務のないことが明記されていた。X らは，労働組合 A に加入しようとしたところ，Y_1 による妨害を受け，その後解雇された。

このような事情の下，X らは Y_1・Y_2 を名宛人として，1992年労働組合労働関係統合法等に基づき，組合員であること等を理由として解雇されたこと，そして1996年法に基づき違法な賃金控除（「労働者の契約」の有無が問題となる）を受けたこと等を雇用審判所に申し立てた。雇用審判所は，X らが Y_1 の被用者であることのみを認めた。Y_1 が控訴審判所に上訴し，控訴審判所では主として X が Y_1 の被用者であるかが問題となった。具体的には，①関連期間全体を覆う継続的な契約の「義務の相互性」の有無と，②十分な程度の指揮命令の要素の有無等が問題となった。②について，X は，Ready Mixed Concrete 事件高等法院女王座部判決等において日々のまたは直接的な指揮命令がない場合にも雇用契約の存在が認められているとし，本件においても指揮命令が認められる旨主張した。

【判旨】 上訴棄却・原判決維持
Elias 審判長（審判所長官）は，①について肯定し，②について以下のように判示した。

「私は，X の主張に賛成する。先例が示しているように労務提供行為についての詳細な指揮命令の欠落それ自体は，当然，一つの要素であり，そして，しばしば——おそらくは通常——雇傭契約の推認に反する決定的な要素となろう。Montgomery 事件において，控訴院は，まさにこの理由から雇用審判所の認定を覆したのである。」[113]

しかし，「それはいつも必要な条件であるわけではない。確かに，Montgomery 事件控訴院判決において，Buckley 裁判官は，……当該事案において十分な程度に指揮命令が存在しないと述べたけれども，彼は，法律に関する問題として派遣元との雇用契約を構成する十分な指揮命令が絶対に存在しえないとは言っていない。いや実に，彼は，Ready Mixed Concrete 事件女王座部判決という古典的な先

---

112 [2007] IRLR560.
113 Ibid., at para. 75.

例において部分的に現れていた伝統的なアプローチに関して，以下のことに気がついていたのである。

すなわち，〔伝統的なアプローチは〕『雇用審判所に，個人について使用者が有する「指揮命令」を検討する際の適切な行動範囲を与えている』ということに。」[114]

「被用者が日々の仕事の中で使用者ではない第三者によって指揮命令を受けている場合の退屈な例が多く存在する」[115]。清掃会社の清掃員や仕出し業社の社員など。そこでは，サービスを受ける会社がそれらの者に指揮命令をしている。

このように，Elias 審判長は，①原則としては指揮命令の要素が認められるには使用者による直接的な指揮命令が要求されるが，②先例が指揮命令が第三者によってなされる場合についても，指揮命令の要素を認める可能性を示唆していたことを指摘している。学説においても，裁判所が労務提供者と派遣元との雇用契約の存在可能性についての見解を変え，上記「Kalwak 事件において，控訴審判所は，十分な程度の指揮命令が存在すれば，労務提供者と派遣元との間に雇用関係が存在すると判断した」[116]と評価するものが現れている。

ただし，Elias 審判長が，指揮命令を認める際に，本件における特殊な事情，すなわち，宿泊先や移動手段が Y_1 から提供されていた事実を考慮していた点はやはり無視できない[117]。そのため，そのような特殊な事情がない労務提供者と派遣元との間の雇用契約の可能性がどれだけ有望なものであるのかは依然として不透明といわざるをえない。さらにいえば，そのような特殊事情を強調することによって初めて指揮命令の要素を肯定できたのである

114　Ibid., at para. 76.
115　Ibid., at para. 77.
116　S. Honeyball, *Employment Law* (OUP, 2012), at para. 2.3.7 (p. 34).
117　Elias 審判長は，以下のようにして，指揮命令の要素を認めている。すなわち，「伝統的なモデルでは，派遣元は単に彼らの名簿に登録された人員を顧客に配置させ，比較的顧客との限定的な契約を有している。それは本件における場合とかなり異なっている。X らが効力にしたがって依頼された労務を自分自身でなす義務があるだけでなく，X らは，ポーランドにおいて募集され，移動や宿泊施設を提供されていたのである。そして，そこでは，X らは実際にはそれらを拒絶する立場にはなく，そして，派遣元との契約が維持される一方で厳格な実際上かつ法的な制限が X らの他の場所での就労に置かれていたのである。」(para. 79.)

とすれば，そのこと自体が指揮命令概念の限界を示しているということになるのかもしれない。

ただ，Montgomery 事件控訴院判決や Kalwak 事件控訴審判所判決という二つの控訴院判決から，少なくとも理論的には抽象的な指揮命令の場合でも雇用契約のそれと認めうるというのが判例の立場と解することができよう。そして，先に述べたように，このように抽象的な指揮命令の存在に基づき十分な指揮命令の構造が認められることになったとしても，先例からそれほど逸脱しているとは思われない。学説には，Kalwak 事件控訴審判所判決の後に，「臨時的派遣労働者の事案において，単独の労務提供・受領に関し義務の相互性が存在する場合に，より普遍的に McMeechan 事件控訴院判決が適用されない理由はない」[118]と主張するものもあり，指揮命令の概念の広がりの可能性はかすかにではあるが依然として残っていると評価できる[119]。

(v) いずれにせよ，以上の議論では，指揮命令の概念は，現実の雇用形態の例とともにその限界が画され，その内容が具体化されていることが見て取れる。こうした判例における契約の性質（指揮命令）の内容の決定を通じて，その概念の内容は，Montgomery 事件控訴院判決で Buckley 裁判官が述べていたように，社会の発展や雇用のあり方の変化によって漸次的に変化ないし展開していくものと解される。雇用契約（雇傭契約）の必須の性質である指揮命令の要素は，このように，コモン・ロー（裁判官の法解釈）と現実の社会において生起する雇用形態との相互作用の中でその広がりの限界を見出すものとなっている。

(3) 指揮命令概念の可変性と限界

以上の判例からは，「契約の性質」という法の適用決定の最終段階における判断基準について，各時代の雇用・就業形態に対応してその内容を変えていくという「可変性」（契約の性質の可変性）を指摘できるように思われる。そもそも，雇傭契約（contract of service）概念については，古くは請負その他の労務提供契約も包容していたことも指摘されている[120]。

ただ，このように指揮命令の内容が時代に応じた変化を遂げることが可能

---

118 Michael Wynn, n. 97 above, at p. 353.
119 See also. Deakin and Morris, n. 75 above, at para. 3.26 (p. 161); Hugh Collins, Ewing and McColgan, n. 77 above, at p. 217.
120 石田眞『近代雇用契約法の形成』（日本評論社，1994）。

ならば，なぜ指揮命令の基準に対して批判がなされているのか，という点が疑問に思われる。指揮命令基準の内容を一定の範囲に押し込めている原因は何なのだろうか。

この点に関し思い当たるのは，イギリスでは，先述のように，派遣労働者と派遣元との間の雇傭契約の存在について肯定的な学説も多いが，指揮命令の内容の広さを強調するものが必ずしも多くはないという点である。指揮命令基準に対する失望が，一つの指揮命令基準の限界の要因になっているように思われる。

そのような失望の原因としては，一つには，本部第2章で考察したように判例において義務の相互性と指揮命令基準（契約の性質）が結びつけられていたという経緯，あるいはそのように判例において不当に結びつけられていると学説が理解してきたことが考えられる。義務の相互性と指揮命令基準とを十分に区別できず混同していると，義務の相互性への批判が指揮命令の要素の批判へとつながる。そうすると，指揮命令概念の内容の広さに注目するという方向には議論はなかなか向かないであろう。

もう一つに，判例のインパクトが原因として考えられる。先に見たように，Montgomerry 控訴院判決により，実際の例として派遣労働者と派遣元との間の雇傭契約の存在が否定されてしまい，その後の判例でも否定的な色が塗り重ねられていた。この具体的な帰結が，そのような雇傭契約の可能性の現実的可能性の薄さを印象づけ，その結果，指揮命令基準の幅の広さの有用性も希薄なものと感じられているように思われる。

以上のとおり概念の限界が概念自体の限界性ではない可能性もあり，一層，指揮命令基準の可変性の評価については，さらなる理論や立法の展開を待つ必要があるように思われる。

第3款　制定法による契約の定義と契約の性質

1　「労働者の契約」の特殊性

イギリス労働法では，伝統的に，雇傭契約が制定法の適用基準として中心的な位置を占めてきた（第1章第2節第1款）。この場合の雇傭契約は，コモン・ロー上古くから用いられてきた概念であり，制定法にそれ以上細かな定義規定はなく，その性質の特定は，コモン・ロー裁判官に委ねられていた。

その意味で、契約の性質の内容の特定において裁判官の果たす役割が大きい。

これに対し、近年の立法で盛んに権利主体として導入されている「労働者」概念は異なる「契約の性質」の決定構造を有している。この労働者概念の場合には、制定法は、それに対応する「労働者の契約」についての一定程度詳細な定義を置いている。

今一度確認すると、「(b)明示であると黙示であると、かつ、(明示の場合であれば) 口頭であると書面であるとを問わず、それによって、個人が、契約の観点から、当該個人によって営まれる、専門的職業または商業的事業の、依頼人または顧客の地位にない契約の他方当事者のために、自分自身で労働または労務を履行することを引き受ける、その他のあらゆる契約」といった定義である（第2章第3節第1款1参照）。

このように制定法が契約を定義しているため、この契約の性質の客観的内容の特定においては制定法の果たす役割が大きくなる。とはいえ、本節第1款2で述べたように、この場合にも、当該定義を具体的事例に当てはめる際に、裁判官らは、解釈によって定義を「具体化」する必要が生じる。

本研究の観点からは、この場合の「契約の性質」がどのように具体化されるが注目される。制定法が契約の性質を特定したことの意義と契約の性質についての裁判官の解釈作用とはいかなるものか。

2 「労働者の契約」と契約の性質
(1) 三つの要素

現在、労働者概念についても以下見るように判例における判断枠組みの形成が確認できる。そこでは、三つの要素、すなわち、①義務の相互性、②労務提供者自身による労務提供、③契約の他方当事者が労務提供者の専門的職業のまたは商業的事業の依頼人または顧客でないこと、が基準とされる[121]。

このうち、「義務の相互性」は、第2章第3節で紹介したとおり、雇傭契約と共通の要素である。「義務の相互性」については、契約の成立要件としてその充足が求められ、かつ具体的な内容も雇傭契約と異ならないとされている限り、雇傭契約との対比で特に注目される議論はない。

「労働者の契約」の固有の要素は、②と③の要素である。もっとも、「労働

---

121 See. D. McCann, n. 97 above, at pp. 45-48.

者の契約」に関する裁判例については，雇傭契約についてほどの蓄積がない。たしかに第1章第2節第2款で触れたように，近年の立法以前から他の法律において「労働者の契約」とよく似た契約類型が法の適用決定の基準として採用されていたが，「それらについての判例法は比較的乏しい」[122]とされる。「労働者」の概念とそれに対応する契約類型が強い関心を引き付けるようになったのは，1997年に労働党が政権を奪取し様々な立法において「労働者」の概念を導入してからであった[123]。

そこで，「労働者の契約」についての近年の重要判決を分析し[124]，同契約類型の契約の性質の意義あるいはその内容について検討する。ここでは，②と③の要素を解釈した判例を考察し，制定法によって定義された契約類型の契約の性質の内容決定の仕組み明らかにする。

(2) 制定法により定義された契約の性質の具体化

本書では，すでに第2章における「義務の相互性」についての判例の展開の考察において，「労働者の契約」の有無について述べた判例を検討した。そこで検討したByrne Brothers事件控訴審判所判決（第2章〔判決⑨〕）やCotswold事件雇用控訴審判所判決（第2章〔判決⑩〕）も，「労働者の契約」の三つの要素を挙げていた。各要素の具体的な内容も注目すべき点ではあるが，本研究では，契約の性質の客観的な内容決定の仕組みという観点から，それらの判決以降に示されたJames事件控訴審判所判決が，「労働者の契約」の認定のための「さらなる考察と指針」[125]を加えており着目したい。

〔判決⑫〕　James v Redcats (Brands) Ltd.事件雇用控訴審判所判決[126]
　　　　　（2007年）

122　Smith & Wood's, *Employment Law* (10th ed., Ian Smith and Aaron Baker) (OUP, 2010) at p. 70.

123　Ibid., at p. 71.

124　以下に紹介する判決以外に，「労働者の契約」の有無が争われた重要判決として，Byrne Brothers (Formwork) Ltd. v Baird [2002] ICR 667 (EAT); Commissioners of Inland Revenue v Post Office Ltd. [2003] IRLR199 (EAT); Redwow Homes (Yorkshire) Ltd v Wright [2004] IRLR 720 (CA); Cotswold Developments Construction Ltd. v Williams [2006] IRLR 181 (EAT) がある。

125　Simith & Wood's, n. 122 above, at p. 71.

126　[2007] IRLR 303.

第 2 節　契約の性質の特定と具体化　　　　　　　219

【事実の概要】　Xは，Yと，「自営業者配送人合意」を締結した。Xは，週末を除き毎日Xの自宅にYから届けられる配達小包を，自己の時間の都合に合わせつつXの車で配達し，Yから配達量に応じた報酬を受けていた。Xが，全国最低賃金法の適用を受ける労働者等であるとして，Yを名宛人として，雇用審判所にその支払を請求。雇用審判所が請求を棄却したため，Xが上訴。

【判旨】　上訴認容・破棄差戻し

Elias 審判長は，以下の判断を示した[127]。

「定義には三つの要素がある。第一に，労働もしくは労務を履行する契約がなければならない。第二に，当該労務を，自分自身で，履行する義務がなければならない。第三に，労務の提供が，専門的職業あるいは商業的事業の運営の中で履行されるもので，かつ，他方当事者が依頼人もしくは顧客である場合には，個人は労働者……ではない。」

Byrne Brothers 事件では，労働者の定義は，本件の場合と同一であり，Underhill 審判長は，従属性の程度が決定的であると考えた。

「私は，一般的な意味において，概して，検討されるものが，従属性の程度であることを認める。」「しかし，それは，契約それ自体の慎重な検討によって判断されなければならない。当該個人が，経済的にかつ実質的に，従属的な地位にあるという事実は，それ自身，関連の境界線を引く際の助けにはほとんどならない。」

「私は，かなりの助けが，差別禁止立法における『使用（employment）』の定義を分析した判決から収集できると考える。それらの立法の多くは，『何らかの労働や労務を，自分自身で，遂行する契約の下での使用』と定義される『使用』にある者に向けられている（性差別禁止法82条，人種関係法78条参照）。」

これは，本件において問題となっている「労働者」の定義よりも明らかに広いが，「裁判所は，有効に別の道から一定の除外をしてきた。……裁判所は，当該契約の『支配的な目的』が，自分自身による労務の提供であるのか，言い換えると，そのような義務が副次的なあるいは付随的な特徴であるのかを問う。」

「支配的な目的基準は，実際，当該契約の本質的な性質（the essential nature）を確認する努力である。〔その基準とはこうである。すなわち，〕本質的に，当該契約は従属労働の関係の範囲に置かれるものなのか。」

「別の言い方をすれば，裁判所は，自分自身による労務提供の義務が，当該契約取決めの支配的な目的であるかを判断しようとするのである。」

　以上の判示部分について，本書の観点から注目すべき点は，二つある。

127　Ibid., at 301-302.

(i) 伝統的な概念からの解放

　まず,「労働者の契約」の認定において指揮命令の要素が問題となっていない点である。本判決は, 労働者概念についての代表的な判例として理解されているところ[128], これ以前の労働者概念も含めて指揮命令基準は挙げられていない。このように, Elias 審判長が挙げた第一の要素（義務の相互性）以外の要素は, 当然であるが, 労働者概念については, 法の定義がその出発点となっており, その意味で, 伝統的な雇傭契約（指揮命令）の概念から解放されている。

　なお, 指揮命令に関しては, 特殊な事例ではあるが, 次の最高裁判決の述べるところが参考になるので付記しておく。聖職者が1975年性差別禁止法の「使用 (employment)」[129], すなわち,「雇傭契約, 徒弟契約, または何らかの労務 (work) もしくは労働を自分自身で遂行するあらゆる契約の下での使用」の関係にあったか否かが争われた Percy 事件最高裁判決[130]において, Nicholls 最高裁裁判官は,「雇傭契約は, 任命と解雇の使用者の権限, 奉公人 (servant) に対する指揮命令の使用者の権限, そして, 使用者に対する労働者の労務提供義務を想定している」とした上で以下のように述べている。すなわち, 同事件の労働者の場合,「当該労働者は, 雇傭契約とは区別される一定の労務を自分自身で遂行する契約, すなわち, 請負その他の労務提供契約の下で使用されていた (employed)。したがって, 当該労働者の事案の場合に, 使用者による当該労働者の仕事について行使されていた指揮命令の程度についての問題は, もしあるとしても, ほとんど重要ではない」[131]としている[132]。

(ii) 自分自身による労務の提供

　次に, ②の要素, すなわち, 自分自身による労務の提供の要素の解釈における, 契約の性質と政策的考慮との関係も注目される。Elias 審判長が引用するように, 本件以前に, Byrne 事件雇用控訴審判所判決[133]が存在した。同事件では, 大工が1998年労働時間規則上の労働者に当たるか否かが争われ, 控訴審判所による②の要素の検討においては,「個人が従属的な地位にあっ

128　Hugh Collins, K. D. Ewing and Aileen McColgan, n. 77 above, at p. 203.
129　Sex Discrimination Act 1975, s.82 (1).
130　Percy v Church of Scotland Board of National Mission [2006] IRLR195.
131　Ibid., at para.13.

たかに強調が置かれていた」[134]。

これに対して，本 Redcat 事件控訴審判所判決は，労働者概念が概して経済的従属性を捉えるものであることを認めるものの，「経済的従属性を認定の中心に据えることを，全面的に約束するものではなかった。審判所は，労働者の従属性の程度が，契約の分析によって評価され得ることを示し」[135]，法適用の判断は「当該契約の本質的な性質」によるとしたのである。

たしかに，制定法によって独自に定義された「労働者の契約」の性質の存在は，立法者が労働者概念で把握しようとしたとされる[136]労務提供者の経済的従属性の存在とかなり重なりあうといえよう。それは，Elias 審判長が，

---

[132] もっとも，2011年に Jivraj 事件最高裁判決（Jivraj v Hashwani [2011] UKSC 40）は，2003年雇用平等（宗教・信条）規制（Employment Equality (Religion or Belief) Regulations 2003 (SI 2003/1660).）の「使用」（1975年性差別禁止法とほぼ同様の定義である〔reg. 2 (3)〕。）の解釈において，「使用」という文言自体に従属性（subordination）の要素が示唆されているとし，そのため，一定の類型の契約の有無に加えて，使用者と主張される者による労務提供者に対する「指示（direction）」の存在が必要であるとした（Ibid. paras.23, 36, 39）。そして，この Jivraj 事件最高裁判決は，Percy 事件貴族院判決が「使用」の有無を判断する際に上記の従属性の点だけを基準としていた点を批判しているようである（Ibid.,paras. 35-36.）。したがって，Percy 事件貴族院判決に依拠して指揮命令の基準と「労働者の契約」との繋がりを考えるのには，一定の留保が必要である。とはいえ，Jivraj 事件最高裁判決は，「労働者の契約」自体の解釈ではなく，差別禁止法等における「使用」の概念を問題としている。したがって，Percy 事件最高裁判決における「労働者の契約」の解釈の部分については参考としてよいと考える。そして，O'Brien 事件最高裁判決（O'Brien v Ministry of Justice [2010] UKSC 34でも，Percy 事件貴族院判決の「労働者の契約」と指揮命令基準との関係の理解が踏襲されている（Ibid. para. 24; See also, O'Brien v Ministry of Justice [2013] UKSC 6.〔上記 O'Brien 事件最高裁判決とは別の最高裁判決である〕）。

[133] Byrne Bros (Formwork) Ltd. v Baird [2002] ICR 667（EAT）.

[134] Ian Smith, 'Employment Law Brief 23 (2007) NLJ 432, at p. 432. 同事件では，労働者という概念によって立法により「意図された区分の本質は，一方では，依存性の程度が本質的に被用者のそれと同じ程度である労働者と，他方で，重要な点において，自分自身の面倒を自分でみることができるものと取り扱われるほど十分に自立しかつ独立した地位を有している契約者（contractors）との間にある」（[2002] ICR 667, at 678.）と，従属性を重視した判断が示されていた。

[135] D. McCann, n. 97 above, at p. 51.

[136] Byrne Bros (Formwork) Ltd. v Baird [2002] ICR 667, at 677.

「支配的な目的基準は，実際，当該契約の本質的な性質（the essential nature）を確認する努力」であるとし，その基準を「本質的に，当該契約は従属労働の関係の範囲に置かれるものなのか」と具体化していることからも明らかである。

他方で，Elias 審判長が「個人が，経済的にかつ実質的に，従属的な地位にあるという事実は，それ自身，関連の境界線を引く際の助けにはほとんどならない」としていることから，契約当事者の従属性自体が契約の性質として基準となると考えることもできない[137]。

以上の検討を踏まえると，このような複雑な従属性と契約の性質との関係の中で，「労働者の契約」の性質と制定法（政策的考慮）とはどのような関係に立つといえるだろうか。以上の検討からは，制定法は契約の定義を行うことで，従属性と並立する契約の性質を指定できるが，制定法が契約を通して当事者間の関係を把握する以上，制定法（上の諸権利）は，経済的な従属性といった当事者の「状態」を通して当事者と結びつくのではなく，あくまで契約の性質を通じて当事者と結びつくものとなっている，と整理できよう。

このように，制定法が定義をした契約の性質は，自らの目的（政策）に沿って具体化されるのである。

とはいえ，「労働者の契約」については，雇傭契約に関するほどの裁判例の蓄積がなく依然として十分に固まった状況とは言えないため，今後の判例の動向を注視する必要がある。

なお，近時の最高裁判決[138]には，平等取扱法等における「使用（employment）」（「雇傭契約，徒弟契約，または何らかの労務（work）を自分自身で遂行するあらゆる契約の下での使用」[139]）という文言による法の適用決定と，「労働者の契約」の有無による法の適用決定とを区別し，前者について特別な要件を課すものがある[140]。この最高裁の判旨については，法律の規定の解釈として疑問があり[141]，その後の最高裁自身の判決[142]をみても「労働者の契約」自体の解釈について影響力を有するのかも今のところ判断がつかな

---

137 この点は，最高裁でも確認されている（Clyde & Co LLP v Bates van Winkelhof ［2014］UKSC 32.）。

138 Jivraj v Hashwani ［2011］UKSC 40.

139 詳しくは，前注（132）参照。

140 前注（132）参照。

い。また，本書がここで問題としているのは，「使用」の意義ではなく，「労働者の契約」の契約の性質の客観的な内容がどのように決定されているのかである。今後 Jivraj 事件最高裁判決が「労働者の契約」の解釈にいかなる影響を与えるか注目されるが，その検討は今後の研究課題としたい。

3 制定法による契約の定義と契約の性質の客観的内容

以上，制定法が契約の定義を置く場合の契約の性質の客観的内容の決定の仕組みを概観した。制定法が法の適用される契約の定義を置く場合，契約の性質の客観的な内容は，制定法の目的（政策）を反映しつつ，定義に用いられた文言に沿って決定されていた。そして，雇傭契約については現在でも「削ることのできない最小限」として要求されている指揮命令の基準は，「労働者の契約」については要求されていなかった。

第3節　小　括

本章では，労務提供契約の性質によって法の適用決定を行うことの歴史的意義，そして，契約の性質の客観的な内容の決定の仕組みを考察してきた。以下では，以上の考察をまとめる。

第1款　法の適用決定を司る契約の性質

第1節で示したように，イギリス労働法においては，契約の性質によって法適用の有無を決定するという手法自体，労務提供・受領関係についての法規制・介入の標識を，不完全ではあったが，身分（労働者階級）から契約へと変更するという意義を有していた。具体的には，法の適用の決定が労働者

141　Mark Freedland and Nicola Kountouris, 'Employment Equality and Personal Work Relations—A Crique of Jivraj v Hashwani' (2012) 41 ILJ 56; Hugh Collins, K. D. Ewing, Aileen McColgan, n. 77 above (2012), at p. 212. これらに対して，同最高裁判決を肯定的に理解しようとするものとして Christpher McCrudden, 'Two views of Subordination: The Personal Scope of Employment Discrimination Law in Jivraj v Hashwani' (2012) 41 ILJ 30.

142　O'Brien v Ministry of Justice [2013] UKSC 6.

階級（資産や知的レベルでの従属性）ではなく当事者意思により形成される契約の性質（指揮命令）によって決定されるようになった。

　もっとも，そのような変化は労働者階級の拡大によって説明可能というるかもしれない。すなわち，そのような変化が起こった時点で，すでに精神的・知的労働者も労働者階級として把握されており使用者との法的関係を規律する必要があったのだとも説明しうる。しかしながら，個人と法とがいかにして結びつけられるのかという関心から見たとき，そこにはやはり，法の適用（国家による介入）を身分ではなく当事者が自由意思により形成する契約の所産（契約の性質）によって決定するという一つの大きな転換があったということは否定できないように思われる。

　第1章でみたとおり，1960年代以降，イギリスでは，盛んに雇用保護立法がなされ，被用者と使用者との関係は，当事者の法的関係の内容が当事者の意思によらないという意味で，一見，身分的な様相を呈するようになった。しかしながら，今も雇用関係の基礎が当事者意思によって形成される契約であることは確認され続けている[143]。また，〔判決⑫〕によっても比較的近年盛んに導入された「労働者」概念に対応する「労働者の契約」についても，経済的従属性をそのまま契約の性質として構成し，法の適用決定の基準とすることは抵抗にあっている。

　より深い歴史的研究が必要であるが，以上の流れの概観から，様々な制定法によって修正・補充される当事者の法的関係は，当事者の意思をその基礎とし続け，そのような法の仕組みの中で，当事者意思の所産としての契約の性質が，当事者と法とを最終的に結ぶ役割を果たしているものと解される。

第2款　制定法による契約の性質の設定・変更と可変性

　制定法の適用を最終的に決定する基準となる契約の性質は，制定法が既存の契約類型を指定することによって特定したり，あるいは，制定法がその性質を直接定義することによって，決定される。言い換えると，制定法は対象となる契約の性質を設定・変更することができ，その意味で，制定法上の契

143　ex. Deakin and Morris, n. 75 above, at para. 3.3 (p. 134); G. Pitt, n. 111 above, at p. 95; I. Smith & A. Baker, n. 122 above, at p. 72 below.

約の性質は可変的であるということができる。このことを示す顕著な例として，従来から雇傭契約概念は指揮命令基準から逃れることができなかったが，「労働者の契約」については，そのような基準は少なくとも明示的には関連づけられていないという事実が挙げられよう。

第3款　社会における雇用・就労実態の変化と契約の性質

　指揮命令の要素の内容変遷に見られたように，契約の性質には，法における概念と現実に存在する雇用形態とを連動させるように作用する一定の可変性が認められる。その可変性は，裁判官らの法の解釈（契約の性質の解釈）を通じて実現される（なお，〔判決⑩〕において Buckley 控訴院裁判官は，この内容の展開は雇用審判所や控訴審判所の役割であるとしていた）。

第5章　労務提供契約の認定と契約解釈

　労務提供契約の成立という法的事実は，現実社会における無限の事実の中から，一定の型枠（判断基準）によって一定の事実を他の事実と区別してそれらの事実だけを括り出すことによって，その存在が認められるものである。そして，そのような型枠は法によって客観的に決定される。これに対して，その型枠によって切り取られる具体的な事実は，当事者によって形成される。第1章第4節で述べたように，労務提供契約の成立という法的事象は，客観的内容（判断基準）と主観的内容（当事者意思が形成した権利義務）から構成されているのである。

　第2章から第4章まで，労務提供契約の成立につき，当該法的事象を構成する，契約の成立要件と契約の性質の内容について考察してきた。そして，そこでの考察から明らかなように，労務提供契約の有無は，第2章から第4章までで確認してきた判断基準に依拠して，当事者間に一定の種類の契約が存在することの確認を経て決定される。以上の考察は，労務提供契約の成立という法的事象の客観的内容を明らかにするものであった。

　しかしながら，各契約類型につきそのような各契約類型に特有の内容が判断基準として提示されていたとしても，具体的な事案について自動的な解答がもたらされるわけではない。労務提供契約の有無の判断のためには，判断基準と照合される個別の事案における判断材料，すなわち，主観的内容（権利義務）も必要である。そして，判断基準に照合する判断材料の収集は，すでに述べたとおり，裁判官らによる契約の解釈を通じてなされる[1]。

　本章で考察するのは，この契約解釈の仕組みである。以下では，まず，このような契約解釈を考察する上での分析視角について述べる（第1節）。そして，イギリス労働法の中で法の適用決定をめぐる契約解釈に関する判例法理の展開を考察する（第2節〜第4節）。最後に，第1節で示した分析視角か

1　Gerard McMeel, *The Construction of Contracts* (OUP, 2007), at pp. 13, 216-217.; *Chitty on Contracts* (by H. G. Beale), 31th ed. (Sweet & Maxwell, 2012), at paras. 1-089-1-090.

ら考察をまとめる（第5節）。

　なお，本章を理解する上で，審判所と裁判所の管轄の点に関する理解が欠かせない。この点については，本部第1章第3節を参照されたい。

第1節　権利義務の認定における当事者・解釈者・契約類型の意義

本節では，本章における契約解釈の分析視角を提示する。

第1款　当事者意思の認定における当事者と解釈者

　上述のとおり雇傭契約等の有無を根拠づける権利義務の認定は，裁判官等の契約解釈を通じてなされる。しかし，そうであるとしても，以下のような疑問が直ちに湧くであろう。すなわち，解釈される契約は，当然，当事者（意思）によって形成されるものである。では，当事者意思はどのようにして契約解釈という作業を通じて認定されるのか。当事者意思とは何をもって当事者意思と認められるのか。

　このような疑問が湧くのは，イギリスにおいて，とりわけ次のような当事者による契約形成，すなわち，契約名称の操作と契約内容の操作，が繰り広げられるからである。まず，①契約名称を操作する場合，すなわち，当事者が当事者間の契約を労働法の適用対象外の労務提供契約であると明示する場合がある。このような場合，当該明示は当事者意思の内容であるとされ，当事者間の契約内容（権利義務）は当事者の明示した種類の契約内容のものであると評価されるのだろうか。

　また，当事者が，当事者の契約内容の形成権限によって当事者間の労務提供契約が労働法の適用対象外の労務提供契約であるとしようとする場合も考えられる。それは，②契約内容の操作，すわわち，契約名称それ自体ではなく契約の「内容」を法の適用対象となる契約の内容とは異なる内容（独立事業者同士の契約の内容等）とする契約条項（合意）を形成する方法である。たとえば，雇傭契約に関しては，「指揮命令」という基準が当事者間の権利義務から雇傭契約の有無を判断する際の重要な基準であるが，当事者間で当事者間の権利義務関係に労務受領者から労務提供者に対する指揮命令は存在し

ない，あるいは業務に関連する労務受領者からの労務提供者に対する指示は請負その他の労務提供契約における注文内容の一環として生じるものである，といった契約内容に関する合意を明示的にしかも書面で締結するのである。これらの合意内容が，契約解釈を通じ，そのまま当事者意思とされ，さらに当事者間の権利義務の内容であるとされれば，当事者は契約の内容を形成する権限を通じて労働法の適用を免れうる。ここでもやはり，認定すべき当事者意思，契約上の権利義務の内容とは何か，が問題になるであろう。

　①・②のように，法の適用決定に影響を与えうる幾つかの種類の合意が考えられる。そうだとすると裁判官等の契約解釈者は，当事者が明示ないし書面化した内容を，そのまま当事者意思ないし合意と認定しなければならないのであろうか。当事者意思の認定に当たって裁判官はどのような作業を行っているのか。逆に言えば，当事者は自らが現実の世界で当事者意思ないし合意として形成した事実によって，解釈作業というトンネルを通過した後に広がる法的世界において，どこまで法的事実の形成に寄与するあるいは法的事実の内容を決定づけることが認められるのか，が問題となる。このように，当事者，裁判官等の解釈者，それぞれがこの契約解釈という作業場において担う役割とはどのようなものか，ということが問題になる。

第 2 款　当事者意思の明示と制定法

　そして，労働法分野における契約の有無の判断に向けた契約解釈の検討の視角は，当事者と裁判官等の解釈者に限定されない。そこには，制定法の観点も加えられるべきである。というのは，以下のような普遍的な事情が労働法における契約の有無の判断（のための契約解釈）には存在するからである。

　本稿で考察する契約解釈は，実際には，制定法の適用を望む労務提供者にとって，あるいは制定法の適用を逃れたいと考える労務受領者にとって，非常に関心が高い事柄である。このような当事者の高い関心にさらされ続けるということは，その分，当事者による制定法の適用に関する操作の可能性が高まるということを意味することは否定しがたい事実であろう。そうであれば，制定法の適切な運用という制定法自体の観点からも，契約当事者の意思を法的事実として加工する契約解釈のあり方は重要である。とりわけ，労務受領者は，一般的に，労務提供者に比して情報量が多く，また，契約の締結

に際して交渉力が高い。そのため，第1款で指摘した①契約名称や②契約内容を操作する条項が労務受領者側のイニシアティヴにより契約に盛り込まれることが予測される。ここで，審判所等において，当事者間の契約が雇傭契約等ではないと簡単に評価されるのであれば，情報量や交渉力の格差を通じて，制定法上の諸権利が有名無実化してしまう危険は避けがたい。

とすれば，制定法の適用の有無が決定される契約解釈の場面で，契約解釈（契約上の権利義務の認定）は，そのような格差を十分に前提としたものである可能性が存在するし，またそのようになっているべきであるとも考えられる。こうして，先に述べたとおり，契約の解釈における当事者，裁判官等の解釈者の役割だけでなく，これに加えて，契約類型の背後にある制定法が，両者にいかなる影響も与えないのか，という点が問題となる。言い換えると，労務提供契約に固有な事情から，一定の契約類型についての契約の有無の判断に向けた契約解釈がなされる際に，制定法が当該類型を当該制定法の適用対象としたことが，何らの意味も有しないのかどうか，という点も分析視角として加えられる必要がある。

そこで，本章では，以上の当事者，裁判官等の解釈者，そして制定法（契約類型）の意義という観点を区別しつつ，労務提供契約の有無の判断に向けた契約解釈の仕組みを掘り下げる。

第2節　法律問題から事実問題へ

本節より，イギリス労働法の適用決定をめぐる契約解釈についての判例の展開を追う。

第1款　曖昧な出発点

議論の出発点は，以下に見る〔判決①〕Ready Mixed Concrete 事件高等法院女王座部判決である。

1　疑わしい場合における明示の意義

以下に見る判決は，雇用契約の有無の判断に関する指導的な判例であるところ，その場面における契約の解釈のあり方に関しても基礎となっている。

ただし，この先例は，以下に見るように曖昧な点も有していた。以下では，どのような基礎が敷かれたのかという点と，その基礎の曖昧な点について確認する。

なお，「奉公人（servant）」という表現は，被用者（employee）についての昔の言い方である[2]。

〔判決①〕　Ready Mixed Concrete（South East）Ltd v Minister of Pensions and National Insurance 事件高等法院女王座部判決[3]（1968年）

【事実の概要】　生コンクリートを製造・販売する会社 X と A（以前は X の被用者）とは，A が傭車運転手として，かつ，独立契約者（independent contractor）として X の製造するコンクリートを X の顧客に届ける労務を提供するという契約書面を交わした。当該契約書面には，報酬の支払方法についても条項が存在し，X は，A にその通りに支払っていた。A のトラックは，会社の指定の色に塗ることが要求されていたが，トラックのメンテナンスや燃料補充については A に委ねられており，X の被用者の場合とは取り扱いを異にした。A は X の制服の着用，会社の規則の遵守を求められ，また契約で許容されていない他の運搬に従事することは禁止されていた。報酬の額や社会保険上の取扱いも，X の被用者と A との間では異なっていた。A は X による業務の遂行に関する指示を拒絶することができ，また，A 自身も当事者間の契約は雇用契約ではないと理解していた。

年金国民保険大臣が A は1965年国民保険法1条2項に定められる雇傭契約の下で労務を提供する被用者であるとして，X に対し A に関する社会保険料の納付を求めたため，X が，同法64条に基づく大臣の決定を受けて，これに対して上訴した。

【判旨】　上訴認容

McKenna 裁判官は以下のとおり判示した。

「契約当事者間の関係が雇主と奉公人の関係かそれ以外のものであるかは，契約上の権利あるいは義務に依拠する法律問題に関する結論であるということがいえよう。それらの権利義務が，当該関係が雇主と奉公人との関係のものであるならば，当事者が関係を何か別の関係であると宣言していることは重要でない。私は，この種の宣言（declaration）が必ずしも常に意義を有しないということを述べているのではない。当事者が規定したいと考えている権利義務が何か疑わしい場合には，この種の宣言は，当事者の意思に効果を与えることを要求するという意味で，そのような疑いを解消し権利義務を確定するのに役立ちうる。」[4]

2　Simon Honeyball, *Employment Law* (13th ed.) (OUP, 2014), at para. 2.1.
3　[1968] 2QB497.

第 2 節　法律問題から事実問題へ

(中略)

　指揮命令「権限が存在するかどうかを認定するために，まずは，契約の明示条項を見なければならず，それらの条項がそのことについて十分に規定しているのであればそれ以上を見る必要はない。もし契約が当事者に当該権限があることを明示的に規定していない場合には，その点についての問いについては通常どおり推定 (implication) を用いて答えられる必要がある。」[5]

　Ready Mixed Concrete 事件高等法院女王座部判決は，その後，雇用契約の認定におけるリーディング・ケースとなり判断枠組みの基礎を提供している。そのようなリーディング・ケースたる同判決における問題の位置づけや契約解釈の捉え方は以下のようになっている。まず，①雇用契約の有無の判断を，基本的に法律問題として位置づける。次に，②当事者の権利義務の内容が当事者による当事者間の関係についての宣言に優先するとしている。ただし，③そのような当事者による宣言に意味がないというわけではなく，権利義務の内容自体が不明確である場合には，そのような宣言が当事者間の権利義務の内容を確定する機能を果たす。さらに，④契約の解釈につき，明示条項により十分に契約内容（権利義務の内容）が明らかにされていない場合にのみ，黙示条項の推定がなされるとされている。

　本判決の内容は，このように整理することができ，一見議論の余地はない。しかしながら，より具体的に考えてみると，契約解釈につき本判決では必ずしも明確になっていない点があることに気づかれる。このことは，当事者間の契約書面において，当事者間の契約関係の内容が請負その他の労務提供契約のものである旨が宣言されていても，当事者間の労務提供受領の実際の状況を見ると，当事者間の関係の内容が書面で宣言されている関係の内容とは明らかに異なっている場合を考えるとわかる。このとき，②から④の適用における優先関係の不明確性が顕在化する。まず，当事者による当事者の地位に関する宣言を権利義務に関する明示条項として捉えるならば，④からして，明示されていない権利義務内容を推定したりすることはできないと解される。したがって，この場合には，実際の当事者意思など議論する余地もなく，契

4　Ibid., at pp.512–513.
5　Ibid., at p. 516.

約書面（宣言）によって契約内容も決定される。これに対して，その宣言を権利義務の内容に関する条項ではないと捉えるならば，権利義務の内容の認定には関係がないので，権利義務の内容確定は，明示条項に縛られない。したがって，②に依拠して，当事者の実際の労務提供受領の状況を検討して黙示条項を比較的自由に推定し，雇傭契約を認定するという余地が生じる。つまり，本判決の趣旨が，当事者による当事者の地位等に関する宣言（明示）の意義を，権利義務に関するものとして捉える必要がないというものなのか，単にその宣言（明示）のみでは当事者間の関係は決定されないという点だけを述べたものであったのか，必ずしも明確とはいえなかった。結局，当事者による宣言（明示）が契約条項を決定すると判断される場合とそう判断されない場合の基準が明確でないのである。そして，このようにどちらに理解してよいのかが問題になるのは，当事者の地位に関する宣言（契約名称についての操作）だけでない。その後，契約内容についての明示条項（契約内容の操作）についても同様に契約内容の確定にあたりどの程度の意義を有するのかも議論されるようになる。

2 まとめ

以上のようにして〔判決①〕Ready Mixed Concrete 事件高等法院女王座部判決により，その後の議論の基礎が据えられた。しかし，この段階ではまだその基礎の内容に曖昧な点が存在し，契約内容の認定にあたり当事者意思に関する宣言（明示）を優先すべきであるとも，そうでないとも，両方向に理解可能であった。そのため，後続の裁判例において，雇傭契約の有無の判断の位置づけ，契約の解釈手法など，不明な部分が様々に議論されることになる。

第2款　制定法の趣旨に配慮した契約解釈

1 制定法の趣旨に配慮した契約解釈手法の提示

〔判決①〕に続いて，制定法の趣旨に配慮した契約解釈手法が〔判決②〕Ferguson 事件控訴院判決によって示される。ただし，この判決自体は同判決が提示した契約解釈手法に依拠して紛争を処理したわけではない。とはいえ，当事者による契約名称の明示の取扱いを，制定法の趣旨に配慮して正面

から問題とし，そのような明示を無視しうる契約解釈手法を提示したため，注目された。

〔判決②〕 Ferguson v John Dawson & Partners (Contractors) Ltd. 事件控訴院判決[6]（1976年）

【事実の概要】 建設業者Yの請け負った建設現場で働いていたXが，Yの現場代行者（M）の指示に従って労務を提供していたところ，作業していた家屋の屋根から転落して負傷した。そこで，Xが，Yが1966年建設（作業場）規則 (Construction (Working Places) Regulations 1966) 28条1項に定められた被用者の安全確保に関する義務を怠ったために本件事故が発生したとして，Yに対する損害賠償請求をしたところ，YはXが被用者であることを否定した。雇入れ時，XとYの間には，契約書面は作成されず，既にYに労務を提供していた訴外Aら四名に連れられてMの元にやってきたXに対し，Mが，労務提供・受領に関する条件について労務提供開始日や保険の取扱い（適用が無いこと），そしてそのとき限りの労働力（lump labour forces）としての労働であることを告げたのみであった。

一審のBoreham裁判官は，Xの請求を認容（Yの当事者意思を尊重すべしという主張に対し，当事者らにおける労務提供者の地位についての認識は「考慮に入れられるべき，一事，しかも重要な一事である。しかし，それは決して決定的なものではなく，実態において雇主と使用人の関係が存在したかどうかという問題は残るのである。」として，Yの主張を否定。また，Ready Mixed Concrete事件女王座部判決を引きつつ，当事者の付した契約名称はguideとした）。Yが控訴院に上訴。

【判旨】 上訴棄却（Lawton控訴院裁判官の反対意見あり）

Megaw控訴院裁判官は以下のとおり判断した。

（i）「私は，Yのその他の契約条項が存在しなかったという……主張を受け入れることができない。……私が思うに，たとえ〔雇入れ時に〕簡潔な会話の中で言及されなかったとしても，その他の多くの契約条項が，必要であれば推定されて，存在したと考えられる。」[7]

「私の意見では，法は，実態（reality）からそれほど離れることはできないのであって，契約条項に関する法的分析（legal analysis）は，……我々が今検討している性質の契約に適用される。今問題となっている性質の契約の条項は，基本的

---

6 [1976] 1 WLR1213.
7 Ibid., at p. 1220.

な条項であっても，雇入れ時には口頭で述べられるにとどまることが多く，書面化されないことも少なくない。契約条項は，認知されている状況や特定産業，特定の契約者，あるいは，特定の場所における既存の慣行や慣習に依拠して理解されるであろう。さらには，それらの条項も慣行の内容に関する共通知識によって，当該労働者が雇入れられた際に，仮に推定されないのであれば，あるいは，そのように推定されない限り……，契約条項は，その後，労務提供・受領の進展過程の中で当事者の権利義務についての個別の問題が生じたときに，加えられていくことになるというのが尤もであろう。また，法的分析によれば，それらの契約条項が，契約に付加されたものと取り扱われるか，あるいは，契約が変更されたものと取り扱われることになる。」[8]

(ⅱ)「私の考えでは，〔当事者の地位に関する〕当事者による宣言は，たとえそれが契約に挿入されていたとしても，それを決定的なものとして取り扱わないというに止まらず，完全に無視してしかるべきものであると考える。もし，残りの契約条項が，関係の実態（reality）を規律し，そして，使用者と被用者との関係を示しているのであれば。……私は，法的関係がいかなるものであるかについての当事者意思の単なる表明によって，当事者らが当該関係が何であるかという法的結論に何らかの形ででも影響を与えうるということを承認するのには困難を見出す。私は，もしそれが認められれば，それは公益（public interest）に反するであろうと考える。というのも，それが，当事者が，当事者ら自身のきまぐれで，言葉だけの形式によって，当該形式が関係の実態と結びついていなくても，制定法的規制により課せられる労働者の安全に関する責任を誰に課すべきかについての判断に影響を与えることを意味するようになるからである。」[9]

(ⅲ) 私は，Jenkins 控訴院裁判官によってある事件において示された原則を適用する。「当該事件は，当事者間の関係が不動産貸主（landlord）と（不動産）賃借人（tenant）のものかそれともライセンサーとライセンシーのものかが問題であった事案である。関連の契約書面は明確かつ意図的に当事者間の関係がライセンサーとライセンシーのものであることを強調するように仕向けられていた。しかし，裁判所は，当事者間の関係がそのような関係ではないとした。Jenkins 控訴院裁判官は，Deninng 控訴院裁判官の」判決（Facchini v Bryson[1952] 1 TLR 1386, 1389）を引用して，当事者が契約を言葉だけでは変えられず，当事者間の関係が法によって決定されること，そして，そのような判断をする際に当事者の契約書面を「見せかけ sham」と認定する必要が無く，その判断が当事者間の真の関係を

---

8 Ibid., at p. 1220.

9 Ibid., at p. 1222.

認定することがらに過ぎず，そうでなければ，家賃法という制定法に欠陥をもたらす旨を述べる箇所を引用した。[10]

(iv)「Jenkins 控訴院裁判官の判断のように，法が契約の性質が A か B かを決定しなければならないという少なくとも一定の類型の事案においては，当事者による意思についての明示が『見せかけ sham』でないとしても，その表現は依然として適切に無視ないし覆されうるのである。〔Jenkins 控訴院裁判官が判断した事件のような〕事案においてそれが正しいアプローチならば，本件のような事案の類型ではより一層そのようなアプローチが受け入れられる必要がある。当事者は，真の契約の本質（essence）が雇傭契約である場合に，当事者らが当該労務提供者を自営業者とみなすことを合意したからというだけで，制定法上課された労務提供者の安全に配慮する義務を使用者から労務提供者自身に移すことはできない。」[11]

(v) とはいえ，私は，数々の事案において従来から好ましいと考えられてきたように思われるより手堅い理解を受け入れる。すなわち，「当事者意思の明示は，契約の真の性質がなんであるかを決定する際に，重要な要素（a relevant factor）ではあり得るが，必ずしも決定的な要素ではない。」（Ready Mixed Concrete 事件女王座部判決の MacKennna 裁判官の判断参照）[12]。

Browne 控訴院裁判官は，Megaw 控訴院裁判官に賛成して，以下のとおり判示した。

「本件において，問題は契約書面の解釈（construction）ではなく，何が口頭でなされたしかも部分的にしか明示されていなかった契約の条項であったかである。私の意見では，裁判所はそのような事案においては，契約締結時に合意されたことを推定するための根拠として，あるいは，契約締結後の契約への付加やその変更を立証するものとして，何が契約締結後に当事者によってなされたかを考慮に入れることができる。」[13]

「私は，当事者による宣言（declaration）は，もし契約条項の残りが関係の実態が雇主と奉公人のそれであることを示しているのであれば，無視されるべきであるという Megaw 控訴院裁判官に賛成である。しかし，彼と同様に，私は，先例が採用したより手堅い見解が正しい，すなわち，当事者の宣言は重要ではあるが，必ずしも決定的な要素ではないという見解を受け入れる。」[14]

Lawton 控訴院裁判官は，以下のとおり判示した（反対意見）。

10　Ibid., at pp. 1222-1223.
11　Ibid., at p. 1223.
12　Ibid., at p. 1223.
13　Ibid., at p. 1229.
14　Ibid., at p. 1230.

「私は，たとえ個人が，いつ，どこで，どのように働くかについての指揮命令を受けるとしても，他の者の使用人にならないで自己の労務を売ることが法的にできないという理由を見つけることができない。もし彼が使用人にならないという彼の意思を十分に明確にしておくのであれば，通常黙示条項から生じるであろう推定は，その取引の主たる目的を覆すことはない。私の判断では，本件はそのような事案である。」[15]

　本判決につき言及する上でまず指摘しておかなければならないのが，本件では当事者間に契約書面による雇傭契約が存在しなかったという事実である。この事情ゆえに，本件は，〔判決①〕Ready Mixed Concrete 事件高等法院女王座部判決にいう当事者意思の明示に配慮する必要性が乏しい類型として処理することが比較的容易な事例であった。

　そのことを確認した上で，Megaw 控訴院裁判官の意見を中心に，本判決の内容を見ていく。(i)において，Megaw 控訴院裁判官は，契約の解釈について述べている。そこでは，契約条項が雇入時に書面化されないことが少なくない雇傭契約に関し，慣行や因習に従って，さらには，契約締結以後の当事者間の権利義務の付加・変更までを考慮に入れて[16]，契約条項の推定がなされることが示唆されている（Browne 控訴院裁判官の意見も参照）。「もちろん，これは契約条項の確定の方法としては決して満足いくものとはいえないが，本件のような事案においては避けられない方法」[17]であったといえよう。本件では明示条項が重要な事柄についても欠けていたのであり，そこで「幸運にも」[18]契約の推定の余地が広く認められ，さらに当事者間における契約締結後の事実も契約への付加や変更を示すものとして検討の対象とすることが認められ得たのである。

　次に，(ii)では，当事者間の「関係の実態を規律する契約条項の残りが使用者と被用者との関係を示しているのであれば」当事者による当事者の地位に関する宣言は「完全に無視してしかるべきもの」とされている（Browne 控訴院裁判官の意見も参照）。この点の判旨は，先例とはやはり異なっている[19]。

15　Ibid., at pp. 1226-1227.

16　Peter Russell, 'The "Lump" and Safety' (1977) 40 MLR 479, at p. 482.

17　Ibid.

18　Ibid.

すなわち，〔判決①〕の段階では，権利義務の確定における当事者による当事者の地位に関する宣言の意義は必ずしも明確ではなかった。しかし，本判決は，①当事者による当事者の地位に関する宣言以外の条項が示す帰結と当該宣言自体とを区別して，②前者（全体的な契約条項の検討の帰結）が後者（当事者の地位に関する宣言）に優先することを明らかにしている[20]。しかも，①の際に検討される宣言以外の条項の中には，黙示の条項だけでなく契約の変更内容までが含まれていると解されるから，当事者間の権利義務の認定に当たって，裁判官らは当事者による関係についての宣言に縛られずに，両当事者の労務・受領に関する実態を詳細に検討し黙示条項をも含めて権利義務を認定することが可能となる。

これに対し，Lawton控訴院裁判官の反対意見は，当事者意思と権利義務の認定の関係という観点で見ると対照的なものとなっている。すなわち，Lawton控訴院裁判官は，当事者らが当事者らの地位に関し十分に明確な意思を示しておくのであれば，それがそのまま当事者の権利義務ないしは関係の内容を表すものであると理解しているようである。

このように，多数意見は，上述のとおり，明示条項を重視せずに，当事者間の労務提供受領関係を直視し権利義務の認定を行うのに対し，少数意見は，そのように掘り下げて当事者意思ないし権利義務の探求を行うことはない。ここには，当事者意思をどのようにあるいはどこまで掘り下げて認定するのかについての根本的な対立が潜んでいる。

また，(iii)・(iv)では，ライセンサーとライセンシーの関係についてなど，労働分野のものでない契約の性質決定に関する先例が触れられている。そこでは，契約解釈の仕方にも言及され，一定の類型の契約の性質決定場面では当事者らによる当事者らの法的関係の宣言が「明確かつ意図的に」当事者間の

---

19 Ibid., at p. 481.「従前の諸判決は，当事者の意思は特定の契約類型の存在に向けた一つの指示要素（pointer）であるが，決定的なものでないとしていた。……しかしながら，多数意見は，当事者間の関係の実態が特定の契約類型の方向を指し示すのであれば当事者意思を完全に無視して然るべきと考えていた」と評価されている。

20 B. A. Hepple and B. W. Napier, 'Temporary Workers and the Law' (1978) 7 ILJ 84は，当時の控訴院が当事者らによる「『関係の実態』から当事者が本来は使用者と被用者であることが判明すれば〔当事者による〕自営業者である旨の宣言が無視されるべきことを強調している」としている（at p. 94.）。

関係について述べるものであることが認められ，かつ，それが「見せかけ (sham)」であると認定されなくても，権利義務の認定につき「当事者間の真の関係」が探求されることが指摘されている。そして，このような契約解釈の根拠とされているのは使用者等による制定法上の責任回避の防止である。

とはいえ，(v)では，本件で控訴院がこのような(i)～(iv)で示された方法に依拠して判断するのではないこと，そして従来の Ready Mixed Concrete 事件高等法院女王座部判決に従い，明示条項（宣言）を全く無視するものではないことが明らかにされている（Browne 控訴院裁判官の意見も参照）。

2　まとめ

以上のように，〔判決①〕Ready Mixed Concrete 事件高等法院女王座部判決から進んで，Ferguson 事件控訴院判決は，契約類型の背後にある制定法の意義，さらには，他の法分野における契約の性質決定にも触れつつ，契約締結後の労務提供・受領の実態に迫る契約解釈手法（当事者意思の認定）を指向するに至っていた。そして，その差異は具体的な権利義務の認定において現れ，多数意見と反対意見とは，当事者間の権利義務を形成する当事者意思を，当事者により明示された意思とどのように整合的に認定するのか，という点で根本的に異なるものとなっていた。前者は，明示された当事者意思をひとまず脇に置いた上で，労務提供・受領実態全体を視野に入れながら黙示条項の推定の技術なども用いつつ当事者意思ないし権利義務を認定する。こうして権利義務が認定された上で，それらの認定された事実の中の一つとして当事者による当事者の地位に関する明示が位置づけられ，雇用契約の有無の判断の中での重要性が決められることになる。やや図式的に表現すると，「権利義務の認定→明示の意思の評価」，という流れになる。これに対し，反対意見は，当事者が明示の意思を十分に示している場合には，基本的にはそれ以上権利義務の認定をしない，というものである。これも図式的に表現すると，「明示された意思に関する検討→（権利義務の認定）」となる。

以上のように，Ferguson 事件控訴院判決によって，傍論ではあるが，明示（宣言）を念頭に置いた雇用契約の認定のあり方が議論され，その基本的な内容が打ち出された。ただし，同事件はすでに指摘したとおり，書面のない非常にシンプルな契約に関するものであり，明示されていない事柄について契約解釈の余地が広く認められうる事案であった。では，当事者の関係に

ついて当事者（とりわけ使用者）が詳細な書面を用意したならばどうなるか。Ferguson 事件控訴院判決の傍論の真価が，その後問われることになった。

第3款　射程の限定

1　明示された当事者意思の尊重

第2款のように，〔判決②〕Ferguson 事件控訴院判決によって，雇傭契約の認定のあり方が提示された。それは，簡単に言えば，当事者による明示を重視せず，当事者間の権利義務を認定するというものであった。しかし，同じ控訴院のレベルで，〔判決②〕Ferguson 事件控訴院判決の傍論の射程が著しく限定されることになる。

〔判決③〕　Massey v Crown Life Insurance Co. 事件控訴院判決[21]（1978）
【事実の概要】　X は，1971年から1973年までの間，Y 社の支部マネージャー（manager）として，Y に労務を提供していた。この間，Y は，X を Y の奉公人（servant）として取り扱っていた。しかし，その後（1973年中），X は，奉公人としての取扱いよりも自営業者としての取扱いのほうが税制上有利であるという会計士の助言を受けて，Y に自らを自営業者として取り扱うよう申し入れた。Y はこれに同意し，X・Y 間で新たな書面による合意が締結された。ただし，X の Y に対して負う義務は従前のものとほとんど変わらなかった。新たな合意締結以後は，X は自らについてもはや奉公人ではなく，独立契約者であると述べていた。1975年11月，X は解雇された。そこで，X が Y に対し1974年労働組合労働関係法に定められる不公正解雇に基づく補償金を求めて労使審判所に申し立てをした。労使審判所は X が1974年法の適用される被用者であることを否定し，控訴審判所もこれを否定した。そこで，X が控訴院に上訴。
【判旨】　上訴棄却（全員一致）
　Denning 記録長官は，以下のとおり判断した。
　「当事者の真の関係（true relationship）が雇傭契約に基づく雇主と奉公人の関係ならば，当事者は当該関係の上にそれとは異なる名札（label）を貼るだけでその関係の真実の内容を変えることはできない。」[22]

21　[1978] 2 All ER 576（CA）.
22　Ibid., at p. 579.

（中略）

「問題の関係が，一方の種類の関係かあるいはもう一方の種類の関係か，どちらとも評価できるような，疑問の尽きないあるいは曖昧な状況においては，契約当事者らの法的状況がいかなるものであるかを合意によって明らかにすることが当事者らに認められるというのが，先例であると解される。このことは，Ready Mixed Concrete 事件において MacKenna 裁判官が述べたことである。」[23]

「したがって，当事者らの合意をどのように当事者が作成しそれを明示したのかは，当事者間において真の関係が何だったのかを決定するに当たって非常に重要な要素（a very important factor）となり得る。もし当事者らが労務提供者を自営業者であると宣言している（declare）のならば，そのことは決定的なもの（decisive）となり得る。」[24]

〔判決②〕Ferguson 事件控訴院判決において「Lawton 控訴院裁判官は，〔当事者が〕明確な意図の下（deliberately）当事者らの関係に正しい名札をつけたと考えた。」[25]

「私は，ほとんどの事案において，当事者が明確な意図の下労務提供者が『自営業者』……であることを合意していると認定するであろうと予期する。……そのような合意が成された際には，当該合意はそれが本当の関係（the real relationship）であるという強力な証拠となる。そのように認定されたならば，その者はそれを受け入れなければならない。その者は後になって自身が奉公人であると主張することはできないのである。」[26]

「本件では，〔X を自営業者とする〕合意は完全に真正な合意として締結された。」[27]

Lawton 控訴院裁判官は，以下のとおり判断した。

「〔本件においては〕詳細な契約書面が存在しており，この点が Ferguson 事件控訴院判決の場合と事案を異にする。おそらく，Ferguson 事件では，当事者間の契約が何かということについての証拠がほとんど全くといっていいほど存在しなかったという点を指摘しておくことが重要である。」[28]

「Ferguson 事件控訴院判決は，当事者は単に新たな名札を貼り付けるだけでは地位を変更することはできないということを明確に打ち立てた。しかし，合意条

23　Ibid., at p. 580.
24　Ibid., at p. 580.
25　Ibid., at p. 581.
26　Ibid., at p. 581.
27　Ibid., at p. 581.
28　Ibid., at p. 582.

項も含む，当該事案のあらゆる状況を加味して，地位変更の意思が存在したことが明らかである場合に，私の判断では，当事者らが当該変更をなすことを許されるべきではないという理由は見当たらない。本件では，地位変更の真正な意思（genuine intention）が存在したと思われるのであり，私は地位の変更がなされたと認定する。」[29]

〔判決②〕Ferguson 事件控訴院判決の後に出された本判決の意義は，問題となる当事者間の関係の実態を考えるに当たって，その実態を示すものとして当事者の明示の意思を重視することを認めている点にある。実際，後続の控訴審判所判決[30]によって，本件控訴院判決は「たとえ状況として実態（realities）が，雇傭契約が存在するというものであったとしても，当事者らは，自営業者としての地位を，真正な合意によって作り出すことができるということについての先例」であると理解されるようなインパクトをもたらしたのである[31]。

とはいえ，本件控訴院判決の内容が，Ferguson 事件控訴院判決と全く整合的でないというわけではない[32]。Lawton 控訴院裁判官が述べているとおり，①本件では，「詳細な契約書面」が存在していたが，これに対してFerguson 事件では口頭で契約が締結され，契約の内容（条項）についてはほとんど明示されていなかった。このように事案が異なるため，本判決はFerguson 事件控訴院判決に反するものではないと評価することも可能である。

そして，②当事者らは名札の張替えのみによっては関係の実態を変更することはできない。このことは〔判決①〕Ready Mixed Concrete 事件判決でも，〔判決②〕Ferguson 事件控訴院判決でも述べられていたことであり，本判決でも変わらない。

また，これも〔判決①〕Ready Mixed Concrete 事件判決に従うものとさ

29　Ibid., at p. 582.
30　Tyne & Clyde Warehouse Ltd. v Hamerton [1978] ICR 661.
31　このような控訴審判所における Massey 事件控訴院判決についての理解に対しては疑問が呈されている（J. M. Thomson, 'The Label Principle in Contracts of Employment' (1979) 95 LQR 190, at p. 193.）。
32　J. M. Thomson, n. 31 above, at p. 192.

れているが，③当事者間の関係の種類が「曖昧な」場合，Denning 記録長官によれば，契約当事者らは，その点について「合意によって明らかにすること」が認められる。そのような場合には，④当該当事者の意思は「当事者間において真の関係が何だったのかを決定するに当たって非常に重要な要素 (a very important factor) となり得る」(Denning 記録長官)。

ところが，さらに，⑤ほとんどの事案において，当事者の地位に関する合意がなされるのが通常であり，そのような合意は当事者の関係の実態を示す強力な証拠になる (Denning 記録長官)。しかも，⑥ Lawton 控訴院裁判官は，「合意された条項も含む，当該事案のあらゆる状況を加味して，地位変更の意思が存在したことが明らかである場合」には，そのような変更が許されるとし，本件における地位変更の合意を許容しているのである。

本件においては，地位変更の合意は，税制上の取扱いのために X・Y 間の労務提供・受領の実態には変化がないにも拘らずなされたものであった。このことを念頭に本判決の判旨を理解するならば，本判決は，当事者の法的関係（当事者の地位）に関する意思が明確な意図の下で明示されている限り，それにしたがって当事者の法的関係の内容（権利義務）を理解することを示しているものと解される。しかも，⑤のように「ほとんどの事案」における当事者の契約上の地位に関する合意を重視することを認めているのである。

2 まとめ

たしかに，Ferguson 事件と Massey 事件とは事案を異にするものであった。したがって，〔判決③〕Massey 事件控訴院判決は〔判決②〕Ferguson 事件控訴院判決の判旨（傍論）を直接的に攻撃していたわけではなく，〔判決②〕Ferguson 事件控訴院判決の判旨には依然として一定の意義が認められることになろう。しかし，上記⑤の点に示されたところによると，ほとんどの事案において当事者の地位に関する合意がなされるのが通常であれば，Ferguson 事件控訴院判決の射程は相当程度限定されることが予想される。つまり，ほとんどの事案において，当事者の地位に関する合意（明示された意思ないし書面）が当事者間の関係の内容（権利義務）を示すものとして重視されることになる[33]。

33　Victoria Howes, 'New civil action against employers' (2003) 28NLJ 1794.

このように，Ferguson 事件控訴院判決の後，同判決の射程を大幅に限定する控訴院判決が現われ，その狭められた射程の外では，当事者の地位に関する明示された当事者意思ないし合意（書面）が重視されることになった[34]。

第4款　法律問題としての位置づけ

第3款で見たとおり，〔判決②〕Ferguson 事件控訴院判決の射程は，〔判決③〕Massey 事件控訴院判決により大幅に限定されるかのように解された。ところが，〔判決②〕Ferguson 事件控訴院判決の傍論に控訴院が光を当て〔判決②〕Ferguson 事件控訴院判決が再び注目されるようになる。

1　制定法上の権利にかかる契約の性質決定

〔判決④〕Young & Woods Ltd. 事件控訴院判決は，〔判決②〕Ferguson 事件控訴院判決を引用しつつ，当事者間の関係の内容をみる上で，明示された当事者意思（書面）を重視しないことを明らかにした。

〔判決④〕　Young & Woods Ltd. v West 事件控訴院判決[35]（1980年）
【事実の概要】1975年9月，X は，Y において板金工として労務を提供するようになった。その際，Y は，X に，被用者として Y に雇われて税金や国民保険料が控除された報酬を受け取るか，自営業者（self-employed）としてそのような控除を受けないか，選択させた。X は，Y からこのような明確な形で地位に関する選択肢を示され，一定の経済的な利益を得られると考え自営業者として Y に労務を提供することを選択した。Y が X との労務提供・受領関係を終了させたため，X が不公正に解雇されたとして労使審判所に申し立てた。Y は，X は Y の被用者ではないとして主張したが，審判所は X が被用者であると認め，控訴審判所も Y の上訴を多数意見で棄却した。Y が控訴院に上訴。
【判旨】上訴棄却（全員一致）
Stephenson 控訴院裁判官は，以下のとおり判断した。

34　Massey 事件控訴院判決に従って，当事者間での地位変更の意思の明示（書面）を重視している判決として，B.S.M. (1257) v Secretary of State for Social Services [1978] ICR 894 (QB). このような判例の傾向を指摘するものとして，Jean Warburton, 'The Disguised Independent Contractor' (1979) 42 MLR 462, at p. 464.
35　[1978] 1 RLR201.

(i) 「両当事者が法における雇用契約（contract of employment）ではなくて，請負その他の労務提供契約と当事者間の合意を呼ぶことを意図していたことは明らかである。しかし，両当事者は合意が真実そのような契約であると意図したのか，そして，合意は真にそのような契約であったのか。」[36]

(ii) 「〔Ferguson 事件において Megaw 控訴院裁判官は〕有名な Addiscombe Gardem Estates Ltd. v Crabbe（1958）1 QB 513に言及していた。同事件においては，本裁判所は，たとえ書面によっても，リースをライセンスと呼ぶことによって，実際にはリースであるものをライセンスに変えることができないこと，さらに，たとえそれをライセンスとして表現する書面が見せかけ（sham）でないとしても，裁判所にそれがライセンスであると納得させられないことを明確に述べた。そのような書面は，事件の真の事実によって，適切に無視されるかあるいは覆されることができたのである。」[37]

(iii) 「私は，〔Ferguson 事件における〕Megaw 控訴院裁判官の見解を支持する。同裁判官の見解とは〔当事者間の法的関係に関する事実に基づき示される結論〕を法律問題と位置づけるものである。それは，リースやライセンスの事案の場合と同様に雇傭か請負その他の契約の事案においても，事実からの正しい推論や，完全なる書面合意，一部が口頭で成され一部が書面によって成されている合意，あるいはすべてが口頭で成されている合意の解釈，これらは法律問題である。そして，これらについては正否を言うことが認められる。したがって，本控訴院において労使審判所が合意の真の性質について誤った見解に達していると理解される場合には，本控訴院は労使審判所の側に法律に関する誤りを指摘し，その判断を覆すことができ，また，そうしなければならない。労使審判所が認定した事実に基づき問題となっている特定の合意の真の解釈として二つの見解が可能であるということはいえない。そしてそのような場合，我々は，合理的な審判所であれば労使審判所が事実に基づいて下した解釈に達することができたはずであるとはいえない。」[38]

(iv) 「私は，当事者が，意識的にかつ公然と取得しようとした地位から引き返すことができると考える。そのように解さなければ，実際には，法律の適用を排除する契約の締結を当事者に許し，とりわけ，雇傭契約の下で法における被用者として労務を提供している者から，本法が被用者に与えた利益を奪うことになると考える。本法の趣旨（policy）を考えると，私は，……本法や工場法の下で課され

36　Ibid., at para. 11.
37　Ibid., at para. 14.
38　Ibid., at para. 15.

た制定法上の責任から逃れようと躍起になる使用者のもたらす危険が存在することを認める……。〔そのような方法を肯定する主張を認めることは〕，Ferguson 事件における多数意見……よりも Lawton 控訴院裁判官の少数意見に優位を認めることになる。」本件のように当事者が公然と労務提供者を自営業者と取り扱うことを合意した場合に，当事者が「問題の実態がなんであろうと，その地位を受け入れることを余儀なくされる」とすると，それは「法が適用されないように契約をする権限と同様のあるいはそれに非常に近い，制定法に依拠することへのある種の禁反言を私に想起させる。そしてそれを有効にすることは，明らかに誤りであるというのが私の判断である。」[39]

　Ackner 控訴院裁判官は，以下のとおり判断した。

「当事者らが当事者らの間の関係を述べるのに用いることを選択した名札が当事者らの真の関係を変更したり決定したりすることはないということ，しかし，当事者らの関係がいかなるものであるのか決定する際に，当事者らによって付された当事者らの真の意思についての明示（expression）は，重要なものであるが，決定的なものではないということは，現在既に固まった事柄である。当事者意思に関する明示の重要性は，事案の事実に応じて変わってくる。」[40]

　本控訴院判決において，二人の裁判官が Stephenson 控訴院裁判官に賛成する形で意見を述べているところ（控訴院の裁判官は全員で 3 人），同裁判官の意見は，〔判決③〕Massey 事件控訴院判決と比較した場合に，対照的な印象を受けるものとなっている。同裁判官の意見においては，雇傭契約の認定が明らかに制定法を背景とした法的判断であることが意識されているといえよう。意見の要点は以下のようになる。

（1）　まず，①当事者意思に関する明示をそのまま受け止めるということはしていない。同裁判官は，本件の契約当事者が真に当事者らの契約を請負その他の労務提供契約と呼ぶことに合意した点は認めている。しかし，その認定の後，当事者の合意の内容と契約の内容とが合致しているのか，当事者が意図したような契約内容を作り出す当事者の合意があったのかをさらに踏み込んで検討しようとする。そして，当事者意思に関する明示の取り扱いの点で，本判決は，当事者らの地位変更の意思が真実のものであると認められる

39　Ibid., at para. 23.
40　Ibid., at para. 30.

限り，明示された当事者意思を当事者間の権利義務（契約）の内容と理解する〔判決③〕Massey 事件の Lawton 控訴院裁判官の意見（そしておそらく Denning 記録長官）とは明らかに異なっている。なぜなら，本判決は，その表現からして，当事者が真に合意して当事者の地位を変更したとしても，当該合意をそのまま関係の実態として受け止めるものではないからである。このような判旨から，「Ferguson 事件控訴院判決以降，当事者意思（通常の場合自営業者の方向に向けられている）は，無視されうるということが明確な形で確立されてきたところ」，本判決により「たとえ当事者意思が全く疑いをさしはさむ余地がない形で明らかにされている場合であっても」無視されうることが明らかにされたと受け止められたのである[41]。

　(2) 次に，判例の流れを考える上で注目されるのが，本判決が，〔判決②〕Ferguson 事件控訴院判決と同様，②リースやライセンスといった，労働法分野以外における契約の性質決定について触れている点である。また，ここで，本判決は，それらの分野での先例を引いて，たとえ書面が「見せかけ (sham)」と評価されなくても，「事件の真の事実」に基づき書面を無視することが可能である旨を述べている。この点も〔判決②〕と共通している。このように，本判決も，他分野における契約の認定のあり方，具体的には，「見せかけ (sham)」といった明示された当事者意思への若干批判的な評価を下すことなしに当事者間の関係の内容をみることが可能であることを指摘している。

　(3) そして，「労使審判所が認定した事実に基づき問題となっている特定の合意の真の解釈として二つの見解が可能であるということはいえない」としている。ここで述べられているのは，若干わかりにくいかもしれないが，つまりは，③労使（雇用）審判所は，雇傭契約の有無の判断にあたって，まず事実を認定し，認定された事実を評価し，最終的な結論を導き出すという過程を経て判断を下すのであるが，労使（雇用）審判所が異なれば同じ事実から異なる最終的な結論が出てきても問題ないということはないのであって，必ず認定された事実から導かれる正しい結論が存在する，ということである。管轄の観点からもう一度整理すれば，事実認定自体は労使審判所に委ねられ

41　Pat Leighton, 'Employment status and the "casual" worker' (Case note) (1984) 13 ILJ 62, at p. 63.

るが，しかしその後の問題，すなわち，「事実からの推論」や様々な形態（全部書面，一部書面一部口頭，全部口頭）をとる契約の解釈について，「正否」が存在するのであり，これらについては法律問題について管轄を有する上級審にも干渉が許される，ということになる。

(4) さらに，③のとおり，事実認定以降の問題，すなわち，事実からの推論や契約の解釈の問題にも労使審判所以降の上級審が干渉できるということは，④「〔当事者間の法的関係に関する事実に基づき示される結論〕を法律問題と位置づける」ことの言い換えであるが，このように上記の問題を法律問題と明確に位置づけた点もその根拠と合わせて注目される。すなわち，このように契約の性質決定という作業の多くの部分を法律問題と位置づける根拠としては，制定法の潜脱防止，被用者の制定法上の権利の保障という観点が基礎となっていることは判旨から明らかであり，このような根拠に関する理解は〔判決②〕Ferguson 事件控訴院判決の流れに掉さすものであった[42]。

2 まとめ

これまでの判例の流れを簡単にまとめ，雇傭契約の有無の判断にあたって問題となる契約解釈作業の位置づけ，その根拠，並びに，その具体的内容の変遷を確認する。

第1款ないし第4款で見てきた判例においては，契約当事者の法的関係を把握する上での契約の当事者意思の明示（書面）の取扱いを中心として，契約の性質決定の位置づけやあり方が問題となってきた。

まず，〔判決①〕Ready Mixed Concrete 事件高等法院女王座部判決では，当事者意思の明示の意義が議論され，権利義務の内容が明瞭ではない場合に当事者が当事者の権利義務関係を明らかにするものとして用いることが認められていた。ただ，同判決の趣旨が当事者が非常に明らかな形で当事者意思を明示した場合，まずは当事者間の関係の実態を考察しあくまで当事者意思の明示を一つの要素に位置づけるという趣旨なのか，当事者意思が明示される場合にはそれを尊重するという趣旨なのか，必ずしも明確ではなかった。

次に，〔判決②〕Ferguson 事件控訴院判決は，Megaw 控訴院裁判官が傍論ではあったが制定法を背景とした契約解釈のあり方を示唆した。それは，

---

[42] Ibid.

他の法分野での契約解釈のあり方にも触れつつ，明確かつ意図的に当事者らが当事者らの契約関係について明示しているとしても，それを無視しうるとしていた。そして，その契約解釈において重視されていたのは，契約締結後の事情をも考慮した上での，当事者間の契約内容であった。

その後，〔判決③〕Massey 事件控訴院判決のような判決も見られたが，〔判決④〕Young & Woods 事件控訴院判決が〔判決②〕Ferguson 事件控訴院判決の傍論の内容を肯定した。ここでは，事実の評価や契約解釈の問題が法律問題であることが強調され，それらの作業における当事者意思の明示の意義が低められた。そのような契約解釈手法に拠れば，当事者が疑いの生じないように明確に当事者の地位に関する意思を明示していたとしても，当該明示を前提として事実の認定をする必要がない。権利義務の認定にあたっては，当事者の明示を重視せず，それを一先ず脇において，ときには契約締結後の事情をも判断材料としつつ，当事者間の権利義務の内容を認定することが認められる。

なお，後の判例展開を見える上で重要であるので指摘しておくと，これまでは権利義務の認定にあたって「明示（宣言）された当事者意思をどう取り扱うか」というレベルで議論がなされてきた。また，〔判決③〕Messy 事件控訴院判決からもうかがえるように，黙示条項の認定についての議論も体系的になされていたわけではない。つまり，契約解釈全体が議論されていたわけではなかった。

第5款　事実問題としての位置づけ

第4款で見たように，〔判決②〕Ferguson 事件控訴院判決の後，〔判決④〕Young & Woods 事件控訴院判決が示され，雇傭契約の有無の判断における当事者の地位に関する当事者意思の明示（宣言）の意義は小さくなるか

---

43 〔判決④〕Young & Woods 事件控訴院判決に従うものとして，Addison v London Philharmonic Orchestra Ltd. [1981] ICR 261; Ahmet v Trusthouse Forte Catering Ltd. (unreported), January 13, 1983; Nethermere (St. Neots) Ltd. v Gardiner [1983] ICR 319.

44 Sandra Fredman, 'Labour Law in Flux:The Changing Composition of the Workforce' (1997) 26 ILJ 337, at p. 345.

のように思われた[43]。しかし,「契約アプローチ」[44]とは一線を画するとされる以上の判例の展開は,以下に見るように結局「短命」[45]に終わり判例の「支配的な傾向」[46]となることはなかった。

1 事実問題の範囲の拡大

〔判決④〕Young & Woods 事件控訴院判決の流れに終止符を打ったのが,以下の〔判決⑤〕O'Kelly 事件控訴院判決である[47]。そして,同控訴院判決を受けた〔判決⑥〕Nethermere 事件控訴院判決において,〔判決④〕Young & Woods 事件控訴院判決で登場した Stephenson 控訴院裁判官が登場し,〔判決④〕における自らの誤りを「告白」することになる。

〔判決⑤〕　O'Kelly v Trusthouse Forete Plc. 事件控訴院判決[48]（1984年）
【事実の概要】　ホテル業を営む Y に勤めていた X ら（ワイン管理人とバーテンダー）は,Y における三つの雇用形態（正社員,常用的臨時 regular casual,臨時 casual）のうち,常用的臨時として労務を提供していた。常用的臨時の形態による労務提供の場合,臨時の者よりも,仕事を優先的に割り振られた。実際には,X らは,毎週,少ないときは3時間程度,多い週には57時間に及んで労務を提供し,問題の年の前年には,X らが働かなかった週は2週間のみであった（週平均労務提供時間は31時間以上）。毎週木曜日,人員の割当表が張り出され,それによって,常用的臨時労務提供者は,金曜日以降の一週間の仕事の割当を確認するようになっていた。ただ,常用的臨時労務提供者は,労務提供をするかどうかを決める権利を有しており,また,労務受領者の方でも労務を依頼するかしないかは自由であった。したがって,前述の表による労務の割り当ては労務の申込み（offer）と理解されており労務提供者は担当者に表から自分の名前を削除してもらうように頼むことができた。Y が向後 X らに割り当てをしない意向を伝え,X らが Y により訴外労働組合 A の組合員であることを理由として不公正に解雇されたと主張。労使審判所は,X らの被用者性を否定。X らが上訴したところ,控訴審判所は上訴を認容。そこで,Y が控訴院に上訴（控訴審判所は法律に関する問題があるときでなければ労使審判所の判決に干渉できないはずであるのに控訴審判所が干渉した

45　Sandara Fredman, n. 44 above, at p. 346.
46　Ibid., at p. 346.
47　Ibid., at p. 347.
48　[1984] 1 QB 90 (CA).

と主張）し，Xらも交差上訴した（控訴審判所において判断された点は法律に関する問題であると主張）。

【判旨】　原判決破棄，労使審判所の判決を回復（Ackner 控訴院裁判官が反対意見）

Fox 控訴院裁判官は以下のとおり判断した。

私は，Edwards v Bairstow 事件貴族院判決において示された原則に従う。同判決において，Roskill 貴族院裁判官は以下のことを明らかにした。すなわち，「裁判所が特別委員会の結論に干渉すべきなのは，委員会が法律問題について誤っているか，あるいはいかなる合理的な審判所も適切に導かれたならば至りようのない結論にたどりついているということが示された場合のみである。」[49]

Donalson 記録長官は以下のとおり判断した。

(i)　「全ての裁判所は，法について自らに説示しなければならず，そして，それらの説示を……事実の認定において適用し，また，そうして認定された事実にも適用しなければならない。下級審の判断を見返すにあたり，唯一の問題は下級審がそれ自身に与えた法律に関する説示を見つけることである。ときにそれはその理由の中で明示されているであろうが，しばしばそれは推論されなければならない。これが上級審にとって誘惑の点である。上級審は，上級審であれば異なった判断に達したという当然の疑念……を抱く場合もありうる。しかし，上級審は，上級審であれば事実を異なる形で認定したであろう，あるいは比重を置いたであろうと考えるからそのように感じられるのであるということを決して忘れてはならない。好みに合わない場合もあろうが，上級審が干渉を許されるには，上級審が提示された事実の結論を忠実に受け取り，その結論を承認しながらも，法律問題についての誤った説示が存在していなければならない。法律に関する説示が明示されない限り，上級審が干渉できるのは，合理的な審判所であれば，関連の法律問題について適切に自らを指示している以上，上訴されている結論に達しえないと解される結論に至っていると判断する場合のみである。」[50]

(ii)　本件控訴審判所は，Young & Woods 事件控訴院判決の以下の Stephenson 控訴院裁判官の以下の叙述に依拠した。すなわち，「問題は，純粋な法律問題である。したがって，上級審は下級審が行った事実認定に基づき，検討の真の結果が雇傭契約が存在したという結論になるのかにつき，上級審自身の考えに達することが許されるし，いやまさに，そうしなければならないのである」，とする部分に[51]（p. 123）。

---

[49]　Ibid., at p. 121.
[50]　Ibid., at p. 123.
[51]　Ibid., at p. 123.

「もし，これが Stephenson 控訴院裁判官の判断についての真の解釈であるならば，それは70年以上にわたり法であると理解されてきたものからの突然かつ不明な逸脱となっている。……私には，Stephenson 控訴院裁判官がそのような逸脱を行うことを意図していたとは考えられない。」[52]

(iii)「実際には，事実に関する権限を有するあらゆる審判所は，多かれ少なかれ異なる，それゆえに，異なった結論を生じさせ得る事実状況を，様々に認定し評価をする。そして，各事実は上訴により争うことはできない。この意味で，しかし，この意味でのみ，審判所の結論は事実の結論である。より正確には，審判所の結論は，事実についての結論に完全に依拠した法律についての結論なのである。

ある契約が雇用契約（contract of employment）であるか請負その他の労務提供契約であるかを識別する際に適用される基準〔の内容〕は，純粋な法律問題であり，したがってその基準の事実への適用も法律問題である。しかし，それらの事実を認定することのみならず，それらを質的に様々な限界の中で評価することも（これら二つの作業は抽象的には同一視できるのだが），事実に関する管轄を有する審判所に委ねられている。それらの認定とその評価は，一定の法的帰結を導くであろう。慣用句的には，『それはすべて事実と程度の問題なのである』。

管轄に限定を付された上級審が干渉できるのは，特定の事実に与えられた重要性が法においてそれ自体で誤っている場合に限られる。……事実の重要性を再評価することは本裁判所あるいは控訴審判所のすべきことではない。」[53]

以上の判旨から，以下の点が抽出できる。

まず，①控訴院は，雇用における「地位を判断する基準は法律問題であるが，当該基準の適用は各審判所に委ねられた事実問題である」[54]，ことを明らかにした。このように，基準だけでなく事実の評価や契約解釈のあり方まで法律問題としていた〔判決④〕Young & Woods 事件控訴院判決に対して，本判決は，雇傭契約の有無の判断のための基準（指揮命令の要件等）の設定については法律問題としたが，その基準の適用（事実の認定と評価）の場面の問題については基本的に事実問題と位置づけている。このように，本判決は，〔判決④〕Young & Woods 事件控訴院判決で示された雇傭契約の有無の判断枠組みの大枠を否定し組み直している。

そして，②事実問題の管轄を独占する労使審判所ごとに，それぞれが認定

52　Ibid., at p. 123.
53　Ibid., at p. 124.
54　Pat Leighton, n. 41 above, at 62.

した事実とその評価に基づき導き出す結論が異なりうることが認められている。この点も，Young & Woods 事件控訴院判決において，Stephenson 控訴院裁判官が「合意の真の解釈として二つの見解が可能であるということはいえない」としていたのとは対照的である。

また，(ii)から明らかなように，③本件控訴院は，〔判決④〕Young & Woods 事件控訴院判決の Stephenson 控訴院裁判官の意見を実質的に否定している。

2　Stephenson 控訴院裁判官による告白

1のとおり，〔判決⑤〕O'Kelly 事件控訴院判決は，〔判決④〕Young & Woods 事件控訴院判決における Stephenson 控訴院裁判官に対する批判を含んだ形で，事実の評価に関連する問題を事実問題として位置づけた。このように批判を受けた Stephenson 控訴院裁判官が，同様に雇傭契約の有無について判断が求められた事案において現われ，自らの誤りを「勇敢にも告白した」[55]のが，〔判決⑥〕Nethermere 事件控訴院判決である。

〔判決⑥〕　Nethermere (St. Neots) Ltd. v Gardiner 事件控訴院判決[56]
　　　　　（1984年）
【事実の概要】　X らは，自宅において，年少者用のズボンを Y 社提供のミシンにより Y のトラックにより毎日供給される材料を縫製して製造し，Y から報酬を得ていた。契約上，労務提供者らの就労時間，業務量に関する特段の定めはなく，それらは労務提供者らに委ねられ，業務量を減らしたい場合はトラック運転手にその旨を告げて減らすことができた。ただし，運転手が X らを訪問して無駄足にならない程度に労務を引き受けることが条件であった。このような事情の下，X らが Y を名宛人として，労使審判所に不公正解雇を申立て，X・Y 間の雇用契約の有無が争われた。

労使審判所は，全員一致で雇傭契約を認めた。ただ，この際，同審判所は，Y には X らに労務を供給する義務がなかったことと，X らにも供給された労務をなす義務がなかったことを事実として認定していた。Y が控訴審判所に上訴したが，同審判所は，多数意見で X・Y 間の雇傭契約の存在を認めた。Y が控訴院に上訴。
【判旨】　上訴棄却（Kerr 控訴院裁判官の反対意見あり）

55　Gwyneth Pitt, 'Law, Fact and casual Workers' (1985) 101LQR 217, at p. 222.
56　[1984] ICR 613.

第2節　法律問題から事実問題へ　　253

　Stephenson 控訴院裁判官は，以下のとおり判断した。
　(i)「控訴審判所が採った労使審判所の判断へのアプローチには，根本的な誤り（a fundamental error）が存在する。……〔控訴審判所の〕Tudor Evans 裁判官は，以下のように述べた。すなわち，『我々は，当事者間の取り決めの真の性質がなんであるかを決定しなければならず，我々には，これは法律に関する結論であると解される』，と。それゆえ，本件控訴審判所は，認定された事実に基づき自らの独自の判断をなさなければならなかった。ここにおいて，本件控訴審判所は，残念なことに，Young & Woods Ltd. 事件控訴院判決における私の誤りに従っているのである。そして，この誤りは，O'Kelly 事件控訴院判決において正されたのである。」[57]

　「〔上級審における〕我々は，O'Kelly 事件控訴院判決において Fox 控訴院裁判官が称した……『中間領域（grey area）』に立っている可能性があることから，取り決めの真の性質を決定するために，我々自身が認定事実から導き出される正しい推論が何であるかを判断することは許されない。」[58]
　(ii)　先例によれば，「出来高給作業を承諾する義務はそれを依頼する義務を推定しうる。私は，これらの義務についての証拠が薄い，非常に薄いもの」であることを認める[59]。
　　　（中略）
　「私には，継続的な家内労働の十分に基礎づけられた期待が，一年あるいはそれ以上の期間にわたる規則的な労務の依頼と引受によって，硬化しあるいは精製されて強制可能な契約になるものではないという理由，そして，したがって，社外労働者が工場において同じ賃金率で同様の仕事をしている者のように雇傭契約に基づく被用者にならない理由が見当たらない。」[60]

　Stephenson 控訴院裁判官は，(i)から分かるように，〔判決④〕Young & Woods 事件控訴院判決において自らが法律問題として位置づけた問題を，事実問題とすることが，正しいとしたのである。具体的には，事実の認定はもちろんのこと，事実から導き出される結論についても，事実問題であるとし，上級審の干渉が許されないとした。
　このように一般論の点での誤りを認めたが，(ii)では，証拠が非常に貧弱で

57　Ibid., at p. 620.
58　Ibid., at p. 621.
59　Ibid., at p. 626.
60　Ibid., at pp. 626–627.

あるとしながらも，下級審における事実に関する判断を前提として，契約条項に関する推定を用い本件において争点となっていた「義務の相互性」の存在を肯定したのである。

3 まとめ
(1) 問題の位置づけと帰結
　以上のとおり，契約の有無の判断における事実の評価に関連する作業を法律問題と位置づけ，その範囲に含まれる問題の結論についての正否を上級審が再検討できるとした〔判決④〕Young & Woods 事件控訴院判決の試みは，結局，失敗に終わった。当時，このような判例の確立に対しては，審判所ごとに，さらには，持ち込まれる事案ごとに，事実の認定やその事実に対する評価がなされることになるため，雇傭契約の有無の判断に不安定性や不正義がもたらされるとして強力に批判された[61]。だが，この法律問題と事実問題の範囲自体は，以降の判例の流れの中で大きく変化することはない。こうして，このような範囲の明確化により，上級審は労使審判所の判断に非常に干渉しづらくなった[62]。
(2) 問題の変遷と判例の意義
　もっとも，実は，〔判決②〕ないし〔判決④〕における問題と〔判決⑤〕・〔判決⑥〕における問題とでは，若干ズレが存在する。すなわち，前者における問題は，当事者の地位に関する当事者意思の明示（宣言）とそれに対応する契約解釈（当事者の権利義務の認定）のあり方であった。その流れの中で，明示（宣言）を無視して権利義務を認定してよいのか，あるいは，黙示条項を推定してよいかといった点が問題となっていた。これに対して，後者においては，前者における議論をも巻き込みつつも，「義務の相互性」という雇傭契約に不可欠な要素（契約の成立要件）の有無へと問題の焦点が移行していた[63]。
　このように具体的な議論の対象は変化していたが，後者でも，当該取り決

61　Pat Leighton, n. 41 above;Gwyneth Pitt, n. 55 above;Jean Warburton, 'The employment of home workers' (1984) 13 ILJ 251.
62　Bob Hepple, 'Restructuring Employment Rights' (1986) 15 ILJ 69, at p.72; Deakin and Morris, *Labour Law* (6th ed.) (Hart publishing, 2012), at pp. 149-150.
63　Jean Warburton, n. 61 above, at p. 253.

めにおいて,「義務の相互性」の要素を充たさないようにすることを意図して,各当事者が労務依頼や労務提供を義務づけられないことを合意したり,あるいは,当該取り決めに一方当事者が被用者とはならない旨の条項が挿入されたりしていた。そのため,契約名称・内容の操作と契約内容の認定という従前議論されてきた問題と同様の問題が生じていたことになる。具体的には〔判決⑥〕Nethemere 事件控訴院判決で義務の推定が問題となっていたように,当初の明示の取決めの内容と整合的でない,あるいは,明示されていない権利義務を推定することができるか,といった点が従前同様に問題となったのである。

したがって,雇傭契約の有無の判断における当事者意思の明示と契約解釈のあり方という点に関する判例として,以上の判例を続けて理解することができる。

(3) 判例の到達点とその内容

では,判例の到達点とその内容はどのようなものか。

まず,これまでの判例の流れの中で急に中心的な問題として浮上してきた論点があることに気づかれよう。それは,問題が事実問題か,あるいは,法律問題かという点である。たしかに,これまでも言葉として端々に現れてきた問題であり,実は,古くは有名な1910年の Simmons v Heath Laundry Company 事件控訴院判決[64]の中でも触れられていることが確認できる。しかし,この点が詳細に議論されて判例の流れの中で決着を見たのは,〔判決⑤〕O'Kelly 事件控訴院判決においてであった。すなわち,「O'Kelly 事件において,控訴院は,……雇傭契約を認定する際の法的基準の適用は『法律と事実とが混在する問題』であり,それに対する幾通りかの正しい答えがあり得るのだ,としたのである」[65]。これにより,事実に関する管轄を有しない上級審は,雇用契約の有無の判断において事実認定や事実に関する評価に関しては干渉が許されないことが決定的となった。干渉が許されるのは,事実に適用する基準自体に誤りがあるなど法律に関する誤りがある場合と,法の適用において認定された事実やその評価を前提にする限り合理的な(reasonable)審判所であれば達しえないような結論に審判所が達しており,

---

64 [1910] 1 K.B. 543.

65 Deakin and Morris, n. 62 above (Hart publishing, 2012), at pp. 149-150.

その意味で法的に誤っている場合に限定されることになった[66]。

他方で、これまで見てきた判例では、当事者意思の明示（宣言）と契約解釈のあり方がむしろ中心的な問題であった。にもかかわらず、O'Kelly 事件控訴院判決の段階において、事実問題か法律問題かに議論が集中してしまった。そのため、それまでの契約解釈に関してなされていた議論は曖昧なまま収束してしまった感がある。こうして、ときに書面化される当事者意思の明示（宣言）をどのように契約解釈の場面で取り扱うのか、という点については、問題の位置づけ（法律問題か事実問題か）の明確化によって曖昧なまま封殺されてしまったようである。

とはいえ、これまでの議論の経緯から、事実問題であるとされたことがいかなる契約解釈を封じるものであったのか、どのような意義を有していたのか、については一定程度見当がつく。O'Kelly 事件控訴院判決に至る前までは、当事者による当事者の地位に関する明示に縛られずに、黙示条項の推定も用いつつ、当事者の関係の実態を考察して権利義務を認定することが是認されようとしていた。そうした中で O'Kelly 事件控訴院判決が出されたのである。この流れからして、O'Kelly 事件控訴院判決により、おそらく、それまでのような契約解釈の余地が狭められ、むしろ、当事者による当事者の地位に関する明示（宣言）の意義が高まり、それによって当事者間の権利義務の内容が確定されると理解されることになったといえよう[67]。

第6款　まとめ

以上、第5款まで、労務提供契約の性質決定（労務提供契約の有無）に関する判例を見てきた。以下では、まず、この段階での判例の到達点を確認する。次に、判例の流れの中で現れた契約解釈を、当事者（意思の明示）、裁判官等の解釈者、契約類型（制定法）の役割の観点から整理する。

1　判例の到達点
(1)　問題の位置づけ

---

[66] Ibid.
[67] G. Pitt, n. 55 above.

判例の流れの中で，事実認定にとどまらず，事実に対する評価の問題も，法律問題ではなく事実問題として位置づけられるようになった。このため，それらの問題に関しては控訴審判所以降の上級審には干渉が許されない。

(2) 明示条項と契約解釈

これまでの判例を見た限りでは，契約解釈のあり方は必ずしも明確とは言い難いが，その局面において当事者による当事者の地位に関する明示は，おそらく当事者間の関係の内容確定においてその方向性を決定する重要な意義を有しているものと解される。

2 契約解釈の類型と三者の役割

これまでの議論を見ると，契約解釈について，以下のような類型が存在しており，その中で当事者，裁判官等の解釈者，そして契約類型（制定法）の役割がそれぞれの類型において異なっていることがわかる。認定の問題の多くを法律問題とするものと事実問題とするものとに分けて類型化する。

(1) 法律問題とするもの

(a) 曖昧な形での明示の優先

〔判例①〕Ready Mixed Concrete 事件高等法院女王座部判決は，契約の認定（分類）の帰結を「契約上の権利あるいは義務に依拠する法律問題に関する結論」としていた。その上で，当事者による当事者意思の明示には一定の優先が認められていたが，裁判官らがそれを当事者間の関係の実態との関係でどのように位置づけるべきであるとしているのかについて曖昧なままとなっていた。この類型においては，権利義務内容の確定（契約解釈）の場面でも，上記の意味で当事者の契約内容形成権限が重視されているようであるが，裁判官の役割も含め，明確ではない。

(b) 制定法の潜脱防止

〔判例②〕Ferguson 事件控訴院判決と〔判例④〕Young & Woods 事件控訴院判決は，事実認定はともかく，契約の有無（分類）の問題の多くの部分（契約解釈や事実の評価）についても法律問題であるとし，〔判例④〕は正否の問題が存在するとしていた。したがって，同じ事実から認められる結論は一つしかないことになる。そして，当事者による宣言（明示）それ自体は一先ず脇に置かれ，裁判官らは，場合によっては契約締結後の事情をも組み入れながら当事者間の権利義務を認定する。このように，契約解釈の場面で裁

判官らが実質的にも重要な役割を担うことになる。他方で，当事者は，自らが契約内容形成権限を行使して契約名称を宣言（明示）したとしても，当該宣言は，裁判官の契約解釈作業における全体的な考察の中での一事実に過ぎないことになり，相対的な重要性しか認められない。そして，このような裁判官の契約解釈の根拠は制定法の潜脱防止とされており，ここには，契約類型（制定法）の契約解釈における一定の役割も見出すことができる。

(2) 事実問題とするもの
(c) 事実問題とするもの

これに属する契約解釈類型としては，〔判決⑤〕O'Kelly 事件控訴院判決が上げられる（〔判決③〕Massey 事件控訴院判決も，実質的には〔判決⑤〕と同様の立場に立つものと解される）。

この類型においては，まず，雇用契約の有無の判断は，「事実についての結論に完全に依拠した法律についての結論」（〔判決⑤〕O'Kelly 事件控訴院判決における Fox 控訴院裁判官の表現）であり，それは「法律と事実とが混在する問題」として理解される。そして，事実認定や事実の評価は，労働審判所がその管轄を独占する事実の問題として位置づけられる。当事者による当事者の地位の明示（宣言）は，それだけでは当事者の地位を決定することはないとされながらも，実際には権利義務の内容全体を決定する意義を有する（〔判決③〕，〔判決⑤〕参照）。こうして，契約解釈場面においても当事者の契約内容形成権限が最大限に尊重され，実質的に権利義務内容を決定する役割を認められている。他方で，裁判官らは，当事者の当事者意思や合意の真意性などを問うことは認められているが，基本的には当事者の明示や宣言を字義通りそのまま法的事実として認めることがその果たすべき役割とされている。このような解釈方法は，「契約アプローチ」と称され，他方，契約類型の意義が表出することはない。

第3節　当事者意思（契約構造）による契約解釈手法の選択

第2節第5款で考察したとおり，〔判決⑥〕Netheremer 事件控訴院判決において Stephenson 控訴院裁判官が誤りを自認したことにより，事実認定や事実の評価の問題が法律問題であるのかそれとも事実問題であるのか，という点については基本的に決着がついた[68]。ただ，その後も，その位置づけ

第3節 当事者意思（契約構造）による契約解釈手法の選択　　259

に関する議論がくすぶる。控訴院がもう一度挑戦を試みたのである。すなわち，後に紹介するCarmichael事件において，控訴院が，一般契約法において契約解釈が法律問題と位置づけられていることを根拠として，雇傭契約の認定のための契約解釈の位置づけを転換しようとしたのである。

　とはいえ，以降で見る判例の中では，同じ契約解釈が問題になっているのではあるが，問題となってくる契約解釈の範囲が相当に異なっている。まず，第2節まででは，当事者の地位に関する当事者の明示条項の取扱い，あるいは，黙示条項の推定など，議論は契約解釈作用の局部に集中していた。言い換えると，契約上の権利義務を全体的にどのような契約解釈に依拠して認定するのかは，正面から議論されていなかった。これに対して，以下に見る〔判決⑦〕Carmichael事件の控訴院が，一般契約法の契約解釈を整然と応用して問題に取り組んだために，契約解釈のあり方全体が俎上に載せられることになる。結論としては同事件の控訴院判決は貴族院によって覆されることになるが，一般契約法に従い王道を通って問題にアプローチしようとした控訴院判決を否定する上で，貴族院は雇傭契約の有無の判断における契約解釈の基本的かつ全体的な枠組みを示すことになった。

　以下では，まず，第1款において〔判決⑦〕Carmichael事件控訴院判決を理解する上で欠かせない契約法上の契約解釈の諸原則を概観する。そして，第2款以降，Carmichael事件の〔判決⑦〕控訴院判決，〔判決⑧〕貴族院判決を確認していく。

第1款　伝統的な契約解釈手法

　イギリスの契約法では，契約解釈といっても，口頭契約（契約が完全に書面に記載されている契約〔書面契約〕以外の全ての契約[69]）と書面契約との場合とでは明確に区別されている[70]。そして，第2款以下の議論で，契約内容が書面にされた場合の契約解釈が問題となる。そこで，ここでは，書面契約の

68　Deakin and Morris, n. 62 above, at p. 150.
69　田中英夫編代『英米法辞典』（東京大学出版会，1991）608頁。
70　ex. *Anson's law of Contract* (29th ed.) (by J. Beaston) (OUP, 2010), at p. 166; G. McMeel, n. 1 above, at paras. 1.06, 1.08. もっとも，契約解釈に関する諸原則の適用に関する区別は，相対化してきているようである（G. McMeel, Ibid., at para. 1.44.）。

契約解釈の諸原則を概観する。

1 法律問題

イギリス法では，「契約も含め，書面の解釈（construction[71]）の問題は，法律問題であることが明らかであり，それは裁判所によって判断されるべきことが明らかである」[72]とされる。

2 客観的アプローチ

そして，契約の解釈は，客観的なものである。それは，イギリス法が，当事者が他方当事者の主観的な意思や隠された意思を気にすることなく，他方当事者の表示した意思に依拠して自由に行動出来ることをよしとするためである。したがって，「裁判所は，当事者の意味していたことについての共通の主観的な理解を見出すことには関心はなく，むしろ，当事者の立場に身を置いた合理的な人々であれば展開されている言語によって意図したであろう客観的な理解に関心を向けるのである」[73]。

3 口頭証拠法則[74]

上記のような客観的アプローチの「一表現」[75]として，「当事者が契約書を作成したときには口頭の証拠（証言等）によって契約書の内容を否定することは許されない」[76]という口頭証拠法則が存在する。この法則によって，契約書面に反する契約締結以前の当事者の交渉の経緯に関する証拠は排除される[77]。同様に，契約書面に反する当事者の契約締結後の行いに関する証拠も

---

71 construction と interpretation は，慣習的に，多くの法律家により互換的に使われているとされる（G. McMeel, n. 1 above, at para. 1.14.）。
72 G. McMeel, n. 1 above, at para. 1.06; Anson, n. 70 above, at p. 166.
73 G McMeel, n. 1 above, at para. 1.51.
74 口頭証拠法則に関しては，須藤悦安「契約内容の確定における契約所外の表示の効力について―イギリス法における Parol Evidence Rule とその例外を参考に―」創価法学34巻2号31頁（2004）を参照。
75 Cheshire, Fitfoot & Furmston's, Law of Contract (16th ed.) (OUP, 2012), at p. 163.
76 滝沢昌彦「口頭証拠法則をめぐって：意思表示の成立の問題に寄せて」一橋法学3巻1号53頁（2004）・55頁。
77 Chesire, n. 75 above, at p. 163.

第3節　当事者意思（契約構造）による契約解釈手法の選択　　261

当事者意思を示す証拠としては排除される[78]。

4　契約成立時を基準とする解釈

以上のような客観的アプローチについては一定の揺らぎが生じているようであるが[79]，それでもなお，契約の解釈は，契約の成立時を基準とするとされる[80]。したがって，通常，当事者間の契約成立前の交渉や契約成立後の行為は，技術的に，契約解釈において検討を許されないものである[81]。

以上のように，契約法の原則によれば，契約書面の解釈は法律問題として位置づけられ，契約解釈は契約の成立時を中心として客観的になされる。そして，口頭証拠法則に従えば，書面契約が存在するとき当該契約の契約内容として当該書面の内容が絶対的な意義を有することになる。

第2款　合意成立時を特定する手法

Carmichael 事件控訴院判決は，第1款で紹介した契約法における契約解釈の諸原則に依拠し，臨時的労務提供者の問題状況の打開に果敢に挑んだ。

〔判決⑦〕　Carmichael v National Power plc. 事件控訴院判決[82]（1998年）
【事実の概要】　Xらは，A（Yの前身）に面接後に採用である旨書面をもって通知され，Aに対して，Xらの就業形態が発電所案内係としての「要請に応じた臨時のベース」の就業であることを記載した書面に署名して承諾を与えた。当該書面がAからXに対して交付されたとき，AはXらに賃金率についても知らせていた。なお，案内係の募集広告にも，「要請に応じた臨時のベース」での就労であることが記載されていた。その後，XらはA，その後はYに，AまたはYに要請を受けたときに，通常労務を提供し前記時給額による報酬の支払いを受けた。ただし，Xらは要請に応じないこともあった。Xらは，労働時間の変動について不満を覚え労働条件記述書の交付を求めて労使審判所に申立てをなした。同審判所と控訴審

78　Chesire, n. 75 above, at p.164.
79　G. McMeel, n. 1 above, para. 1.23 below.
80　G. McMeel, n. 1 above, at para. 1.69; Hugh Collins, K. D. Ewing, Aileen McColgan, *Laboue Law* (Cambridge, 2012), at p. 100.
81　G. McMeel, n. 1 above, at para. 1.69.
82　[1998] ICR 1167.

判所はXらが記述書の権利主体たる被用者であること（X・Y間の雇傭契約の存在）を否定した。これに対してXらが上訴した。

Xらは，労使審判所が，第一にXらが案内係として労務を開始したとき存在するに至った書面の意味と効果の適切な解釈に失敗し，第二に雇傭契約の存在を判断するための要件に関して誤った指示を与えたことによって，法律問題に関する誤りを犯したと主張した。第一の主張は，具体的には，「労使審判所がX・Y間で開始された関係のあり方についての争いのない書面の証拠と，当該関係がどのように展開したかの証拠とに適切な重きを与えていれば，労使審判所は法律問題として自らがなしたように結論しえなかった」というものであった[83]。

こうして，契約解釈手法自体が控訴院で議論されることになった。

【判旨】 上訴認容・破棄差戻し（Kennedy控訴院裁判官が反対意見を述べた。）

Ward控訴院裁判官は以下のとおり判断した。

「本件の事実からして，審判所が取るべきであった，そして我々が彼らの判断を回顧する上で適切なアプローチとは，以下について問うことである。すなわち，(1)当事者間に合意が存在したか。(2)彼らが合意した条項が，明示であれ黙示であれ，何であったか。(3)彼らは契約的に拘束される関係に入ったのか。(4)当該関係の性質は雇用契約であったか。審判所の判断からはこれらの各問いについてどれだけ審判所が検討したのかほとんど明らかとはいえない。」[84]

「〔1〕当事者間に合意は存在したか。」[85]

「何が申込みを構成しまた何が承諾を構成したのかを確定する必要がある。私の判断では〔契約が成立したと主張される〕肝心の時点において当事者が何を言ってなしたのかに焦点を当てることが基本である。当事者意思は客観的に判断されねばならない。」[86]

（中略）

Yからの通知が申込みでありXが署名した書面が承諾にあたり，当事者間に合意が存在した[87]。

「〔2〕当該合意の明示と黙示の条項は何であったか。

最初の問題は，それは法律問題であるが，『要請に応じた臨時のベース』という語句に付与されるべき適切な解釈（construction）とは何かである。それらの語句には，当該合意が成立した状況とそれによって達成されるべき目的の観点から解

---

83 Ibid. 1173.
84 Ibid., at p. 1185.
85 Ibid., at p. 1185.
86 Ibid., at p. 1185.
87 Ibid., at pp. 1186-1187.

第 3 節　当事者意思（契約構造）による契約解釈手法の選択　　263

釈された通常の自然な意味が付与されることとなる。」[88]

「臨時（casual）」の語句は，Y には「施設案内係が必要であるからそして必要であるとき」という意味を，X らには，「そのような必要が生じたときにはいつでも，案内係がその必要を満たし，案内係としての労務を遂行することを要請される」ということを意味していた[89]。

「合意は，依然として推定される（implied）条項に服さねばならず，かつそれらによって修正される。条項の推定は法律に関する問題である。どのような推定が生じるかを検討する際，審判所は当事者の意思と当事者を取り巻いていた状況とを考慮しなければならない。取引的効率（business efficacy）がその契約（contract）に付与されることとなる」。X らは，臨時的形態で，つまり，間歇的に労務に従事することに合意していたのみである[90]。

このような状況においては，Nethermere 事件控訴院判決の Dillon 控訴院裁判官の判断を採用し，合意は以下のように読まれなければならないということは必然である。

すなわち，「いったん X らが案内係として会社のために行為することを合意すると，合理的な（reasonable）量の労務を引き受ける義務を X の側にもたらし，逆に，……Y の側に，Y が供給できる仕事を有するときはいつでも，各 X に合理的な（reasonable）労務の配分を供給する義務をもたらす。」[91]

「これらの推定は，通常の（ordinary）意味が『要請に応じた臨時』という語句に付与されることを認め，その結果，個別の案内〔の労務提供〕についての申込みと承諾において両当事者に合理性（reasonableness）の観点が導入され，義務の厳格さが緩和されるのである。」[92]

「〔3〕合意が契約的に拘束される関係を形成したか」

〔2〕で認定された「『私は合理的な労務の配分をあなたに与えます』と『私はあなたが私に依頼した労務のうちの合理的な量を履行します』というのは，曖昧でも未確定でもない。合意は拘束的である。

次の問題は，そのような取決めが合意するための合意に過ぎないか否かである。その問題についての答えは否である。」[93]

X・Y 間には，「雇用契約が存在した。」[94]

88　Ibid., at p. 1187.
89　Ibid., at p. 1187.
90　Ibid., at p. 1187.
91　Ibid., at p. 1187.
92　Ibid., at p. 1187.
93　Ibid., at p. 1188.

Ward 控訴院裁判官の意見に賛成する Chadwick 控訴院裁判官も[95], Ward 控訴院裁判官と同様の判断をした[96]。

(1) 合意ないし契約の成立時中心の判断

94　Ibid., at p. 1190.
95　Ward 控訴院裁判官の判旨を参考にしていると思われる Chadwick 控訴院裁判官の判旨は本文では詳しく紹介しないが，Ward 控訴院裁判官とは少し異なっているので付記する。Chadwick 控訴院裁判官は，判断過程には三段階あるとし，それは，①労務提供者らが書面を返送して承諾をなし，会社と契約を結んだのか，②当該契約の条項とはなにか，③当該契約は雇傭契約であるか，であるとする。Ward 控訴院裁判官と明らかに異なるのは，①の段階で合意ではなく契約が成立したか否かを検討する点である。Chadwick 控訴院裁判官も書面の取り交わし時点を契約の成立時としたが，その時点で少なくとも労務提供者の研修参加義務や会社の研修を行う義務など「相互的で強制可能な義務」が存在したとする。次に，②の段階では，Ward 控訴院裁判官同様，書面の語句の解釈に向かい，その日常的な意味や，本件の文脈，書面のやり取りの状況において客観的に生じると認められる当事者らの期待から，契約解釈を行う。ただ，ここでも，まず書面から労務提供者らの労務提供義務を認め，他方で，経済的効率を契約に与えるという観点から，会社の側に一定の労務を供給する義務（when available），生じた労務を公平に配分する義務を推定する，というように双方の義務を認める点で Ward 控訴院裁判官（両方の義務を書面から認め，経済的効率は義務の緩和に用いられていた）と異なる。そして，この②段階で，契約条項というには確定性に欠けるものとは思わない，としている。以上のような Chadwick 控訴院裁判官の判旨は，Ward 控訴院裁判官の判旨を参考にしつつ，それを修正しているものと解される。というのも，Ward 控訴院裁判官は，合意の成立を認めて，合意の内容について経済的効率の観点で契約内容の推定を行っているが，これは「契約」内容の解釈手法（黙示条項の推定）であり，合意が契約として成立したとされて初めて法として認められるものであったと解される。この点が後にみるように，Irvin 大法官により，「契約上の関係に向けて以外そのような根拠（経済的効率—引用者）に基づく推定はありえない」と非難される点となったと思われる。Chadwick 控訴院裁判官は，その点の Ward 控訴院裁判官の理論的弱点を補修していたのである。
96　反対意見の Kennedy 控訴院裁判官は，以下のように判断した。従来の法からして，問題が事実の問題であれば，原則として上級審に審判所の判断への干渉の余地はなく，また，雇傭契約の認定が基本的に事実の問題となるから，雇傭契約の認定が問題になる多くの場合，上級審は審判所の判断を是認せざるをえない（Ibid., 1226）。こうして，同裁判官は，義務の相互性が存在しないという労働審判所が認めた事実から審判所の判断を是認し，他の事実等を考慮しても干渉すべき例外的の場合にあたらないとし，管轄の問題として事案を処理した。

Ward 控訴院裁判官の手法は，二重の意味で合意（結果的には契約）の成立時点を契約解釈の基準点としている。
　第一に，その契約解釈が，最初に合意の成立時点を特定し，契約解釈に向かうという意味においてである。具体的には，Ward 控訴院裁判官は，まず，申込みと承諾の時点を書面のやり取りの時点に結び付け，これらの書面の交換時点で合意がなされたとして成立時点を特定した。
　第二に，合意の成立時の事情から当事者間の権利義務関係を確定するという意味においてである。具体的には，同裁判官は，合意の内容を書面の語句とその語句が背景とする状況や，合意によって達成されるべき合意の目的の観点から確定していた。この手法の結果，契約（合意）の内容は，書面が交わされた時点を基準として確定されていく。この Ward 控訴院裁判官の手法によると，契約内容の解釈の基準点は結果として時間軸上のある時点に固定される。

(2) 法の推定作用

　Ward 控訴院裁判官の判断手法は，法の推定という操作を用いる点でも特徴を有する。Ward 控訴院裁判官は，(1)のように合意の成立時を確定して，語句の通常の意味を探求した後，取引的効率という基準に導かれる「合理性（reasonableness）」により，当事者らの労務供給と承諾義務を合意内容として推定していた。
　ここでなされている取引的効率の観点から当事者が明示していない契約条項を推定していくという法の作用は，契約法において認められている法の役割である[97]。Ward 控訴院裁判官は，このように一般契約法を前提としつつ，まず，書面取り交わし時点で合意が成立したことを確認し，次に認定作業を，「では，その内容は何であるか」という問と結びつけ，当該合意に対する一般契約法における契約解釈手法の適用を容易にし，上記のような契約内容の補充・修正を理論的に導いている。これは，Ward 控訴院裁判官が，取り交わされた書面を基に合意・契約の成立とその内容を考え，契約内容の推定という法の役割を作動させる余地を作り出したもの，とも評価できる。そして，

97　Anson, n. 70 above, at p. 151 below. ただし，Ward 控訴院裁判官が「合意」について法の「契約」内容の推定作用を持ち出している点には，理論的な誤りがあったように思われる。前注95の Chadwick 控訴院裁判官と Ward 控訴院裁判官の判旨の比較を参照。

「要請に応じた臨時のベース」という条項の意義を，厳格なものとし，内容の推定を用いて，「義務の厳格さ」を「合理性」の観点から緩和している。

(3) 特異性

そして，本控訴院判決の多数意見の雇用契約の認定手法は，従来の裁判例の判断手法とはかなり異なっていた。従来の雇用契約の認定は，このように合意（契約）の締結時点を明確にして契約の内容を解釈していくというものではなかった。従来の裁判例の中では，正面から議論されないまま[98]，契約成立以後の事情も加味して雇用契約の有無が判断されることが受け入れられていた。たとえば，実際の労務提供における監督者の有無やその監督者による指揮命令の方法や程度，あるいは，実際にどれくらいの期間どれくらいの時間労務提供してきたのか，などが考慮に入れられてきた[99]。本件でその有無が争点になっている「義務の相互性」についても，Nethermere事件控訴院判決で，実際に行われていた労務提供・受領（報酬支払）の実態や労務提供が行われていない期間における義務の有無に関する事情が検討の対象となっていた。したがって，本控訴院判決は，合意（契約）の成立時点を意識的に特定し，その時点を基準として契約内容を考えるという点で，それまでの裁判例からすると特異なものであったと解される。

しかし，従来の判例法から離れて，先に紹介した一般契約法の契約解釈原則の観点からみたとき，本控訴院の多数意見の判断枠組みは，必ずしも非難されるべきものとはいえない。一般契約法の観点からすれば，書面の解釈をするのは法（裁判官）の役割であり，契約締結時を基準として，推定といった法技術を用いつつ契約内容を解釈する本控訴院の多数意見の判断は，是認されうるようにも思われるからである[100]。

---

98 Stevedoring & Haulage Services Ltd. v Fuller [2001] IRLR627 (CA), at para. 9; 契約解釈が，ときに書面の記載にこだわらずになされてきたことについて Michael Wynn and Patricia Leighton, 'Will the Real Employer Please Stand Up? Agencies, Client Companies and the Employment Status of the Temporary Agency Worker' 35 (2006) ILJ 301, at p. 311.

99 ex. Mailway (Southern) Ltd. v Willsher [1978] ICR511（週に何時間程度労務提供をしていたのか等);Warner Holidays v Social Services Sec. [1983] ICR 440, at 456（演奏家について，責任者による演目についての承諾，演奏の時間や場所についての指示等）。

第3節　当事者意思（契約構造）による契約解釈手法の選択　267

第3款　貴族院による控訴院判決の否定

第2款でみた〔判決⑦〕Carmichael 控訴院判決の理論は，貴族院によって覆されることになる。

〔判決⑧〕　Carmichael v National Power plc. 事件貴族院判決[101]（1998年）
【事実の概要】〔判決⑦〕【事実の概要】を参照。
控訴院判決に対して，Yが貴族院に上訴。
【判旨ⅰ】
Irvine 大法官は以下のとおり判断した。
(i)「もし本上訴が絶対的に……書面の意味と効果に向かうのであれば，私は解釈の問題としてYの側で臨時的な労務を供給する義務も，Xらの側でそれを引き受ける義務も負っていなかったと判断する。」[102]
「私の判断では，……書面を参考にすることのみによって，これらの事案における問題を判断するのが適切なのは，それらの語句や，当事者らがその時あるいはその後に，何を言って為したのか，いずれかからあるいはこれら両方から，書面を当事者らの関係の排他的記録をなすものとして考えたと思われる場合のみである。労使審判所は，書面が，……それ自体から当事者の真の意図を審判所が推定することを許される重要とはいえ関連の資料の一つをなすと判断したものと評価されなければならない。」[103]
「私の判断では，労使審判所が……書面，その書面に関わる事情，そしてそれ以降当事者ら自身どのように遂行したのかから，〔書面が交わされた年〕においても，そして，それ以降においても当事者らの意思がXらが労務を提供していないとき，契約によって規制される関係を有することを意図するものではなかった，と判断したことに十分の根拠がある。」[104]
(ⅱ)「したがって，たとえ（書面の語句が）要請された時に案内係の労務を引き受ける義務を課すことができたとしても……，そのような解釈は審判所の認定に

100　契約成立の契約解釈としてではないが，契約内容の契約解釈として本控訴院判決を支持するものとして M. Freedland, *The Personal Employment Contract*（OUP, 2003), at p. 116.
101　[1999] ICR 1226.
102　Ibid., at p. 1230.
103　Ibid., at pp. 1230-1231.
104　Ibid., at p. 1231.

より否定される。したがってやはり，たとえ……書面がWard 控訴院裁判官〔らの示す〕最初の解釈がなされえたとしても……，裁判官らが取引的効率によって推定した条項は推定されないのである。なぜならば，契約上の関係に向けて以外そのような根拠に基づく推定はありえないからである。」[105]

上記の判旨からわかるように，控訴院において示された判断手法が，その可能性は否定されてはいないとは言え，ほとんど無意味にされたといえる。Irvine 大法官は，契約の解釈として，当事者が取り交わした書面が当事者の法的関係の排他的記録であるかは，それが取り交わされた時点だけでなく，それ以降の時点における当事者の言動をも含めた事情から決定されるとする（(i)参照）。そうすると，たとえ取り交わされた書面が当事者の関係において重要な契約条件を定めていたとしても，そのことだけでは，その時点において，契約内容，さらには，契約の成立が完結しないことになる。このような契約書面や内容についての考え方は，控訴院のそれとは相容れない。

Irvine 大法官が判示しているように，控訴院の多数意見の裁判官らが推定した条項は基本的には推定される契約（合意）の存在を前提とすると考えるのが自然であろう（(ii)参照）[106]。控訴院の多数意見は，解釈対象を書面における申込みと承諾の存在（合意の成立）から導き出したと解されるが，Irvine 大法官は，この手法を実質的に否定し，契約の存在を労使審判所の認定した全関連期間における事情から認定していくべきことを示したのである（(i)参照）。

結局，この Irvine 大法官の判断手法の第一の趣旨は，事実問題に関する権限を独占する労使審判所の認定を重視するということであり[107]，従来の裁判例の関連期間全体を明言しないまま検討していた手法を正当とするものと思われる。たしかに，労使審判所が認定した事実と，法の作用（裁判官の推定）により認められる契約内容とどちらが優先されるべきかというと，事実に基づいて認められる当事者の意思に沿うよう，前者を優先させるべきとも解される。

105　Ibid., at p. 1231.
106　前注（95）も参照。
107　次に紹介する Hoffmann 貴族院裁判官の補足意見がこの点を明らかとしている（後注（110）も参照）。

だが，Irvine 大法官の認定方法には依然不明な点が残っている。たとえそのように認定していくのだとしても，そのような契約は一体いつの時点で成立したことになるのか，契約の成立要件たる「義務の相互性」をなぜその成立時点で認定しないのか。なぜ書面以後の事情を考慮することが許されるのか。どうすべきかという答えは出ていてもそれがどのような理論に導かれたものなのかは契約法の原則に忠実なものと評価しうる控訴院の判断と比較すると一層不明であった。Irvine 大法官の判旨からそれを一般理論として読み取ることは難しいが，款を改めて紹介する Hoffmann 貴族院裁判官の補足意見にそれが示されている。

第4款　労務提供契約内容の時間的展開性と契約解釈手法

1　当事者意思と労務提供契約内容の時間的展開性

　Hoffmann 貴族院裁判官の補足意見は，契約締結後の当事者の行為を契約内容として考慮に入れる契約解釈手法を，理論的な根拠とともに提示している[108]。
　既述のとおり，イギリスの契約法では，書面契約の解釈（construction）は，法つまり裁判官の役割とされている。Hoffmann 貴族院裁判官は，この原則について解説を加えることによって，控訴院の契約解釈の誤りを明らかにする。そしてそれと絡めて，同裁判官の前提とする労務提供に関する契約像を示し関連期間全体を検討の対象とする解釈手法の理論的根拠を提示した。

〔判決⑧〕　Carmichael v National Power plc. 事件貴族院判決[109]（1998年）
【事実の概要】　〔判決⑦〕【事実の概要】参照。
【判旨ⅱ】　Hoffmann 貴族院裁判官は以下のとおり判示した（補足意見）。
　(i)　「事実問題と法律問題についての困難な区分について付言するものである」。この区分の生じた歴史的背景からして[110]，契約の解釈（construction）が法の問題であり裁判官の役割とする契約法の原則は，純粋に「実践的な理由」から形成され引き継がれてきたものである。そして，このような原則が妥当すべき場合とす

108　同裁判官の補足意見は，判断過程を述べていない他の三人の裁判官らのうち Lord Goff of Chievery, Lord Jauncey of Tullichettle により支持されている。ただし，Lord Browne-Wilkinson はそのことについて明示していない。また，Irvine 大法官の判旨が Hoffmann 貴族院裁判官の意見をどこまで踏まえたものであるのかは明確でない。
109　[1999] ICR 1226.

べきでない場合とが存在する[111]。

「私は，控訴院がその書面の解釈に関する原則を行き過ぎた形で適用していると考える。（法による黙示条項は別として）当事者らの合意の全ての条項が書面に記載されるものと当事者が意図した場合には，その原則は適用される。他方で当事者らの意思が，客観的にみて，一部は書面から，そしてやはり一部は口頭でのやり取りや行為からも収集されなければならない場合には，その原則は適用されない。後者の場合には契約の条項は事実の問題である。そして当然，当事者らがある書面をその者らの合意の条項の排他的記録であることを意図していたかどうかも，やはり事実の問題である。」[112]

控訴院のように書面の文言から結論を導き出す手法では，「当事者がどのように理解していたかや，当該契約がどのように扱われていたかという証拠の助けなしに」，「要請に応じた臨時のベース」という抽象的な語句を解釈しなければならず，「あまり現実的」でない[113]。

(ii)「問題を根本から考えると，労使審判所は，事実として，当事者が当事者らの合意（agreement）の唯一の記録であると意図しなかった，しかし，合意が一部は書面に，一部は面接等での口頭でのやり取りに含まれ，かつ一部は時の経過とともに行為（conduct）によって展開されると当事者が意図した，と認定することが許されていたと思われる。これは，被用者（employee）等として，人々が労務に従事することを定める合意に非典型な（atypical）ことではない。審判所は明示……していないが，その証拠への全体的な対応はこのような結論に辿り着いていたということとのみ整合的である。」[114]

(iii)「一方当事者がいかなる条項が合意されていたと理解していたかについての証拠は，そのような条項が客観的な意味で，合意されたことを示す重要な証拠である。……両当事者が相互的な義務があるともしくはそれらはないと考えていたことを認めているのに，その証拠を考慮の外に置くことはよほどのことである。後続の行為についての証拠は，……同様の理由，つまり，当事者らが，自分たち

---

110 Hoffmann 貴族院裁判官は，この原則が形成された歴史的な特殊事情として，中世において陪審が字を読めなかった（illiterate）ことや陪審の元にくる文書が法律家によってかかれたものでありその解釈を裁判官に委ねる必要があったこと，他方18・19世紀においては，商法の発展のために，解釈に関する先例のない標準的商業書面の解釈を，やはり裁判官らに委ねる必要があったことを挙げている（Ibid. 1232）。

111 Ibid., at p. 1232.

112 Ibid., at p. 1233.

113 Ibid., at p. 1234.

114 Ibid., at p. 1234.

が合意したと考える事柄をその証拠が示しているという理由のために重要性を持ちうる。」[115]

(1) Hoffmann貴族院裁判官は，こうして第1款で紹介した一般的な契約の解釈（construction）に関する原則の適用場面を縮小させた。その結果，契約解釈手法は原則的なものと例外的なものの二通り存在することになる。

一つは，当事者が書面を当事者の合意条項の排他的記録として意図すると認められる場合に，法（裁判官ら）が書面を解釈し条項（の内容）を確定していく場合である。これは本判決の説示によれば例外的な場合である（(i), (ii)参照）。もう一つは，当事者が書面を当事者の合意条項の排他的記録として意図していないと認められる場合に，関連の全期間における当該事案の事実から契約条項を確定していく場合である（(i), (ii)参照）。これが原則的な場合である。この二つの場合は，当事者意思によって区別されるところ，「当事者らがある書面をその者らの合意の条項の排他的記録であることを意図していたかどうかも，やはり事実の問題」であるとされる（(i)参照）。

(2) 後者の解釈手法は，Irvine大法官が全関連期間をめぐる事実から本件契約が解釈されるべきとしたことと対応していると思われる。では，なぜそのような解釈手法がとられるべきなのであろうか。

理論的根拠は，「当事者が意図した」と認定できることを重視していることからわかるように（(ii)参照），ある時点のみで合意（契約）の内容が確定しないように意図する，言い換えると様々な時点で合意（契約）の内容が確定することを意図する当事者の意思である。Hoffmann貴族院裁判官は，時の経過とともに合意内容が展開されるように定めたという当事者の意思を認定できるのであれば，当事者意思を尊重してそのように契約の構造を捉えるべきであり（(ii)参照），したがって，当事者の意思を示すものであれば，後続の行為についての証拠も判断に取り入れることができると考えているのである（(iii)参照）。

(3) さらに，Hoffmann貴族院裁判官は，先にみたようにこのような合意の構造が，「人々が労務に従事することを定める合意に非典型なことではない」とした（(ii)参照）。したがって，労務提供・受領に関する契約（合意）に

115　Ibid., at p. 1235.

ついては，全関連期間が考察の対象になることが契約解釈のあり方として原則になると解される。その結果，通常の場合，労務提供・受領に関する契約の構造は，当事者意思というフィルターを通じて，時間軸上にその内容を展開させていく構造をとることになる。

(4) 以上のように，控訴院の多数意見が，合意の成立時点を明確にして契約が成立したと言えるのかを認定しようとしたのに対し，上記大法官と貴族院裁判官は，基本的に，全関連期間の事情を考慮して雇傭契約の存在を認定することをよしとしたと解される。

(5) 思うに，控訴院の契約解釈手法は，契約の成立を前提とした手法であった。つまり，合意の成立時を特定していた時点で，すでに何らかの法的事実が存在することを前提としていた。さらにそれは，法的義務の有無の問題を書面や合意の成立時に限定し，推定（implication）という法技術の利用を可能にする一方，それまでの判例において根本的な問題として議論されていた個別の労務提供・受領のインターバルにおける相互的な義務の有無を実質的に不問に付すものであった。このような合意ないし契約の成立の擬制や本来の問題からの乖離という点からして，貴族院の裁判官らの目には控訴院の多数意見は法の作用をあまりにも拡大してしまうものに映ったのであろう。

2 Carmichael 事件貴族院判決の受容

〔判決⑧〕Carmichael 事件貴族院判決の契約解釈は，たとえば以下の判例に見られるように，後続の判例に受け入れられていく。

〔判決⑨〕 Kettle v Ministry of Defence HQ Defence Dental Service 事件控訴審判所判決[116]（2007年）

【事実の概要】 労務提供者 X は，歯列矯正術を専門とする歯科医であり，Y の出した広告の「短時間民間歯列矯正専門医」の募集に応募し，面接後「採用」の旨告げられ，「一週間に最大 6×3.5 時間のセッションまで（労務提供）があることが見込まれる（anticipated）」という条項が記された契約書面に署名した。

その後，X は，一週間に6セッションのペースで労務を提供した。その後セッション数は減少したが，同様の取り決めが5回更新されて（計約5年間），6回目の更新はできない旨告げられたが，労働者派遣を通じて継続することが認められた。

---

116 [2007] All ER (D) 301 (UKEAT/0308/06).

第3節　当事者意思（契約構造）による契約解釈手法の選択　　　273

　ところが，6回目の契約期間が満了して12日後に突然労務提供が終了させられた。
　このような事情の下紛争が生じ（同事件の控訴審判所の判決では，1996年雇用権法上のどの権利の前提問題として雇傭契約の有無が争われているのか，明確に述べられていない），当事者間の雇傭契約の有無が問題となった。雇用審判所は義務の相互性を認め，これに対してYが，控訴審判所において，雇用審判所の審判長が契約書面に効力を認めるべきであったと主張した。Yは，義務の相互性については，問題の契約書面は，労務提供・受領の「見込み（anticipation）」にしか言及しておらず最少限の労務供給・遂行の義務（義務の相互性）がない，当事者の行為は契約の明示条項とはっきりと矛盾する条項を推定するのに依拠されえないとし，同審判長が当事者の行為を考察することが許されるような，書面による契約の変更（variation）に関する，あるいは，それが見せかけ（sham）に当たるといった認定はなされていないと主張した。そして，Yは，審判長のアプローチ，すなわち，当該契約が実際にどのように作用したかに依拠し，契約書面は必ずしも決定的ではないとしたことは，法において誤っていると主張した。なお，XはCarmichael事件貴族院判決を引用して反論していなかった。

【判旨】　上訴棄却
　Richardson審判長は，以下のとおり判断した。
　審判所の審判長は，雇用契約の認定にあたってYの契約書面を隅々まで検討はしていないことは明らかである。
　「この点についての指導的な現代の先例はCarmichael事件貴族院判決である。」[117]
　「審判所がXが雇傭契約の下で労務を提供していたかどうかを決定する際に適用する原則がこの先例から抽出できる。」[118]
　「第一に，契約的書面といわれるものに直面した審判所は，当事者が当該書面を彼らの合意条項の排他的記録であると意図したか否かを判断しなければならない。
　第二に，この問いは審判所に委ねられた事実の問題である。
　第三に，当事者らの意思が書面は彼らの合意条項の排他的記録であるというものであれば，審判所は概して当該書面の検討にのみ従事することになる。書面の意味は法律問題であ」る[119]。
　「第四に，当事者意思が書面は彼らの合意条項の排他的記録であるというものでなければ，審判所は契約の条項を決定するために他の関連の事柄を検討すること

117　Ibid., at para. 35.
118　Ibid., at para. 38.
119　Ibid., at paras. 39-41.

ができる。それには口頭でのやり取りや行為が含まれる。」[120]
　「雇用審判所の決定しなければならない最重要の第一の問題は，客観的に見て，当事者の意思が全ての契約条項が書面に記載されるというものであったか否かである。」[121]
　　　（中略）
　当事者らがそのように「書面を意図しなかったならば，審判所は口頭の合意や後続の取引を見る前に当該契約が見せかけであるとかそれが変更されていると認定することは必ずしも必要ではない。」[122]
　　　（中略）
　当事者が書面合意を排他的記録であると意図しない場合，「Carmichael事件貴族院判決が明らかにしたように，雇用審判所は，契約条項を確定するのに広い画面（wider picture）を検討しうる。」[123]

　このように，「義務の相互性」の認定のための契約解釈手法として，Carmichael事件貴族院判決が先例として受け入れられている[124]。

3　まとめ

　〔判決⑧〕Carmichael事件貴族院判決において，貴族院でも，事実認定や事実の評価が事実問題であることが肯定されていた。この点は〔判決⑤〕O'Kelly事件控訴院判決を引き継ぐものである。ただ，〔判決⑤〕O'Kelly事件控訴院判決とは異なって，明確な契約書面が作成された場合でも当該書面は当該事案において認められる一つの事実に過ぎないということが原則として示された。それは，〔判決⑧〕Carmichael事件貴族院判決において，Hoffmann貴族院裁判官が，当事者の意思により契約の内容が当事者の行為等により時間軸上に展開するよう定められることを認め，このような場合が，「人々が労務に従事することを定める合意に非典型なことではない」とした

120　Ibid., at para. 42.
121　Ibid., at para. 43.
122　Ibid., at para. 54.
123　Ibid., at para. 57.
124　他に，Staffordshire Sentinel Newspapers Ltd. v Potter [2004] IRLR752; Montgomery v Johnson Underwood Ltd. [2001] IRLR271 (CA) (at para. 16); Consitent Group Ltd. v Kalwak [2007] IRLR560 (at para. 9).

からである。「問題の関係の内容のすべてを書面で決めるという例外的事案（unusual case）は別として，原則的な事案（every case）は雇用審判所の認める証拠についての解釈に依拠することになるのであり，Hoffman 貴族院裁判官が採用したアプローチは，雇用審判所が，どの証拠が重要であるかについての広い視野（a wide view）を手に入れることを示唆するもの」[125]であった。たしかに，Carmichael 事件における労務提供者は結局のところ敗訴してしまったのではあるが，「皮肉にも」同事件で「貴族院によってとられたアプローチは，長い目で見れば，臨時的労務提供者の利益により適うものとなる」[126]ものであった。

第5款 当事者意思という根拠と残存した不安定性

1 実態よりも優先される明示

ところで，既に〔判決⑧〕Carmichael 事件貴族院判決からわかるように，同事件判決の示した契約解釈手法は，一定の不安定性を抱えるものであった。というのも，それによれば，例外的な契約解釈に依拠することが認められるとき，つまり，契約当事者間の法的関係がすべて契約書面によると当事者が意図していると認定される場合，雇傭契約の有無の判断のための事実は契約書面によって言い尽くされることになるからである。このような事案においては，契約書面が雇傭契約の有無の判断に当たって決定的なものとなり，当該書面を作成した当事者（おそらく労務受領者）の利益には適ったとしても，多くの場合に当該書面に同意するしかない当事者（おそらく労務提供者）の利益に適うとは必ずしも言えない[127]。

では，実際のところ，このようなもう一つの契約解釈手法は，どのように展開したのか。ここでは，例外とされた契約解釈手法の展開を追うために，まず，〔判決⑧〕Carmichael 事件貴族院判決の前に出されたある有名な控訴院判決から出発しよう。

---

125 Linda Clarke, 'Mutuality of Obligations and the Contract of Employment: Carmichael and Another v National Power plc' (2000) 63 MLR 757, at p. 762.
126 Ibid.
127 Alan L. Bogg, 'Sham Self Employment in the Supreme Court' (2012) 41 ILJ 328.

〔判決⑩〕　Express & Echo Publications Ltd. v Tanton 事件控訴院判決[128]
　　　　（1999年）

【事実の概要】　1995年8月14日，労務提供者Xと会社Yとは，XがYのために労務を提供するという合意を交わした。当該合意締結の際，Yは，Xが被用者でないということを意図しており，Xもそのことに合意した。ただし，1996年1月になってようやくYはXに契約に関する書面の写しを交付した。当該合意書面の条項3.3は，「契約者が自分自身による労務の履行ができないまたはそれを望まない場合には，契約者は完全に自己の費用によって当該労務を履行する適当な者を用意しなければならない」と規定していた。その後，Xは，Yによる契約違反を訴え，XがYの被用者である場合にはYに課される労働条件記述書の交付を労使審判所に求めた。Yが，XはYの被用者でないと主張したため，X・Y間の雇用契約の有無が問題となった。労使審判所はXの請求を認容し，Yが控訴審判所に上訴した。控訴審判所が上訴を棄却したため，Yが控訴院に上訴した。

【判旨】　上訴認容（全員一致）

　Peter Gibson 控訴院裁判官は，以下のとおり判断した。

　労使審判所の「審判長は，1995年8月以降口頭の合意がある……と認定していたと思われる。しかし審判長は，書面を考慮に入れているものの，他方，……彼は，それらの書面に含まれていた当事者の義務についてよりも，実際に何が起こったのかにより関心を向けている。」

　「契約条項3.3が，合意条項を，当事者が拘束される義務の検討ではなくて実際に何が起きたのかに注目することによって確定しようとする際の困難を明示している。もちろん，労使審判所がこの法の領域において用心深く義務の実態（reality）に目をやろうとすることは重要である。もし義務が見せかけ（sham）であるならば，審判所はそのように言うことを欲するであろう。しかし，実際に何が起こったかに注目しても，全ての契約条項を解明することはできない。ある条項が実施されない場合に，そのことはそのような条項が合意の一部ではないという結論を正当化するものではない。問題の義務が一時的に適用されなかったということもありうる。もし本来的に雇用契約（contract of employment）の存在と整合的でない契約条項があるのであれば，その条項の存在を前提とすると，何が実際に時々に起こったのかは決定的にはなり得ない。……したがって，私は，審判長は相互的な義務が何であったかを探求するのではなくて何が起こったかに注目していた際，その点で誤りを犯していたと考える。」[129]

128　[1999] ICR 693 (CA).

129　Ibid., at p. 698.

第3節　当事者意思（契約構造）による契約解釈手法の選択　　277

　〔判決⑩〕は，〔判決⑧〕Carmichael 事件貴族院判決よりも数か月前に出されたものである。したがって，〔判決⑧〕Carmichael 事件貴族院判決は判断の基礎にはなっていない。しかしながら，本件における労使審判所と控訴院との基本的な対立は，〔判決⑧〕Carmichael 事件貴族院判決において示された原則と例外二つの契約解釈手法のどちらを優先させるかという対立として理解可能である。

　まず，〔判決⑧〕Carmichael 事件貴族院判決における原則的な契約解釈手法は，書面等により明示された契約名称や契約条項が存在していたとしても，それに縛られずに契約締結後の関係の実態を含めて考察し，そこから得られた事実全体の中で，明示された契約名称や契約条項に関する評価を下し，権利義務を確定するというものであった。これに対して，例外的な契約解釈手法は，書面等により明示された契約名称や契約条項がある場合には，それを中心として当事者間の権利義務を確定するというものであった。

　以上の原則的契約解釈と例外的契約解釈を念頭に置くと，本件における労使審判所は，契約書面が存在したとしていても，それをひとまず脇において，「実際に何が起こったのかにより関心を向けて」権利義務の認定を行ったのであり，〔判決⑧〕Carmichael 事件貴族院判決における原則的な契約解釈を採用していると評価できる。これに対して，本控訴院は，「審判所がこの法の領域において用心深く義務の実態（reality）に目をやろうとすることは重要」であるとしながらも，そのような「実態」に踏み込んで考察するのは，書面により明示された契約名称等が「義務が見せかけ（sham）である」と認められなければならないとするのである。言い換えると，「見せかけ（sham）」の判断がない段階では，契約書面を脇においてはならない，として契約書面を権利義務の認定の中心に据えるのである。

　このように，権利義務の認定に当たり，契約書面等の明示を基礎とするのか，そうではなくて，契約締結後の関係の実態をも含めた全体を基礎とするのかについて，本判決は，前者を採用しており，〔判決⑧〕Carmichael 事件貴族院判決における例外的な契約解釈手法をむしろ原則とするものと解されるのである。本判決は，「裁判所が当事者間の関係の性質決定にあたり，雇用関係についての日々の事実（day to day fact）を探求するのにどれほど消極的であるかを示唆する」[130] ものといえよう。

2　残存する不安定性

とはいえ，1で考察した〔判決⑩〕Tanton 事件控訴院判決は，〔判決⑧〕Carmichael 事件貴族院判決以前のものであった。したがって，〔判決⑧〕Carmichael 事件貴族院判決の後は，契約書面が存在していたとしても例外的な解釈手法が採用されることがなくなったものと予測されうる。しかし，Carmichael 事件貴族院判決以後も，〔判決⑧〕同貴族院判決における例外的な契約解釈手法が，〔判決⑩〕と共に実際に用いられる。

〔判決⑪〕　Staffordshire Sentinel Newspapers Ltd. v Poter 事件控訴審判所判決[131]（2004年）．

【事実の概要】　1999年2月4日から，Xは，会社Yに家庭配達代行人として労務を提供していた。最初に，Xは配達代行合意書面に署名をした。当該合意の主たる条項は，当該合意が雇用契約ではなく，労務のための合意であるとする条項と，代行人（X）が独立契約者であるという条項であった。このように，当初の合意は「代替者条項」を含むものではなかったが，2000年11月に「代替者条項」（Xが代替者によって労務を遂行することを許容する条項）が挿入された新たな労務のための合意がX・Y間で締結された。Yは2003年3月31日に関係を終了させた。Xは，Yの不公正解雇を雇用審判所に申し立てた。雇用審判所は，Xの請求を認容。Yが控訴審判所に上訴。

【判旨】　上訴認容・請求棄却

Peter Clark 審判長は，以下のとおり判示した。

「決定的な問題は，何が重要な契約条項であるかである。書面による明確な明示の契約条項が存在しない場合には，契約条項を認定するのに事実のマトリックス全体を検討する必要があろう—Carmichael 事件貴族院判決参照。しかしながら，契約条項が契約書面から明確である場合は，条項の変更の場合や，契約条項がTanton 事件控訴院判決における Peter Gibson 控訴院裁判官の表現を用いるならば見せかけ（sham）と評価されうる場合でなければ，上記のような検討は不要である。」[132]

本判決は，判旨で引用されていることからもわかるように〔判決⑧〕

130　Patricia Leighton, 'Problems Continue for Zero-Hours Workers' (2002) 31 ILJ 71, at p. 73 (Case Note).

131　[2004] IRLR 752 (EAT).

132　Ibid., at p. 753.

第3節　当事者意思（契約構造）による契約解釈手法の選択　　279

Carmichael 事件貴族院判決以後の判決であり，また，判旨で引用されている Tanton 事件控訴院判決とは，〔判決⑩〕である。そして，判旨からわかるように，本判決は，〔判決⑧〕Carmichael 事件貴族院判決を参照しつつ同判決で示された原則と例外を前提に，本件が「事実のマトリックス全体を検討する必要」のある「書面による明確な明示の契約条項が存在しない場合」には当たらないとした。そして，「契約条項が契約書面から明確な場合」には，「見せかけ (sham)」等と「評価されうる場合でなければ，〔事実のマトリックス全体の〕検討は不要」であるとした。こうして，本件では，書面上の契約条項が契約当事者の権利義務の内容として理解され，Y の上訴が認容されたのである。

　このように，〔判決⑧〕Carmichael 事件貴族院判決以後も，同貴族院判決における例外的な契約解釈手法を肯定していると理解できる〔判決⑩〕Tanton 事件控訴院判決が，「契約条項が契約書面から明確な場合」における先例としての意義を保持していたのである。

　先述のとおり，〔判決⑧〕Carmichael 事件貴族院判決の趣旨は，「雇用契約の契約解釈において，通常の場合において，審判所が，契約が当事者を義務づける事柄に関し，後々示された理解も含めて，雇用関係に入った後の当事者の振る舞いを考慮に入れることを可能」[133]とすることにあった。「したがって，完全な書面での雇用契約の事件は『非典型』なものとなる」[134]はずであった。しかし，実際には，上記判決にみられるように，そのような非典型な事案が存在することが認められ，契約書面を重視する契約の解釈の可能性が残ってしまったのである[135]。このように，契約書面を重視する先例は，〔判決⑧〕Carmichael 事件貴族院判決以後も一定の影響力を保持し続けた。したがって，「書面が疑いの余地のないよう詳細に起案され，これに労務提供者が，自由に，あるいは不承不承にであっても，一端署名したということになると，労務提供者が被用者の地位を成功裡に主張できる見込みは薄い」[136]ことになる。たとえ同貴族院判決がそのような契約解釈を例外的なものと位置づけていたとしても，契約当事者の意思を基準とした契約解釈手法の選択は，交渉力格差が一般的に認められる当事者に，そのような書面を絶

133　Deakin and Morris, n. 62 above, at para. 3.20（p. 150）; D. Brodie, *The Employment Contract* (OUP, 2005), at p. 13 (para .1.14).

134　Deakin and Morris, n. 62 above, at para. 3.20（p. 150）.

対化する契約解釈の途を残すことになった。このように，〔判決⑧〕Carmichael事件貴族院判決における当事者意思を根拠とした一般論の提示だけでは，契約解釈における契約書面等の当事者意思の明示（とりわけ書面）の意義の相対化を図るには不十分であり，契約解釈における合意の処理に付きまとう不安定性を拭い去るには至らなかったのである[137]。

第6款　まとめ

1　判例の到達点と残存する不安定性
(1)　事実問題としての位置づけ

すでに第2節で見たとおり，〔判決⑤〕O'Kelly事件控訴院判決により，雇傭契約の有無の判断のための契約解釈において，事実認定に止まらず，事実に対する評価の問題も，事実問題として位置づけられるようになっていた。とはいえ，第3節第2款で見たように，〔判決⑦〕Carmichael事件控訴院判決が，一般契約法上の契約解釈に関する原則に基づき，権利義務の認定の重要な部分を法律問題に変えようと試みた。しかしながら，結局，同事件の〔判決⑧〕貴族院判決により，その試みは否定され，最終的には，事実問題

135　その他にも，Stevedoring & Haulage Services Ltd. v Fuller事件（以下，「Fuller事件」。）控訴院判決（Stevedoring & Haulage Services Ltd. v Fuller [2001] IRLR 627 (CA).）では，Carmichael事件貴族院判決が引用されているにもかかわらず，書面の明示条項が合意条項の内容を示していると判断されている（See also. Franks v Reuters Ltd [2003] IRLR424 (CA) (at para.9); Dacas v Brook Street Bureau (UK) Ltd. [2004] ICR1437.）。Fuller事件では，雇用審判所等が，Carmichael事件控訴院判決と同様に合意の存在を前提として義務の推定という法技術を用いて義務の相互性を認めており，その点が控訴院から批判されていた。しかし，控訴院自身は，「この分野では，合意やその条項の検討は，もしあればれであるが，当事者らが書面を合意の排他的記録であると意図したことが明白でない限り，書面の検討や解釈に制限されるべきではない。当事者の意図は，後の行為も含めた他の資料から推定されうる。我々は，この点は自明であると考えるが，Carmichael事件貴族院判決におけるIrvine大法官とHoffmann貴族院裁判官の意見によって明らかにされている」(Ibid.628.) としていた。

136　Patricia Leighton, n. 130 above, at p.76.

137　Alan L. Bogg, n. 127 above; Deakin and Morris, n. 62 above, at para. 3.20 (p. 150-151).

第 3 節　当事者意思（契約構造）による契約解釈手法の選択　　281

として位置づけられた。

(2)　議論の対象としての契約解釈全体

　第 2 節までの議論は，事実問題か法律問題かという論点と，制定法の適用と当事者意思の明示（宣言）の意義という論点（〔判決②〕，〔判決④〕参照）という，両論点が複雑に絡み合う中で，契約解釈が局部的に議論されていた。

　これに対し，〔判決⑦〕Carmichael 事件控訴院判決を契機として，議論が契約解釈全体に及ぶようになり，真正面から雇傭契約の成否判断のための契約解釈（権利義務の認定）のあり方が議論されるようになった。こうして，権利義務の認定の大部分が事実の問題であるとされ，それが契約解釈のあり方の問題として真正面から議論されるようになり，問題の全体像が比較的明瞭になってきたように思われる。

(3)　当事者意思を基準とした契約解釈手法の選択と不安定性

　ただ，〔判決⑧〕Carmichael 事件貴族院判決が示されても，第 5 款 2 で見たように，契約書面（明示の意思表示）が当事者の権利義務の内容を示す排他的な記録として認められる例外的な場合が残ってしまい，どのような契約解釈によって権利義務の認定が行われるのかについて，不安定性がみられた。その原因は，上記貴族院判決が，契約解釈手法の選択を契約構造に関する当事者意思に委ねてしまったことにあった。

　2　契約解釈の類型と当事者・解釈者

　第 3 節で登場した契約解釈手法を本稿の視点から整理する（それ以前のものについては，第 2 節第 6 款参照。）。契約解釈手法の類型とそこに現れた当事者や解釈者の役割は，以下のとおりである。

(1)　法律問題とするもの

(a)　契約締結時を基準とし「合理性」を基準とする解釈

　〔判例⑦〕Carmichael 事件控訴院判決は，一般契約法の契約解釈の準則に従い，契約解釈を法，つまり，裁判官の領域の問題であるとした。そして，契約締結時を契約解釈の基準時とし，当事者の作成した契約書面とその背景を当事者間の権利義務内容確定の基本的な材料とする。ただし，このように基準時が限定され，当事者は当該書面を通じて基本的な材料となる文言を提供することができるが，当該文言の解釈にあたっては，裁判官等は，「合理性」等の基準を用いて契約内容を修正・補充する比較的広い介入の余地のあ

る解釈作用を担う。

(b) 当事者意思を根拠として契約締結時を基準とする契約解釈

〔判例⑧〕Carmichael 事件貴族院判決で示された例外的な契約解釈手法である。これは，当事者が書面を排他的記録として意図して作成した場合に用いられるものであり，当事者間の権利義務内容は，当該契約書面の解釈によって決定される。当該契約書面の解釈にあたって，裁判官による書面上の文言等についての解釈の余地が広く認められるのか否かは必ずしも定かではない面もあるが，〔判例⑧〕以後の判例の展開からは契約書面に記載された事柄が権利義務の認定にあたって決定的なものとなると解される（〔判例⑩〕，〔判例⑪〕参照）。

ここでは，当事者は，契約上の権利義務の内容を実質的に書面に基づき決定することができ，他方で，裁判所は当事者が作成した書面の文言を正確に法的事実（権利義務）として認定する役目を負うにすぎない。

(2) 事実問題とするもの

(c) 当事者意思を根拠として契約内容の時間的展開を認める契約解釈

〔判例⑧〕Carmichael 事件貴族院判決で示された原則的な契約解釈手法である。この契約解釈手法は，(b)契約解釈手法と同様に，当事者意思を根拠に，労務提供契約の内容が時間的に展開していくものであるとし，当事者意思の明示，とりわけ契約書面の意義を相対化している。そして，契約締結後の事情も権利義務の認定に当たって契約解釈の対象とする。当事者は，契約書面を作成したとしても，それは一つの事実を形成したに過ぎず，契約締結後も，自らの言動によって当事者間の権利義務を形成し続けることになる。裁判官らは，当事者意思（契約書面を排他的な記録として意図したかどうか）に従って，契約締結後の事実も，権利義務の認定のための材料とすることができるし，そのようにして契約内容を探究する役割を担う。

第4節　契約類型にかかる法の趣旨ないし政策

第1款　一般契約法の性質決定における法の趣旨ないし政策の反映

ところで，〔判決⑧〕Carmichael 事件貴族院判決のように，当事者による契約締結時の関係についての宣言や契約条項にこだわらずに権利義務を認定

第4節　契約類型にかかる法の趣旨ないし政策　　283

することは，実は，一般契約法における契約解釈，すなわち，契約の「性質決定（characterization）」の場面では以前から認められてきた[138]。

　だが，興味深いことに，その根拠が異なっている。すなわち，契約解釈についての一般的な理解では[139]，性質決定においてそのように実質的に権利義務が認定される根拠として，当該契約類型の背後にある法の趣旨ないし政策（policy）がより明確に意識されているのである。たとえば労働者の深刻な住宅不足を背景として制定され[140]今日に至る家賃法（Rent Acts）のように，制定法が特定の契約類型を締結した当事者に，強行的な権利義務を付与するまたは課している場合には，当該契約類型に委ねられた政策の実現のために，権利義務を実質的に検討することが必然と理解されているのである[141]。「議論される諸問題は，政策的要素（policy factors）がより顕著なものとなっており，純粋な解釈の問題ではない」[142]とされ，「結果として，裁判所は，取引の実態（reality）を決定するために先行する取引や後続の行為をも含めたより広範な証拠に依拠しようとすることになる」[143]とされる。

　そして，この点についてのリーディング・ケースとして有名なStreet v Mountford事件貴族院判決[144]は，当事者間の契約を家賃法が適用される賃貸借契約であると評価した際，「家賃法のために合意の解釈を変更したり家賃法が合意の解釈に影響を与えたりすることは許されないが，裁判所は，……賃貸借の譲与を隠して家賃法を免れることを唯一の目的とする虚偽装置（sham devices）と人為的な取引を探知しかつ挫くように賢明でなければならない」[145]とし，契約締結時の書面よりも取引の実態を重視した判断をしてい

138　G. McMeel, n. 1 above, at para.1.20.

139　Ibid.

140　幾代通「イギリス法」有泉亨編『借地借家法の研究』（東京大学出版会，1958）157頁。

141　高等法院の裁判官であるKim Lewison卿は，契約の性質決定が問題となる場面に関し，「実体法が適切に適用されるようにするために，自制のない（unrestrained）契約の自由を覆す公益（public interest）が存在する」とまで述べている（Sir Kim Lewison, *The Interpretation of Contracts*, 5th ed. (Sweet & Maxwell, 2011), at para 4.03.）。

142　G. McMeel, n. 1 above, at para. 1.20.

143　G. McMeel, n. 1 above, at para. 1.20.

144　[1985] 2 WLR 877 (HL.).

る。ただし、以下で紹介する判例をみる上でも誤解してはならないのが、同判決でも、契約書面が見せかけ（sham）であるとの評価はなされておらず、あくまで契約解釈（権利義務の認定）のために上記の判示がなされている点である。

このように、一般契約法の領域では、契約の性質決定のための契約解釈（権利義務の認定）は、各契約類型が背景とする法の趣旨ないし政策（policy）を背景に、契約書面ではなく、取引の実態に基づきなされてきた。

第2款　一般契約法との再会

ところが、労務提供契約については、とりわけ雇傭契約の有無の判断に関しては長く議論されてきたにも拘らず、これまで見てきたとおり、その判断枠組みの中でそのような法の趣旨ないし政策の意義は明確な意義を認められてこなかった。たしかに、〔判決②〕Ferguson事件控訴院判決や〔判決④〕Young & Woods事件控訴院判決は、雇傭契約以外のリースやライセンスについての契約解釈のあり方と法の趣旨ないし政策の意義に触れていた。だが、第2節で見たように、そのような試みは失敗を重ねていた。

とはいえ、その後、第3節で紹介した〔判決⑧〕Carmichael事件貴族院判決が現れた。しかし、同貴族院判決が契約締結時以後の事情をも考慮に入れる根拠としていたのは、契約（合意）構造に関する当事者意思であった。そのため、〔判決⑧〕Carmichael事件貴族院判決は、原則に対する例外を認めざるをえず、当事者とりわけ労務受領者が作成する書面が決定的な役割を果たす可能性を排除しきれていなかった。

しかしながら、以下に見るように、労働法の適用に関して問題となる労務提供契約についても、契約構造を形作る当事者意思という根拠ではなく、一般契約法におけるのと一定程度共通する根拠、すなわち、契約類型に関する特有の事情から、契約締結後の事実をも当事者の権利義務の内容として認定する契約解釈手法が示されることになる。

145　Ibid., at 890.

1　控訴審判所と控訴院の対立
(1)　議論の発端

議論の嚆矢となったのが，以下に見る控訴審判所判決における Elias 審判長の判断であった。

〔判決⑫〕　Consistent Group Ltd. v Kalwak 事件控訴審判所判決[146]（2007年）
【事実の概要】　ポーランド国民の X らは，ポーランドにいる間に派遣元 Y_1 と仕事の取決めをした上でイギリスに入国し，Y_1 の提供する宿泊施設に滞在し始めた。その後，X・Y_1 間で契約が交わされ，X らは，派遣先 Y_2 に対する労務提供を開始した。報酬からは宿泊料等が控除されていた。X・Y_1 間で交わされた書面（自営業者下請人の請負その他の労務提供契約 Self-employed sub-contractor's contract for services）には，当該契約書面が当事者間の合意のすべてであって，両当事者が署名した書面によってのみ変更が加えられることが記載されていた。そして，同書面は，契約を終了させるために二週間前予告が必要であること，X が下請契約者であり臨時ベースで労務を提供すること（「義務」条項），X・Y_1 間で労務を必ず供給するあるいは依頼された労務を必ず引き受ける義務のないこと，下請人が労務を提供することができない一定の条件の下では代替者に労務を提供させることができること，そして，X が Y_1 のために労務を提供するのに支障のない限り Y_1 の合理的な意見を受けつつ他の者に労務を提供することが認められること（囲い込み条項 circumvention）が明記されていた。

X らは，労働組合 A に加入しようとしたところ，Y_1 による妨害を受け，その後解雇された。

このような事情の下，X らは Y_1・Y_2 を名宛人として，1992年労働組合労働関係統合法等に基づき，組合員であること等を理由として解雇されたこと，そして1996年法に基づき違法な賃金控除（「労働者の契約」の有無が問題となる）を受けたこと等を雇用審判所に申し立てた。雇用審判所は，X らが Y_1 の被用者であることのみを認めた。X・Y_1 双方が控訴審判所に上訴し，控訴審判所では主として X が Y_1 の被用者であるかが問題となった。具体的には，①関連期間全体を覆う継続的な契約の「義務の相互性」（契約の成立要件）の有無と，②十分な程度の指揮命令の要素の有無等が問題となった。②について，X は，Ready Mixed Concrete 事件高等法院女王座部判決等において，日々のまたは直接的な指揮命令がない場合に

146　[2007] IRLR 560.

も雇用契約の存在が認められているとし，本件においても指揮命令が認められる旨主張した。

【判旨】　上訴棄却・原判決維持

Elias審判長は，以下のとおり判断した。

(i)「上訴理由を検討するには，以下の三つの論点を考えることが便宜である。

(1) Xらは，派遣元に対して自分自身で労務を提供することを義務づけられているか……。

(2) Xらが個別の労務に従事していないときにも全体を覆う傘契約を作り出す相互的な義務があったか……。

(3) 派遣元によって行使される指揮命令の程度が雇用審判所の審判長にその地位を被用者のそれであると結論させるほどに十分なものであったか……。」[147]

(ii) (3)について

「審判長は，労務を断る権利あるいは誰か別の者に労務を提供する権利についての条項は見せかけ（sham）であったと述べた。」

「Snook v London and West Riding investment Ltd[1967] 2 QB 786が先例として挙げられた。」

「明示条項が見せかけとして否定されうる可能性はTanton事件控訴院判決においてPeter Gibson控訴院裁判官によって認知されていた。……控訴院は，どのように実際に契約が実行されたのかに焦点を当てるのではなく，当事者を拘束する法的義務が何かを問うことによって，その問題の解答が決定されなければならないことを強調していた。そのため，当該事案において，実際個人が常に自分自身で労務を提供していた事実は，そのようにする契約上の義務があるということを証明することにはならず，その結果，雇用審判所の判断は，そのような推論を誤って引き出したとして覆されたのである。」[148]

(iii)「審判所が敏感でなければならないことは，法律家集団は，形式的に，雇用契約に簡単に代替条項や労務を承諾したり供給したりする義務を否定する条項を，そのような条項が真の関係を反映することがない場合にでさえ，入れておくということである。〔Tanton事件における〕Peter Gibon控訴院裁判官はこの問題に敏感であった。」[149]

「言い換えると，状況（situation）の実態が，誰も真剣に労務提供者が代替者を提供しようとする，あるいは依頼された労務を断ることを予期しないというもの

147　Ibid., at para. 28.
148　Ibid., at para. 56.
149　Ibid., at para. 57.

であれば，これらの非現実的な可能性を契約が明示的に規定しているという事実は関係の真の性質を変えることはないのである。しかし，もしこれらの条項が真に現実に起きると期待しうることを反映しているのならば，与えられた当該権利が実際に行使されていないという事実は当該権利を無意味なものとすることはないのである。」150

(iv)「上記原則を本件に適用すると，雇用審判所は，X らは派遣元の有する経済的な力（economic power）に非常に強く依存していたのであって，X らが労務提供の依頼を受けたときに労務提供を引き受けるか否か，あるいは第三者のために労務を提供するか否かにつき自由であったということは現実的な可能性としては存在しない……状況（situation）であったと判断することが可能であった。X らは派遣元のために働くことを期待してポーランドからやってきたのであって，彼らの住居はそのような仕事をすることによって継続するものであり，彼らには仕事のチャンスは現実的には他にはない。少なくとも派遣元は彼らの労務提供を必要としていた。これらの事情からすれば，当該正式な書面は実態に値するような関係を何ら含んでいなかった。」151

　上記事件では，これまで同様，当事者間の権利義務をいかにして認定するかが問題となっている。そして，〔判決⑩〕Tanton 事件控訴院判決が十分に意識されつつ，明示の条項ないし書面と整合的でない契約内容を認定する方法，が問題となっている（(ii)参照）。
　まず，Elias 審判長は，①〔判決⑩〕Tanton 事件控訴院判決を，「法的義務が何かを問うこと」を強調する先例として位置づけている（(ii)）。これは言い換えると，判旨からもわかるように，明示の条項と異なる契約の履行実態があったとしても，その事実によってすぐさま当該明示条項によって明らかにされる義務が否定されるわけではないことに注意する必要がある，ということである。
　しかし，Elias 審判長はこのように〔判決⑩〕Tanton 事件控訴院判決の趣旨を尊重して「実態」＝「義務」という単純な推論は否定しているが，同時に，②「明示条項（書面）」＝「義務」ということを肯定しているのでもなく，一定の場合に，明示条項と異なる「法的義務」を認定する余地を認めること

150　Ibid., at para. 58.
151　Ibid., at para. 59.

も忘れなかった((ⅲ))。すなわち,「法律家集団」という表現を用いて明示条項や契約書面を作成する側の優位性を示唆しつつ,明示条項が「形式的に」「真の関係を反映することがない場合」にも契約に挿入される事実を指摘し,明示条項とは異なる法的義務を認定する余地を見出すのである。

そして,③「状況の実態が,誰も真剣に」明示条項に記載されている内容の権利義務の存在を「予期しない」というものであれば,「これらの非現実的な可能性を契約が明示的に規定しているという事実は関係の真の性質を変えることはない」のである((ⅲ))。

つまり,明示条項にも二種類存在するということである。一つは,たとえ実際には明示条項と異なる契約関係実態があったとしても,それでもなお当事者らが「法的義務」として契約関係の一部を構成すると考え当該条項を当該契約に盛り込んだ場合のものである。この場合の明示条項の内容は「法的義務」を定めており,当該条項の内容は当事者間の法的関係の内容として認定されることになる。もう一つは,状況の実態からみて,当該明示条項が非現実的な事柄を定めたものに過ぎず,むしろ関係の実態から当該条項に反するような契約内容が認定される場合のものである。

ただし,④本判決における「実態」は,最終的な判断部分((ⅳ))から読み取れるように,契約解釈(権利義務の認定)の材料としての契約締結後の事情を意味するというよりは,より直接的には,労務提供者の労務受領者に対する経済的な依存といった,明示条項が契約に盛り込まれた契約締結時の両者の交渉力格差,を意味しているようである。したがって,本判決においては,〔判決⑧〕Carmichael事件貴族院判決等で議論されてきた契約締結後の事情は,そのようにして相対化された明示条項(書面)に代わるものとして,契約解釈の対象とされる,ということになるのであろう[152]。

このように,〔判決⑫〕は,〔判決⑩〕Tanton事件控訴院判決と微妙な距離を取りつつ,また,「法律家集団」といった契約締結時における労務提供者と労務受領者間の交渉力格差を一つの根拠として示唆しつつ,明示条項(書面)を超えてあるいは無視して権利義務の認定を行うべきことを示したのである。

---

[152] おそらく,本件では,明示条項が「見せかけ」かどうかが問題となっていたことから,こういった明示条項の相対化,無効化,という点が中心的な論点となっている。

2　控訴院による否定

ところが，〔判決⑫〕Kalwak 事件控訴審判所判決の示した契約解釈は，控訴院によって否定される。そこで現れるのが，「見せかけ（sham）」に関する伝統的なコモン・ローの考え方であり，控訴院は，〔判決⑫〕がこれに従わずに明示条項よりも関係の「実態」を検討の対象として権利義務を認定したことを問題にするのである。

従前も「見せかけ（sham）」に関する議論は出て来ていたが，以下の議論において決定的に重要になるので，ここで，コモン・ローにおける伝統的な「見せかけ（sham）」法理について一言しておく。同法理については，Snook v London and West Riding Investments Ltd [1967] 2QB 786 (CA) が指導的先例であり[153]，同法理は，契約条項を「見せかけ」として無効とする際に，両当事者が第三者を欺く形で，共謀して物事に取り組んでいたことを要求する。より詳細には，同事件の中で Diplock 控訴院裁判官により，以下のように「見せかけ」が定義されている。すなわち，見せかけとは，「当事者らが第三者もしくは裁判所に対して，当事者が形成することを意図していた実際の法的権利義務とは異なる当事者間の法的権利義務を形成する外観（appearance）を作出しようと意図してなされた行為，あるいは達成された書面を意味」し，当事者の書面が「見せかけ」のものであると認められるには，「関係当事者らは，それらの行為や書面がその外観を作出しようとしている法的権利義務を形成するものではないということについての共通の意思（common intention）を有していなければならない」[154]。

このように，Snook 事件控訴院判決は，当事者が第三者等に対する「見せかけ」を作出する「共通の意思」を要求する。言い換えると，Snook 事件控訴院判決に従えば，書面と整合性を欠く権利義務の認定は，それらの書面についてのそのような「共通の意思」が認められない限り，認められないということになる。

では，この法理によって〔判決⑫〕の雇傭控訴審判所の判決を覆した控訴院判決をみていこう。

153　G. McMeel, n. 1 above, at para. 5.55.
154　Snook v London and West Riding Investments Ltd [1967] 2QB 786, at p. 802.

〔判決⑬〕　Consitent Group Ltd. v Kalwak 事件控訴院判決[155]（2008年）
【事実の概要】　〔判決⑫〕【事実の概要】参照。
【判旨】　上訴認容・破棄差戻し
　Rimer 控訴院裁判官は，以下のとおり判断した。
　(i)　「Elias 審判長は，……『義務』条項の公平な解釈に基づけば，Y に労務の提供を依頼する義務，あるいは X に労務提供を承諾する義務がなかったということをまず認めていた。私もそのように考える。それにもかかわらず，彼は，……契約において何らかの相互的な義務があると黙示にみとめられないかを検討した。彼は，まず，『囲い込み』条項の効果を検討した。同条項は，契約の効力を維持しつつ Y が X らが他で働くことを阻むことを可能にした。同条項についてのこの点の評価は正しいと思われる。そして，Elias 審判長は，『実態において X らが Y に労務提供を依頼されたならばそれを承諾すべき義務が X らにあった』という雇用審判所の審判長の見解が確信をもって支持されると述べた……。私には，……反対の趣旨の……明示条項をものともせずに，当該『囲い込み』条項によって，X らに依頼された労務提供を承諾する義務が黙示的に課されていたという結論に達することはできない。以上の理由から，当該『囲い込み』条項は黙示的に明示条項を無効にすることはできなかった。……Elias 審判長は，Y の弁護人による明示条項に反する条項は推定されないという主張を記録しているのにもかかわらず，それを見過ごしていたように思われる。また，同審判長はそのような条項が推定される必要性があるのかも説明していなかった。」[156]
　(ii)　「Elias 審判長は，Y が労務提供を依頼する黙示の義務を負っていたかを検討した。……〔Elias 審判長の見解〕は，Y の側に X らに労務提供を依頼する一定の範囲での黙示の義務を認定するに至っていた。これは同様の困難を生じさせる。第一に，Elias 審判長は，なぜそのような条項を推定することが必要であるのかを説明していなかった。第二に，それは明示条項に矛盾する。そして，Elias 審判長はこの点において当該『義務』条項を見せかけ（sham）として扱っていないのである。」[157]
　(iii)　「当事者の取引を作り直すのは裁判所や雇用審判所の役割ではない。真摯に書面で合意された条項が異なる条項によって否定されるとすれば，そのようなことは，真の合意が異なる趣旨のものであり，当該契約における条項が当事者によって挿入されたことによって，誤解を招くように異なる趣旨であるとの印象をもた

155　[2008] IRLR 505 (CA).
156　Ibid., at para. 35.
157　Ibid., at para. 36.

らすものであるということの明確な認定がある場合に限りなされるのである。」[158]

　本判決で取り上げた部分で問題となっているのは，主として両者が契約により労務提供・受領に関する義務に拘束されているかという「義務の相互性」の有無であるところ，その認定に当たって繰り返し強調されているのが，①明示条項の黙示条項に対する優位性である。(i)から読み取れるように，黙示条項は明示条項を無効にしたり，黙示条項は明示条項に反するような形では推定されたりはしないのである。そして，(ii)の部分から明確に読み取れるように，本判決によれば，②明示条項に反するような黙示条項が認定される場合には，当該明示条項が「見せかけ (sham)」であると判断される必要がある。その点についての「明確な認定」((iii)参照) を欠いたまま，当事者が書面で合意した条項を否定する，あるいは，それに反する条項を推定することは，「裁判所や雇用審判所の役割ではない」のである ((iii)参照)。

　このように，本判決は，書面にされた明示条項が存在する場合には，原則としてそれに反する趣旨の条項が推定されることはないということを示した。それが認められるのは，当該明示条項自体が「見せかけ (sham)」と評価される場合のみなのである。

　もちろん，このような明示条項ないし書面を大前提とした契約解釈は，第3節でみた〔判決⑧〕Carmichael事件貴族院判決において原則的なものとして提示された契約解釈手法と衝突する。なぜなら，当該貴族院判決において提示された契約解釈手法は，当事者の関係の実態を検討し権利義務を認定するのに，明示条項の存在を「見せかけ (sham)」と評価することを特段求めていなかったからである。同貴族院判決は，当事者意思によって形成された契約の構造を根拠として，明示条項の有無やその実質を問題とすることなく，契約締結後の事情をも含めた事実を検討し権利義務を認定することを肯定していた。したがって，本控訴院判決は，ある意味で〔判決⑧〕Carmichael事件貴族院判決が既に解消していた契約解釈をめぐる不明確性の問題を，「見せかけ (sham)」法理を通じて再度惹起しているように思われる。

　(2)　控訴院における変化

158　Ibid., at para. 40.

雇用控訴審判所の上級審は，控訴院である。したがって，〔判決⑫〕（雇用控訴審判所の判決）は，〔判決⑬〕（控訴院の判決）によって否定されたと理解され，判例の展開は収束するやに思われた。しかし，以下に見るように，控訴院自身によって雇用控訴審判所のElias審判長による〔判決⑫〕が支持されることになる。このとき，控訴院は，一般契約法における契約の性質決定に関する判例を引用し，さらに，当事者間の権利義務の確定において，〔判決⑧〕Carmichael事件貴族院判決がしていたように契約締結後の事情を検討対象とするのに，明示条項を「見せかけ（sham）」と評価する必要がないことも指摘した。

〔判決⑭〕　Protectacoat Firthglow Ltd. v Szilagyi事件控訴院判決[159]（2009年）

【事実の概要】　2006年3月，Xは，一般家庭家屋の外壁の保護塗装を事業とするYの敷地内でYの地域マネージャーAに会い，その後，二，三週間の間に報酬を受領しつつYでの仕事を覚え，労務提供を開始した。Xは，Aの指示でYにおける仕事の補助者を探し，Bを見つけた。そして，Xは，Yに，Yが作成したいくつかの書面に署名するよう指示された。第一の書面は，2006年4月20日付のパートナーシップ合意であり，これはXをインストーラー，Bを補助者とした二当事者間の合意である。そのパートナーシップには，Cという名称が付された。当該合意には，パートナーシップの解消，資本金，利益の分配率，その支給方法など，パートナーシップに関する詳細が記載されていた。

　第二の書面は，当該書面にしたがって上記パートナーシップのCがYに労務を提供することを引き受ける2006年4月18日付けで当事者により署名された契約（労務提供合意）であった。当該書面には，提供される労務の内容，労務提供の際の提供場所までの移動費用のCによる負担，当該合意の開始日，契約条項に従った契約の継続と終了，一定の場合におけるYによる予告なしの契約の解消について定めていた。また，第5項は，YがCに労務を供給する義務を負わないことを定め，第6項は料金の支払方法，顧客から修理が求められる場合のCの費用負担，社会保険の取扱い等を定め，第7項は，Cが労務に必要な道具を提供すること，第8項は労務の真摯な提供やYの安全衛生綱領の遵守，第9項はCが特に定められた時間労務を提供することが求められないこと，第10項はCが他の者に労務を提供することを妨げられないことをそれぞれ定めていた。

159　[2009] IRLR 365 (CA).

さらに，Xは，Yからワゴン車と様々な道具や装備を賃借りする「賃貸借合意」にも署名した。

　Xは，パートナーシップ合意を交わしたアシスタント（後にBから，D，Eと変わる）と二人一組で，Yの業務に従事した。Yは，Xに対して，もし顧客に尋ねられたら，XがYの被用者であると答えるように，と指示していた。また，上記のような各合意がなされていたが，実際には，YからCの銀行口座に料金が振り込まれるのではなく，XやBらアシスタントの各人の口座に直接報酬が支払われ，ワゴン車の賃貸借に関しても賃料がCからYに支払われたことはなく，労務提供に必要な道具等についてもCが用意することはなくYから提供され，ワゴン車の燃料代もYが支払っていた。また，毎朝定時に，XとアシスタントはYの敷地に出勤することが求められた。そして，契約書面では他で労務提供をすることも許されていたが，実際には，Xに関するのと同様の合意の下Yに労務を提供していたFは他での労務提供を理由として解雇されていた。

　X・Y間で，作業場における安全性確保に関する争いが生じ，その結果，Yは労務提供合意を終了させた。そこで，Xは，雇用審判所にYを名宛人として不公正解雇を申し立てたところ，Yは，XはYの被用者ではなく独立契約者であると主張した。雇用審判所がXが被用者であると認めたため，Yが雇用控訴審判所に上訴したが同審判所もXの被用者性についてのYの上訴を棄却したため，Yが控訴院に上訴した。Xは，上記各書面が見せかけ（sham）であると主張していた。

【判旨】　上訴棄却（全員一致）
　Smith控訴院裁判官は，以下のとおり判断した。
　(i)　Kalwak事件における控訴院は，同事件の「Elias審判長がTanton事件控訴院判決から引き出した〔見せかけsham〕の基準についての注解に対し，批判的であったようには思われない。いや実に，Rimer控訴院裁判官は，Elias審判長によって理路整然と説かれた基準を，見せかけ（sham）に関する〔伝統的な〕定義に従ったものであると考えていたように思われる。」[160]
　(ii)　「すべての叙述（dicta）の核心は，裁判所や審判所は，書面契約の文言が，契約当初に限らず，適切な場合には，時の経過とともに（as time goes by）現れる，当事者の真の意思または期待を表しているかを検討しなければならないということである。」[161]
　(iii)　「Elias審判長の問題の立て方は，労務提供に関する合意が見せかけ（sham）かどうかを判断する際には，雇用審判所の審判長らのより良い助けになり得るよ

---

[160] Ibid., at para. 48.
[161] Ibid., at para. 50.

うに思われる……。『真摯に書面で合意された』条項の議論は，労働の分野における合意に関し普遍的に見受けられる『受け入れるか諦めるか』といった状況での合意に関してというよりは，同等の交渉力を持つ二当事者間で達成される商業的合意（commercial agreement）を想起させるものである。」[162]

商業的合意とは異なって「労働分野においては，ときに『合意』の条項を指示するのは一方当事者であり，かつ，一方当事者のみなのである。実態（reality）は，使用者等の労務受領者が書面合意の内容を指示し，被用者等の労務提供者がそれを受け入れるか諦めるかであるというのが尤もであろう。」[163]

(iv)「本件において検討されるような種類の二部に分かれた合意についての文脈では，裁判所が書面化された合意が当事者の真の意思（または期待）を反映していないと結論すれば十分である。」[164]

「私は，Elias審判長がKalwak事件で……表した見解〔法律家集団が代替条項などを取り敢えず契約に盛り込むという事実とその事実に対する審判所の鋭敏さの必要性〕を共有する。」[165]

「問題は，常に，当事者間の真の法的関係がなんであるかである。もし契約書面が存在すれば，通常答えがそこに見いだされよう。しかし，どちらかの当事者によって，あるいは，一定の事案においては第三者によって，当該書面が真の関係を表現していないあるいは述べるものではないと主張されるのであれば，裁判所または審判所は真の関係は何かを決定しなければならないのである。」[166]

(v)「審判所は契約が一部は書面で一部は口頭で構成され，そして，契約が行為によって構成される，あるいは証拠づけられることもあるということを認識するのが尤もであろう。他者を欺くために仕組まれた見せかけであることが示されれば，当該書面は，当事者間の真の関係がなんであるかを判断する際に完全に無視されることになる。他方で，当該書面の内容が決定的でなくなるのはそのような場合に限定されない。証拠によって真の関係が書面に記載されたものとは異なっており，かつ，異なるように意図されたということが証明された場合には，契約を決定するのはその真の関係であって，書面によって，あるいは，書面のみによって決まるのではない。」[167]

「書面契約が関係する事案では，審判所は，通常，書面を出発点（starting

162　Ibid., at para. 51.
163　Ibid., at para. 52.
164　Ibid., at para. 53.
165　Ibid., at para. 54.
166　Ibid., at para. 55.
167　Ibid., at para. 56.

point）として，何が書面合意が作り出した法的権利と義務なのかを自問するであろう。しかし，その次に，審判所は当事者がその条項，とりわけ基本的な条項（the essential terms）が書面に記載されているとおりに実行されるように実際に一度でも（ever）現実的に意図されたかあるいは構想されたかどうかを問わなければならない。基本的な条項というのは，関係の性質にとって中心的である条項，すなわち，義務の相互性（Carmichael 事件貴族院判決を参照）と自分自身での労務の履行の義務を意味する。」[168]

(vi)「本件事案に上記の原則を適用すると，私には，雇用審判所が，パートナーシップ合意と労務提供合意が当事者間の真の意思や期待を述べるものでも表すものでもなかったという意味で，パートナーシップ合意と労務提供合意の両方が見せかけと結論することは正当であったと思われる。」[169]

Street v Mountford [1985] 1 AC 809 は，「契約書面がライセンスかテナンシーを生じさせたのかが争われた中で」示されたものである。「当事者はただそれを別物として呼ぶだけでは，テナンシーをライセンスに変えることはできないとされた。同じことがパートナーシップにも当てはまる。……さらに，同様のことがまた報酬の見返りに労務を遂行するという契約についてもあてはまるのである。裁判所はその名札（label）ではなく実質（substance）を見なければならない。」[170]

Sedley 控訴院裁判官は，以下のとおり判断した。

「私には，少なくとも労働（employment）の領域においては，Smith 控訴院裁判官が先例から引き出した諸原則の観点から，本件のような事案については，書面合意が見せかけであるかどうかではなく，単純に何が真の法的関係であるかを問うことが有益でありかつ重要であるように思われる。多くの事案において……実際の関係を隠すあるいは偽って表示する意思が存在するであろうが，これが普遍的な要件となるべき理論的な理由は全くない。裁判所は，日常的に，契約関係の全体が，一方当事者が決定的であるとする書面によって構成されているあるいは証拠づけられているのかを，当該当事者が他者を欺こうと画策したかあるいは単純に誤ったのかを判断するまでもなく，決定しなければならない。」[171]

本判決において，Smith 控訴院裁判官は，〔判決⑬〕Kalwak 事件控訴院判決（とりわけ Rimer 控訴院裁判官）に配慮して慎重に言葉を選びつつ，

168　Ibid., at para. 57.
169　Ibid., at para. 58.
170　Ibid., at para. 61.
171　Ibid., at para. 73.

控訴院の下級審である控訴審判所に属する Elias 審判長の判断（〔判決⑫〕）に優位を認めていることがわかる[172]（(i)参照。）。その骨子は以下のようにまとめられよう。

　① 〔判決⑩〕Tanton 事件控訴院判決が，書面を超えて「法的義務」を認定する余地を認めていたという〔判決⑫〕における Elias 審判長の理解を，〔判決⑬〕Kalwak 事件控訴院判決も共有していたとしつつ，肯定している（(i)参照。）。そして，② ①のように解する根拠として，Kalwak 事件における Elias 審判長のそれと共通する，つまり，「商業的合意」と対比される「労働の分野における合意に関し普遍的に見受けられる」契約当事者間の交渉力格差を挙げ，「『真摯に書面で合意された』条項」の議論が「労働の分野における合意」には必ずしも妥当しないことを示唆する（(ii)参照）。そして，③「書面が真の関係を表現していない」等と主張されるのであれば，裁判所等が「真の関係が何かを決定しなければならない」とする（(iii)参照）。そして，④「書面の内容が決定的でなくなるのは〔見せかけが認定される〕場合に限定されない」ことを明言している。すなわち，「証拠によって真の関係が書面に記載されたものとは異なっており，かつ，異なるように意図されたということが証明された場合」，「契約を決定するのはその真の関係であって，書面によって，あるいは，書面のみによって決まるのではない」とする（(v)参照）。

　このように，書面という一つの究極的な形での意思の明示があったとしても，そして，それを「見せかけ」と評価しないままでも，証拠から認められる「真の関係」の探求が許されており，その「真の関係」こそが当事者の契約の内容を決定することが明らかにされている（この点は，Seldy 控訴院裁判官の判旨においてより明快である）。

　より具体的には，⑤確かに書面は「出発点」と位置づけられるが，「基本的な条項」に関し，当事者が「実際に一度でも現実的に意図」ないし「構想」したかというスクリーニングにかけられるのである。さらに，以上の意思の明示（書面）の取扱いに関する理解が，一般契約法上の先例（Street v Mountford [1985] 1 AC 809）に裏付けられるものであることも言及されおり，

---

[172] Kalwak 事件における Elias 審判長と Rimer 控訴院裁判官の見解が実質的に対立するものであったことについては，A. C. L. Davies, 'Sensible Thinking About Sham Transactions' (2009) 38 ILJ 318, at p. 324.

一般契約法との接合が間近に迫っていることが察知される（(vi)参照）。

　以上のとおり，〔判決⑭〕Szilagyi 事件において，控訴院は，Kalwak 事件における控訴院判決の Rimer 控訴院裁判官にではなく（〔判決⑬〕），控訴院の下級審である控訴審判所判決の Elias 審判長の判断（〔判決⑫〕）に軍配を上げた。こうして，相当に綿密に記載された書面があったとしても，契約当事者間に交渉力格差が普遍的に認められる労働の分野における合意については，書面を「見せかけ」と評価するまでもなく，書面を超えて「真の関係」を検討することが許されるのであり，そのことが一般契約法における先例の観点からも肯定されるであろうということが，控訴院によって示されたのである。

3　最高裁による承認——目的的アプローチの採用

　〔判決⑬〕Kalwak 事件控訴院判決を「見せかけ」の伝統的な法理を示した Snook 事件に忠実な「厳格な基準」アプローチを採るものとするなら，〔判決⑫〕Kalwak 事件雇用控訴審判所判決とそれを支持する〔判決⑭〕Szilagyi 事件控訴院判決は，「緩やかな基準」アプローチを採るものと位置づけることができよう[172]。あるいは，二つのアプローチは，「伝統的な契約法上の通説」に従うアプローチと，「雇用保護立法の目的」に意義を認めるアプローチとしても対比できるかもしれない[173]。このように，控訴院のレベルで労務提供契約の成否をめぐってどちらのアプローチを採るのかについ

---

[172] Alan L. Bogg, n. 127 above, at p.329. もっとも，Alan L. Bogg は，二つの見解の対立を，「見せかけ」の法理の広狭に関する対立として分類しているが（たとえば，A. C. L. Davies, n. 172 above, at p. 324. は，Snook 事件控訴院判決の「見せかけ（sham）」の法理と近時の諸判決で議論されている「外観（pretence）」法理とを区別している），次に紹介する Autoclenz 事件最高裁判決も含めて，これまでの判例について厳密には「見せかけ」の法理自体を問題にしてきたとは言えない。〔判決⑭〕Szilagi 事件控訴院判決でもそうであったように，問題は，明示条項ないし書面の存在にも拘らず，それらに対する「見せかけ（sham）」という評価を下さないうちに，書面以外の「真の関係」に関する事実を検討し権利義務の認定（契約解釈）をすることが許されるか，であったと解される。問題は，「見せかけ」の法理の広狭というよりも，契約解釈のあり方であったというのが本書の理解であり，以下でも「見せかけ（sham）」法理の展開として判例を紹介しているわけではない。

[173] Julie McClelland, 'A Purposive Approach to Employment Protection or a Missed Opportunity?' (2012) 75 MLR 427, at p. 430.

て対立が生じ[174]、法をめぐる不透明な状況が発生していた。そこで、いよいよどちらのアプローチを採るかを、最高裁が明らかにすることになった[175]。

〔判決⑮〕　Autoclenz Ltd. v Belcher 事件最高裁判決[176]（2011年）
【事実の概要】　自動車洗浄業を営む Y は、訴外 A と洗車業務の請負契約を締結していた。X らは A の敷地で洗車労務を提供していた。X らと Y との間の書面契約（X らについて下請人 sub-contractor と表現されていた）は、二つの書面から構成されていた。当該契約には、下請人の労務提供の態様、下請人の自営業者としての独立契約者たる地位についての下請人の確認、X らと Y とが、Y の被用者（employee）ではない、または、そのような意思を有していないことについて合意しかつ認識することが含まれていた。ただし、この時点では、Y が、X らによる労務提供の代替者の提供を許容する条項はなく、また、X・Y がそれぞれ労務を提供することをあるいは労務教供給することを義務づける条項もなかった。2007年に、Y は、新たな二つの書面を作成することを決定した。両書面には、X らの署名がなされている。第一の書面は、X らが時宜に応じて Y に労務を提供することや X らの洗車人としての専門性を強調する条項、Y のための労務提供をする代替者を用いることが許容されることを示す条項、安全確保のために Y の契約者であることを示すことになる保護つなぎの着用、当該つなぎの購入についての依頼、X ら自身による洗車に必要な物品の供給、免許証の所持等が記載されていた。第二の書面は、X らを一貫して下請人と称し、X らが Y の被用者でないことを合意することを記載していた。

　洗車人たちは、通常、一人を長とする四人一組で行われており、仕事を分担していた。洗車は、A によって示された詳細に従ってなされることが求められていた。ほとんどの場合仕事はあったが、業務量の変動のために全く仕事が無い場合も例外的に存在した。報酬は、X が週ごとに Y に請求書を提出し、出来高で支払われた。当初、Y は、X らが使用する道具や消耗品を供給していたが、2007年からは、それらについて5％を料金として取るようになった。また、安全上の理由から、Y は X らに A のロゴのあるつなぎ2本を無料で支給していた。

　X らは、雇用審判所に、自らが1999年全国最低賃金規則と1998年労働時間規則

174　長谷川聡「書面による合意にもとづく偽装請負と労務提供者の被用者性」労旬1778号48頁（2012）にも、判例の流れの概略が紹介されている。

175　Alan L. Bogg, n. 127 above, at p.330.

176　［2011］UKSC 4 C.

第4節　契約類型にかかる法の趣旨ないし政策　　299

上の労働者に該当するとして，全国最低賃金の支払と1998年労働時間規則に定められる有給休暇の付与（正確には休暇取得時の支払）を請求した。雇用審判所（Foxwell 審判長）は，Xらが雇用契約の下で労務を提供する者であることを認め，Xらが労働者であるとした。Yが雇用控訴審判所に上訴し，控訴審判所（Peter Clark 審判長）は，Xらが雇用契約の下で労務を提供する者であることは否定したが，労働者の契約の下で労務を提供する者であることは認めた。両当事者が，控訴審判所の判断に対して控訴院に上訴し，控訴院（Sedley 控訴院裁判官，Smith 控訴院裁判官，そして，Aikens 控訴院裁判官）は，雇用審判所の判断を復活させ，Xらが労働者の定義の(a)と(b)の両方の契約類型の下で労務を提供する者であることを認めた。Yが最高裁に上告。

【判旨】　上告棄却（全員一致）
　Clarke 最高裁裁判官は，以下のとおり判示した。
　(i)　「二当事者が第三者に対して当事者らの真の契約を誤って表示することを共謀する場合に，裁判所は当該虚偽の取り決め（false arrangement）を無視することができるというのが，先例の示すところである。しかしながら，この形態の不実表示（misrepresentation）は，裁判所が真の合意の一部ではない書面条項を無視し得る唯一の場合ではない。それは Street v Mountford [1985] 1 AC 809 と Antoniades v Villiers [1990] 1 AC 417 からの賃貸人と賃借人の文脈において認められる……。さらに，住宅供給の文脈では，Bankway Properties Ltd v Pensfold-Dunsford [2001] 1 WLR 1369 を参照。」[177]
　(ii)　「これらの事案は，裁判所が関連の契約条項が特定の制定法の効果を避けるのに効果的でないと結論した例であった。同じアプローチが控訴審判所における Kalwak 事件の Elias 審判長の推論の基礎となっている……彼はまた Tanton 事件における控訴院が，自分自身で労務を遂行するいかなる義務があるかという問題をどのように契約が実際に実行されたかを問うことによってというよりは，当事者を拘束する法的義務は何かを問うことによって決定されるべきであるということを強調していたことに気がついていた。」[178]
　　　（中略）
　(iii)　私には，Kalwak 事件における「Rimer 控訴院裁判官の推論と Elais 裁判官の推論とは整合的でないように思われる。……Rimer 控訴院裁判官は，Snook 事件における Diplock 裁判官のアプローチをその状況に適用していた。私の意見では，それはこの種の雇用関係へのアプローチとしては狭隘に過ぎるものである。」[179]

177　Ibid., at para. 23.
178　Ibid., at para. 24.

とはいえ,「本裁判所にとっての問題は, ……何が正しい原則であるかである。私は, 迷いなく, Kalwak 事件の控訴院のアプローチではなく, Kalwak 事件における Elais 審判長のアプローチ, そして Szilagyi 事件, さらに本件における控訴院のアプローチを採用する。あらゆる事案において, 問題は, ……当事者間における真の合意が何であったか, である。」[180]

(iv) 本件の控訴院において, Aikens 控訴院裁判官は,「何が当事者の実際の(actual) 法的義務であるかを確認する重要性を強調している。」「加えて, 彼(Aikens 控訴院裁判官―引用者) は, 尤もなことに, 何が当事者の私的な意思であったかに余りにも重きを置きすぎるという危険に鑑みて, 当事者の『真の意思』あるいは『真の期待』に焦点を当てるということに対して警鐘を鳴らしている。彼は以下の通り付け加えている。

すなわち,『当事者が私的に (privately) 何を意図したかあるいは期待したか (契約を締結する前後に関係なく) は, 客観的に認められる限り, 当事者間で実際に合意されたことの証拠でありうる。……しかし, 究極的に問題となる事柄とは, 書面条項が示された際に何が合意されたのか, あるいはそれらの条項が正確ではないと主張される場合には, 契約が締結されたときに何が当事者らの実際の合意として認められるか, に過ぎないのである。私はもちろん当該合意が明示でない場合のあることを認める。それは黙示でもあり得る。ただ, 裁判所あるいは審判所のなすべきことは依然として, 何が合意されたのかを確かめることなのである。』

私は, 賛成する。」[181]

(v) 本件控訴院で「Sedley 控訴院裁判官は, Aikens 控訴院裁判官の推論に完全に同意して以下のように述べた。すなわち,『労働 (employment) は契約によるのではあるが, 契約が投げ入れられる事実のマトリックスは, 通常, 対等当事者間の商業的契約のそれとは同じではない。』

私は, 賛成する。」[182]

(vi) 「この種の事案の通常の商業的事案 (commercial dispute) との決定的な違いは, Aikens 控訴院裁判官によって以下のように確認されている。すなわち,『私は, Smith 控訴院裁判官と Sedley 控訴院裁判官とが強調していた, 労働や労務に関する契約が締結される状況はしばしば同等な交渉力を有する当事者間の商業的契約が締結される状況とは非常に異なっているという見解に賛成する。私は, しばしば個人によって提供されることになる労働を依頼したり労務を要求したりす

179　Ibid., at para. 28.
180　Ibid., at para. 29.
181　Ibid., at para. 32.
182　Ibid., at para. 33.

る組織（organizations）が，他方当事者が承諾しなければならない書面の条項を決定する（dictate）立場にあるということを認める。実際において，この法の分野においては，裁判所や審判所にとって，書面契約が合意された実際の条項を示しておらず，そしてそのような場合，裁判所や審判所が現実的かつ世俗的に賢くあるべきであるという主張を検討しなければならないというのがより一般的なのである……』」[183]

「したがって，当事者の相対的な交渉力が，書面合意の条項が真実合意されたことを表しているのかどうかを判断する際に考慮に入れられねばならず，そして，真の合意内容はしばしば当該事案の全状況から収集されなければならないことになる。そのような全状況の中で書面合意は一部に過ぎない。これは問題に対する目的的アプローチと評されうる。もしそうであれば，私はその表記に満足である。」[184]

こうして，最高裁は，「目的的アプローチ」，言い換えると，〔判決⑫〕Kalwak 事件控訴審判所判決において Elias 審判長が提示した「緩やかな基準」を採用したのである[185]。

まず，①「書面条項」を無視しえる場合は，Snook 事件控訴院判決で明らかにされたような「見せかけ」と評価される場合に限定されず，一般契約法の領域で既に Street v Mountford [1985] 1 AC 809 等の判決によって認められている場合があることを指摘する[186]（(i)参照）。そして，②〔判決⑫〕Kalwak 事件控訴審判所判決で Elias 審判長が，①の後者のアプローチを採用し，〔判決⑩〕Tanton 事件控訴院判決の趣旨を踏まえ単に「どのように契約が実際に実行されたかを問う」のではなく，「法的義務」の問題として議論をしていたことを確認した（(ii)参照）。このように Kalwak 事件における Elias 審判長の判断の位置づけを整理した上で，最高裁は，③ Kalwak 事件における Elias 審判長の判断と〔判決⑭〕Szilagyi 事件控訴院判決に賛成することを明確にし，問題は「当事者間における真の合意が何であったか」であるとする（(iii)参照）。

そして，最高裁は，本件の控訴院における Aikens 控訴院裁判官の意見を

183　Ibid., at para. 34.
184　Ibid., at para. 35.
185　Alan L. Bogg, n. 127 above, at p. 330.
186　Alan L. Bogg, n. 127 above, at p. 331.

引用し，④私的な意思と客観的に認められる意思の区別，契約締結時における黙示の意思の推定の余地もあること，しかしそれに限定されずに「何が合意されたのか」を探求するのが審判所等の役割であること，も肯定する（(iv)参照）。

次に，⑤雇用に関する契約と商業的な契約とで事案を区別する必要性を指摘する（(v)参照）。⑥その「決定的な違い」は，労務提供に関する契約の場合，労務受領者たる「組織」と労務提供者との間の交渉力格差が存在し，それに起因して書面契約の内容が一方的に決定されることであり，そのことを審判所等は認識する必要があるとする（(vi)参照）。

したがって，⑦「真の合意内容はしばしば当該事案の全状況から収集されなければならない」ことになり，契約締結前後の事実も含む全状況から収集された合意内容全体からすると書面合意の内容は一部に過ぎないと評価される，あるいは，全状況から認められる合意内容からして書面合意の内容が否定される[187]ことになる（(vii)参照）。

4 判例の到達点と影響
(1) 一般契約法との関係

最高裁は，上記のとおり，当事者間の交渉力格差を根拠として書面を超えて事案の全状況を契約解釈対象とする目的的アプローチを採用するに至った。このような契約解釈に関する法理の選択については，「通説的な契約解釈にしっかりと根ざした」[188]ものと評価するものがある一方で，「一般契約法から相対的に独立（autonomous）」[189]したものとして理解するものもある。

たしかに，一般契約法の対象とする契約の中には，商業的契約も含まれるから，一般契約法における契約解釈が全て〔判決⑮〕Autoclenz 事件最高裁判決の示した契約解釈手法となるわけではない。その意味で，目的的アプローチは，一般契約法から独立しているといえよう。

他方で，同最高裁判決でも一般契約法の中で既に先例として位置づけられている Street v Mountford [1985] 1 AC 809 が挙げられており，そのような一般契約法における法理の展開の中に労務提供契約の契約解釈手法も位置づ

---

187 Alan L. Bogg, n. 127 above, at p. 336.
188 Julie McClelland, n. 173 above, at p. 435.
189 Alan L. Bogg, n. 127 above, at p. 344.

けられうる[190]。このように,そのような法理の展開を受容する一般契約法の一部として労務提供契約に関する契約解釈手法の法理を認識することも可能である。したがって,「相対的に独立」しているあるいは労働法分野の労務提供契約に特化したものとなっているとはいえ,〔判決⑮〕Autoclenz事件最高裁判決は一般契約法の一部として理解することも可能と解される。

(2) Carmichael事件貴族院判決との異同

ところで,〔判決⑮〕Autoclenz事件最高裁判決により根拠づけられた契約解釈手法がもたらす帰結と,〔判決⑧〕Carmichael事件貴族院判決における原則的な契約解釈手法がもたらす帰結とを比較して,具体的な違いを指摘するのは必ずしも容易ではない。というのも,両契約解釈手法とも,たとえ契約書面が詳細に契約条項を定めていたとしても,契約締結後の労務提供契約の過程にかかる事情を加味して契約内容を確定していくという点で共通しているからである。

では,どのような点が異なるのか。そもそも,〔判決⑧〕Carmichael事件貴族院判決と〔判決⑮〕Autoclenz事件最高裁判決とを結びつけて判例の流れを理解してよいのかという点から問題になる。この点,イギリスの学説の中でも,〔判決⑮〕Autoclenz事件最高裁判決につき,それが雇用審判所が当事者間の契約が日々の中でどのように展開したのか,という契約締結後の事情を加味して契約解釈を行った点で,〔判決⑧〕Carmichael事件貴族院判決との連続性を有することを指摘していると評価できるものがある。すなわち,〔判決⑮〕Autoclenz事件最高裁判決のような「包括的アプローチ (inclusive approach)」[191]によって把握される合意のあり方(後続の行為にもよりつつ合意内容が形成されるというあり方)は,「Carmichael事件におけるHoffmann貴族院裁判官によって描かれた標準的な契約像であった」[192]とするのである。この指摘からも,合意のあり方の把握の点で,〔判決⑧〕Carmichael事件貴族院判決と〔判決⑮〕Autoclenz事件最高裁判決はある程度の連続性を有するといえよう。

ところが,同学説によれば,両事件は書面の形態において重要な違いがあったとされる。すなわち,Carmichael事件における契約書面が法律家に

---

190 Sir Kim Lewison, n. 141 above, at para. 9.07 (at p. 491.).
191 Alan L. Bogg, n. 127 above, at p. 333.
192 Alan L. Bogg, n. 127 above, at p. 333.

よって作成されたもののようには見えず，比較的簡素なものであったのに対して，Autoclenz事件におけるそれは，法律家によって詳細かつ包括的に作成されたものであったというのである[193]。すなわち，「Autoclenzのような事案における書面の一番のポイントは，それが故意に書面化され，それが契約であるように見え，かつ実際にそれが契約のすべてであるように見えることなのである。」[194]

ここで考えてみたいのが，そのように「完璧な」書面が用意された事案においては，〔判決⑧〕Carmichael事件貴族院判決に従うと，当事者間の権利義務の確定のためにどちらの契約解釈が採用されたのか，という点である。おそらく，第3節第5款で展開していた例外的な契約解釈手法が適用され，書面に従った権利義務の確定が行われることになろう。

ここから，〔判決⑮〕Autoclenz事件最高裁判決の意義がより明確になる。すなわち，そのように完璧な書面が用意された事案であったとしても，〔判決⑮〕Autoclenz事件最高裁判決の示した原則に従えば，実際に同事件においてそうであったように何が当事者間で合意されたのかについて検討する際に，契約書面に縛られずに，契約締結後の事実を含めて検討することが可能になると考えられる[195]。したがって，〔判決⑧〕Carmichael事件貴族院判決の段階では残ってしまっていた契約解釈手法の選択に関する不安定性を，Autoclenz事件最高裁判決は克服しているのである。

なぜ克服することができたのか。それは以下のように契約解釈を支える根拠が異なるからである。〔判決⑧〕Carmichael事件貴族院判決の不安定性は，契約構造に関する当事者意思のあり方に契約解釈手法の選択基準を求めていたことにあった。これに対して，Autoclenz事件最高裁判決は，労務提供に関する契約類型に固有の当事者間の交渉力格差に目的的アプローチによる契約解釈の根拠を求めていた。このように，〔判決⑮〕Autoclenz事件最高裁判決は，〔判決⑧〕Carmichael事件貴族院判決とは異なって，契約類型に特有の事情をその契約解釈手法の採用根拠とし，契約解釈手法の一本化を果た

---

193 Carmichael事件貴族院判決において，Hoffmann貴族院裁判官も，同事件において問題となった書面が「非常に簡易（extremely concise）」であると評価していた（Carmichael v National Power Plc. [1999] ICR 1226, at 1234 (A))。

194 334.

195 Alan L. Bogg, n. 127 above, at p.333-335.

したのである。

　もっとも，第4節で触れたとおり，一般契約法における解説では，書面に拘泥しない契約解釈の根拠として「政策的要素」の存在が示唆されていた。これに対して，〔判決⑮〕Autoclenz 事件最高裁判決は，自らの契約解釈に関するアプローチを「目的的アプローチ」と称するも，直接的に「政策的要素」に言及しているとまでは言えない。もちろん，〔判決⑮〕Autoclenz 事件最高裁判決が，イギリス労働法における雇用保護立法に体現される政策の適切な実施に配慮していることは想像に難くないが，契約類型に固有の問題として挙げ，契約解釈手法の根拠としているのは当事者間の「交渉力格差」である。「目的的アプローチ」の「目的」と「交渉力格差」の間には，なおその連続性について議論する余地がありそうであるが，最高裁判決から読み取るには材料が十分でないと言わざるを得ず，断定しがたいところである。したがって，引用されている判例からは一般契約法との連続性を指摘できるものの，どの程度同一視することができるのかは不明である。

　以上より，現在の判例の具体的な到達点は，たとえ労務提供・受領に関する排他的かつ完全な契約書面が作成され契約が締結されたとしても，基本的に書面を超えて，契約締結後の事情を加味しながら，当事者の権利義務の認定が行われる，というものになろう。

　とはいえ，〔判決⑮〕Autoclenz 事件最高裁判決が今後の労務提供契約の内容やそれをめぐる紛争処理にいかなる影響をもたらすのかについては，今後の実務や判例の展開を俟つ必要がある[196]。

第5節　小　　括

　以上，イギリス労働法における労務提供契約の有無の判断をめぐる契約解釈法理の展開をみてきた。以下，考察をまとめる。

第1款　判例の到達点——根拠としての当事者意思から交渉力格差へ

　以下では，まず判例の到達点を示しそれに対する評価を行う。

196　Alan L. Bogg, n. 127 above, at p. 344; Julie McClelland, n. 173 above, at p. 435.

1 事実問題としての位置づけ

　労務提供契約の有無の判断は，紆余曲折を経たが，結局，以下のように位置づけられた。まず，労務提供契約の有無の判断は，「事実についての結論に完全に依拠した法律についての結論」（〔判決⑤〕O'Kelly 事件控訴院判決における Fox 控訴院裁判官）であるとされ，その大部分が事実に関する問題として位置づけられるようになった。大部分というのは，事実認定はもちろんのこと，どの事実をどの程度重視するかといった事実の評価も含む。

2 契約解釈を支える根拠と意義

　〔判決⑧〕Carmichael 事件貴族院判決では，当事者意思に基づく契約構造を根拠として，契約解釈手法の選択が認められていた。同貴族院判決は原則的な契約解釈手法として，契約書面を超えて契約締結後の事情を検討して権利義務の認定を行う手法を挙げていた。しかし，それでも，例外的な契約解釈手法の可能性が残存し，一部において機能していた。しかし，〔判決⑮〕Autoclenz 事件最高裁判決により，そのような個別の事案における当事者意思を根拠とした明示条項（書面）の相対化の手法ではなく，労務提供契約に特有の当事者の交渉力格差を根拠として，明示条項（書面）の相対化を可能にする手法が提示された。これによって，労務提供契約の有無の判断については，〔判決⑧〕Carmichael 事件貴族院判決の時点では残っていた個別の事案における事情（書面が契約の排他的記録として作成されたか否か）に左右される可能性は相当程度減少し，一律に，明示条項（書面）を超えて契約締結後の事情を考慮して権利義務を認定することができるようになった。

3 評　価

　判例の到達点の評価は，契約法との関係の整理や，今後の Autoclenz 事件最高裁判決の実務への影響など，さらに踏まえるべき点もあり，現時点では必ずしも妥当でない面がある。しかしながら，暫定的ではあるとしても，契約法と労働法の両方の観点から，穏当なものという評価することができる。

　まず，〔判決⑦〕Carmichael 事件控訴院判決のように，契約解釈は，法つまり裁判官らの役割であるとして，取引的効率の観点から書面の文言を「合理性」等の要素を入れて解釈するというのは，裁判官らの裁量をあまりにも広く認め当事者の法的関係に介入するものとして，契約法の観点からどのよ

第5節 小 括

うにして正当化されるのか疑問が拭えない。同事件での問題は，一定の種類の労務提供契約の成否または有無であり，これは当事者の契約締結の自由に直接的に関係する。一端形成された法的関係について外部からその内容を修正補充する場合はともかく，そもそも法的関係に入るか否かの選択は，当事者の選択に第一に委ねられるべき事柄であろう。したがって，この場面で，当事者意思の多くを裁判官らの解釈作用で補填するというのは，行き過ぎの感がある。同事件の貴族院（〔判決⑧〕）において，Irvine 大法官が，「裁判官らが取引的効率によって推定した条項は推定されない……。なぜならば，契約上の関係に向けて以外そのような根拠に基づく推定はありえない」としていたのは，裁判官らによる契約の形成に関する当事者意思の修正や補充は「ありえない」と考えていたからであろう。

他方で，労務提供契約については，使用者によって非常に詳細かつ入念に契約書面が用意されることが予測され，また，契約書面から認定される契約条項と当事者の実際の権利義務の内容とが合致することを期待することには相当に懐疑的にならざるを得ない。そのような期待に基づき，労務提供契約の契約解釈について何ら策を講じないことは，労働保護立法の趣旨にも反するといえよう。

このような問題状況に対して，〔判決⑧〕Carmichael 事件貴族院判決が一定の解決の途を示した。しかし，同貴族院判決の提示した契約解釈の理論には原則と例外が存在し，その原則と例外の選択が当事者の意思によっていたために，契約解釈における不安定性を残した。つまり，同事件貴族院判決における原則的な契約解釈手法（契約書面に拘泥せず，契約締結後の事情をも考慮して当事者の権利義務内容を認定する手法）を，労務提供契約についての例外なく一貫した契約解釈手法とするために，契約解釈手法を採用する根拠が取り替えられる必要があった。

これに対して，〔判決⑮〕Autoclenz 事件最高裁判決は，同様の契約解釈手法の根拠を当事者意思ではなく，契約類型に特有の事情，すなわち，交渉力格差に求めた。これにより，契約解釈に関する選択に関する不安定性は一定程度除去されるものと解される。

以上のような経緯を経て，実際に生じている事実から当事者意思を汲み取るという，一方で客観的に存在する事実に基づくことで当事者意思を尊重しつつ，他方で契約類型に特有の事情から書面に拘泥せず関係の実質を把握

するとした，〔判決⑮〕Autoclenz事件最高裁判決の契約解釈手法は，契約法的観点と労働法的観点のバランスをうまく図ったものと評価できよう。

4 契約解釈における当事者，解釈者，契約類型の意義

上述のとおり，Autoclenz事件最高裁判決は，権利義務の認定にあたって目的的アプローチを採用した。このアプローチにおいても，〔判決⑧〕Carmichael事件貴族院判決における原則的な契約解釈手法と同様に，当事者が契約を締結し履行していく中で，権利義務の認定の対象となる客観的事実を形成していくことが前提とされている。また，それは，当事者間の「真の合意」の内容を問うものとされている。こうして，契約締結前後の全状況から収集された事実によって契約内容を認定し，そのため，そのような事実の存在が書面に記された条項に優先するなど，契約解釈において明示（書面）に決定的な位置づけを与えない契約解釈が採用されたのである。とはいえ，イギリスには口頭証拠法則という伝統的な法理が存在する。そのイギリスにおいて，上記の目的的アプローチという契約解釈が採用されたのには，契約類型に係る契約当事者間の交渉力格差についての認識がある。この認識こそが裁判官らの解釈者を当事者の意思の明示や契約書面から解放する根拠となっていた。

このように，当事者，解釈者，契約類型の意義が，この段階においてそれぞれ認められる。

第2款 契約解釈の相対性？

ここで，これまでの考察では触れることはなかったが，労務提供契約の成否の判断のために用いられてきた契約解釈と，具体的な権利義務としての契約内容のために用いられる契約解釈との関係について触れておきたい。

1 契約内容の解釈手法の成立場面への適用

最初に確認しておきたいのが，これまでの判例においては，法の適用決定のために一定の種類の労務提供契約の成否が判断されていたのであるが，そこでは，通常，契約法の解説書で契約「内容」の箇所に配置される法理（たとえば，契約書面の解釈が法律に関する問題であるという原則や黙示条項の推定

の技法）が，本稿で考察してきた契約解釈のために用いられていたという点である。たとえば，代表的な契約法の教科書でも，契約書面の解釈や黙示条項の推定の項目が置かれるのは，契約の内容に関する箇所である[197]。それらは，通常，契約の成立の箇所で議論されるものではない。このように，本章で検討してきた判例では，一般契約法の解説書において契約の「内容」の箇所に位置づけられる法理が，労務提供契約の「成立」の場面でも適用され，様々な観点から議論されてきた。

2 成立における契約解釈手法の内容場面への応用

他方で，本章において考察した判例は，契約内容の解釈に関する判例としてもその意義を認められている。具体的には，〔判決⑧〕Carmichael 事件貴族院判決における原則的な契約解釈手法や〔判決⑮〕Autoclenz 事件最高裁判決の契約解釈手法は，契約の有無の判断（契約の成否の判断や性質決定）のための契約解釈として参照されるに止まらず，当事者の実際の契約内容の契約解釈手法と関連づけて議論されている。

たとえば，代表的な契約法の解説書である Chitty on Contracts[198]の第1巻第12章「明示条項」の中でも〔判決⑧〕Carmichael 事件貴族院判決が挙げられている[199]。イギリス契約法には，先述のとおり，当事者が契約書を作成したときには口頭の証拠によって契約書の内容を否定することは許されないという口頭証拠法則（parol evidence rule）が存在し，この法則のために，契約書面以後の「後続の行為（subsequent acts）」は，契約条項の内容を示す証拠としては原則として認められない[200]。しかしながら，この原則には一定の例外が存在するとされ，その例外的先例として〔判決⑧〕Carmichael 事件貴族院判決が引用されている[201]。

さらに，労働法の分野でも，〔判決⑧〕Carmichael 事件貴族院判決を契約内容の確定に関する判例として位置づけるものが存在する[202]。

---

197 ex. Anson, n. 70 above, at Chaps. 1-2; Treitel, *The Law of Contract*, 14th ed.（by Edwin Peel）(Sweet & Maxwell, 2015), at Chap. 6.
198 *Cittiy on Contracts*（by H. G. Beale), 31the ed.,（Sweet & Maxwell, 2012).
199 Chitty, n. 198 above, at para. 12-126.
200 Chitty, n. 198 above, at para. 12-126.
201 Chitty, n. 198 above, at para. 12-126;Treitel, n. 197 above, at para. 6-026.

このように，〔判決⑧〕Carmichael 事件貴族院判決が，契約内容の解釈に関する先例として一定の意義を認められていることがわかる。

3　議論される異同

他方で，〔判決⑮〕Autoclenz 事件最高裁判決において示された目的的アプローチと同様のアプローチを，通常の契約解釈とは異なる「契約の性質決定（characterization）」に特化したものとして理解するものがある[203]。このような理解は，性質決定につき，それにより雇用保護立法等の法適用の有無という法的帰結に重要な違いが生じること，政策的要素が解釈作用の中により顕著に存在すること，そして，性質決定が書面を超えて関係の実質を検討するものであることから，「〔通常の〕契約解釈（interpretation）と契約の性質決定との間には決定的な差異があることを強調」する[204]。

これに対して，「性質決定がしばしば契約条項の意味に決定的に依拠し，さらにその契約条項の意味が契約解釈（interpretation）を通じて初めて確認される」ことから，両者を「完全に切り離してしまう」ことはできないとして，契約の性質決定と契約解釈との間の不可避的な連続性を指摘するものもある[205]。

4　契約解釈の相対性？

1 ないし 3 から，〔判決⑧〕Carmichael 事件貴族院判決と〔判決⑮〕Autoclenz 事件最高裁判決とが示した契約解釈手法につき，労務提供契約の有無を判断するためのものとのみ理解するか，あるいは，成立した契約の具体的な権利義務内容を確定するためのものとしても理解するか，という点が一つの論点となってきていることが指摘できよう。言い換えると，契約解釈

202　Douglas Brodie, n. 133 above, at para. 9.09; Deakin and Morris, n. 62 above, at para. 4. 26 (footnote 151).

203　G. McMeel, 'The Principles and Policies of Contractual Construction', in A. Burrows and E. Peel (eds), *Contract Terms* (OUP, 2007) 27, at p. 36-37.

204　Alan L. Bogg, n. 127 above は，前注 McMeel がこのように両者を明確に区別していると理解している（at p. 340）。ただし，McMeel 自身がどれほど「区別」できると考えているのかは，McMeel 自身の記述からは必ずしも明確でない面があるように思われる。

205　Alan L. Bogg, n. 127 above, at p. 340.

を契約の成立と内容（展開）の両方に共通する統一的なものとして理解すべきか，それとも，成立と内容（展開）といった場面ごとに設計されるべき相対的なものとして理解すべきか，という契約解釈の相対性の是非という一つの論点が存在するものと解される[206]。

---

[206] 実際，前注 (127) Alan の文献は，「契約解釈と性質決定の相互のプロセスが互いにどのように影響し合っているかについてより詳細に説明することが重要である。というのも，その詳細化が契約を性質決定する裁判所のできることの内容に影響をもたらすことになるからである」(340頁) としている。

第6章　契約の新たな役割と契約外規範

　第2章から第5章までは，契約の成立要件たる約因と契約意思，契約の性質，そして契約解釈という，労務提供契約の構成要素とそれが構成される仕組みをみてきた。「労務提供契約の成立」という法的事実の形成は，各場面において当事者の合意と合意外規範の働きによって形成される。

　ただ，以上の議論の帰結として，臨時的労務提供者に関する一般合意と約因の欠如，派遣労働者と派遣先との間の黙示の雇用契約の成立の可能性の低さ，あるいは，指揮命令基準の限界，も明らかになった。これらの事実は，契約という法形式に基づき関係当事者と労働法とを結びつけることの限界も示しているように思われる。

　このような状況を背景として，イギリスでは，当事者間に契約関係が存在することを一定程度前提としつつも，労務提供契約を構成する要素それ自体ではなく，契約外規範ないし契約外的関係性により直接の契約関係のない当事者の間に一定の法的関係性を認めようとする試みが存在する。学説が，労働法における契約外規範ないし契約外的関係性の存在と意義を議論するようになってきているのである。そして，そのような議論の中で必ずしも契約外規範ないし契約外的関係性の例として挙げられているわけではないものの，そのような理論を念頭においてみると，従来のイギリス労働法システムの中にも一定の契約外規範ないし契約外的関係性の存在を指摘することができるように思われる。

　本章では，労務提供契約の成立そのものに関する議論ではないが，序章第5節で述べた日本の問題状況に鑑みて，イギリス労働法における契約外規範ないし契約外的関係性の構築の試みを，第1章から第5章までの考察に対する補論的な位置づけで紹介したい。おそらく，本来は契約外規範等については本書において合わせて検討されるべきテーマというよりは，別個に体系的研究を要するテーマであろう。しかし，序章でも指摘したように，契約外規範ないし契約外的関係性の導入は，労働法分野における合意による契約の成立という前提と鋭く対立する面がある。そのため，労務提供契約の成立に関

する理論とどのように契約外規範ないし契約外的関係性が併存しうるのかを，本書において確認することが有用であると考える。本章では，これまでみてきた「労務提供契約の成立」の構成要素と結びつけながらイギリスにおける議論を紹介することで，労働法における契約外規範ないし契約外的関係性の導入の可能性や意義を示したい。

本章では，まず，第1節で学説における理論展開を見た上で，本研究によって明らかにした契約法あるいは雇用契約法の限界に照らして注目される制定法の仕組みを第2節と第3節において紹介する。

第1節　学説における理論展開

第1款　理論展開の背景

第1款では，第2款以下で紹介する学説が，契約外規範ないし契約外的関係性に関する理論を展開するようになった背景を簡単に述べる。

1　「雇用」でも「契約」でもない関係性

学説が契約外規範ないし契約外的関係性を議論するようになった背景には，まさに本章第2章から第4章までの判例の展開がある。本部の各章では，一定の労務提供者が法の適用を求めたとしても，法の適用をめぐって労務提供契約の有無が問題となる他方当事者との関係で，契約の成立要件（義務の相互性や契約意思）を充たすことができないという問題状況が明らかになっていた。そのような判例の展開からは，イギリスにおいて，契約外規範ないし契約外的関係性が議論されるようになったことは容易に了解されよう。とはいえ，ここでは，労働法全体に関わる問題として，契約外規範ないし契約外的関係性に関する議論が提起する問題の全体像を示しておきたい。

問題の背景には，イギリスにおける，伝統的な労働法が想定してきた「雇用契約」，すなわち，直接雇用の，期間の定めのない，フルタイムの，雇用契約によるのではない，「非標準的」な労務提供の形態の広がりが存在する。具体的には，パートタイム（part-time），有期雇用（fixed-term），実際には契約相手方に経済的に依存しているように思われる自営業者（independent contractor）や派遣労働者（agency worker）などの就労形態の広がりである。

本書で既に紹介しているとおり，これらの就業形態に関しては，従来，労働法が前提としてきた標準的な雇用契約の存在が認められず，基本的かつ重要な労働法の適用が認められない。

そして，本書の第2章以降で示した裁判例の展開もあって，これらの就業形態に対して労働法の規制をかけるのに，「雇用」という労働法の対象とする契約範疇の拡大のみでは達成できないことが明らかになってきた。

第一に，伝統的な雇用契約ではなく，雇用契約よりも広い「労働者の契約 (worker's contract)」という契約に依拠する労働者 (worker) 概念が比較的近年の立法[1]において導入されていた。しかし，この概念についても雇用契約に関して問題となっているのと同様に「義務の相互性」という契約の成立要件が問題となることが明らかになっていった。つまり，法が適用される契約類型の範疇を拡大したとしても，そもそも議論の対象とすべき法的関係を生み出す「契約」が存在しない，という事態が存在することが明らかになった[2]。

第二に，第3章で考察したように，派遣労働者による派遣先に対する責任追及が派遣労働者と派遣先との間の黙示の雇用契約の成立という形で争われた。しかし，これも契約意思という契約の成立要件が認められないとして結局失敗に終わった[3]。

第三に，不公正に解雇されない権利など一定の重要な制定法上の権利が認められるための要件として，権利ごとに定められる一定の期間にわたる継続的な雇用 (continuous employment) の存在が求められるが（第2章第1節第3款1），第2章で考察したとおり，臨時的・間歇的労務提供者については，このような雇用の継続性を満たす継続的な雇用契約の存在が認められにくく，それらの者が制定法上の権利に手を伸ばすことができないという事態も生じていた。

---

[1] Working Time Reglations 1998 SI1998/1833, reg. 2; National Minimum Wage Act 1998, s. 54 (3); Employment Relations Act 1999, s. 13.

[2] 契約の成立要件たる「義務の相互性」が労働者概念に関しても問題になることは，学説でも予想されていなかった (Deirdre McCann, *Regulating Flexible Work* (OUP, 2008), at p. 47.

[3] 第3章参照。また，Hugh Collins, 'Contractual Autonomy' in *The Autonomy of Labour Law* (Hart Publishing, 2015), at p. 63も参照。

このように，様々な局面で，総合すると，法的関係を議論されるべきと解される当事者間に，そもそも法的関係として議論の対象としうる「雇用」あるいは「契約」関係が存在しないという問題があることが総合的に理解されてきたのである[4]。

2 理論展開の開始

こうして，雇用契約ないし雇用契約法の範囲や機能について批判が展開されると共に，契約概念を超えて労働法を支持し展開させる法概念の探求が開始されることになる。そのような動きの中で，特に目立っているのが，Mark Freedland と Nicola Kountouris による「人的労働関係 (personal work relation)」という概念に依拠する労働法的な独自の観点によって打ち出された構想である。以下では，Mark Freedland らのアプローチ（第2款）を紹介し，このような新たなアプローチとしての契約外規範ないし契約外的関係性の構築に対して懐疑的な Simon Deakin の批判を紹介する（第3款）。

第2款 人的労働関係の構築

Freedland と Kountouris による人的労働関係の構築（The Construction of Personal Work Relations）の理論[5]は，労働法的な観点を前面に押し出し，労働法全体の再編を図ろうとするものである。とはいえ，両教授の理論は，476頁に及ぶモノグラフによって打ち立てられているため，ここでは一部を紹介することにしたい。以下では，両教授の理論が，いかにして契約外的関係性を捉えるのか(1)，そして，理論の基礎となる労働法的観点とは何か(2)，に焦点を絞って紹介する[6]。

---

4 たとえば，臨時的，間歇的労務提供者についてこの問題を明確に述べているものとして，Mark Freedland, *The Personal Work Contract* (OUP, 2003), at p. 101.
5 Mark Freedland and Nicola Kountouris, *The Legal Construction of Personal Work Relations* (OUP, 2011). なお，筆者は，2014年3月に，University College London にて，Mark Freedland 教授と Nicola Kountouris 教授（さらに Simon Deakin 教授）にお会いして両教授の理論についてインタヴュー調査を行う貴重な機会を得た（インタヴュー調査の結果は，別に新屋敷恵美子「イギリス労働法における契約外的規範構築への挑戦」季労249号79頁（2015）においてまとめている）。本章における記述も同インタヴュー調査において得られた理解に基づくところがある。

1 労働法の領域の拡大
(1) 人的労働関係の法的構築
　両教授の理論は，著書の題名どおり，労働法分野における「人的労働関係（personal work relation）の構築（construction）」に向けられている。まず，人的労働関係である。それは伝統的な労働法の適用対象である「被用者」概念よりも広い労務提供者の範囲を想定しており，その内容を一応の形で述べるならば，「他者のために自分自身で労務に従事するための取り決め（arranging）によって，ある者が他者（ら）との間に有する（諸）関係」[7]として理解される[8]。
　そして，「構築（construction）」には，そのような人的な対象範囲の形成以上の意味がある。それは，一定の事実的な関係性を労働法の世界で一定の法的関係として記述するという法的性格づけの作業としてだけではなく，さらに当該法的関係について法的帰結（incidents, effects）を付与することも含んでいる[9]。このように，対象（範囲）を論じることと法的結果を論じることが「不可欠的かつ必須的に」[10]に結びつけられており，この二面性を有する作業は「規範的性質決定（normative characterisation）」[11]と称される。
　なお，この規範的性質決定は，両教授らの理論の中で要となる後述のネクサス概念やプロフィール概念の展開を支える重要な概念であり，両教授らが理論構築全体において依拠する方法論でもある。
(2) 交錯する二つの次元

---

[6] 両教授の理論を紹介するものとして，鎌田耕一「個人的就業関係と労働法の再編」季労239号250頁（2012）も参照されたい。

[7] M. Freedland and N. Kountouris, n. 5 above, at p. 5.

[8] 前注（5）インタヴュー調査では，これは労働法の領域拡大を図るものであり，従来の労働法における対象領域の狭さ，すなわち，被用者概念に対応する「雇用」，そして，「契約」という，二つの要素による対象領域の限定性を克服するために，労働関係（work relation）という対象領域を考えたが，他方で，これでは純粋な事業者同士の関係なども含まれてしまい広くなりすぎるので，「人的（personal）」によって限定を付した，とのことであった。

[9] M. Freedland and N. Kountouris, n. 5 above, at p. 6.

[10] Ibid., at p. 6.

[11] Ibid., at p. 6. 両教授の理論におけるその重要性については，317頁以下も参照。なお，規範的性質決定の規範性は，性質決定をする者の独自の規範的観念ではない（p. 327 below.）。

(i) 全体像

　両教授が遂行している労働法の領域拡大の試みにおいて，重要な役割を担うのが，ネクサス（nexus）概念とプロファイル（profile）概念である。これらによる領域拡大をよりイメージしやすくするために，ここでは，一人の労働者（worker）について，時間軸を想定したい。当該時間軸上には，一つの長期にわたる雇用契約（contract of employment）による人的労働関係しか存在しない場合もあるが，比較的短期の人的労働関係が断続的に存在する場合もある。また，そのような人的労働関係には，ボランティアすなわち契約に基づかない関係が含まれることもあり，また，契約に基づく関係であったとしても「雇用」契約に基づくものではないものも含まれうる。このように労働者の生涯を貫く時間軸上に，様々な種類の人的労働関係が想定されうる。そして，ネクサスは，各特定の時点における人的労働関係の内容を構成する概念であり，これが「雇用」「契約」概念に拠らないことから，特定時点における労働法の領域拡大の可能性をもたらす。他方で，これらの時間軸の観点から各時点における人的労働関係を分析する視角が，プロファイルという概念である。

(ii) 人的労働関係とネクサス

　では，より具体的にネクサスの内容をみよう。ネクサスとは，「労務提供者が，通常は報酬等を得るために，他者（ら）のために労務を提供することを目的として，締結する取り決め（arrangement）またはそれを目的として入る関係（relation），を法的に体現するつながり」[12]とされる。これは，人的労働関係の内部を構成し，人的労働関係の内部を可視化するものである[13]。

　そして，ネクサスは，必ずしも一つの契約関係や二当事者間に限定された法的なつながりによって構成されるものではない。このネクサスは，たとえば，雇用契約などの主たる（primary）契約的法的つながり（connection）とそうではない従たる（secondary）法的つながり（connection）によって成立している場合もある[14]。そして，ネクサスにおける主たるつながりが非契約的なものであり，従たるつながりが契約的なものである場合もある[15]。また

12　Ibid., at p. 316.
13　Ibid., at p. 316.
14　Ibid., at p. 320.
15　Ibid., at p. 232.

ネクサス自体は契約的なものを全く含まない可能性もある[16]。このような内容で，ネクサス，最終的には，人的労働関係は，特定時点における「法的なつながりの総合あるいは束」[17]として構想されるのである。

では，ネクサス，あるいは，それを構成する法的つながりは，どのように法的なものとして見出されあるいは生成されるのであろうか。少し詳しく見てみよう。ネクサスを構成する法的つながりの法的発見には，先述の規範的性質決定という両教授ら独自の方法論が関わっている。すなわち，先述のとおり，労働法の範囲とその法的帰結を結合させながら対象を論じていく方法論である。これは，一方では，法的範疇から法的帰結という流れで両者の連続性をもたらすが，他方で，法的帰結から法的範疇という逆向きの連続性によって，法的帰結を生み出す法規制の観点から労働法の範囲，すなわち，ネクサスの中身を構成する法的つながりを見出すことに繋がっていくと解される[18]。

より具体的に述べると，契約関係にない当事者間，たとえば，フランチャイジーに雇用されている被用者とフランチャイザーとの間の関係につき，制定法がそれらの関係にある当事者らに関係しうる法的範疇と法的責任について諸規定を設けていたとしよう[19]。もし，諸規定が，上記当事者間において適用される場合には，両者の間には一定の法的つながりが形成された，あるいは，認められた，と考えることができるのである。ここでは，雇用契約のような一定の法的範疇からそのまま法的つながりが観念されているのではない。そこでは，規範的性質決定の有する法的範疇と法的帰結の結合機能を前提に，法的範疇の不確定性（諸規定が適用されるまでは雇用契約について認められるような法的関係性の存在は明確ではない）を，法的帰結（制定法の適用）による法的つながりの認識によって補い法的範疇の存在を確立するという方法論が展開されていると解される。このようにして，両教授は，契約概念では捉えきれない関係性のダイナミズムを，関係性をめぐって展開している（展開していく）法規制，あるいはそれを前提として行動する当事者（さらには学説）の作用をも法的範疇を形成する材料としながら，全体として法的つ

16　この点は，前注（5）のインタヴュー調査で確認した。

17　M. Freedland and N. Kountouris, n. 5 above, at p. 320.

18　Ibid., p. 317 below.

19　Ibid., at pp. 320-321.

第1節　学説における理論展開　　319

ながり，すなわち，ネクサスの内容が構成されるものとして展開している。
　そして，注意しておかなければならないのは，そのようなネクサスの内容を構成するつながりの性質が，問題となる法規制との関係で異なりうることである。すなわち，ある法規制の観点からは，ネクサス内に存在する特定の法的つながりが当該ネクサスに関する法的責任の構築にあたりメルクマール的な役割を果たすが，他の法規制の観点からは当該つながりにそのような意義が認められないこともある[20]。
　以上を要するに，ネクサス概念は，ネクサス内に，とりわけ契約的関係性以外の，様々な種類の法的つながりが存在しうること，さらに，その法的つながりが法規制と結びついて，ときには法規制の観点から法の適用される範疇を示すメルクマールとして機能するなど色々な機能を果たすことを，表現し議論の対象とする意義があると解される。

(iii)　人的労働プロファイル

　労働法の領域拡大を示唆する概念の第二が，人的労働プロファイル(profile) という概念である。人的労働プロファイルの明確な定義はみられないが，人的労働プロファイルは，個別の労働者について観念されるものであり，「一以上の人的労働関係を主とし，また一以上の労働に関係する状態を従として構成されている」ものとされている[21]。労働に関係する状態というのは，失業中の求職者の状態や病気休業中の状態を指すものとされる[22]。先に触れたように，人的労働プロファイルは，個別の労働者の時間軸を観念させ，個別の労働者の人的労働関係の内容の分析を豊富化するものである。すなわち，この人的労働プロファイルは，人的労働関係を労働者の職業生活やキャリアという比較的長期にわたるタイムスパンの観点から，各人的労働関係の意義を問うものなのである。
　両教授らがこのように人的労働プロファイルという観念を提示するのには，次のような事情がある。すなわち，イギリスでは，伝統的な二分法に基づき，人的労働関係は，雇用契約とそれ以外の労務提供契約 (contract for services) という契約類型と直結させられて，あたかも特定時点における雇用・就業形態が労働者の職業生活ないしキャリア全体にわたるプロファイ

20　Ibid., p. 327 below.
21　Ibid., at p. 340.
22　Ibid., at p. 340.

となるかのように理解されていた嫌いがあった[23]。

しかし，人的労働プロファイルが示す労働者の職業生活等の長いタイムスパンに照らしてみたとき，実際には，特定の雇用形態としての人的労働関係は特定の時点のものに過ぎず変遷していく可能性があることが観念しやすくなり，人的労働関係は長期にわたる人的労働プロファイルの一部を形成するものに過ぎず，また，人的労働関係の内容も二分法が想定する以上に多様化しうることが明らかになっていく。一言でいえば，人的労働プロファイルは多様な人的労働関係によって形成されうるということを強調するのである。詳細は省くが，両教授らは，人的労働関係を，安定した (secure)，独立した (autonomous or freestanding)，あるいは不安定な (precarious)，ものとして分類し[24]，さらにそれらに比較的緩い形で属することになる七つの雇用・就業形態を提示し[25]，人的労働プロファイルの流動性 (fluidity) や変容性 (mutability) を論証する。

また，先述の規範的性質決定がここでも重要な役割を果たす。すなわち，規範的性質決定は，先述のとおり，特定時点における人的労働関係をめぐる法状況を前提に人的労働関係の法的性格づけを行う作用も含むが，同様に，規範的性質決定の作用の中には既存の法状況を超えて関係性を見出していく規範的な (prescriptive) 側面があり[26]，そこで，事実的にあるいは規範的に展開されていく人的労働プロファイルの形態が，労働法を構成するものとして認められ，あるいは，それに促されて労働法における人的労働関係の内容あるいはプロファイルの内容が構成されていく[27]。また，そのような人的労働プロファイルの存在が，さらなる規制（手続的規制など）の展開をもたらすものとされるのである[28]。

そして人的労働プロファイルは，従来から労働法規制の基底に存在していたが，両教授らは，これを「人的労働関係の法的規制のための枠組み」として明確に「意識」することが重要であるとしている[29]。

23　Ibid., at 342 below.
24　Ibid., at p. 346.
25　Ibid., p. 351 below.
26　Ibid., at p. 359.
27　Ibid., at p. 361.
28　Ibid., at p. 362.

ただし，そのような人的労働プロファイルという規制枠組みの中に人的労働関係を位置づけてみたとしても，どのような観点からその全体を規範的に構築していくべきかまでを明らかにすることはできない[30]。そこで，2において労働法全体を方向づける規範的根拠が示されることになる。

２　労働法の規範的根拠
(1)　雇用契約下の交渉力格差の矯正という規範的根拠に対する批判
　１における労働法の領域拡大の必然的な結果として，労働法における人的労働関係の規制における規範的な根拠（normative basis）にも，再考が迫られる。伝統的な労働法規制の規範的根拠とは，「従属的な雇用（subordinate employment）のための契約下にある使用者と被用者の間における交渉力の不均衡を矯正するという観念」[31]であった。
　しかしながら，伝統的な労働法の，「従属的な雇用」（典型的には雇用契約において実現される）の想定に反して，両教授が描いてみせた人的労働関係は，従属的な雇用を超えて広がっている。また，交渉力の不均衡も，契約当事者を想定したものであるが，人的労働関係（ネクサス）は必ずしも契約関係にある当事者を想定していない。さらに言えば，従属性と交渉力格差を結合させる伝統的な労働法の規範的な根拠についての理解は，従属性や依存性のない人的労働関係にある労務提供者が不利益を被ったり弱い立場に立ったりする者ではない，ということを暗黙の前提としており，一定の労務提供者における交渉力格差の問題の可能性を否定することになりがちである。労働法の規制根拠として，「交渉力格差を必ず必要な実態として想定するべきではない」[32]のである。
(2)　規範的根拠としての労働におけるパーソナリティ
　しかしながら，注意しておかなければならないのは，両教授らは，伝統的な「規範的な観念を信用しないというわけではない。それは中心的な労働法のイデオロギー的な駆動輪であり続ける」[33]としており，伝統的な規範的な

29　Ibid., at p. 365.
30　Ibid., at p. 369.
31　Ibid., at p. 370.
32　Ibid., at p. 371.
33　Ibid., at p. 370.

根拠を完全に排除しようとしているのではないということである。とはいえ，伝統的なそれは，伝統的にはそのような規範的根拠それ自体の基礎となってきた[34]。そして，全ての人的労働関係あるいはプロファイルに対応することができる観念，すなわち，「労働におけるパーソナリティ」という観念に置き換えられるべきなのである[35]。そして，このパーソナリティという観念は，ディグニティ（dignity），ケイパビリティ（capability），スタビリティ（stability）に枝分かれする[36]。

ここでは上記三つの要素について詳述することはしないが，労働法規制（労働者保護）は，①労働者の尊厳（dignity）とディーセント（decent）な労働条件，②労働市場と技術の向上や能力開発（capability building）の機会への労働者の参加可能性の最大化，③安定性（stability）の要素の導入と促進による使用主体と労働者の費用と危険の管理，を目指すべきとされる[37]。

なお，両教授が，パーソナリティという観念を政策的なものとして提示しているのかそれともより具体的な法的帰結をもたらすものとして提示しているのかについては，現段階では明確にあるいは具体的には把握できない。また，労働法の規範的根拠を変更するのか，従属性や交渉力格差は今後全く意味がなくなるという趣旨なのかは明確でない。とはいえ，たしかに労働法の基底的なものとしてこれらの要素を考えているとしても，従属性の考え方を制限し，パーソナリティを強調しようとするのが，両教授の目指す方向であるようである[38]。

3 まとめ

FreedlandとKountourisの「人的労働関係の構築」は，規範的性質決定という方法論を軸に，ネクサス概念とプロファイル概念とによって，これまでの雇用契約とそれ以外の契約という労働法における二分法の観念から生じる労働法の展開の障害となる呪縛を解き放ち，労働法の領域拡大を図るものである。そして，そのように再構築された労働法の全体の規範的根拠は，労

34　Ibid., at p. 372.
35　Ibid., at p. 371.
36　Ibid., at p. 371.
37　Ibid., at p. 372.
38　前注（5）のインタヴュー調査でこのように述べられていた。

働におけるパーソナリティに求められる。

第3款　労働法における雇用契約概念の意義

　FreedlandとKountourisの理論は，第1款で示した問題状況，あるいは本研究が第5章までで示した法状況に鑑みれば一定の魅力を有している。しかしながら，新たな概念の導入によって，労働法の領域において雇用契約概念の中心的な地位を相対化することは，むしろ社会において労働者が働き賃金を得てその生涯において依拠することができる「雇用」という統一的なイメージ，あるいは，社会における「雇用」の法規範としての意義を放棄することになるのではないだろうか。むしろ，「雇用」（契約概念）の再構成，再補強によって，問題状況の打開を図るべきではないのか。

　このような観点から注目されるのが，労働法全体の中で「雇用契約」という伝統的な概念が果たしてきた役割を考え，その役割をFreedlandらの構想の中で示された新たな概念が担えるのかを疑問視するDeakinの見解である。このDeakinの見解は，契約法ないし雇用契約法が労働法の基礎となっているイギリス労働法に，契約外規範ないし契約外的関係性を新たに導入することの実際上あるいは理論上の困難を根本的に問いかけるものである。より抽象的に表現すると，Deakinの批判は，イギリス労働法の文脈において，契約概念を基礎とする労働法の具体的な法制度を前提としつつ，それと契約外規範ないし契約外的関係性を並存させることの実現可能性を問いかけるものである。このような批判は，契約外規範ないし契約外的関係性を労働法に導入するにあたっての，現実的な可能性や困難を明らかにし，また，論点を提示するものであり，傾聴に値する。

　以下では，Deakinの論文[39]に依拠しつつ，批判の骨子を紹介する。

1　雇用契約における形式と機能

　Deakinの論文の骨子は，労働法において雇用契約概念が伝統的に果たし

39　Simon Deakin, 'What Exactly is Happening to the Contract of Employment? Reflections on Mark Freedland and Nicola Kountouris's Legal Construction of Personal Construction of Personal Work Relations' (2013) Jerusalem Review of Legal Studies Vol.7, No.1, p. 135.

てきた役割からして，新たな概念の導入が労働法におけるそれらの内容とあり方に収拾のつかない混乱をもたらす，というものであると解される。

では，Deakin の重視する，雇用契約の意義とは何か。

第一に，労働法の構成要素としての二つの要素を結合し，また，それを正当化する意義である。その二つの要素とは，使用者の経営特権という要素と，労働者の保護のための社会的権利という要素である。なぜこのような要素が現れるかというと，雇用契約からは従属性（subordination）が観念されるところ，この従属性には二つの側面があり，一方でこれは使用者の経営特権と労働者がこれに服することを法的に肯定するが，他方で使用者の当該権限行使から生じる被用者あるいは賃金生活者が被る「危険」[40]に対する被用者の保護を正当化する[41]。つまり，雇用契約における従属性の存在が，労働者保護のための規制の根拠となるのである。

第二に，雇用契約が，第一の点で指摘されている実質的な内容と結びついているということを通じて，その実質と結びつく労働法の内容と人的範囲（personal scope）とを結びつけるという意義である。こうして，雇用契約概念は，その範囲と実体，形式と内容を結びつける意義を有している[42]。

第三に，雇用契約が，労働法の分野に止まらず，社会保障法，税法，会社法等についても前提とされている契約概念であることから，雇用契約概念は，労働法と他の法分野の諸規制とをスムーズな形で連携させるという意義も有している[43]。

以上から分かるように，労働法において，「雇用契約」は，「有用な概念，そして恐らく不可欠的な概念」なのであり，この雇用契約がなくなったとしても同様の概念が必要となる[44]。

2 問題認識におけるギャップ

そして，Deakin においては，必ずしもその趣旨を汲み取るのが容易ではないが，Freedland らと異なって，第1款で概説した状況を労働法全体の

40　Ibid., at at p. 136.
41　Ibid., at p. 136.
42　Ibid., at p. 136.
43　Ibid., at pp. 136-137.
44　Ibid., at p. 137.

「存続に関わる危機」[45]という状況としては捉えていないようである。たとえば，Freedlandらが提示しようとしている「一定の幅のある標準的な雇用関係」，すなわち，雇用契約に基づく労働関係のモデルの相対化は，「疑問の余地がある（open to question）」とし，「経験的に現代の労働市場において雇用のモデルを旧式のものとして考える事情が決して明らかでない」し，また，Freedlandらのアプローチは EU 法などの「法原則のトレンドに焦点を当てるものであり，彼らは，労働関係の表現としての雇用契約の重要性が減じてきているとする法制度を超えた展開の詳細には踏み込んでいない」と，Freedlandらの雇用契約と法制度をめぐる実態把握に対して強い疑問を投げかけているのである[46]。

3 解決の方向

Deakinも，もちろん，有期やパートタイム，派遣といった非典型雇用についての問題性は重々承知しているであろう。しかしながら，問題の解決に至るアプローチは，恐らく雇用契約概念そのものの，あるいは，それに基礎づけられる立法の展開によって図られるべきであると考えているようである。たとえば，イギリスにおける派遣労働者の問題に関しては，「三面的な労働関係構築への形式的な法のアプローチが主な原因」[47]であるとされ，派遣先を使用者とみなす（deeming）立法による解決が示唆されている[48]。また，アウトソーシングなどにみられる使用主体の分散の問題については，被用者性の問題というよりは，使用企業の同一性の問題であることを指摘し，これについてもサプライチェーンの中心に位置する企業に法的責任を課すなど立法的な解決が考えられるとする[49]。

しかも，既存の法制度の中にも契約モデルを超えた法理や法制度が存在し，そこでは様々な観点から危険の分散が図られているとして，次のように述べる。すなわち，もし，ネクサスといったFreedlandらの新たな概念が導入されたならば，それによって既存の制度が契約概念を超えて達成している危

45　Ibid., at p. 137.
46　Ibid., at p. 138.
47　Ibid., at p. 139.
48　Ibid., at p. 139.
49　Ibid., at p. 139.

険分散の仕組みがうまく機能しない範疇を作り出し，かえって労働者への不適切な危険の転嫁や労働関係の契約化を引き起こす可能性があるというのである[50]。

4　まとめ

Deakin は，Freedland らの提唱する「パーソナリティ」概念については，一定程度支持するようであるが[51]，「雇用契約は必要とされ続ける」[52]として，雇用契約が伝統的に果たしてきた機能を重視している。

Deakin においては，基本的に，雇用契約概念に取って代わることができる概念は考えにくく，新たな概念の導入は逆に既存の法システムの働きを鈍化させ労働法の後退を招くと考えているようである[53]。雇用契約の，歴史的，経済的，そして，現在の法制度の中で果たしている統一的かつ包括的な役割を熟知している[54]Deakin からすると，Freedland らの試みは，魅力的ではあっても，巨大に過ぎるあるいは不必要なプロジェクトのように思われるのかもしれない。

第4款　まとめ

以上みてきたように，イギリスでは，「雇用」でも「契約」でもない関係性に関する諸問題を背景として，学説において契約外規範ないし契約外的関係性に関する理論の展開が始まっている。このような議論は，労働法分野において今後さらに議論が必要とされる萌芽的なものであると考えられる。そのため，現段階において契約外規範ないし契約外的関係性に関する理論として紹介することには躊躇もある。しかし，第2章から第5章にかけて検討してきたイギリスにおける労務提供契約の成立に関する議論からは，既存の法理論では，もはや「あるべき」労働法の人的適用範囲あるいは労働法全体を，

50　Ibid., at p. 140.

51　Ibid., at p. 143.

52　Ibid., at p. 144.

53　インタヴュー調査において，新たな概念の導入は，労働法の「後退（retreat）」を招くと述べておられた。

54　S. Deakin and F. Wilkinson, *The Law of The Labour Market* (OUP, 2005).

十分に法的なものとして構成できない面があることは否定しがたい状況に至ってきているように思われる。言い換えると，労働法において議論の対象となる法的関係性の根拠を契約概念にのみ求めるのか，あるいは，契約外規範ないし契約外的関係性に求めるのか否かの判断が要請されているように思われる。結果としては，新たな概念の導入に対し否定的な結論が出てくることもありうるが，ひとまずは，労務提供契約の成立に関する議論の先に，労働法の全体的な方向性に関わる議論が待ち受けているということは確かであろう。

第2節　雇用の継続性と労務提供契約の成立

　第1節で紹介した学説の展開から新たな発想を得るとき，本稿で考察してきた諸問題に関連して契約外規範ないし契約外的関係性の存在を指摘できるように思われる場面が幾つか存在する。本章では，以下，第2節と第3節とに分けて，イギリス労働法における契約外規範ないし契約外的関係性の存在を指摘しうるのではないかと思われる場面を紹介しよう。

　本節で考察する契約外規範ないし契約外的関係性は，本書第2章における考察と密接に関連している。第2章では，臨時的労務提供者と法の適用の問題を扱った。いま少し敷衍すると，そこでは，臨時的労務提供者と労務受領者との間で結ばれる一般合意について，契約の成立要件たる約因があると認められないことが，臨時的労務提供者にとって法の適用を受ける際の決定的な障害となっていることが問題となっていた。

　ところが，実は，この臨時的労務提供者の問題（約因を欠くがゆえに契約関係が認められず法の適用が受けられないという問題）を解決する仕組みが制定法自体の中に存在する。そして，その仕組みにおいて中心的役割を果たしているのが，制定法の中に組込まれていると解される契約外規範なのである。ただし，そのような仕組みも，臨時的労務提供者の問題が発生してすぐに認識されたわけではなかった。以下では，この仕組みの発見とその内容について考察し，そこにおける契約外規範とそれが前提とする労務提供契約（雇用契約）の役割を見ていこう。

第1款　正当な解答——Hugh Collins の解答

1　コモン・ロー上の帰結

　第2章で見たように，「義務の相互性」が契約の分類基準としてではなく成立要件として認識されると，それはかえって，労務提供・受領の開始時に労務提供・受領についての義務が必ずしも確定しているかが明確でないことの多い臨時的労務提供者等について，他方の契約相手方，すなわち，労務受領者との間の関連期間全体を覆う雇傭契約の存在を認定することが困難になる。その結果，一定の期間の雇用の継続性を要件とする不公正に解雇されない権利や剰員整理手当の権利などには，臨時的に契約の他方当事者に労務を提供してきた者は，手を伸ばせないことになる。これは，コモン・ロー上避けられない帰結であった。

2　Hugh Collins の解答

　しかし，その帰結を避けることを可能にする正当な解答が，Hugh Collins により思わぬところに見出された[55]。それは，以下で紹介する雇用の継続性の算定に関する1996年雇用権法212条に依拠するものである。
　すでに第2章で述べたように，不公正に解雇されない権利や剰員整理手当についての権利といった権利については，雇用契約の存在だけでなく権利ごとに定められた期間につき，雇用の継続性が要求される。したがって，そのような法定期間の充足が要件とされている権利の前提問題として雇用契約の存在が争われる場合には，まず，労務提供・受領実態全体に対応する一つの雇用契約が存在するのであれば，労務提供者側が期間計算を誤っているといった事情でもない限り，雇用の継続性の要件を充たす。なぜならば，問題の期間全体について雇用（の継続性）の基礎となる雇用契約が常に存在しているからである。
　しかしながら，雇用の継続性が認められるのは，制定法上必ずしもその場合に限られないのである。それは以下のような仕組みによる。雇用の継続性は，現行の1996年雇用権法であれば，210条以下の規定により算定される。まとめると，継続性は基本的に週を単位として算定され[56]，したがって，同

---

[55]　Hugh Collins, 'Employment Rights of Casual Workers' (2000) 29 ILJ 73.

第2節 雇用の継続性と労務提供契約の成立

法の規定に従って一週間雇用の継続性が認められない場合は、その週によって雇用の継続性が破られることになる[57]。

問題なのは、ある週がどのような場合に継続性のある週として数えられるかという点であるが、1996年雇用権法212条1項は、週の全体もしくは一部において被用者と使用者の関係が雇用契約によって規律されている（governed）場合、当該週を雇用が継続している週として数えるとしている[58]。さらに、週の一部に雇用契約が存在しない週も、被用者の不在が、(a)傷病による就労不能、(b)一時的な業務の休止（cessation）による欠勤、(c)取決め（arrangement）や慣習（custom）によってその者が何らかの目的のために当該使用者の雇用にあり続けていると考えられるような状況において不在であった週は、雇用継続の期間として算入される[59]。

つまり、これらの規定に従えば、雇用の継続性の要件を充たすのに、たとえ継続的な雇用契約が存在しなくとも、まず、ある週の一部に雇用契約が存在すればよいのであり、さらにそれが認められない場合にも一定の場合には雇用の継続性が擬制されるのである。

以上の制定法の規定に目を付けた Collins は、「義務の相互性」が契約法にいう「約因」であることを認めつつ、一般合意に関し問題になっている当事者間に関連期間全体を覆う雇用契約が存在すると認められる可能性が極めて低いとする一方で、インターバルにより分断された実際の個別の労務提供・受領については何らかの契約が認められ、それが裁判所においてほとんどの場合雇用契約と認められていることを指摘した[60]。最終的に、そのような個別の雇用契約に基づき212条1項を援用することにより雇用の継続性の要件充足が認められるから、問題は解決する（臨時的労務提供者にも問題の諸権利が認められる）ことを明らかにしたのである[61]。

56　ERA1996 s. 210 (3)
57　ERA1996 s. 210 (4)
58　ERA1996 s. 212 (1)
59　ERA1996 s. 210 (3) この規定は、1978年雇用保護（統合）法 Schedule13 の paragraph9に由来し、またそれも1972年雇用法 Schedule 1の paragraph 5に由来する。
60　H. Collins, n. 55 above, at p. 77.
61　Collins は、同論文において210条3項については特には言及していない（n. 55 above, at p. 77）。

第2款　判例における有効性

　実際に，点在する個別の労務提供・受領が，それ自体雇傭契約と認められ，かつ，212条の適用が認められた重要な判例が Prater 事件控訴院判決である。

〔判決①〕　Cornwall County Council v Prater 事件控訴院判決[62]（2006年）
【事実の概要】　X は，Y からの依頼に基づいて個別の生徒に対する家庭教師として労務を提供していた。Y と X は，個別の生徒についての家庭教師の労務の依頼またはそれに対する承諾を義務づけられていなかった。しかし，いったん Y による個別の生徒についての依頼がなされ X がそれを承諾すると，当該生徒についての業務を果たすことが義務づけられ，かつ，Y も当該個別の業務が終了するまで当該生徒についての労務を供給し続けることが義務づけられていた。X は，毎年9月を除いて，約10年の間ほとんど Y に継続的に労務を提供し報酬を受領していた。
　このような事情の下，X が Y を名宛人として，労働条件記述書の申立てを雇用審判所になした。X は，個別の生徒に関する労務提供が，個別の雇傭契約に基づくものであること，そして，そのような一連の個別雇傭契約の合間をつなげるために212条が適用されるべきことを主張した。雇用審判所は，各個別の雇用契約の合間を1996年雇用権法212条3項(b)の「一時的な休止」と認め，X の主張を認容した。Y が上訴したが控訴審判所は上訴を棄却し，Y はさらに控訴院に上訴した。
　Y は，控訴院において，雇用審判所と控訴審判所が「義務の相互性」の概念を誤解しかつ誤って適用したと，Carmichael 事件貴族院判決等を引用しつつ主張した。というのは，Y によると，「X が〔個別の〕業務期間中労務を提供するよう契約上義務づけられていることによって見出される相互性は，雇傭契約が存在するのに要求される『削ることのできない最小限』を構成するのに必要なのと同じ相互性ではなかった。継続的な義務の相互性なしに，一つの労務の後に続く短い業務の連続の下，単に常態的に懸命に労務を提供することによって X を Y の被用者とするのには不十分であった。<u>さらなる（more）労務を保証し供給するという継続的な義務と労務提供者の側にそのさらなる労務をなす義務がなければならない</u>」からである[63]。
【判旨】　原判決維持（全員一致）
　Mummery 控訴院裁判官は以下のように判示した。
　「本件における焦点は，『雇傭契約を形成するのに必要な削ることのできない最

62　[2006] IRLR 362.
63　Ibid., at para. 40.

小限の相互的な義務』にある……（Carmicael 事件貴族院判決参照）。」[64]

　Carmichael 貴族院判決等では，本件のように労務提供者から，各個別の労務提供・受領についての個別の雇傭契約の存在や212条の適用が主張されておらず，それらの事件は期間全体を覆う雇傭契約の存在が争われた点で本件と異なる[65]。

　「各業務の終了後，Y が X にまた別の教育業務を依頼する義務に服していなかったこと，あるいは，X が業務を承諾する義務に服していなかったことは，法的地位に何らの相違を生みださない。重要な点は，いったん契約が締結され当該契約が継続している間，X が当該生徒を教える義務に服し，かつ，当該契約に基づき Y から X に労務提供可能とされた生徒を教えることにつき X に支払う義務に Y が服していた点である。」[66]

　Lewison 記録長官は以下のように判示した。

　「義務の相互性があるかという問いは，雇傭契約が存在するかを判断する完全なテストではない。私は，義務の相互性の問いが向かうのは，契約があるか否かであって，契約が存在する場合に，いかなる種類の契約があるかという問いではないと考えるのである。しかしながら，主張された義務の相互性の欠如のみが唯一の上訴理由であった。」[67]

　このように，控訴院は，Y の主張を否定して，個別の期間における労務提供・受領（支払）義務が，個別の雇用契約について求められる「義務の相互性」であるとし，個別の雇傭契約の存在を認めた。

　Y の主張は，簡単にいえば，一回限りの労務と報酬の交換は雇傭契約の「義務の相互性」に当たらない，一個終わってもまた別の労務と報酬の交換を義務づける継続的な義務が，雇傭契約の「義務の相互性」である，というものであろう。これは，第 2 章において学説のところで検討した「義務の相互性」を雇傭契約の性質と理解する Deakin らの見解と類似している。

　すなわち，同教授らは，1970年代後半から裁判例で言われるようになった「義務の相互性」は，契約法に言う約因としての相互性とは別の契約の性質であるとし，その内容を「一定の期間にわたって存在する雇用関係を維持する相互的なかかわりの存在」（これは将来の履行の相互的な約束，つまり，雇用

64　Ibid., at para. 3.
65　Ibid., at paras. 32-38.
66　Ibid., 365.
67　Ibid., para. 51.

し（employ）雇用される（employed）という約束からなるもの）としていた[68]。この見解は、そのため、臨時的就労等の就業形態は以下のような二つの理由で雇用保護法制の範疇の外に落ちてしまうとする。すなわち、①個別の雇入れ（hiring）をつなぐ関連期間全体を覆う雇用契約が存在しないために、労務提供者が各権利の法定期間に必要な雇用の継続性を欠くことになる、あるいは、②「個別の雇入れそれ自体が、（使用者の側に）将来提供できる労務を作り出す、そして、（労務提供者の側に）労務に対して対応可能であるという責任（commitment）を欠くために、雇用契約として分類されない」という理由で[69]。

　この②は上記Ｙの主張と同じ趣旨のものと評価できる。そうすると、Ｙの主張は、Deakinらの見解と同様、「義務の相互性」を雇傭契約の「契約の性質」として捉えていたのである。

　しかし、控訴院はもはや契約の成立と性質とを混同することはなかった。控訴院は、Lweison記録長官の判示部分からもわかるように、「義務の相互性」を、契約の分類のための契約の性質ではなくて、単なる契約法上の「約因」として捉えた。そのため、約因として要求される以上の継続性といった要素を「義務の相互性」（契約の成立）の位相で要求することはなかったのである。こうして、控訴院は個別の雇用契約の存在を認め、臨時的労務提供者について212条の適用も認めた。

　そして、このような212条の適用の可能性は、後続の裁判例において広く認識されている[70]。たとえば、派遣元と労務提供者との間の雇用の継続性が問題となっていたAugustin v Total Quality Staff Ltd.事件控訴審判所判決[71]において、Peter Clark裁判官は、「先例の現在の状況をみると、本件における問題は、単に〔傘契約といった継続的な〕雇用契約があるか否かでは

68　S.Deakin & Morris, *Labour Law* (6th ed.), (Hart Publishing, 2012), at para. 3.29 (p. 164).

69　Ibid.

70　North Wales Probation Area v Edwards 8 November 2007 (UKEAT/0468/07/RN); Little v BMI Chiltern Hospital 24 April 2009 (UKEAT/0021/09/DA); Metropolitan Borough Council of Calderdale v Wells (UKEAT/0340/09/CEA); Breakell v West Midlands Reserve Forces' and Cadets' Association Named as Shropshire Army Cadet Force 3 December 2010 (UKEAT/0372/10/RN).

71　[2008] All ER (D) 148 (Mar) (UKEAT/0343/07/DA).

なく，……連続する日々の雇傭契約が存在するかであると思われる」[72]としている。また，James v Redcat (Brands) Ltd. 事件控訴審判所判決[73]において，Elias 裁判官（審判所長官）も，「義務の相互性」の内容について解説する際に，「典型的には義務の相互性についての注目は労務提供者が間歇的に使用者に使用されている状況において生じ，労働者が実際に労務を提供していないときにおいての契約関係が存在するか否かということが問題となる。これは雇用の継続性を証明するために重要となる(1996年雇用権法の第212条が時にこの点について補助するのだけれども)。」[74]との認識を示している。後者の事件では，212条の適用は争点にもなっていなかった。

　Collins の主張が裁判例にどの程度の影響を与えたのかは不明であるが，同教授の示した解答は，裁判例の展開をみる限り，一定の有効性を認めることができる。

第3款　まとめ

1　問題の区別

　第2章で見たとおり，制定法上の権利の資格要件として求められる雇用の継続性は，一般合意の締結によっては，約因の要件が障害となって，充たされることはなかった。そのような場合，当事者らに残されるのは，実際に労務を提供した期間について存在する，連続する個別的な労務提供契約に過ぎない。そして，雇用の継続性を要件とする権利が問題となる場合，それらの個別的な労務提供契約単独では，権利を享受するのに何の意味もない。ところが，判例の流れの中で，契約の成立（約因）と性質（継続性の要素の有無）の問題が明確に区別されるようになり，その結果，個別的な労務提供契約が雇傭契約として存在しうること，そしてその有用性が明らかになっていく。

2　雇用の概念の広がりと雇用契約の新たな役割

　そうすると，今度は逆に，連続する個別の労務提供契約に，雇用権法212条の雇用の継続性の概念によって，新たな役割が与えられるようになってい

72　Ibid., at para. 8.
73　［2007］IRLR 290.
74　Ibid., at para 78.

く。そこでは，雇用契約は，あたかも橋脚のようにして，雇用の継続性の構成要素となる。

3　契約外規範ないし関係性の存在

他方で，既に述べたところからわかるように，散在する個別の労務提供契約を橋脚のようにして当事者間の長期にわたる関係性を一体的に捉えることは，労務提供契約の成立に含まれる要素だけで可能となるのではない。それを可能にしているのは，雇用の継続性という契約自体とは区別される概念である[75]。個別の労務提供契約を雇用の継続性という契約概念とは別個の概念によって包括的に把握することによって，当事者は，制定法上の権利に手を伸ばすことができるようになっている。ここからわかるように，ここでの「雇用」の内容は，契約の要素と契約外規範からなる，あるいは，両者が合体した形での契約外的関係性から構成される，ということができよう。

もっとも，雇用の継続性という概念自体がイギリス法独自のものであり，それについての一定の継続性を権利の要件とすること自体にそもそも問題があると思われるかもしれない。だが，イギリスにおける不公正解雇や剰員整理についての制度では，権利の資格要件が充たされれば，有期契約が更新されずに雇用が終了した場合も，当該期間満了は常に「解雇」とみなされる[76][77]。そして，実体的な要件を被用者が充足すれば，契約期間の有無に関係がなく救済が受けられる。比較的長期にわたって継続する雇用契約と一時的にしか存在しない雇用契約とを，各契約によって形成される雇用の継続性という観点からは区別していないのである。たしかに，救済の内容やレヴェルを考えることも重要であるが，そのように契約と契約外規範によって契約外的関係性を把握し，法規制と当事者（の合意）を結びつけていくという一

---

[75] Simon Honeyball and David Pearce 'Contract, Employment and the Contract of Employment' (2006) 35 ILJ 30は，「雇用と契約とは常に同時に存在するものではない。雇用は，特定の契約が及ぶよりもより広い時間的空間に及び得る」とする（at p. 31）。

[76] Employment Rights Act 1996, ss. 95 (1) (b), 136 (1) (b).

[77] また，イギリスでは，被用者が有期契約により四年以上連続して雇われている場合，使用者が有期契約で当該被用者を雇い続けることが客観的に正当と認められないかぎり，当該使用者は期間の定めのない契約の下で労務を提供する被用者であるとみなされる（Fixed-term Employees (Prevention of Less Favourable Treatment) Regulations 2002 SI 2002/2034, reg. 8.）。

つの手法としては十分注目に値すると思われる。

第3節　集団的労働関係法における労働者概念

第3節では，集団的労働関係法上の労働者概念を，第2節と同様に契約の成立要件（約因＝義務の相互性）の観点から分析していく。ここでは，本書で検討してきた個別的労働関係における法主体概念（被用者，労働者），つまり，労務提供契約の要素と労働保護立法の結びつきを考える上で，好対照をなす集団的労働関係法上の労働者概念につき，契約の成立要件（義務の相互性＝約因）の観点から分析を試み，そこに，契約外規範ないし契約外的関係性の存在を指摘したい。

以下，本節では，個別的労働関係法上の労働者概念との異同を明らかにするために，まず，集団的労働関係法上の労働者概念の定義や特徴について述べ（第1款），次に，契約の性質の観点から個別的労働関係法上の労働者概念と集団的労働関係法上の労働者概念の共通性について検討する（第2款）。こうして第2款において，検討の対象である二つの労働者概念から，両労働者概念に共通する契約の性質の要素を除いた上で，義務の相互性の観点から個別的労働関係法上の労働者概念と集団的労働関係法上の労働者概念の相違を指摘し，後者における契約外規範の存在を指摘する（第3款）。

第1款　集団的労働関係法上の労働者概念の位置づけと定義

ここ第1款では，まず，集団的労働関係法上の労働者概念が，集団的労働関係法上いかなる役割を与えられているのか，そして，その定義とその個別的労働関係法上の労働者の定義とを比べたときの特殊性，さらに，それがどのように認識されているかを見ていく。

1　労働者概念の位置づけ

本節における集団的労働関係法上の労働者概念とは，1992年労働組合労使関係統合法（以下，「1992年法」）296条1項の規定する労働者概念である。1992年法は，労働組合の定義[78]，労働組合の独立性の定義[79]，労働組合の地位や財産[80]，運営[81]，承認の手続き[82]，組合活動を理由とする不利益取扱に

さらされない労働者の権利[83]その他を定める，イギリスの集団的労働関係法の中核をなす法律である。このため，同法における労働者概念を本節では集団的労働法上の労働者概念と称することにする。

この労働者概念は，同法において，たとえば，同法上決定的に重要な労働組合の定義[84]や，組合運動に関する理由による不利益取扱[85]からの保護の対象（ただし組合活動を理由とする解雇の救済については個別的労働関係法の場合と同様の「被用者」に限られる[86]），労働争議の定義[87]，など[88]に用いられる。

もっとも，この労働者概念については，個別的労働関係法上のそれについて見られるほどの紛争例がないため，判例において個別的労働関係法上と集団的労働関係法上の労働者概念間の異同が十分に意識され，同概念についての判断枠組みが確立しているとは評価し難い。また，学説も個別的労働関係法上の労働者概念と集団的労働関係法上のそれとを明確に区別して論じているとはいえない（2参照）。このような明確な論点の設定あるいは区別の不存在を指摘できるが，以下に示すように，定義上の明確な違いが存在すること，判例においてもその相違が現れていると理解できることから，本節では，1992年法上の労働者概念を，個別的労働関係法上の労働者概念と区別して，集団的労働関係法上の労働者概念と称し，分析を進める。

2　定義と議論状況
(1)　労働者概念の定義と特徴
1992年法296条1項[89]は，以下のように労働者を定義している。

78　TURL (C) A 1992, s. 1.
79　TURL (C) A 1992, s. 5
80　TURL (C) A 1992, Part1, Chap. 2.
81　TURL (C) A 1992, Part1, Chap. 3.
82　TURL (C) A 1992, Part1, Chap5A.
83　TURL (C) A 1992, s. 146.
84　TULR (C) A 1992, s.1.
85　TULR (C) A 1992, s. 146.
86　TULR (C) A 1992, s. 152.
87　TULR (C) A 1992, s. 218 (1).
88　ex. TULR (C) A 1992, ss. 68A (1), 70B (2) (a), 180 (1), 181 (1), 186, 187 (1) (a) etc.

第3節 集団的労働関係法における労働者概念

「本法において労働者（worker）は，〔以下の契約の下で，〕労務を提供する，通常労務を提供する（normally works），または労務を提供することを求める（or seeks to work），個人を意味する。

(a) 雇用契約の下で，または，

(b) 当該個人の専門的職業の依頼人でない他方契約当事者に対して何らかの労働ないし労務を自分自身でなすまたは履行することを引き受けるあらゆる契約の下で。

(c) （略）。」[90]

まず，挙げられている契約を見よう。(a)の内容に関しては個別的労働関係法上の労働者概念と全く異ならない[91]。(b)に関しては，個別的労働関係法上の労働者概念には含まれていた「商業的事業」と「顧客」の語句が入っていないという違いはあるが，「専門的職業」とその「依頼人」という要素では共通している（【表Ⅰ-6-1】参照）。これに対して，決定的に異なるのが，

【表Ⅰ-6-1　労働者概念の比較】

	個別的労働関係法上の労働者	集団的労働関係法上の労働者
契約の要素	①義務の相互性 ②自分自身での労務の提供 ③労務提供者と受領者について専門的職業の依頼人でないこと 商業的事業の顧客でないこと	①義務の相互性 ②自分自身での労務の提供 ③労務提供者と受領者について専門的職業の依頼人でないこと —
それ以外の要素	「契約を締結しているまたはその下で労務を提供している」	〔契約の下で〕，「労務を提供する，通常労務を提供する，または，労務を提供することを求める」

89　同条は，1919年労働裁判所法（Industrial Courts Act 1919）第8条に起源を有し，その後1974年労働組合労使関係法（Trade Union and Labour Relations Act 1974）第30条1項，1975年法雇用保護法（Employment Protection Act 1975）第126条1項，1982年雇用法（Employment Act 1982）附則3第10条，1988年雇用法（Employment Act 1988）第第32条1項に由来する（1992年法・附則3）。ただし，1919年法においては，個別的労働関係法における「労働者」の定義と同様の定義であった。

90　TULR (C) A 1992, s. 296 (1).

91　前条（295条）において，雇用契約が雇傭契約（contract of service）と徒弟契約とを意味することが定められている。

下線の箇所である（【表Ⅰ-6-1】参照）。すなわち，「通常」とか「労務を提供することを求める」といった言葉からわかるように，集団的労働関係法上の労働者概念は，紛争の原因となる紛争に関連する行為の時点で，当事者間に(a)または(b)の契約が存続していることを要求していないのである。つまり，「通常」や「提供することを求める」という言葉が加えられているため，条文を素直に解釈すれば契約の存在と時間の関係を厳密に問わない構造となっているのである。このように，集団的労働関係法上の労働者概念は，個別的労働法上の労働者概念と比較すると，契約の具体的な定義（(a)(b)）に至る前の定義内容において著しい特徴を有している。

(2) 学説における相違の認識

(1)のとおり，集団的労働関係法上の労働者概念は，個別的労働関係法上の労働者概念とは異なる。そして，集団的労働関係法上用いられる労働者概念について解説する中で，以下のように述べるものもある。すなわち，「立法者は，……労働組合が，法的用語の意味において被用者ではない多くの個人を勧誘しその利益を代表するということを認識している。なぜなら，それらの個人が雇用を求めている（are seeking）か（この特別な定義は被用者あるいは労働者としての雇用を探している（looking for）者に適用される），あるいは，彼らの地位が，規則的な雇用（employment）を欠いているかもしくは労務提供において高い程度の自律性を有しているせいで不確かであるからである」[92]，と。ここでは，労働者概念に含まれる「求めている」という要素の意義が触れられており，1992年法における労働者の定義の特殊性が認識されている。

しかし，学説全体では，現在のところ，その特殊性はあまり認識されていないと評価せざるをえない。たとえば，他の労働法の解説書には，個別的労働法上の労働者概念と合わせて労働者の定義に含まれる要素，すなわち，「専門的職業（profession）」の要素を説明するのに，1992年法296条1項の労働者概念が問題となった判例を引用するものがあるが，(1)で指摘したような労働者概念間の相違は触れられていない[93]。学説では，むしろ，労働者概念の広さ，つまり，個別的労働関係法上の被用者概念と労働者概念との間でも

---

[92] Deakin and Morris, n. 68 above, at para. 3.33 (p. 175).

[93] Hugh Collins, K.D. Ewing and Aileen McColgan, Labour Law (CUP, 2012), at p. 204.

認められる，被用者概念と対比したときの契約の性質における範囲の広さ（(b)の契約の意義）の方が注目されているといえる[94]。

学説において概念間の相違が十分に認識されていない理由は，以下で検討する裁判例からもわかるように，その定義の広さゆえに，集団的労働関係法上の労働者概念についての紛争自体が生じず，その相違について論じる必要が乏しかったからではないかと推察される。集団的労働関係法上の労働者概念も個別的労働関係法上の労働者概念と同様に古い法律に淵源を有するのだが[95]，たとえば，同様の「労働者」の定義が用いられた1974年労働組合労使関係法[96]（以下，「1974年法」）の注釈書をみても，同法における「被用者（employee）」の基準（指揮命令）等が，幾つもの判例が引用されながら詳解されるのに対して，労働者概念については全く解説が付されていない[97]。また，1974年法の「労働者」についての他の解説においても，雇傭契約以外の「専門的職業の顧客でない他方契約当事者のために自分自身で労務を提供することが求められる者である限り」どのような種類の契約の下で労務を提供する者でもよいとの説明が加えられるに止まり，1974年法の定義に含まれる「通常」とか「労務を提供することを求める（seeks to work）」という文言の意義は，特段示されていない[98]。以下では，少ない裁判例を素材に，集団的労働関係法上と個別的労働関係法上の労働者概念間の異同を概観してみたい。

---

[94] Gwyneth Pitt, Employment Law (7th ed.) (Sweet & Mxwell, 2009), at para. 3-018; G. Davidov, 'Who is a Worker?' (2005) 34 ILJ 57, at p. 58-59.

[95] 同条は，1919年労働裁判所法（Industrial Courts Act 1919）第8条に起源を有し，その後1974年労働組合労使関係法（Trade Union and Labour Relations Act 1974）第30条1項，1975年法雇用保護法（Employment Protection Act 1975）第126条1項，1982年雇用法（Employment Act 1982）附則3第10条，1988年雇用法（Employment Act 1988）第第32条1項に引き継がれてきた（1992年法・附則3）。

[96] Trade Union and Labour Relations Act 1974, s. 30 (1).

[97] Charles D. Drake, *The Trade Union Acts with Commentary* (Sweet & Maxwell, 1985), at p. 101 below.

[98] Kenneth Miller, 'Trade Union Government and Democracy' Chapter 10 of Roy Lewis (ed.), *Labour Law in Britain* (Blackwell, 1986) at p. 277.

第2款　共通部分──契約の性質

個別的労働関係法上の労働者概念と集団的労働関係法上の労働者概念とは，共通する部分を有している。

1　相互参照

判例における実際の解釈の中で，個別的労働関係法上の労働者概念と集団的労働関係法上の労働者概念とは，契約の性質の点ではその内容の共通性が認められているといえる。なぜなら，以下の裁判例にみられるように，両概念について，契約の性質を判断する基準が相互に参照されているからである。

〔判決②〕　Allied Medicare Ltd. v Westwood 事件控訴審判所判決[99]（1996年）
【事実の概要】　Xは，派遣会社Yに看護師として登録を申込み承諾され，Yから書面を交付された。当該書面には，Yが労務を供給する義務が存在しないこと，Xが自営業者であること等が記載されていた。その後，Yは，Xその他の派遣看護師に，経費削減の必要性のため，給料から給料明細書の発行料金を控除する旨通知した。Xはこれを不服とし，労使審判所に違法な賃金控除の申し立てをした。そこで，労使審判所では，Xが1986年賃金法8条の（個別的労働関係法上の）「労働者」にあたるかが争われ，労使審判所はこれを認めた。Yが控訴審判所に上訴。
【判旨】　上訴棄却・原判決維持
　Peter Clark 審判長は以下のように判示した。
　「我々（審判所─引用者）はXとYの注意を，……1992年労働組合労使関係統合法の296条という類似の規定とそこに見出される『労働者』の定義に向けた……。
　我々は，National Industrial Relations Court Broadbent v Crisp 事件判決を参照させられた。その事件は1971年労使関係法（以下，「1971年法」）の第167条第1項に見出される『労働者』の定義に関するものであり，〔その「労働者」〕は以下のように定義されている……。
　『「労働者」とは以下の契約の下で労務を提供している，通常労務を提供している，または，労務を提供することを求める（seeks to work）者を意味する。
　(b)　それによってその者が自分自身で労働または労務をその者の専門家としての顧客ではない他方契約当事者に対して提供するあらゆる契約の下で……。』
　当該判決は，我々が判断しなければならない〔個別的労働関係法上の労働者概

99　7 November 1996 (EAT/122/96) (unreported).

念の〕問題にとって助けとはならなない。われわれが判断すべき問題の焦点は,「他方契約当事者に対して」という言葉にある。しかしながら,上記〔Crisp 事件〕判決は,たしかに『労働者』が彼自身で労務を提供し彼の代替者を提供しないことが要求されることを強調している。」

「我々の判断では,本件において審判所に X が Y に対して自分自身で労務を履行することを引き受けたと認定する権限があった。」

　本判決で問題とされた1986年賃金法の労働者の定義は,一定の契約の下で通常労務を提供しているとか労務を提供することを求めるといった表現を含まない,個別的労働関係法上の労働者概念である。しかし,本判決は,契約の定義の(b)契約の内容(自分自身での労務提供の要素)に関して,1992年法と同様の,1971年労使関係法(以下,「1971年法」)における集団的労働関係法上の労働者概念についての判決を参照することを否定していない。つまり,契約の定義の契約の性質の部分(自分自身での労務提供)については,両者を区別していないのである[100]。

2　性質における共通性の認識

　学説も,契約の性質の段階における共通性の認識を,一般に共有していると評価できる[101]。たとえば,1998年労働時間規則や1998年全国最低賃金法などの個別的労働関係法上の労働者概念が,1996年雇用権法230条3項と全く同様の定義であるとしつつ,集団的労働関係法上の労働者概念について定義する1992年法296条1項も参照,とするものがみられる[102]。さらに,労働者という項目において,労働者の定義を1996年雇用権法の定義を用いて紹介しつつ,その「専門的職業」の要素について解説する際に,1992年法296条

---

[100] 同様に1986年賃金法の労働者概念の判断のために,1971年法の労働者概念についての判断が参照された事件として Filcom Ltd. v Ross 事件控訴審判所判決 (31 January 1995 EAT/472/93〔unreported〕)。

[101] G. Davidov, n. 94 above, at pp. 58-59.

[102] Gwyneth Pitt, *Employment Law* (9th ed.) (Sweet & Mxwell, 2014), at para. 3-020; 同様に,1996年法等の個別的労働関係法上の労働者概念と1992年法上のそれとの共通性を前提としていると解されるものとして,Ian Smithy and Aaron Baker, *Smith & Wood's Employment Law* (10th ed.) (OUP, 2010) at p.70 (footnote 131); Deakin and Morris, n. 68 above, at para. 3.33 (at p. 174 below).

1項の労働者かどうかが争点になり「専門的職業」の要素について判断した判例を引用するものがみられる[103]。

これらの学説の記述からして，個別的労働関係法上の労働者概念と集団的労働関係法上の労働者概念とは厳密に分けて考えられていないこと，そして，契約の種類（定義中の(a)・(b)）を形作る要素（契約の性質）における共通性の認識が共有されていることが窺われる。

3　まとめ

そもそも集団的労働関係法上の労働者概念をめぐる紛争は多くないが，以上の裁判例と学説の状況からして，個別的労働関係法上の労働者概念と集団的労働関係法上の労働者概念とは，契約の種類（とくに定義中の(b)の契約）の基準となる要素，つまり，契約の性質における共通性が認められているといえよう。

第3款　問題とならない成立要件

ところが，上述の契約の性質の要素から契約の成立の要素に関心を移すと，集団的労働関係法上の「労働者」と個別的労働関係法上の「労働者」とでは，定義における決定的な相違に起因する解釈上の相違が現れる。

先述のとおり，本節における集団的労働関係法上の労働者概念は，集団的労働関係法の中核たる1992年法における労働者概念である。そして，この概念は，同法中の様々な規定に用いられ，かつ，同法中の重要な概念である労働組合の定義規定の要素にもなっている（第1款1⑴参照）。したがって，労働者概念は，以下に紹介する承認手続きのみを前提とした概念では全くない。ただ，契約の成立の段階における相違を示す裁判例をここで検討する前提として，イギリス労働法における制定法上の承認手続きを紹介する必要がある。そこで，以下では，承認手続きの内容と同手続きと労働者概念のかかわりについてその概略を示す。その後，裁判例を検討する。

103　Hugh Collins, K.D. Ewing and Aileen McColgan, *Labour Law* (CUP, 2012), at p. 204.

1 承認手続きと労働者概念

(1) 承認の意義

イギリスでは，労働組合が，使用者と団体交渉をするためには，その前提として，独立性の要件を充たしつつ[104]，使用者による承認（recognition）を得る必要がある。1992年法上，承認は，「使用者または二以上の関連する使用者による……団体交渉のための組合の承認を意味する」[105]。一般的には，承認とは，「団体交渉のために団体の組合員を代表して使用者と交渉する発言権を有する独立した労働組合の地位」[106]のことを指す[107]。法の定義や上記の一般的な表現からわかるように，この承認とは，団体交渉の前提となるものである。ただし，1992年法上，使用者の承認を得た労働組合には，制定法により情報の開示や一定の場合における使用者との協議などの様々な権利も認められる[108]。

この承認の獲得が，労働組合にとって決定的に重要であることは言うまでもない[109]。では，労働組合は，どのようにこの承認を獲得するのか。この点について，同法は，承認が使用者と労働組合との間で合意により自発的になされることを基本としている。しかしながら，同法はこの合意が成立しない場合についても定めており，この場合，労働組合は，同法に定められる承認手続を通じて，究極的には，中央仲裁委員会（Central Arbitration Committee, CAC）による宣告により強制的な形で承認を得ることができるのである。

(2) 手続と労働者概念の関わり

1992年法附則Ａ1第1条は，「労働者の団体または諸団体の代表として団体交渉を行うための承認を得ようとする労働組合（または諸組合）は，本附則の本部にしたがって請求（request）をなすことができる」と定める。ここ

---

[104] TULR (C) A 1992, Schedule A1, para.6.
[105] TULR (C) A 1992, s. 178 (3).
[106] Jhon Bowers QC, Michael Duggan, David Reade QC, *The Law of Industrial Action and Trade Union Recognition* (2nd ed.) (OUP, 2011), at p. 215
[107] 組合承認と制定法との関係の歴史的な変化については田口典男『イギリス労使関係のパラダイム転換と労働政策』（ミネルヴァ書房，2007）129頁以下参照。
[108] ex. TULR (C) A 1992, ss. 168A, 181, 188 etc.
[109] 承認の獲得と組合の盛衰の密接な関係についてはStephen Machin, *Union Decline in Britain* (Centre for Economic Performance, 2000).

からわかるように，この承認の請求主体は「労働組合」でなければならない。そして，この労働組合は，同法第1条により，「労働者」からなる組織と定義されている[110]。

(3) 承認手続きの流れ

手続きの詳細をここで述べる余裕はないが[111]，承認手続きの概略を述べておく（【図Ⅰ-6-2】参照）。

【図Ⅰ-6-2　承認手続きの流れ】

Ⅰ　労働組合による使用者に対する承認請求（request） 　　4つの要件（書面性，組合の特定，交渉単位の特定，法に基づく手続性） Ⅱ　労働組合と使用者との間での交渉 Ⅲ　労働組合によるCACへの承認申請（application） 　(1) CAC：申請についての受理・不受理の判断 　(2) CAC：適切な交渉単位の決定 　　　　　　考慮事項（①効率的な経営と合致した交渉単位の必要性，②その必要性と衝突しないかぎりで考慮すべき事項，すなわち，ア）使用者と組合の見解，イ）既存の全国あるいは地方の交渉のあり方，ウ）事業において細分化された交渉単位を避けることの望ましさ，エ）組合により示された交渉単位に入る労働者の性質（characteristics）等） 　(3) CAC：組合の支持に関する判断（投票等）等 Ⅳ　CAC→労働組合：承認宣告（declaration）

（CACの 'Guide for the Parties'（http://www.cac.gov.uk/index.aspx?articleid=2333）を参考に筆者作成[112]）

110　1992年労使関係統合法は，第1条において「労働組合」を定義する。その要素は三つであり，組織の存在，組織の構成員が「労働者」であること，組合の目的，である。

111　詳しくは，小宮文人『イギリス雇用法』（信山社，2006），龔敏「イギリスにおける集団的労働紛争解決システムの実態」季労236号21頁（2012）を参照。

112　より詳細な手続きの流れを図で示すものとして，小宮文人「第三章イギリス」労働政策研究・研修機構研究調整部研究調整課編「諸外国における集団的労使紛争処理の制度と実態：ドイツ，フランス，イギリス，アメリカ」(2004) 95頁・102-103頁参照。

第 3 節 集団的労働関係法における労働者概念　345

　まず，承認手続きは，労働組合の使用者に対する承認請求（request）によって開始される[113]。この請求は，請求が書面によりなされること，請求する労働組合の特定，交渉単位の特定，法に基づく請求であることの明示，という四つの要件を充たさねばならない[114]（【図Ⅰ-6-2】のⅠ段階）。
　承認請求に対して使用者が同意せず当事者間の合意により承認がなされない場合，労働組合はCACに制定法上の承認申請（application）をすることができる[115]（【図Ⅰ-6-2】のⅢ段階）。CACは，労働組合による申請を受けた後申請を受理するかどうかを判断する（【図Ⅰ-6-2】Ⅲ(1)）。これが受理され，一定の期間内に当事者間で交渉単位についての合意が成立しない場合，CACは，適切な交渉単位を一定の期間内に決定しなければならない[116]（【図Ⅰ-6-2】Ⅲ(2)）。1992年法は，CACのこの交渉単位の決定における考慮事項を定めている。すなわち，①効率的な経営と合致した交渉単位の必要性，②その必要性と衝突しないかぎりで考慮すべき事項，すなわち，（ア）使用者と組合の見解，（イ）既存の全国あるいは地方の交渉のあり方，（ウ）事業において細分化された交渉単位を避けることの望ましさ，（エ）組合により示された交渉単位に入る労働者の性質（characteristics）等である[117]。
　その後，CACは，団体交渉のために承認される組合を当該交渉単位に含まれる大多数の労働者が支持しているかを，交渉単位における組合員の割合または投票により判断する（【図Ⅰ-6-2】Ⅲ(3)）[118]。その判断を経て，承認の宣告（declaration）がなされる（Ⅳ）[119]。

　（4）まとめ
　以上，本稿に必要な限りで承認手続きの概要を紹介した。繰り返し述べているように，集団的労働法上の労働者概念は，承認手続きのみを前提とする概念ではない。同概念は，1992年法中の労働組合の定義やその他の様々な規定において法の作用にかかわる重要な概念として組み込まれている[120]。そ

113　TULR (C) A 1992, Schedule A1, para. 4.
114　TULR (C) A 1992, Schedule A1, para. 8.
115　TULR (C) A 1992, Schedule A1, paras. 11, 12.
116　TULR (C) A 1992, Schedule A1, paras. 19 (2) (3), 19A (2) (3).
117　TULR (C) A 1992, Schedule A1, para. 19B.
118　TULR (C) A 1992, Schedule A1, paras. 22 (1) (2), 23 (1) (2).
119　TULR (C) A 1992, Schedule A1, paras. 22 (2), 29 (3) (4).

して，紹介した承認手続きに関しては，その承認請求の主体が労働組合であることが要求され，労働組合の定義が労働者概念を要素としていたため，労働者概念が承認手続きの開始に当たって重要な概念となっているのである。

2　第四の要素
(1)　第四の要素
　1で示したように，承認手続きにおいて，労働者概念が重要な概念となっていた。言い換えると，承認手続きをめぐって使用者が労働組合を構成する者の労働者性を否定しようとする可能性が存在した。そして，以下の裁判例において，この承認手続きをめぐって実際に労働者性が争われ，「労務を提供することを求める」という労働者概念の語句について判断がなされた。

〔判決③〕　R (on the application of the BBC) v Central Arbitration Committee 事件高等法院女王座部判決[121]（2003年）
【事実の概要】　撮影技術者Aらは，Bとの間で書面の契約を取り交わして，Bのために労務を提供していた。Bは，かつてBと契約したことがある撮影技術者らの連絡先，合意報酬額等を記載した連絡用名簿を保持していた。Aらの所属する組合Cは，1992年法附則A1の規定に基づき，Bの保持する連絡用名簿により交渉単位を特定して，当該交渉単位を構成する労務提供者のためにBとの団体交渉を遂行することが認められる労働組合としての承認の申請をCACになした。Bは，Aらが労働組合の要件である「労働者」であることを否定したが，委員会の専門委員会（panel）は，Aらが1992年法296条1項(b)の労働者にあたると判断した。この委員会の決定に対して，Bが司法審査を高等法院女王座部に申し立てた[122]。
　女王座部のMoses裁判官は，大きく分けて，①法律問題についての誤り（委員

120　以下の〔判決③〕も，「〔1992年法296条1項の〕労働者の定義は承認に関する同法附則A1の諸規定に限定されるものではない。それは同法1条における労働組合の定義の中心となっているから，1992年法のまさに中核に相当する諸規定に適用される」として，労働者概念の定義が労働組合の定義を通して1992年法全体に関わるものであることを指摘する（[2003] IRLR460, at para. 6.）

121　[2003] IRLR 460.

122　当事者は国王とCACとなる。司法審査は，本来，「下位の統治機構の非違を匡す」国王の権限の行使であるという歴史的沿革から，現在でも，訴訟の当事者が，国王対行政当局という形になる（八木保夫「イギリス行政訴訟における『司法審査の申立』手続の制定」早稲田法学会誌30号297頁・316頁以下参照）。

第3節　集団的労働関係法における労働者概念　　　　　　347

会の提示した判断基準の是非），②「労務を提供することを求める」についての判断枠組み，③②の判断において検討されるべき証拠について判断した。①について，Bは，Byrne Brothers 事件控訴審判所判決を引用しつつ，一方契約当事者の他方契約当事者への依存性を労働者の判断基準とすべきことを主張した。また，②について，Bは，連絡用名簿に載っている者が「労務を提供することを求める」者に該当しないとし，「連絡用名簿は過去21か月の間に，……一日以上，時々Bとの契約の下で労務を提供したことがある者を載せていたに過ぎない」と主張した[123]。さらに，Bは，③について，団体の中の各個人の就労の頻度が様々であることを考慮するべき旨主張した。これに対し，CACは，②について，「労働者」の判断において，「いかなる特定の契約も存在している必要もな」い，「その定義は，団体に関するものであって，特定の個人に関するものではない，それは，タイプや種類に関するものである」と主張した。

【判旨】　申立認容・破棄差戻し

　Moses 裁判官は以下のように判示した。

　「正しいアプローチは，296条それ自体の定義の言葉によって指示されている。」[124]

　　　（中略）

　「私は，……<u>団体交渉の文脈においては依存性の基準に何らの助けも見出さない</u>。」[125]

　　　（中略）

　「第二の問題—『労務を提供することを求める (seeking to work)。』」[126]

　「CACは，〔1992年法〕附則A1の第1条の言葉づかいをみながらその問題に接近することが許されている。第1条の言葉づかいは，労働者の団体に言及するものである。当該団体にもはや労務を提供することを求めていない個人がいたとしても，そのような団体は存在しうる。したがって，CACは，団体を全体として見ることが許されており，団体の各メンバーについてみることは要求されない。」[127]

　「〔296条の〕定義に没頭して附則の第1条を見失うべきでないことが重要である。」[128]

　「第三の問題—詳細な証拠。」[129]

123　Ibid., at para. 34.
124　Ibid., at para. 18.
125　Ibid., at para. 22.
126　Ibid., at para. 34.
127　Ibid., at para. 37.
128　Ibid., at para. 38.

「ここでもまた，私は，附則Ａ１の焦点が団体にあってその団体の中の特定の個人に向けられているのではないことを強調する。いかなる証拠が必要とされ，どの程度その証拠によって委員会が満足させられたかの判断は，委員会次第である……。さらに，交渉単位として制定法が表現するものの一部を構成すべきでない者が存在するかどうかという問題は，その後の段階で生じる問題である。〔当事者の交渉単位についての〕合意が達成されない場合にCACが交渉単位を……決定しなければならない。そのような〔制定法の仕組み〕は，〔組合の承認〕請求（request）の検討という早い段階で，検討されるべきは団体であって，適切な交渉単位を決定する際に後に検討されることになる特定個人の性質（characteristics）を検討に入れるべきでないことを強く示している。」[130]

以上の判旨の要点は以下のようにまとめられよう。すなわち，①一方契約当事者の他方契約当事者への依存性[131]が296条１項の労働者概念の判断基準とはならないこと，②承認請求の適否の検討段階における労働者概念の判断においては，労働者を団体的に考察すべきこと，したがって③「労務を提供することを求める」の解釈に当たって個別の労働者の性質（労務提供の頻度や特定個人と使用者との間の契約の存否）については厳密に検討する必要のないこと，④承認請求の適否の検討段階と交渉単位の決定段階とを分けて，特定個人の性質が前者の段階では検討される必要のないこと，である。

ところで，判旨は，承認に向けた手続き過程における申請と交渉単位についての判断段階を明確に分け，「〔296条の〕定義に没頭して附則第１条を見失うべきでない」としていた。これは，一見，承認請求の適否の検討において，「労働者」の定義を重視していないようにも思える。しかし，このような解釈を可能にしているのは，以下のように，1992年法296条１項の労働者の定義と考えられる。

まず，学説の中に，上記の高等法院判決を引用しつつ，労働者概念に含まれる「労務を提供することを求める」の要素を「第四の要素」[132]と称するも

129　Ibid., at para. 39.
130　Ibid., at para. 42.
131　ここでの依存性は，同判決が引用している判決（前掲 Byrne Brothers (Formwork) Ltd v Baird 事件控訴審判所判決）からして，実質的かつ経済的に使用者に対して「従属しかつ依存する」労務提供者の立場（Byrne Brothers (Formwork) Ltd v Baird [2002] ICR667, at para. 17.）を意味する。

のがある。同学説によれば、この第四の要素は、「使用者と労働者の関係に関するもの」であるが、この要素を生じさせる上記文言は、「もし個人が使用者との労務を求めるならば、承認申請の時点において契約が存在しなくても、条文の目的から当該個人は労働者であるという意義」をもたらすとされる[133]。このように、この学説は、第四の要素が、法の適用をめぐって問題となる行為時に契約の存否を問わないという効果を生じさせることを認めている。ただし、同学説は、次の(2)で述べるように、上記の高等法院女王座部判決を「大雑把なアプローチ」であるとし、この要素の解釈について今後の展開が俟たれるとしている[134]。

　いずれにしろ、このようなアプローチを可能にしているのは、1992年法296条1項の労働者の定義、すなわち、同法における労働者概念における第四の要素である。というのは、かりに、1992年法が個別的労働関係法のような問題の行為時に契約の成立・存続を前提とするタイプの労働者概念を採用していたと仮定するとその点が明白だからである。その場合、おそらく、第2章でみたように、継続的な契約の成立を基礎づける「義務の相互性」の要素が問題として現れると考えられる。なぜなら、上記事件において、使用者は、名簿上に個人の名前が記載されているだけでは個人が労働者に該当しない旨を主張しており、そのような主張は、たとえば臨時的労務提供者による一般合意を雇傭契約として主張する不公正解雇の申立ての場合には、当該契約の「義務の相互性」の存在を否定する決定的な主張となるはずだからである。その証拠に、Carmichael事件貴族院判決[135]によれば、労務提供者が使用者の「求めに応じた臨時のベース」で労務を提供するという一般合意は、

132　第一の要素は、「個人がある契約の下で労務を提供しあるいはある契約の下での労務を求めること」（契約の存在）、第二の要素は、労務提供者による自分自身での労務の提供、第三の要素は、労務提供者がその者の「専門的職業の依頼人のために」労務の履行を引き受けるものでないこと、である（J. Bowers QC, M. Duggan, D. Reade QC, n. 106 above, para.17.13）。なお、同書は、第四の要素を (b) の契約の要素と理解しているようであるが (Ibid., at para. 17.13.)、第四の要素が労働者の定義中では (b) の契約の文言には含まれない 'Seeks to work' (Ibid., at para. 17.17) の文言によってもたらされるものと理解していることは明らかである。

133　J. Bowers QC, M. Duggan, D. Reade QC, n. 106 above, at para. 17.17.
134　Ibid.
135　Carmichael v National Power plc. [1999] ICR 1226 (HL).

たとえ職務内容や賃金率が当該合意によって決まっていたとしても，単なる個別合意の「枠組み（framework）」[136]を定めたものに過ぎなかった。個別的労働関係法上の法主体概念の判断の際には，法的な拘束性が認められないような一般合意については，「義務の相互性」の要件が現れ，その契約性を否定していたのである。そして，導入の背景から「義務の相互性」の要件が問われないことが期待されていた労働者概念についてさえも，判例はこの要件を同様に，しかも同内容のまま要求していた。以上の個別的労働関係法上の法主体概念と義務の相互性の要件との強い結びつきを考えると，上記事件においても，名簿への記載だけでは，名簿による法的な拘束性，つまり，義務の相互性が認められない，と評価される可能性はかなり高いものであったはずである。

　以上のように考えると，裁判所が，上記事件の使用者の主張をそれほど重視する必要がなかったのは，やはり，個別的労働関係法の場合の労働者概念とは異なる1992年法296条1項の労働者概念中の「第四の要素」のためと考えられる。この「第四の要素」について，前記学説は，承認申請時における契約の存否を問題としない効果をもたらすとしていたところ，上の検討からして，その効果の内容をより具体的に述べると，契約の成立（義務の相互性）要件の問題を回避させるあるいはその要件充足の程度を緩和する効果と考えられる。このように，「第四の要素」は，労働者概念の中に，契約の要素とは明確に区別されて入れ込まれ，そして，契約の成立要件（義務の相互性）の要求を一定程度無意味化するものとなっている。

　(2) 残された課題

　もっとも，「労務を提供することを求める」という文言が契約の成立の問題を回避させる効果を有するとしても，依然として不明確な点も残されている。

　先の事件で，集団的労働関係法上の労働者かどうかの判断において，裁判所は，1992年法の労働者概念について定める296条の文言ではなくて，承認手続きについて定める1992年法の規定へと注意を向けさせ，「団体」の観点から検討すべきとした。しかし，労働者かどうかの判断に当たって，労働者の定義を離れて，適用が問題となる制度について定める規定に着目して判断

136　Ibid. 1229.

する根拠，そして，そのような制度について定める規定からいかなる判断基準や観点を見出すべきか，これらについて判旨からは読み取れない。

とくに，先の事件では，労務提供者を記載した名簿が存在していた。言い換えると，当該事件では，問題となった労働組合を構成する個人は，使用者と主張される者との間で一度も契約を締結したことのない個人ではなく，また，名簿の存在ゆえに使用者と一定の継続的な契約の締結可能性を保持する関係性を有する個人であった。これらの事実から，労務提供者は，使用者と主張される者との間で契約関係とはいえなくても潜在的な契約締結可能性，あるいは，過去における契約関係性を有していたといえよう。このような当該事案における具体的事実を前提とできたからこそ，労働者の定義から離れて，適用が問題となる規定に着目し，団体の観点を持ち出すことができたのではないかとも考えられる。つまり，上記のような関係性の存在こそが，労働者の定義（「労務を提供することを求める」）の要件充足になっているのではないか，と考えられる。このように考えると，他の規定に基づく団体といった観点の提示の前に，その前提として労働者の定義が要求する個別の当事者間の関係性の内容こそが，規範的に提示されるべき内容であったといえよう。

このように，前記事件判決は，労働者の定義規定における論点や実際に適用が争われる規定ないし制度のために出てくる論点，これらの論点の割り振りと各論点を検討する基準に関し，十分明確にされていない感がある。「第四の要素」の存在を指摘した前記学説が，交渉単位としての集団に，適切でない個人が入る可能性があることに言及しつつ，前記判決の検討のあり方を「大雑把なアプローチ」[137]と評するのも尤もであろう。

第4款　まとめ

以上，イギリスの集団的労働関係法上の労働者概念を，契約の成立要件（義務の相互性）を軸に分析した。以下では，以上の考察をまとめよう。

1　概念間の相違についての認識

イギリスでは，個別的労働関係法上と集団的労働関係法上の労働者概念の

137　J. Bowers QC, M. Duggan, D. Reade QC, n. 106 above, at para. 17.18 (at p. 224).

定義上の相違，すなわち，労働者概念における「通常」とか「労務を提供することを求める」という語句の存否についてはあまり言及されておらず，日本で労基法上の「労働者」と労組法上の「労働者」について一般に見られるようには，両概念は区別して捉えられてはいない。ただ，イギリスでは，両概念の定義に用いられている契約の性質の判断が学説や判例において相互参照されていることからして，契約の性質段階での共通性が認められているといえよう（後掲【表Ⅰ-6-3】参照）。とはいえ，個別的労働関係法上の労働者概念に比較的注目が集まるようになったのが1997年以降であること，集団的労働関係法上の労働者概念についての紛争例が少なく同労働者概念について従来からそれほど議論されていないことからして，同国において積極的にそのような共通性が認められているとまでは評価することはできない。

【表Ⅰ-6-3　法主体概念間の要素の異同】

	個別的労働関係法上の被用者	個別的労働関係法上の労働者	集団的労働関係法上の労働者
契約の要素	①義務の相互性 ②指揮命令 ③整合性	①義務の相互性 ②自分自身での労務の提供 ③労務提供者と受領者について専門的職業の依頼人でないこと 商業的事業の顧客でないこと	①義務の相互性 ②自分自身での労務の提供 ③労務提供者と受領者について専門的職業の依頼人でないこと
契約外規範	なし	なし	第四の要素
契約の成立要件（義務の相互性）	問題になる	問題になる	厳格には問題にならない

＊集団的労働関係法上の(b)の契約の要素については，注132も参照。

2　契約の成立と労働者概念

1のように，個別的労働関係法上と集団的労働関係法上の労働者概念との区別の曖昧性，相互参照（契約の性質の段階での共通性）の事実を指摘できる一方で，判例における個別的労働関係法上と集団的労働関係法上の労働者概念の内容とを比較すると，各定義の相違に応じた違いが現れていた（前掲

【表Ⅰ-6-3】を参照)。各定義間の相違とは，集団的労働関係法上の労働者概念には，「通常」とか「労務を提供することを求める」という，契約の成立・存続と時間の関係を柔軟に解することを可能にするような文言が存在するのに対して，個別的労働関係法上の労働者概念にはこのような文言が存在しないという相違である。

そして，判例を分析すると，個別的労働関係法上の被用者概念または労働者概念の場合と比較すると，この文言の有無の相違は，集団的労働関係法上の労働者概念について「義務の相互性」(約因)の要件を厳格な形で問題としない効果をもたらすものと考えられた。また，労働者概念間の文言の相違に敏感な学説は，集団的労働関係法上の労働者概念の「労務を提供することを求める」という文言がもたらす「第四の要素」が，紛争が生じたとき(厳密には承認申請のとき)における個別の労務提供者と使用者と主張される者との間の契約の存否を問わないという効果をもたらす，と理解していた。このように，条文に含まれる要素の相違は，契約の成立要件を厳格に問うか問わないかという点において，重要な違いを生じさせているものと考えられる。

3 契約外規範ないし関係性の存在

集団的労働関係法上の労働者概念の定義からわかるように，「第四の要素」の働きは，問題になっている当事者間の，過去，現在，未来のいずれかの時点における，労務提供契約の存在を前提としている。そして，「第四の要素」の内容自体は，当事者間の契約の構成要素によって成り立っているわけではなく，それと密接に関連しながらも，独自の要素として存在し，関係当事者と労働法規制とを結びつけるものとなっている。このように，集団的労働関係法上の労働者概念の中の「第四の要素」は，当事者間の労務提供契約を前提としつつも，契約外規範として，当事者と労働法規制を結びつけている。言い換えると，当事者間の労務提供契約と第四の要素とは一体となって，労働法規制が適用される契約外的関係性を構築しているということができよう。

第4節 小　括

本部第2章から第5章までで明らかにしたように，イギリス労働法におい

ては，一定の種類の労務提供契約の有無の問題が，法の適用決定の文脈で問題となってきた。この問題の深刻さあるいは広範さが明確になってくる中で，当事者と労働法とを結びつけるものとして，契約外規範ないし契約外的関係性が議論されるようになってきた。以下では，本章で考察した，イギリス労働法における契約外規範ないし契約外的関係性に関する理論展開と，現実の法制度における契約外規範ないし契約外的関係性のあり方についてまとめよう。

第1款　契約外規範ないし契約外的関係性に関する理論展開

1　学説における契約外規範ないし契約外的関係性

　S. Deakin 教授のように，否定的な見解も見られたが，M. Freedland と N. Kountouris によって，契約外規範ないし契約外的関係性を正面から認めるような形での労働法の展開ないし再編が模索されている。同教授らは，ネクサス，プロファイルといった新たな概念を導入し，各労務提供者の特定時点における契約外的関係性だけでなく，当事者の職業の履歴といった通時的な視点から労働法上の法的関係性を考察する視角も提示していた。さらに，このような労働法における理論展開は，従属性からパーソナリティへという労働法の規範的根拠の転換をも視野に入れていた。

2　理論的・現実的困難性

　とはいえ，上記の契約外規範ないし契約外的関係性に関する理論は，現段階では，労働法における一般理論として定着しているという段階にあるとはいえない。S. Deakin に見られるような懐疑的な立場の存在だけでなく，そもそも理論自体が超えていかなければならない重厚な壁が存在する。H. Collins によれば，Freedland らの人的労働関係という概念についての「決定的な問題」は，「それが法概念ではないということである」とされている[138]。Collins が指摘するように，契約外的規範ないし契約外的関係性の労働法における構築は，そもそも法的議論として実現させること自体が相当に難しいものである。

138　H. Collins, n. 3 above, at p. 71.

第4節 小　括　　　355

　思うに，契約外規範ないし契約外的関係性を認めることは，同国においても，契約自由と鋭く対立するであろう。なぜならそれらを認めることは，契約関係にある当事者間の法的関係性と一定程度類似する効果を契約関係にない当事者間にもたらすことを狙って法的関係性を認めようとすることであり，このことが，契約自由に反する面は否めないからである。
　さらに，Deakinの指摘と重なるが，そのような契約外規範ないし契約外的関係性を，既存の法体系と具体的にどのような形で組み入れることができるのかも，新たな試みであるだけに，想像しにくい。このように具体的なあり方の認識を共有しづらいという点も，一つの困難を生じさせるものと解される。

　　第2款　契約外規範ないし関係性の存在と労務提供契約の役割

　契約外規範ないし契約外的関係性に関する理論の展開と労働法における実務への反映は，前途多難である。しかしながら，本書で検討してきた労務提供契約の有無の問題，とりわけ，義務の相互性の要件に関連して，その要件を回避しつつ，労務提供者と労働法規制とを結びつける契約外規範ないし契約外的関係性が，既存の労働法の中にも存在した。
　一つは，1996年雇用権法において，雇用の継続性の算定にあたり，雇用契約の存在を前提としつつも，実際には雇用契約が存在しない期間をも包摂して雇用の継続性を認めるようにする仕組みであった。このとき，時間軸上に散在する雇用契約は，雇用の継続性という概念と共に，関連の期間にわたって継続的に存続する契約に対して適用されるのと同様の労働法規制が適用される契約外的関係性を構築していると評価できる。
　もう一つは，集団的労働関係法上の労働者概念に認められる「第四の要素」である。これも，個別的労働関係法上の労働者概念に関しては厳格に要求される契約の成立要件たる義務の相互性の要件を回避させる効果を有していた。この契約外規範は，労務提供契約の存在を前提としつつ，それとともに，労働法規制が適用される契約外的関係性を構築していたといえよう。
　以上のとおり，既存の法制度の中には，契約外規範ないし契約外的関係性として注目しうるものも存在する。したがって，第1款で述べたとおり理論的な困難はあるものの，契約外規範ないし契約外的関係性の労働法への導入

の可能性を，全くゼロとする必要もない。むしろ，第2章，第3章でみた契約の成立をめぐる問題状況に鑑みれば，FreedlandやKountourisの主張するように労働法の規範的根拠をも批判的検討を加えつつ，労働法の再編とさらなる展開を視野に，デットロックを打開するような理論の構築が試みられるべきであるように思われる。

第7章 総　括

　第2章から第5章まで，イギリスにおける労務提供契約の成立について検討した。そこでは，労務提供契約の成立に関する具体的問題の考察の中から，「労務提供契約の成立」の客観的内容（第2章から第4章）と主観的内容（第5章）がどのように決定・構築されているのかを明らかにした。また，本書は，第6章において，補充的な議論として契約外要素ないし契約外的関係性に関する理論展開と法の実践を考察した。

　本章は，これらの要素ごとあるいは局面ごとの考察を総括し，イギリス労働法における労務提供契約の成立の法構造の全体とその具体的内容を示す。まず，「労務提供契約の成立」の判断の流れから，合意が「労務提供契約の成立」という法的事実に変化する一連の過程を確認し，そこから「労務提供契約の成立」という法的事実の全体像を構築する（第1節）。次に，相互関係にも触れつつ，全体像の中の各部の詳細を示す（第2節～第4節）。そのうち，第2節と第3節は「労務提供契約の成立」という法的事実の客観的内容の詳細であり，第4節は「労務提供契約の成立」という法的事実の主観的内容の詳細である。こうして，「労務提供契約の成立」の全体像と，その実際の内容を客観的内容と主観的内容の観点からまとめて示す。そして，最後に，契約外規範ないし契約外的関係性の意義に触れたい。

第1節　判断の二段階と全体像

　本節では，「労務提供契約の成立」という法的事実の生成過程を追うことで，その法的事実の全体像を結ぶ。

　契約法の原則どおり（第1章第1節参照），「労務提供契約の成立」という法的事実の端緒は，当事者間の合意である。もっとも，この合意（主観的内容）もまた様々な法規範の作用の中で法的な事実として構成されるものであるが（本章第4節参照），「労務提供契約の成立」という法的事実の形成を考えるにあたって，事実としては当事者の意思ないし合意の形成がその法的事

実の端緒となる。このように，まず，当事者間で労務提供契約の成立に向けた合意がなされる。次に，この合意が，一定の法的評価を経て，「労務提供契約の成立」という事実として労働法の世界に現れる。

そして，イギリスでは，この合意に関する評価の過程は，要素の性質からみて，二段階の過程となっている。

まず，第一段階は，契約の成立に関する判断がなされる段階である。この段階において，当事者間の合意は，契約法上の法理，すなわち，約因や契約意思の観点から審査される。合意は，この過程を通過することで，契約を成立（存在）させる。そして，この審査に合格しなければ，理論的には，合意は，次の第二段階における評価も受けることができない。

次に，第二段階において，成立した契約の具体的な権利義務が，労働法が決定する契約の性質の観点から評価され，契約は特定の類型の労務提供契約として分類される。

以上の二段階を経て，契約の成立と契約の性質の部分についての評価が確定する。これによって，当事者意思ないし合意が，契約法と労働法の作用と共に法の世界において「労務提供契約の成立」という法的事実を形成する。言い換えると，「労務提供契約の成立」という法的事実は，そのような当事者意思ないし合意の存在とそれに関わる法の作用の存在と両者の結びつきを示すものである。

以上を図に示すと，【図Ⅰ-7-1】のようになる。【図Ⅰ-7-1】からわかるように，「労務提供契約の成立」という法的事実は，当事者の合意が，中核となって，それが成立の部分は契約法と，性質の部分は労働法に直接的に接する形で，したがって，成立と性質の部分を構成するのに各法の観点からの

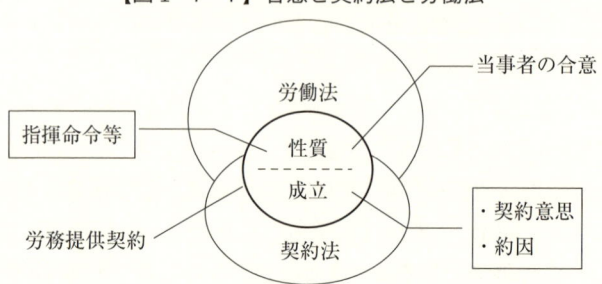

【図Ⅰ-7-1】合意と契約法と労働法

法的評価を受けることによって，もたらされるものなのである。

次節と第3節において，第2章以降の考察結果から，図のように位置づけられる「契約の成立」と「契約の性質」が，合意と合意外規範とによりどのように構成されて法的事実として存在することになるのか，すなわち，各構成要素の具体的内容を述べる。

なお，「労務提供契約の成立」という法的事実を構成する事柄は，「労務提供契約の成立」という法的事実が完成した後に，それがいかなる内容からなるかという観点から言及しようとすると，「要素」として表現できる。また，「労務提供契約の成立」という法的事実の客観的内容を述べるときにも，完成している「労務提供契約の成立」という法的事実を構成する内容を「労務提供契約の成立」の「要素」として表現できる。他方で，「労務提供契約の成立」という法的事実が完成する前の段階において，関係当事者間に上記のような「要素」の生成が認められるかという観点から見たとき，各要素は「要件」として表現される。このように，「労務提供契約の成立」という法的事実を構成する各部に言及する際に，同一の事柄について言及している場合にも，それを捉える視点に応じて「要素」や「要件」の言葉が用いられる。

第2節　契約の成立——契約法の領域

まず，【図Ⅰ-7-1】の成立部分の内容を見ていこう。この部分の構成要素については，ときに性質部分との混同が生じたり（第2章第1節・第2節参照），また，ときに成立部分の要素同士で混同が生じていたりしていた（第3章第3節・第4節参照）。しかし，最終的には，判例の展開を経てそれぞれが区別されるようになった。以下のとおり，成立場面では，主として，二つの要素（要件）の存在が明確に認識され，具体的内容が把握されている。

第1款　約　　因

1　「労働分野における契約」と約因

契約の成立部分を構成する要素の一つとして，約因（義務の相互性）が挙げられる。この要素は，当初，契約の性質と混同されていたが，判例の流れの中で，雇用契約の成立要件として位置づけられるようになった。そして，

約因たる「義務の相互性」の要件は，さらに，「労働者の契約」も含めた「労働分野における契約」についての約因として展開し表現されるようになった。

2　具体的内容

具体的内容についてはそれほど議論されていたわけではないが，判例は，契約解釈の結果，以下の内容の相互的な義務の存在を要求する。すなわち，一方当事者の労務提供者によって自分自身で提供しなければならない労務の提供義務と，他方当事者のそれに対する支払に関する義務または労務供給義務である。

なお，関係の継続性は，それ自体は「義務の相互性」（約因）の内容ではない。したがって，個別的（一時的）な労務提供・受領（報酬支払）についても，「義務の相互性」は認められる。継続性が問題となるのは，傘契約と称されるような長期にわたる継続的な契約の成立が問題とされる場合である。

3　拘束性の程度

義務の拘束性の程度は，一般合意と個別合意の二段階の合意の仕組みに起因して議論されていた。そこで問題となっていたのは，一般合意による継続的な労務提供契約（とりわけ雇用契約）の成立であった。判例は，労務提供者側が依頼された労務提供を断る自由あるいは労務受領者側が労務供給をしないでおく自由を留保しているような，合理的な程度の拘束性では足りないとし，比較的厳格な拘束性の程度を要求する傾向にあった。

なお，継続的な報酬支払義務が存在する限り，継続的な法的義務が存在し「義務の相互性」が認められるように思われるが，この点については明確に議論されておらず不明である。

4　契約の性質との関係

「義務の相互性」は，「契約の性質」とは区別される。しかし，それらは密接な関係にある。

「労働分野における契約」の相互的な義務の認定は，一定程度の契約の分類作業に繋がっていた。なぜなら，その認定によって「労働分野」における契約が認定されるからである。しかし，この認定の段階では，その義務の内

容が特定の労務提供契約の性質を示すものであるかは議論の焦点ではなかった。ここでは，2で示したより一般的な内容の法的義務（契約の存在を示すだけの義務）の存在が問題となる（第1節の全体像の中で述べた第一段階）。「契約の性質」が直接問題となるのは次の判断段階においてであり，第一段階で存在すると認められた相互的な義務が，次の「契約の性質」に関する評価の段階で，今度は指揮命令基準等の観点から法的評価を受けうる（第1節の全体像の中で述べた第二段階）。

このように，「義務の相互性」と「契約の性質」は密接に関係しているものの，両者は本質的に異なる判断基準を提示するものであり，「労務提供契約の成立」という法的事実を別個の観点から構成するものである。

なお，契約の成立と性質とを混同すると，成立または性質についての要件が正確に把握されなくなり，ときに一つの要件のための判断において別の要件の充足までが求められることになり，要件が厳格になるという弊害が生じる（第2章第2節，第6章第2節参照）。

第2款　契約意思

契約の成立の部分を構成するもう一つの要素が，契約意思である。

1　位置づけと内容

この要素については，派遣労働者，派遣元，派遣先からなる派遣関係において議論が活発になされた（第3章参照）。そして，Carmichael 事件貴族院判決が提示した契約解釈手法の浸透に従い，契約意思ともう一つの契約の成立部分の構成要素である約因の要素とが混同される事態が生じた（第3章第3節）。しかし，結局，契約法の法理の支配する領域の中で，別の要素が問題となっていること，すなわち，契約意思の存否がそこでの問題であることが明らかにされた（第3章第4節）。

そのような判例の展開の中で，その内容も議論された。まず，契約意思の内容は，契約法に従って決定される。それは，上記の契約意思と約因が区別された経緯からも分かるように第1款で述べた約因の内容とは異なるものである。この要素の有無は，契約法の法理に従い，契約を推定する必要性を基準として判断される。そして，その必要性が認められるのは，①当事者間の

明示の契約が見せかけと評価される場合，あるいは，②新たな契約が認められないと不整合なほどに実際には当事者が明示の契約どおりに行動していない場合，である。

2　契約意思と約因の関係

1で触れたように，契約意思と約因とは混同される場合があった。しかし，両者は，本質的に異なる契約法の法理に依拠するものである。第2章における考察，そして，第1款において述べたように，約因（義務の相互性）の有無は，契約の成立を認めるに足るだけの義務（法的拘束性）の存在を問題としている。契約意思の場合は，それは，そのような法的な義務の存在というよりは，当事者が「法的関係を形成する意思」（第3章第4節第3款）を有していたかどうかを問題にしている。したがって，たとえ派遣労働者と派遣先との間に，労務と報酬のやり取り，そして，指揮命令といった，義務の存在を肯定するような事実が形成されていたとしても，そのような事実の存在が契約意思の存在を導くとは限らない。James事件控訴審判所判決においてElias審判長が述べていたように，「〔契約意思が争点となっている〕派遣の場合には，契約の探求が相互的な義務の有無を決定する」（第3章第4節第1款4）のであって，問題は，問題の当事者間の関係を両者間の契約によって説明する必要があるか，である。

第3節　契約の性質――労働法の領域

第1節で示したように，「労務提供契約の成立」という法的事実は，当事者の契約の成立に向けた合意の，「契約の成立」と「契約の性質」の観点からの法的評価から成る。第2節ではこれまでの考察から「契約の成立」の客観的内容を確認したところ，第3節では，「契約の性質」の客観的内容を見ていこう。

契約の性質については，大まかには，その構成が次のとおり決定されていた。すなわち，契約の性質は，雇用契約の場合には，制定法がコモン・ロー上の契約類型を指定してコモン・ローがその性質を特定する。「労働者の契約」の場合は，制定法がその性質を特定しコモン・ローがその性質を具体化する。したがって，いかなる労務提供契約にいかなる法（規制）を適用する

かを決定するのは，基本的に労働法である。ただ，各契約の内容（契約の性質）を制定法がコモン・ローに委ねている場合（雇用契約）と，そうではなくて制定法自身が特定する場合（労働者の契約）とがある（第1章第2節）。

第1款　雇用契約

1　判例によって特定される契約の性質

制定法により，雇用契約（contract of employment）は，コモン・ロー上の概念である雇傭契約（contract of service）と結びつけられている。その結果，雇用契約の性質の客観的内容は，コモン・ロー契約法によって特定されることになる。そして，判例により，雇傭契約については，指揮命令の要素が「削ることのできない最小限」とされている。その他，統合性，経済的現実，といった要素も雇傭契約について挙げられている（第2章第1款）。これらは，判例の展開の中で展開されてきた雇傭契約をめぐる性質である。

2　現実の雇用・就業形態のあり方に呼応する契約の性質

また，指揮命令の要素の内容は，興味深いことに，次の可変性を有していると解される。すなわち，それは，現実の世界に存在する雇用・就業形態のあり方に一定程度影響を受け，そうして変化していく可変性である（第4章第2節第2款参照）。

3　まとめ

このように，雇用契約の場合，①「契約の性質」の内容は，労働法（制定法）によってコモン・ロー上の概念である雇傭契約の「契約の性質」であることが決定され，②具体的内容については，結局コモン・ロー契約法が特定する仕組みがとられている。そして，コモン・ロー契約法の展開の中で，③「契約の性質」は，現実の世界と一定程度対応させられ内容を特定される。

第2款　労働者の契約

次に，「労働者の契約」の場合，その契約の性質は，以下のように決定されている。

1 制定法により特定される契約の性質

　この契約の場合，まず，制定法により契約の定義がおかれている。そのため，この契約の場合には，契約の性質の内容それ自体が，制定法によって特定されている。ただし，全く法解釈の必要がないかというと，そうではなく，やはり，コモン・ローによりそれが具体化されている。しかし，そのように具体化された契約の性質も，あくまで制定法の文言を基礎としている。

2 契約の性質の内容と制定法の定義

　1のように，制定法の文言を基礎として契約の性質の内容が特定されているため，雇傭契約の場合に伝統的に重視されてきた指揮命令の要素は，「労働者の契約」の性質の内容としては挙げられてはいない。そして，現在の判例では，義務の相互性（約因）以外に，契約の性質として，①労務提供者自身による労務提供と②契約の他方当事者が労務提供者の専門的職業の依頼人または商業的事業の顧客でないことという要素が，この契約の性質の内容として理解されている（第4章第2節第3款）。

第3款　従属性の位置づけ

　「労働者の契約」の性質に関して，経済的従属性を契約の性質の内容とするかどうかが近年の判例で議論になっている。この点については，判例に混乱も見られるようではあるが，経済的従属性を「契約の性質」の内容とはしていないというのが現在の判例の理解と解される（第4章第2節第3款）。
　なお，1906年労働者災害補償法以前は，労働者階級の資産レベルや知的レベルでの使用者に対する従属性が法の適用において決定的な重要性をもっていた。

第4節　契約解釈作業

　第3節までで，第2章から第4章までの考察に基づき，「労働契約の成立」という法的事実の全体像の客観的内容，すなわち，その全体像の中で当事者の合意を評価し，合意と結びつきながらその法的事実を構成する，契約法と労働法の内容を示した。

第 4 節　契約解釈作業

では，そのように契約法や労働法と結びつく合意それ自体は，どのようにして法の世界に当事者意思ないし合意としてその存在を認められるのか。すなわち，前掲【図Ⅰ-7-1】において「労務提供契約の成立」という法的事実の中核を形成している合意は，どのようにして法の世界において見出され，「労務提供契約の成立」という法的事実を構成するようになるのか。このような「労務提供契約の成立」の主観的部分を構成する仕組み，すなわち，現実（事実）の世界から「労務提供契約の成立」の要素を構成する事実（当事者意思ないし合意）を拾い上げる法の仕組みも全体像の中に埋め込もう（契約解釈は前掲【図Ⅰ-7-1】の境界線上で作用するものと解される）。

第 1 款　契約解釈作業の二段階

契約解釈作業は，「契約の成立」と「契約の性質」という客観的内容についての判断の二段階とは別個に，二段階に分かれる。たとえば，契約の成立の部分を構成する合意を見出すのには，次の二段階を経る（契約の性質の部分を構成する合意を見出す場合も同様である）。

第一段階は，裁判官が契約解釈によって当事者の権利義務の認定を行う段階である。第二段階は，第一段階において認定した権利義務と，「契約の成立」や「契約の性質」に関する基準とを照合して，法的評価をする段階である（第 5 章第 1 節・第 2 節）。

この二つの段階は，両方とも，契約解釈作用に含まれる。

第 2 款　契約の操作と認定される権利義務の内容

第 1 款で示したように，契約解釈は二段階に分かれるが，各段階において，当事者の合意はどのように認定されるのか。この点につき，イギリスにおいて，明示条項や契約書面による①契約名称の操作や②契約内容の操作が問題となっていたことから（第 5 章第 1 節第 1 款），本書は，当事者，裁判官らの解釈者，制定法（契約類型）の観点から，契約解釈作用を考察した。そのようにして，契約解釈の場面においてこれらの主体間で「労務提供契約の成立」という法的事実を構成する当事者意思ないし合意が認定される仕組みを明らかにした。

イギリスでは，まず，雇用契約の認定が総合判断化し「義務の相互性」をめぐる議論が激しさを増す中で，雇用契約の有無の判断（契約解釈）の内容の多くを，法律問題とするか事実問題とするか，が問題になった。そして，その判断の多くが事実問題とされた。これは，上述の第一段階の多くの部分（事実の評価までをも含む部分―各事案においてどういった事実を重視するか等）を事実の問題とすることを意味していた。

このため，上述のとおり①契約名称の操作や②契約内容の操作がとりわけ使用者によって試みられる中で，仮に①②の結果としての明示条項や契約書面が，そのまま当事者間の権利義務の内容として認定されていたならば，法の適用決定の有無の判断（契約解釈作用）は，使用者の意図によって決定づけられるようになっていたであろう。

しかし，最終的には，当事者の権利義務の内容が契約書面に包括的に記載されていた事案において，最高裁が目的的アプローチを採用するようになった。こうして，判例により，第一段階において，明示条項や契約書面に拘泥せず，契約締結前後の事情も含めて関係の実態を検討して当事者の権利義務の認定を行うという契約解釈手法が打ち立てられた。以上の経緯から，【図Ⅰ-7-1】の合意の部分を構築する労務提供契約の有無の判断のための契約解釈においては，そこで収集される権利義務の内容は契約成立時の事実に限定されない。契約締結前後の事情も権利義務の内容として認定される。【図Ⅰ-7-1】の合意は，このような契約解釈に基づき収集される材料によって構成される。

第3款　当事者・解釈者・契約類型の意義

1　契約に関する操作と当事者・制定法間の利害対立

第2款で述べたとおり，イギリス労働法においては，労務提供契約の有無の判断のための契約解釈につき，目的的アプローチが採用されていた。しかし，イギリスにおける判例の展開を見ると，当該アプローチは，判例の展開の中で選択された一つのアプローチにすぎない（第5章参照）。そのアプローチの選択も，契約解釈という局面における，当事者，解釈者，そして，制定法間での，役割分担に関する規範的な判断によるものである。その役割分担によって，第2款で述べたような形での権利義務の内容の確定と合意の認定

が可能となっている。

　より具体的にそのような役割分担の内容を示す。第2款で述べたように，契約解釈にあたって，当事者による①契約名称の操作や②契約内容の操作が問題となってくる。合意自体は，究極的には当事者意思ないし合意を素材とするとはいえ，①や②を額面どおりに受け止めてそれをそのまま契約解釈の結果としての当事者間の合意であるとしてよいだろうか。労働法規制の側からすれば，このような場面において，いかなる事実を当事者意思ないし合意とし法的な効果を付与するか，といった決定に，一定の関心を払わずにはおれない。このように，当事者の側では，各人の認識や意図に従って，自由に当事者の契約上の権利義務内容を構築したいと考えるのに対して，制定法の側では，当事者の示す明示条項や契約書面に，法の世界において権利義務内容を確定する絶対的な役割を認めることはできない，という対立が起こりそうである。ここにおいて，間に裁判官らの解釈者を挟んで，契約の自由の下にある当事者とその弊害に敏感な制定法との利害対立が見られる。こうして，契約解釈の場面の第一段階，すなわち，権利義務の認定の段階において，当事者，裁判官らの解釈者，制定法（契約類型）の意義をどのように認め，権利義務の認定を行うか，が問題になる。

　2　当事者の役割
　1のように，「労務提供契約の成立」の主観的内容としての合意の認定に関し，先述のとおり，イギリスでは，目的的アプローチが採用された。目的的アプローチにおいては，第1款で述べたように，権利義務の認定の段階において，当事者の形成した明示条項や契約書面はそれがそのまま当事者意思ないし権利義務内容を示すものとしては認められない。それは考慮されるべき事情であるが，権利義務の内容は，契約締結前後の当事者のやり取りを含めた事情によって認定される。当事者は，契約をめぐって様々に行動する自由を有するが，たとえ，契約名称について宣言をしたとしても，あるいは契約内容を明示条項としていたとしても，さらには，当事者間の権利義務の詳細を契約名称も含めすべて契約書面にしたためると当事者間で合意したとしても，それによって当事者間の権利義務の内容を決定する権限までを有しているわけでもなく，また，そのような役割を負うわけでもない。
　なお，第1款で述べた法による評価の段階である第二段階において，当事

者意思は直接的な意義をもたない。したがって，たとえば，当事者が当事者らの契約に関し明示した契約名（たとえば請負その他の契約）は，法的評価の段階では何等の意義も有していない。

3　契約類型の意義

Autoclenz事件最高裁判決（目的的アプローチ）は，「労務提供契約の成立」を判断する上で，契約類型に固有の事情，すなわち，当事者間の交渉力格差の存在を認め，それを根拠として，上記のとおり，契約の自由を通じた一方的な権利義務の構成を排除していた。また，口頭証拠法則の法理の適用も排除して，契約締結前後の事情を当事者間の権利義務の内容として認定（契約解釈）することを可能にしていた。ここには，契約類型あるいはその背後にある法の趣旨または政策の観点が存在するということができる。このように，労務提供契約という契約類型に固有の事情が法的な意義を有し，権利義務の認定（契約解釈の第一段階）の作用の中に組み込まれている。「労務提供契約の成立」という法的事実を構成するものとして（より正確には，一定の「契約の成立」や「契約の性質」の基準を充たすものとして）認定された当事者の合意も，そのような法の作用を含むものであるといえよう。

4　解釈者の役割

目的的アプローチの中で，当事者間の権利義務の認定において，裁判官らの解釈者は，3で示した労務提供契約という契約類型に特有な事情に支えられながら，契約締結時の明示条項や契約書面に縛られずに，契約締結前後の事情から労務提供契約の有無の判断に向けた権利義務の認定を行うことができる。

第4款　合意を基礎とした法規範の結合としての労務提供契約の成立

こうして，「労務提供契約の成立」という法的事実の形成の端緒たる当事者の合意は，当事者，裁判官らの解釈者，そして，契約類型（制定法）のそれぞれの役割を通じて，法的事実として構成されていく。このように認定された当事者の権利義務の内容が，契約解釈の二段階目において，「契約の成立」や「契約の性質」といった契約法や労働法によって提供される客観的内

【図Ⅰ-7-2　労務提供契約の成立の全体像】

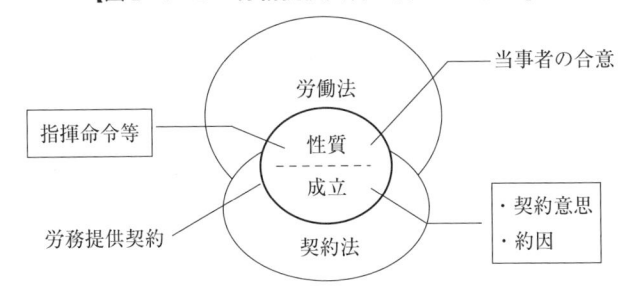

容の基準によって，法的評価を受けることになるのである。以上の過程を経て，当事者の合意は「労務提供契約の成立」という形をとって法の世界で意義を持ち始める（【図Ⅰ-7-2】参照）。

第5節　契約外規範ないし契約外的関係性

　第4節までで，イギリス労働法における「労務提供契約の成立」の法構造を示した。雇用契約が「社会的保護への入り口」と称されるように（第1章第2節第1款参照），イギリス労働法は，契約を基礎として組み立てられている。ところが，そのイギリスにおいて，関係当事者間に「労務提供契約の成立」という法的事実が認められない場合にも，一定の契約外規範ないし契約外的関係性の存在に基づき法的関係性を見出していこうとする理論が展開されていた。また，そのような理論を念頭に見返すと，注目すべき法の実践が存在する。しかし，契約外規範ないし契約外的関係性は，合意に拠らずに関係当事者に契約関係に類する法的関係性を認める作用を含んでいると解される。その意味で，契約外規範ないし契約外的関係性は，「労務提供契約の成立」という法的事実，とりわけ，その基礎となっている契約の自由と鋭く対立する面があるといえよう。そうであるとすれば，契約外規範ないし契約外的関係性は，どのような内容の法規範であって，「労務提供契約の成立」の法構造といかなる関係に立つのか，が問題となる。

第1款　契約を超える発想

　契約外規範ないし契約外的関係性を基礎づける理論として，M. Freedland と N. Kountouris による人的労働関係の構築の理論が存在した。本書では，両教授の理論の骨子の一部を紹介した。そこでは，労働法の規範的根拠自体が従属性からパーソナリティへと組み替えられ，ネクサスやプロフィールといった，契約関係に依拠しない概念によって，労働法の領域拡大が試みられていた（第6章第1節第2款）。

第2款　前提としての契約の存在と契約外規範ないし契約外的関係性

　契約外規範ないし契約外的関係性については，今後の学説における本格的な理論展開とその浸透が期待される段階である。とはいえ，直接的には「義務の相互性」の要件を欠くために契約論の観点からだけでは法の適用が認められないと思われる当事者につき（第2章参照），制定法中の制度あるいは法概念によって，法の適用が認められている場合があった。本書は，そのような場面として，二つを取り上げて契約外規範ないし契約外的関係性のあり方を考察した（第6章第2節と第3節）。
　一つには，1996年法中に見られた個別の雇用契約の連続を全体として捉える雇用の継続性の概念が存在した。雇用の継続性とは，元々，権利資格要件に関する概念である。たとえば，労務提供者は，不公正に解雇されない権利については，現行法の下では，被用者であるということだけでなく，2年間の雇用の継続性を権利資格要件として充たさなければならない。たしかに，この権利資格要件の存在自体が問題の多いものであるという批判も考えられるが，他方で，これを充たす場合には，被用者は，有期契約の不更新についても不公正解雇規制の対象としての解雇であるとして救済を求めることができる。そして，雇用の継続性は雇用契約の存在を基礎としているのだが，この算定に当たって制定法が一定の規定を整備しており，たとえば週の一部にでも有期雇用契約が存在する場合には，雇用の継続性が存在すると認められるのである。言い換えると，間歇的な労務提供の場合であっても，個別の雇用契約の連続が認められる場合には，それらを「雇用の継続性」という概念によって包括して捉え，制定法の諸権利と当事者とを結びつけることが認め

られている。

　こうして，契約法の約因法理によって制定法上の権利から排除されていた臨時的労務提供者も，それらの者も有する比較的短期の有期契約を基礎として，制定法上の権利に手を伸ばすことが認められていた。

　もう一つには，集団的労働関係法の分野における「労働者」概念に組み込まれた第四の要素があった。集団的労働関係法における「労働者」概念は，「労務を提供することを求める」として，特定の時点における契約の成立・存続を問わないことを明らかにしていた。言い換えると，同文言は，過去における契約締結の事実あるいは将来における潜在的な契約締結可能性によって，法主体概念に関する要件が充たされることを示唆していた。こうして，同文言の効果で，個別的労働関係法の分野において生じた「義務の相互性」（約因）の問題が，集団的労働関係法の分野における「労働者」概念に関しては生じていなかった。学説の中には，このような働きをする労働者概念に含まれる要素を「第四の要素」と呼称するものがあった。

　以上の制定法の仕組みは，契約の成立要件自体（約因）の内容を変更しているわけではない。そうではなくて，制定法の仕組みは，非常に短い契約期間のものも含めた有期の雇用契約の存在を前提として，そのような契約的関係性に別の概念の働きや要素を加えることによって，契約的関係性を超えた契約外的関係性を構築し，それに一定の法的効果を付与するものである。他方で，雇用契約に注目すると，契約外規範ないし契約外的関係性を，契約外的要素と共に構築する雇用契約の新たな役割を見出すことができるのである。

第 2 部　日本における労働契約成立の法構造

　第 2 部では，第 1 部で明らかにしたイギリスにおける労務提供契約の成立の法構造を手掛かりとしつつ，日本の労働契約の成立の法構造を考える。まず，第 1 章では，日本における労働契約の成立の法構造を示し，その構成要素を明らかにする。次に，第 2 章で，第 1 章で明らかにした労働契約の成立の要素の具体的な意義と今後の検討課題について述べる。

第1章　労働契約の成立の法構造

　第1章では，労働契約の成立の法構造を明らかにする。この作業は，三つの作業からなる。第一に，労働契約の成立の法構造を解明するに当たって，それをどのような視角から考察するのかが問題になるため，以降に続く作業の前提的な作業として，労働契約の成立という法的事象に関わる合意や法の働きについての大枠を確定し，そこから分析視角を構築する（第1節）。第二に，労働契約の成立という法的事象を構成する「構成要素」を特定する（第2節）。第三に，それらの構成要素をつなぎ合わせて最終的に労働契約の成立という法的事象を形成する「結合作用」としての契約解釈作用について検討する（第3節）。とはいえ，実際は，以上の第一から第三の解明については，ある局面の解明が他の局面の解明となる場合もあるため，それぞれに切り分けることにも一定の擬制が存在する。しかし，本章では，ひとまず，上記のとおり考察を進め，重複については各箇所において適宜言及し，整理していくことにする。

第1節　労働契約の成立と合意と法

第1款　労働契約の成立の客観的内容と主観的内容

　労働契約の成立の法構造を解明するという場合に，労働契約の成立という法的事象には，二つの側面があるため，どの側面について論じているのかを特定しなければ，論者によって考察の対象としている側面が異なるという事態が生じる。そのような場合には，労働契約の成立の法構造について論じても，議論がかみ合わない。そこで，まず，労働契約の成立という法的事象の二側面について述べる。

　1　判断の二段階からの示唆
　この労働契約の成立という法的事象の二つの側面を理解するのには，労働

契約の成立の判断過程を想起することが便宜である。参考になるのが，労契法6条である。同条は，「労働契約は，労働者が使用者に使用されて労働し，使用者がこれに対して賃金を支払うことについて，労働者及び使用者が合意することによって成立する」と定める。同条から，一定の者が一定の事項につき合意したことが認定されなければ，労働契約の成立は認められないということがわかる。そして，ここに概略示される判断は，まず，契約解釈による当事者間の権利義務の内容の認定を経て，次に，そのような権利義務の内容につき上記の一定の事項の存在が認められることの確認・評価という判断を経てなされる。もちろん，このような判断の二段階は，イギリス法に示唆を得ているのであるが，わが国でも実務では日常的に行われていることであろう。なぜなら，法的三段論法を想起すればわかるように，判断材料となる権利義務の認定をせずに，法律条文の適用がなされるということはありえないからである。つまり，「労働契約の成立」という法的事実を構成する契約の成立や契約の性質の内容を考えるにあたっても，権利義務の認定の段階と，認定された権利義務をそれぞれの部分に関する基準によって評価する段階とが存在することを念頭に置く必要がある。

2 客観的内容と主観的内容

(1) 主観的内容

上記のような二段階があることを前提とすると，労働契約の成立という法的事象の客観的内容と主観的内容の存在が了解されよう。まず，労働契約の成立の主観的内容とは，その法的事象の原材料とでもいうべき当事者によって形成される権利義務のことであり，これは，結局，権利義務を形成する具体的な当事者の当事者意思ないし合意のことである。主観的内容は，たとえば，労働者 X_1 が会社 Y_1 との間で Y_1 の指揮命令に従うことを合意していた，あるいは，労働者 X_2 が会社 Y_2 との間で Y_2 の指揮命令に従うことを合意していた，というように，各事案における労働契約ごとに違っている。

(2) 客観的内容

これに対し，労働契約の成立の客観的内容とは，労働契約の具体的素材として当事者が形成した権利義務を直接に指すものではない。これは法が，労働契約一般が有することを求める労働契約の本質的な内容である。この客観的内容が，労働契約の成立という法的事象とどのように関係しているかにつ

いても，先の労働契約の成否の判断の二段階を想起することで了解される。労働契約の成立という法的事象は，当事者の具体的な権利義務の存在からだけで構成されるのではない。労働契約の成立という法的事象が存在することが認められるには，そのような認定の後，認定された権利義務の内容が，労働契約の本質的な内容を有するものと客観的に評価できなければならず，その前提として，労働契約の成立が法的に認められるための内容についての法が提示する基準が存在する。言い換えると，労働契約の成立という法的事象は，当事者の具体的な当事者意思ないし合意と，それを評価する労働契約の成立とは何かということについての法の評価基準とが，組み合わさることによって成り立っているのである。したがって，労働契約の成立という法的事実が確認されることは，当該法的事実の具体的内容を構成する当事者意思ないし合意の存在だけでなく，労働契約の客観的な内容（事実を評価する基準）とその基準に合致した事実の存在が確認された，ということを示すことになる。

　以上のように，労働契約の成立という法的事象は，その客観的内容と主観的内容からなっている。そこで，労働契約の成立の法構造を解明しようとするとき，それぞれがどのように構成されることになっているのか，ということが問題になる。

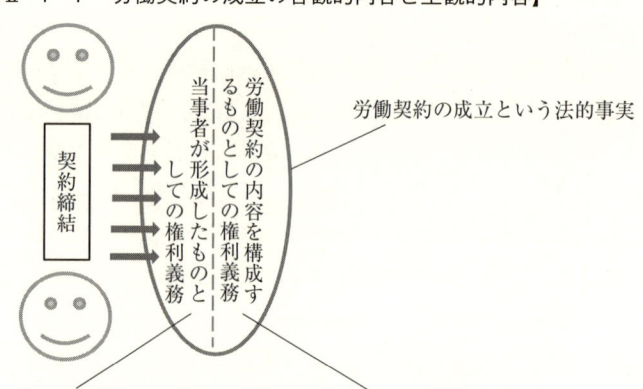

【図Ⅱ-1-1　労働契約の成立の客観的内容と主観的内容】

主観的内容としての労働契約の成立　　客観的内容としての労働契約の成立

第2款　労働契約の成立と契約法と労働法

　第1款で示したように，労働契約の成立という法的事象は主観的内容と客観的内容の二つの側面から考えることができる。次に，その労働契約の成立の法構造の客観的内容の全体を捉えたい。
　では，客観的な内容としての労働契約の成立の法構造を捉えようとするとき，そもそもいかなる視点から捉えるべきであろうか。この点は，具体的にも問題となっていた。日本においては，たとえば，黙示の労働契約の成立について，当事者の意思の合致に重きを置く裁判例から労働法規制との整合性の評価を加味する裁判例まで確認できた。また，同じ採用内定の問題領域でも，新規学卒者の採用内定の場合とそれ以外の労働者の場合とで違いがみられた。すなわち，前者においては，契約の内容についての意思の合致を厳格に問うというよりは，「労働者保護」の観点から使用者による会社における従業員としての地位の付与・取得についての決定の有無が問題となっていた。これに対して，後者においては，それよりも，賃金といった労働契約内容の確定性が決定的な要素となる傾向が確認できた。以上のとおり，日本では，労働契約の成立を労働法の観点から検討するかあるいは契約法の観点から検討するかで揺れている。そうして，抽象的なレベルに止まらず裁判例における視点の相違，そしてそれに起因して生じる考慮要素の不統一・不透明性からして，まずは労働契約の成立という法的事象の位置づけをどのように決定するのか，が問題となっていた。これはつまり，客観的内容をどのような合意外規範によって決定していくかがそもそも問題となっているのである。

1　四つの可能性
　日本法における視点の決定にとって，第1部で明らかにしたイギリス法における労務提供契約の成立の法構造が示唆的である。
　まず，全体を考える上で示唆的なのが，イギリスにおける裁判例が，判断過程を二段階に分けて，「労務提供契約の成立」を「契約の成立」と「契約の性質」とに分けて議論していた点である。すなわち，イギリスにおいては，労務提供契約の成立は，その「存在（成立）」と「性質」とに分けてその内容が把握され，法の適用決定において，「存在」については契約法が，「性質」については，労働法が主導する形で関連の法理が与えられる構造となっ

ていた。

　このようなイギリスにおける労務提供契約の成立に関する考え方を参考にすると，完全に明確に分けることは理念的に過ぎる面もあるかもしれないが，ひとまず，労働契約の成立を，契約の成立と契約の性質とに分けてそれぞれ位置づけを特定していくことで，労働契約の成立全体の位置づけを把握することが可能になりそうである。

　そのように分けて考えるとすれば，契約の成立と契約の性質，そして，契約法と労働法，これらの結合のあり方として，観念的には四つの結合形態が考えられる。すなわち，①契約の成立—契約法，契約の性質—契約法，②契約の成立—契約法，契約の性質—労働法，③契約の成立—労働法，契約の性質—契約法，④契約の成立—労働法，契約の性質—労働法，という四つの結合形態である。

2　二重構造としての労働契約の成立

　本書は，以下の通り，1で示した結合形態のうち，わが国においても，②が妥当であると考える。

(1)　契約の成立

　本書は，契約が成立したとする法的事実の判断基準となるのは，原則として，契約法における法理であると考える。その理由は以下の通りである。

　第一に，契約法上契約の成立について求められる要件が存在するとすれば，労働契約についても，契約の成否を判断するに当たってそのような要件の充足が求められるのは当然であると考えるからである。日本法の理解において，後述のとおり労働契約に対応する民法上の契約の範囲（雇用契約に限るのか否か等）については争いがある。しかしながら，労働契約が，民法上，雇用契約等の何らかの契約類型（現在の多数説は雇用契約）として存在していることについては，特に争いはないと解される[1]。そうすると，何の種類であれ，民法上の契約の成立要件の充足が求められるのは，労働契約も同じであろう。

　第二に，契約の成立要件の形成と労働法の出現との時期的なずれが存在する。すなわち，歴史的には民法（契約法）の修正として労働法が出現したの

---

[1] 峻別説の立場に立つ萬井隆令『労働契約の締結の法理』（有斐閣，1997）23頁以下では，同一説と峻別説により契約の対象として把握されていた内容について差異のないことが詳述されている（特に，同書35頁注32を参照）。

であるから，修正が正当化され労働法が現われる前の段階で，どのような名称であれ修正されるべき契約が当事者間で締結されていたという事実が存在するはずである[2]。したがって，理論的には，労働法が出現する前の段階において，修正を要請されるべきとされた当事者間の契約も契約法の観点から契約の成立要件を満たすことが求められていたはずであり，契約の存否の要件に関して，基本的に労働法は関与していないはずである。

第三に，たとえ労働法が労働契約の成立要件に何らかの形で影響を及ぼしているあるいは及ぼすべきであるとしても，契約の成立に関する契約法の法理は，契約自由の原則，さらには，私的自治の原則という，近代法における大原則の実現に直結するものであることから[3]，原則としての契約の成立領域における契約法の支配には正当性がある。

以上の理由から，古い時代にあって契約の形成や内実が多分に身分的なものであったというのが実情であったとしても，労働法を民法（契約法）の修正と捉える現在の労働法の理解からして，契約の成立に必要な成立要件については契約法に依拠するほかはないと考える。

(2) 契約の性質

次に，「契約の性質」の位置づけ，すなわち，その客観的な内容が，契約法と労働法のいずれによって決定されるかを考える。ここで，イギリスの議論を少し振り返ってみよう。

イギリス労働法においては，伝統的な雇用契約概念については，制定法上の雇用契約とコモン・ロー上の雇傭契約とのつながりが法律の中で明確に定められ，しかも，最終的に雇傭契約がコモン・ロー上の概念として統一的に理解されていた。一見すると，このような仕組みはコモン・ローが雇用契約の「契約の性質」の内容を決定しているものように受け止められるかもしれない。しかし，重要なのは，いかなる類型の契約に法が適用されるのかの決定権は，制定法の側にあるという点である。事実，「労働者の契約」に関しては，制定法の定義がその契約の性質の内容を特定しており，いかなる労務提供契約に法が適用されるのかを決定するのは制定法の側であった。現代に

---

2 参考になる資料として，岡實『工場法論』〔改訂増補第3版〕（有斐閣，1917）24頁，社會政策學會編纂『工場法と勞働問題』（同文館，1908）123頁〔神戸正雄法学士発言〕等を参照。

3 大村敦志『新しい日本の民法学へ』（東京大学出版会，2010）280頁以下参照。

おいては制定法の諸規定が労務提供契約の当事者間の法的権利義務の内容として質量ともに重要な役割を果たしているところ，そのような労働法規制の適用の対象となるべき労務提供契約の性質（客観的な内容）を第一次的に決定するのは，労働法規制自身なのである。

　では，わが国において，労働契約の成立という法的事実を構成する契約の性質の部分については，どのように決定されると考えるのが妥当であろうか。この点，日本では，イギリスの場合と異なって，制定法上の労働契約概念と民法上の雇用契約概念との繋がりは，どちらの側からも明確にされていない。そのため，イギリスのように民法上の雇用契約概念の内容（契約の性質の内容）が労働契約概念の内容に反映されると考えることもできるし，また，逆向きの反映の仕方も考えられる。さらには，両者の関係が完全に遮断されるべきであると考えることもできる。したがって，契約法上の雇用契約概念の内容によって制定法上の労働契約概念が決定されるべきとされていると理解することも可能であるし，また，労働法によって制定法上の労働契約概念が決定されるべきとされていると理解することも可能である。このように，わが国の労働法は，労働契約法も含めて，労働契約の性質が労働法によって独自に決定されることになるのかどうかについて，決定的なことは何ら示していないといわざるを得ない。

　結局，このような曖昧さにより解釈の余地が残る。そのこともあって，日本においては，最終的には各時代における労働契約と民法上の諸契約の関係に関する理解に依拠して，労働契約の「契約の性質」の内容を決定していくという方法が意識的にせよ無意識的にせよ受け入れられてきたものと解される。言い換えると，イギリスの雇用契約の場合には，雇傭契約の内容によって雇用契約の「契約の性質」の内容を決定すべしという命令が制定法によって下されているが，日本の労働契約の場合には，そのような労働法による命令も見当たらないので，労働契約の「契約の性質」は労働契約と民法上の契約類型（非典型のものも含める）との関係に関する認識に沿って決定される，というところまでしか断定的なことがいえない。そして，労働契約と民法上の契約類型との関係に関する認識は必ずしも確立しているとはいえない[4]。

　このように，結局のところ，契約の性質の位置づけを確定しようとしても，その先の判断（イギリスの場合で言うと，制定法がいかなる契約類型を法の適用対象としたかを確かめることの先の，雇用契約＝雇傭契約であることを確認する

しかし，本書は，すでに示唆しているとおり，契約の性質に関しては，基本的に労働法が独自に決定していくべきものであると考える。その理由はこうである。そもそも，労働法は，民法の修正として位置づけられるものであって，民法における契約類型論に縛られる必然性はない，と考える。すなわち，本書は，どのような契約に対してどのような規制をかけるかは，民法上の役務提供契約の類型の展開とは別個に，労働契約法理も含めた労働法の独自の視点から決定すべき事柄であると考える。もちろん，契約法の一般法理や合意の原則は労働法の基底に存在し，それらとの連携の中で労働法も存在する。しかしながら，その連携を契約の性質のレベルでどの範囲でいかに図るかは，労働法が独自に展開していくべき事柄であると考えるのである。
　以上のとおり，本書は，民法上の役務提供契約につき，労働法の観点から一定の範疇のものを労働契約として労働法上の規制をかけるべきであると考え，このときの労働契約の範疇，すなわち，労働契約の性質は労働法によって決定されるべきものであると考える，という立場に立つ。
　もっとも，本書の理解からすれば，労働法上の労働契約と民法上の役務提供契約とは，一つの契約を労働法と民法のそれぞれの観点からそれぞれの呼称で呼ぶものに過ぎない。そのため，各分野における各契約の実態的あるいは理論的変化は，互いに影響を与え合うことになることまでを否定するものではない。

(3) 労働契約の成立の二重構造

　以上のとおり，日本においても，契約の成立に関しては契約法が，契約の性質に関しては労働法が，その客観的な内容を決定する第一次的な役割を担うべきであると考える。したがって，労働契約の成立の法構造は，当事者の意思ないし合意をその具体的素材としながら，契約の成立についての契約法の作用と契約の性質についての労働法の作用によって成り立つ二重構造となっていると考えるのが本書の理解である。

4　現在においては，労働契約と雇用契約の関係について，いわゆる同一説が通説的な立場にあると解されるが，歴史的にはそのように契約類型について同一であると理解してよいのかは疑問の残るところでもあり，また，近年では，労働契約の範疇と民法上の役務提供契約の範疇との関係が問い直されてもいる（後述第2節第2款）。

第3款　契約の成立形態と合意による労働契約の成立

次に，労働契約の成立の主観的内容のあり方の全体に関わる問題として，労働契約の成立形態とその場面における合意の構造を考察する。

1　申込みと承諾型と練り上げ型

従来，わが国の労働法の分野では，労働契約の成立形態は，民法における伝統的な申込みと承諾による契約の成立という説明に即して，比較的簡単に理解されてきたといえよう。ところが，近年の民法の分野では，契約の成立形態に関する理論展開がみられ，契約の成立形態として，少なくとも二つの形態が広く認知されるようになっている（以下，【図Ⅱ-1-2】参照）。このような理論の展開は，労働契約の成立の理論にも影響をもたらさずにはおかないであろう。

二つの形態の内の一つは，申込みと承諾型である。これは，ある時点で申込みと承諾が合致して契約が成立するという成立形態である。これに対して，もう一つは，練り上げ型である。これは，時の経過の中で当事者間の交渉が進み合意が形成されていくという契約の成立形態である[5]。

【図Ⅱ-1-2　契約の成立―申込み・承諾型と練り上げ型】

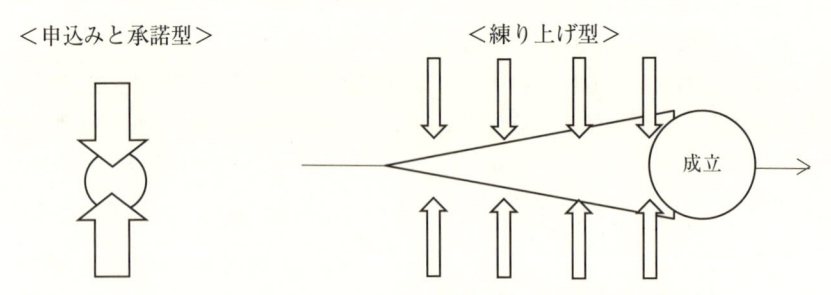

＜申込みと承諾型＞　　　　＜練り上げ型＞

＊内田貴『民法改正のいま・中間試案ガイド』（商事法務，2013）106頁図表を筆者改変。

5　申込みと承諾型，練り上げ型の区別については，【図Ⅱ-1-2】で挙げた内田書・105-106頁を参照。この区別（表現）は，池田清治『契約交渉の破棄とその責任』（有斐閣，1997）に始まる。

このように二つの契約の成立形態が考えられるようになったのは，「申込と承諾とが，あたかも鏡に映った姿のように……，完全に対応していなければ契約は成立しない」という従来の通説（「鏡像理論」）に反省が迫られた[6]からである。そして，その結果，契約の中心部分（「本質的（essential）」または「重要な（material）」部分）につき合意があれば契約の成立を認めるといった，つまり，契約の中心部分について当事者の合意が成立することで契約が成立するという説がかなり有力となってきている[7]。

加えて，近年の債権法改正に向けた議論の中でも，契約の成立につき，①契約の成立一般を申込みと承諾による意思の合致（合意）として理解するものと，②契約の成立一般を合意による契約の成立であると理解した上で，その契約の成立形態として，(i)申込みと承諾型と(ii)練り上げ型があるとするものが認められる[8]。

なお，成立には至らなかったが，「民法の一部を改正する法律案」が第189回国会に上程されていた。その中で，同法案の第522条は，契約一般の成立につき，「契約は，契約の内容を示してその締結を申し入れる意思表示（以下「申込み」という）に対して相手方が承諾をしたときに成立する。」と定めていた。他方で，合意によって契約が成立することを明らかにした規定や，

---

[6] 河上正二「契約の成否と同意の範囲についての序論的考察（2）」NBL470号44頁（1991）・45頁。

[7] 平井宜雄『債権各論Ｉ上契約総論』（弘文堂，2008）144頁以下，大村敦志『基本民法Ｉ』〔第三版〕（有斐閣，2007）30頁以下，河上正二『民法総則講義』（日本評論社，2007）253頁，民法（債権法）改正検討委員会編『債権法改正の基本方針』別冊NBL126号（2009）94頁，潮見佳男『民法総則講義』（有斐閣，2005）85頁等。この点につき，債権法改正に絡んで以前に論じたことがある（新屋敷恵美子「労働契約における合意と債権法改正」日本労働法学会誌123号19頁（2014））。ただし，いかなる部分を中心的部分と考えるかはわかれるものと解される（たとえば平井前掲書では，「何が『本質的部分』または『重要な部分』であるかを決するのは，一般的にいえば契約の解釈である」とされ，当事者意思を重視する。これに対して，前注（6）河上論文45頁は，契約成立のための不可欠の「要素（essentiaria negotii）」が存在し，「通常は主要な給付目的物と反対給付（対価）を核としてできあがり，『要素』は此の核の部分と重なり合うことが多いのではないか」とする。）。

[8] 債権法改正に向けた議論を分析すると，そのような契約の成立に関する理解を確認することができた（新屋敷恵美子「労働契約における合意と債権法改正」日本労働法学会誌123号19頁（2014）・21頁以下参照。）。

練り上げ型の契約の成立については条文は設けられていなかった。このことから，債権法改正が将来実現するならば，あるいは，理論の趨勢からして練り上げ型の契約の成立形態が否定されるように解されるかもしれない。しかしながら，債権法改正に向けた議論（平成25年2月26日「民法（債権関係）に関する中間試案」〔以下，「中間試案」〕）の中で，「申込みと承諾とに整理することが必ずしも適当でない態様の合意（いわゆる練り上げ型）によっても契約が成立し得る」ことが確認され[9]，「全ての契約の成立を申込みと承諾の合致というモデルで説明するか，申込みと承諾をあくまで契約が成立する場面のひとつと考えるかは，解釈にゆだねる」[10]とされたという経緯がある。したがって，①か②のどちらが民法上の契約の成立一般に関する理論となるのかは，今後の法解釈に委ねられると解される。

2 労働契約の成立形態

1のとおり，民法の分野では，契約の成立形態につき，二つの形態が認知されるようになっている。本書は，契約の成立の部分については，基本的に契約法に依拠すべきとする立場を取る。そこで，民法分野における契約の成立形態についての理解をどのように共有するかということが問題となるため，契約の成立形態についても，一定の態度決定が求められよう。

本書は，契約の成立形態の点では，以下に示す通り，労働契約については，申込みと承諾によって成立を説明しがたい場合が様々な場面でみられるところであり，練り上げ型の成立形態の承認は必然であり，さらに，むしろ練り上げ型による労働契約の成立がより一般的なものとして認識されるべきであると考える。

(1) 採　用

まず，採用の場面が挙げられる。新規学卒者の採用内定についての代表的な判例である大日本印刷事件・最二小判昭54・7・20（民集33巻5号582頁）は，労働者の応募が労働契約の申込み，これに対する採用内定通知が申込みに対する承諾，そして，これらが労働者の誓約書の提出と「あいまつて」労働契約が成立したとする原審（大阪高判昭51・10・4民集33巻5号619頁）の判

---

[9] 中間試案・第28・1の概要。
[10] 前掲中間試案・第28・1の補足説明。

断を正当とした。このように，最高裁判決により申込みと承諾と誓約書の提出が「あいまつて」契約が成立するとされており，既にこでは，労働契約の成立を申込みと承諾によって説明するのが困難であると考えられたことが窺われる。そして誓約書の提出が重視されているところからしても，契約に向けた当事者の意思が固まっていく経過が注目されているといえ，むしろ練り上げ型を前提として理解する方が適切であるように思われる。同様に，中途採用者についても，賃金額についての合意[11]が交渉の中で形成されたかを問題とする裁判例が存在する。以上からして，労働契約の成立は申込みと承諾による契約の成立のみでは捉えきれない面があるといえよう。

(2) 黙示の労働契約の成立

また，申込みと承諾による契約の成立として説明するのが困難であるのが，黙示の労働契約の成立である。この契約の認定について，安田病院事件・大阪高判平10・2・18労判744号63頁（同事件最三小判平10・9・8労判745号7頁により肯定）は，「明示された契約の形式」だけでなく，「当該労務供給形態の具体的実態を把握して」，「使用従属関係から両者間に客観的に推認される黙示の意思の合致があるかどうか」により判断するとしている[12]。ここからは，明示の契約の形式，すなわち，明示の意思表示というよりは，その後に実際に当事者間で生ぜしめられた関係の実態が契約の成否を決するものと考えられていることが窺われる。このような認定のあり方は，特定の時点における申込みと承諾による契約の成立を前提としたものであるとは理解し難い。判断の焦点は，「意思の合致」の有無であり，その有無を実態に基づき判断するということになると，申込みと承諾という説明は後づけ的で違和感を拭えない。また，鏡に映ったように完全に内容が対応した申込みと承諾の明確な時点を求めることが，かえって練り上げられて段階的に形成される合意の丹念な探求を阻害し，契約の成否の判断を厳格なものとしてしまうのではないかということも危惧される。

(3) 二つの形態の承認と典型としての練り上げ型

なにより，1で示したように典型的と理解されている新規学卒者における

---

11 オリエントサービス事件大阪地判平9・1・31労経速1639号22頁，ユタカ精工事件大阪地判平17・9・9労判906号60頁，インターネット総合研究所事件東京地判平20・6・27労判971号46頁。

12 最近の例として日本精工事件東京地判平24・8・31労判1059号5頁。

労働契約の成立においても，練り上げ型の成立形態とより親和的であるという事実は見逃せない。このように，労働契約の成立に関しては，申込みと承諾による契約の成立形態のみでは捉えきれない面があり，さらに，新規学卒者の労働契約など，練り上げ型による契約の成立として捉えるべき場合の方がむしろ多いように思われる。したがって，本研究は，労働契約の成立については，申込みと承諾型の契約の成立形態を否定するわけではないが，練り上げ型の契約の成立形態がより一般的あるいは典型的な労働契約の成立形態であると解する。

3 合意による契約の成立
(1) 合意による契約の成立

次に，労働契約の成立につき二つの成立形態を承認するとして，そのことと，従来，申込みと承諾の「意思の合致」によって契約が成立するとされてきたこととを，どのように結びつけて理解することができるであろうか。また，労契法6条は，合意による労働契約の成立を定めているところ，このことと，二つの契約の成立形態とをどのように結びつけて理解すべきであろうか。

先述のとおり，民法では，①契約の成立一般を申込と承諾による意思の合致（合意）として理解するものと，②契約の成立一般を合意による契約の成立であると理解した上で，その契約の成立形態として，(i)申込みと承諾型と(ii)練り上げ型があると理解するものとがあるようである。本書は，契約の成立形態の点で練り上げ型を積極的に是認するため，自ずと②を採用することになる。そのため，合意による契約の成立を契約の成立一般と解することになる。

実際のところ，合意の成否，意思の合致，契約の成立形態の相互関係は，民法学におけるさらなる理論の展開を俟つよりほかない面がある。そのことを前提としつつ，合意による労働契約の成立を契約の成立の一般として理解する根拠としては以下が挙げられる。

現段階における私見では，従来，申込みと承諾により契約が成立したと簡単に表現されていても，実際には，当事者の意思表示の解釈により申込みと承諾の「合致」の有無が問題となり，それは結局合意の有無を問うことに繋がっていたように思われる[13]。また，労働契約については，労契法6条が，

労働契約が，当事者が一定の事柄について「合意することによって成立する」と定めている。労契法6条がどこまで民法理論の展開を前提としていたのかは不明であるが，少なくとも条文との整合性からは，合意による労働契約の成立形態が肯定される。さらに，先述した労働契約の成立形態の実態に鑑みても，労働契約に関しては，むしろ合意による契約の成立を一般的なものと理解する方が適切であると考える。以上の理由から，本研究は，労働契約については，①と②の理解のうち，②の契約の成立＝合意を一般的な労働契約の成立の表現として考えることが妥当と考える。

(2) 合意と成立の間

ただ，上記のとおり合意による労働契約の成立を労働契約の成立の一般的かつ包括的な表現であると理解するとしても，「合意による労働契約の成立」の「による」ということの意味が問題となる。たとえば，民法分野において，平井宜雄は，「取引の現実に適合的な契約の成立の一般的要件は，申込と承諾の合致としてではなく，まず契約（合意）から出発し，それがいかなる要件を備えれば成立したと解すべきか，すなわち，その要件の充足によって契約が成立する，と考えるべきである」とする[14]。この表現からは，一定の合意が存在することを前提として，「それが」一定の要件を充足することで契約が成立すると考えていることがわかる。

しかし，これに対し，合意によって成立するという表現から，「一定の要件を備えた」合意が成立したことが確認されるときに，当該合意によって契約が成立する，という考え方もありうるであろう。

そして，本研究は，第2節以下で，一定の事柄が契約の成立要件として労働契約の成立に必要であることを示していく。そうすると，上記のとおり「による」に関する二つの解釈が可能であるから，一定の合意があることを前提として，それが一定の要件を充足することによって契約が成立すると理解するか[15]，あるいは，それらの要件の充足が認められて初めて合意が成立し同時に契約も成立すると理解するか，が問題になりうる。とくに，前者のように理解する場合には，それが労契法6条の「合意することによって成立

---

13 滝澤孝臣「契約の解釈と裁判所の機能（上）」NBL746号46頁（2002）48頁。前注（7）大村書31頁以下。
14 前注（7）平井書147頁。
15 前注（7）平井書147頁。

する」という文言以上の契約の成立要件を要求する立場のように受け止められ，批判されうる。

　この点について，本研究は，前者の立場（合意の存在と要件の充足）を支持する。その理由としては，第一に，合意と別個の要件として要件を立てる方が，労働契約の成立要件が基準として明確に認識されること，第二に，実際の判断においては一定の意思表示の存在を前提としつつ，当該意思表示ないし合意に関し要件充足が求められるのであって，結局は要件が判断の中心になると解される[16]ことが理由として挙げられる。こうして，本研究は，何らかの合意があることを前提として当該合意について一定の要件が充足されると認められることで契約が成立すると考える。

　とはいえ，強調しておきたいのは，民法上の契約の成立に関する要件は労働契約の成立についても充足が求められる要件であり，本研究は，それを労働契約の成立に求めるだけであって特に労働契約の成立について要件を加重するものではないという点である。このことの証左として，民法（債権法）改正検討委員会[17]では，「契約を成立させる合意」として「契約は，当事者の意思及びその契約の性質に照らして定められるべき事項について合意がなされることにより成立する」（【3.1.1.07】）との規定が提案されていた事実が注目される。この定め方（契約は一定の事項について当事者が合意することによって成立するという定め方）は労契法6条の定め方と共通性が認められ，なおかつ，一定の「定められるべき事項」についての合意の存在が求められるという理解を示している。どちらの見解（〔要件を満たした合意による契約の成立か合意＋要件の充足による契約の成立〕）を採用しているのかは断じ難いが，単に合意が存在するということだけでなく，一定の基準の充足がなければ契約の成立は認められない，ということを明らかにしている。

　さらに，前掲法律案の契約の成立に関する規定の文言も，「契約の内容を示してその締結を申し入れる意思表示」を「申込み」とし，これに対する意思表示を「承諾」としており（第27・1），これらの意思表示の内容として「契約の内容」が含まれること，つまり意思表示内に合意される一定の部分が存在することの要求が示唆されている。

16　前注（13）滝澤論文48頁も参照。
17　民法（債権法）改正検討委員会編纂「債権法改正の基本方針」（別冊 NBL no.126）（商事法務，2009）。

これらのことからして，契約法においては契約の成立の一般的な要件として，合意（意思の合致）が存在することだけではなく，その合意に関して一定の要件が充たされるときに契約が成立するということが前提になっていると思われる。結局，どちらの立場に立っても，意思表示ないし合意に関し，一定の要件の充足が求められるものといえよう。

　以上より，本書の示す契約の成立要件は，労契法6条から逸脱したものではなく，むしろ抽象的な規定を具体化したものに過ぎない。

第2節　労働契約の成立の構成要素

　第1節では，労働契約の成立という法的事象を，契約法と労働法の観点から位置づけること，そして，労働契約の成立を，合意による労働契約の成立として理解することを示した。本節では，労働契約の客観的内容の具体的な内容，すなわち，契約の成立に関する要素と契約の性質に関する要素の内容を確定していく。

第1款　労働契約の成立の内容構成

　ここでは，労働契約の成立という法的事象の「契約の成立」部分を構成する要素を提示する。

　なお，この成立の要素は，労働契約の成立という法的事象を構成する基本的な要素であり，これが存在することで法的に労働契約の成立が認められるものである。したがって，この契約の成立の要素は，まさに，労働契約の成立要件でもある。つまり，「要素」と「要件」は同じ事柄について指すのであるが，異なる視点からそれぞれ呼称している。この視点の違いとは以下のとおりである。まず，様々な判断過程を経て労働契約の成立という法的事実が労働法の世界で確定的に認められるのであるが，そのように法的事実として確定した段階に至ると，当該労働契約の成立という法的事実を構成する内容は，労働契約の成立の構成「要素」として認識される。他方で，労働契約の成立という法的事実自体が未だ認定の対象である段階では，労働契約の成立の客観的内容は，労働契約の「成立要件」として認識される。このように，いかなる段階で労働契約の成立の客観的内容を議論するかによって，同じ事

柄であっても，契約の「要素」と表現されたり契約の成立「要件」として表現される。

1 2つに分かれる当事者意思の内容
(1) 契約法分野における理論展開

本書は，先述のとおり，契約が成立したかどうかを判断する基準，すなわち，契約の成立部分の客観的な内容に関しては，労働契約についても，契約法によって契約の成立一般に要求される要件の充足が求められると考える。しかし，そもそも，民法には基本的な契約の成立要件そのものを定める規定がない。そして，民法学説によれば，民法分野において契約の成立について本格的な議論が展開され始めたのは，1970年代後半以降とされる[18]。比較的近年でも，通常の形での契約の成立について，民法典にも規定がなく，「精密な理論ができあがっているわけではない」[19]とされる。実際に契約法の議論を参考にしようとしても，実は，民法分野において契約の成立についての議論は，存在していたとしても統一的な見解が網羅的に明示されているわけではなく，現状では，各論者によって意識的にあるいは無意識的に様々な言葉で契約の成立要件が提示されているというのが実情と思われる[20]。すくなくとも，他分野の側からこれが統一的な見解であるという形で依拠することは困難であるように思われる。

そこで，労働法の分野においてできる努力としては，契約の成立要件に関し，わが国の契約法分野における議論の共通項を探って依拠していくということにならざるをえない。

(2) 当事者意思とその内容

わが国の契約法において，契約の成立要件に関しある程度共通の理解が存在すると思われる点が二点ある。第一点は，契約を成立させる要件は，究極的には契約の締結に向けた当事者意思を問題にするものであるという認識である[21]。以下，この点を確認する。

---

18 中田裕康・加藤幸雄「契約締結の交渉から成立まで」中田裕康ほか編著『民事法Ⅲ 債権各論』〔第2版〕（日本評論社，2010）1頁・2頁以下，山城一真『契約締結過程における正当な信頼』（有斐閣，2014）33頁。

19 大村敦志『消費者法〔第4版〕』（有斐閣，2011）65頁。

20 序章第6節第3款2（注107参照）。

まず，わが国の契約法においては，法律行為がどのように成立するか，そして，法律行為の一類型としての契約がどのように成立するかを説明するのに，意思表示の存在が不可欠の構成要素とされている。そこで，「意思表示は法律行為の成立要件を構成する」と表現される[22]。

では，その成立要件としての意思表示の具体的な内容とは何を意味するのであろうか。そこで，基礎的な事柄ではあるが確認すると，契約（法律行為）の成立の説明に用いられてきた「意思表示」は，「一定の法的効果の獲得に向けられた当事者の意思（内心的効果意思）の表明」であり，「意思は表示の中に体現されるわけであって，どちらか一つが一人歩きすべき性格のものではない」[23]とされる。ここからわかるように，一般に意思と表示の区別が説かれ意思主義と表示主義に関する議論はあるものの，「意思表示」という契約の成立に不可欠な構成要素は，意思の存在を前提としている。「意思主義・表示主義は全く異質なものの対立ではなく，当事者の『意思』を尊重するという点では，むしろ共通して」いるのである[24]。こうして，意思表示の合致，あるいは，本書が契約の成立の包括的な表現であると理解する合意の成立，といった表現の前提には，当事者の「意思」が存在しているということになる。

そして，この当事者の「意思」の内容についても，意思表示に関する理解は一定の内容を共通のものとしている。すなわち，上記のとおり，当事者の意思は，「一定の法的効果の獲得に向けられた」ものであると理解されている。さらに，これは，一定の法的効果，すなわち，契約の成立に向けられているということをより具体的な内容としている[25]。

以上から，契約の成否に関する意思表示の合致ないし合意が問題になると

21　前注（6）河上論文。
22　山本敬三『民法講義Ⅰ〔第3版〕』（有斐閣，2011）119頁。他に，前注（7）潮見書63頁は，法律行為とは「意思表示を不可欠の構成要素とする法律要件」，「当事者の意思に基づいて法的な効果が認められる行為」と表現する。
23　前注（7）河上書232頁。
24　前注（7）河上書233頁。
25　山本敬三『民法講義Ⅰ〔第3版〕』（有斐閣）は，「効果意思—単に意思と呼ぶこともある—とは，その意思表示によって最終的に認められる法律効果に対応する意思」とする（120頁），前注（7）潮見書は，効果意思を「権利変動（権利の発生・移転・消滅）という法律効果を発生させようという意思」（63頁）と表現する。

き，そこで議論される当事者の意思とは，契約の締結に向けた当事者意思である，と表現できよう。

なお，以上は，法律行為ないし契約の成立に関して従来からなされてきた説明から踏み出すものではなく，その説明においてある程度共通して確認できるものに過ぎない。

(3) 二つの要件の認識

では，さらに契約の締結に向けた当事者意思とは何であろうか。この内容として二つの事柄がその内容となることが，第二の共通理解となっている点と解される。

契約の成立に関する議論の嚆矢となった研究として[26]，池田清治の研究が挙げられる。池田清治は，1997年の段階で，「諾成契約は意思表示の合致により成立するが，ある行為が意思表示に当たるか否か（意思表示の存否）は当該行為から『(締約)意思』が読み取れるか否かにかかる。その際，『(締約)意思』と契約内容の合意とは理論上区別されねばならない。要素の合意が存在しても，締約せんとする『最終的かつ確定的な意思』が認められない場合には，意思表示の存在は否定される」ことを指摘していた[27]。

また，比較的近年において，大村敦志は，民法典には契約の成立要件を明示的に定める規定はないが，「一応の共通の認識は存在する」とする。「それは，『契約の成立は当事者の合意（意思の合致）による』という基本命題……とそこでいう『合意（意思の合致）とは契約の本質的な部分に関する表示の合致で足りる』という附属命題からなるといってよい。この附属命題については，教科書などにはっきりと書かれていないことも多いが，これが一般的理解であるということに異論をとなえる民法学者は少ないだろう」[28]とする。大村は，このように述べた上で，消費者契約を念頭に，契約の成立に関し，「当事者の合意（意思の合致）が必要な契約の本質的部分とは何か」（「合意の対象」）と，合意が法的効果を発生させるような段階にまで熟したものといえるか（「合意の熟度」）が，問題になることを指摘している[29]。

そして，平井宜雄は，「取引の現実に適合的な契約成立の一般的要件は，

26　前注（7）平井書149頁，前注（18）中田・加藤論文2頁参照。
27　前注（5）池田書249頁。
28　前注（19）大村書66頁。
29　前注（19）大村書66-69頁。また，前注（7）大村書31頁以下も参照。

申込みと承諾の合致としてではなく，まず契約（合意）から出発し，それがいかなる要件を備えれば成立したと解すべきか，すなわち，その要件の充足によって契約が成立する，と考えるべき」する。そして，その要件としては，「①契約の『本質的な部分』または『重要な部分』について合意が成立したこと」，「②上記①における合意が，〔それ以後の交渉その他の行為によりもはや契約内容に変更が加えられる余地が原則としてなくなった〕という意味で『確定的』であること」を挙げる[30]。

さらに，潮見佳男は，「契約は，両当事者の『合意』（意思表示の合致）によって成立する。これが原則である。ここに言うところの『合意』とは，『契約（＝合致した意思表示の内容）に拘束される』ことを内容とするレベルに達したものでなければならない。その意味で，契約への拘束を負担する意思，言い換えれば，契約を実現しない場合にその実現を法的に強制されること（履行強制力）を引き受ける意思に裏付けられたものでなければならない。ここに言う合意とは『終局的・確定的合意』であると言われることがあるが，これは，上述のことを簡明に表現したものである」[31]とする。また，この終局的・確定的合意について述べていく中で，「関係するすべての事項について合致しているわけでなく，細部についてのさらなる協議が予定されている場合であっても，中核部分につき明確な合意が形成された場合，……その合意には法的拘束力が認められるべきである」としている[32]。やや不分明ではあるが，大村や平井の記述と照らしてみれば，終局的・確定的合意のラベルの下に，意思ないし合意の成熟性と本質的な部分についての合意を契約の成立要件としていると読むことができる。

その他，中田裕康・加藤幸雄も，不動産売買契約を念頭に置きつつ，「学説，裁判例とも，……確定的な意思表示がなされるまでは契約は成立しない」という見解に立っているとしつつ[33]，この確定性の内容には，2つの異なる種類の問題があるとする。それは，「給付内容の確定性」と「合意の終局性」である。前者では，「未確定部分の重要性と，契約解釈による補充可能性が問題となる。例えば，売買契約において代金額は重要であり，その確

---

30 前注（7）平井書147頁。
31 前注（7）潮見書85頁。
32 前注（7）潮見書85頁。
33 前注（18）中田・加藤論文5-6頁。

定が必要である」としている。これは，合意の範囲，対象を問題にするものであると解してよかろう。また，合意の終局性とは，「第1の給付内容の確定性とは別に，未確定部分の重要性いかんを問わず，あるいは，未確定部分がもはやない場合でさえも，なお，契約が成立しないことがある。」その法律構成として，「当事者に契約成立の効果を発生させる意思が未だ存在しないという構成」などがあるとする[34]。このように，前記大村の用語に従うならば，合意の対象と合意の熟度が問題とされているように解される[35]。

以上のとおり，民法の学説においては，一定程度，契約の成立の有無が問題となる際に求められる意思ないし合意の内容として，主に二つの内容が存在することが共通認識となってきていることがわかる。その内容とは，大村の用語を借りるならば，合意の対象と合意の熟度である。

2　合意の対象

1のとおり，契約法における契約の成立理論には一定の共通項が見いだせるようであった。そして，序章第6節第2款でも指摘したとおり，労働契約の成立の要素に関し，演繹的な要素の特定（契約の成立理論に基づきいかなる観点から特定の要素が問題となるのか）が課題となっていた。そこで，以下では，契約の成立に関し一定程度確立した理論が展開されているイギリス契約法ないし労働法にも手がかりを得つつ，1で議論した二つの要件についてさらに考察を深める。

(1)　合意の対象としての本質的な内容

(i)　約因概念と日本法における契約の成立

ところで，日本法には，イギリスの契約法にいう「約因」の概念は存在しない。しかしながら，その概念の不存在はその概念が果たす機能が日本法に

34　同上6頁。
35　さらに，契約の成立に関する学説を詳細に検討する山城一真も，「ある表示が契約締結の申込みとなるか否かの判断に際しては，『承諾があれば契約に拘束される意思』，つまり『確定的な意思』の存否を問題とするのが伝統的な理解である」としつつ，確定性が二つの意味につかわれていることを指摘する。それは，「どのような契約を成立させるかが確定していること」の意味で用いられる「内容の確定性」と，「承諾があれば契約に拘束される」との意味における「意思の確定性」とであるとする（前注(18)・山城書34頁）。

第2節　労働契約の成立の構成要素

存在しないことを必ずしも意味するのではないようである。

樋口範雄は，「いかなる社会においても，すべての約束について法律上の拘束力ありとするところはない。したがって，法律上の効力を認める約束と認めない約束との境界をいかに設定するかという問題が生ずる」[36]とし，「わが国では，意思解釈という作業によって，法律上の有効な契約とそうでない契約を分けることを，アメリカでは約因法理が担っている」[37]とする。

また，道垣内弘人は，日本法が約因の機能を契約解釈に委ねているという上記の「樋口教授の日本民法の現状理解はきわめて正しい」とする[38]。そして，道垣内は，約因の上記のような機能をそのように意思の合致についての契約解釈に留めておくのは不適切で，わが国においては明確な基準，すなわち，「対価」の存在に求めるべきとし[39]，以下のように結論するのである。

すなわち，「契約を形成する様々な要素のうち，一部についてだけ合意が成立しても，契約の成立を認め得ないのであり，その契約の中心部分・核心部分について意思表示が合致していることが必要である。この『中心部分・核心部分』が具体的にはどの部分に当たるか，については，わが国においても，英米契約法における『約因』類似の考え方が採られるべきであって，原則として，一方の給付に対して他方から対価が給付される旨の意思表示の合致がこれに当たると考えるべきである。……この判断の段階では，一方の給付，他方の給付の内容は，どのようなものでもよい。これがどのようなものであるかが，実は，それがいかなる契約であるか，典型契約類型に照らせば，どのような名称の契約に該当するかが決まる。しかし，契約の成立・不成立を判断する段階では，そこまでの操作はなされる必要はない。」[40]

以上の樋口と道垣内の説明からわかるように，日本法においても，約因類似の要求について判断する作用が，契約の成立の場面で裁判官の解釈作用の中に存在する可能性がある。そして，道垣内の理解に立ってその機能に名称を与えるとすれば，それは，契約の中心部分・核心部分（対価）の存在の確

36　樋口範雄『アメリカ契約法〔第2版〕』（弘文堂，2008）89頁（道垣内教授が引用しているのは，第1版である）。
37　前注（36）樋口書87頁。
38　道垣内弘人「契約の成立をめぐって（1）」法教283号29頁（2004）34頁。
39　前注（38）道垣内論文34頁。
40　前注（38）道垣内論文35頁。

認なのである。

(ii) 契約の成立要件としての本質的な部分についての合意

　先述のとおり，わが国においても，契約の成立に向けた意思の内容として，二つの内容が問題とされていた。そのうちの一つが合意の対象であり，これは，契約の本質的部分を指していた。この本質的部分と，上述の約因類似の要求としての契約の中心部分・核心部分（対価）とがどのように重なるかは問題ではあるが，実質的に相当に重なってくるものであることは間違いないであろう。たとえば，労契法6条を例にとると，同条は「労働者が使用者に使用されて労働し，使用者がこれに対して賃金を支払うことについて，労働者及び使用者が合意することによって成立する」と定める。そして，同条を基に考えると，「使用されて労働」することとこれに対する賃金の支払という対価的な内容が，労働契約の中心部分・核心部分でありかつ本質的部分である，といわざるをえない。民法623条の雇用についての定めも，同様に解することができよう。

　こうして，本書は，イギリス労働法における労務提供契約について求められる約因と一定程度対置されるものとして，つまり，その本質的な意義としては特定の契約類型における対価の存在を要求するものとして，「合意の対象」（契約の本質的な部分についての合意）が，契約の成立の要件であると結論する。

　もっとも，わが国において，前述のとおり契約の成立に関し二つの事項が共通して問題となってきているところ，そのうち本書が「合意の対象」として取り上げるものがいかなる理論的根拠から契約の成立要件として求められるのかは，「そもそも契約とは何か」という理論的あるいは歴史的問題であろう。このような問題に関する答えを出すことは，不可避的に関わらざるをえないとはいえ，本書の射程を超える，あるいは筆者の能力の及びえない事柄である。この点については，今後の民法学の理論展開に応じて，本書の提示する理論は適宜修正される必要がある。

(iii) 本質的な部分についての合意の内容

　上記のとおり，契約の本質的な内容についての合意が契約の成立要件として求められるところ，その抽象的な内容は，「使用されて労働」することとこれに対する賃金の支払である。では，この本質的な内容としてより具体的に「何について」合意されることが求められるか。その内容については，指

第 2 節　労働契約の成立の構成要素　　397

揮命令に従った労働とそれに対する報酬の支払に関する合意があればそれで十分であり，それ以上の内容（たとえば，職種，勤務地，報酬の額など）は，この成立要件に関して合意されることが求められるわけではない。

　ただし，それは合意の対象の認定の際に，「何について」合意することが求められるかという点に対する本書の理解であって，何について「どの程度」合意することが求められるかを示すものではない。この点に関しては，次の合意の確定性の項目で述べる。

(2) 確定性

　イギリス法では約因の存在が認定される際に，一定の確定性が求められていた。この点を考慮すると，わが国における合意の対象の判断においても，一定の確定性が問題となってくることが予想される。

　また，先述のとおり，わが国の契約法に関する学説では，契約の成立に当たって二つの事柄が問題となっていると理解されていたが，その中には「確定性」の問題を二つに分けることによって認めている場合もあった。

　このことからして，日本法において約因の概念は認められないとしても，合意の対象に関し，合意の確定性が求められることは容易に想像がつく。

　そして，本研究は，合意の対象の確定性については，原則として，合理的な程度で足りると考える。たしかに，本書で検討したイギリスの判例では，労務提供契約の成立に求められる約因について，確定性・拘束性の程度が厳格に要求される傾向にあった（第 2 章第 4 節）。しかし，イギリスの判例において約因が議論された際に以下のように特殊な事情があったことには留意される必要がある。

　イギリスでは，「義務の相互性」（契約の成立要件）は，当初，指揮命令（control）や経済的現実といった契約の性質と混同されていた。そして義務の相互性に関する貴族院判決（Carmichael 事件貴族院判決）が出た際も，同判決以前の裁判例の中で混同が生じていることを貴族院の裁判官らが，どれだけ意識していたのかも明らかではなかった。このような経過をみていると，雇用契約に特有の指揮命令という要素の労務提供者に対する拘束的側面と相互の義務の拘束的側面とが約因の要件において区別されずに加重的に要求され，その結果，約因に関し，要求される確定性の程度のレベルが高くなってしまった可能性がある。また，イギリスで「義務の相互性」が問題となっていたとき，一般合意と個別合意の二段階の合意の仕組みが形成されていた中

で継続的な雇傭契約の成否が問題となっており，個別合意の存在ゆえに，「義務の相互性」の判断はより厳格にならざるを得なかったと解される。そして，イギリスの一般契約法では確定性の点については比較的緩やかに認める傾向にあるとされ[41]，また，労働法の分野における Carmichael 事件貴族院判決以後の審判所の判決でも，合理的な (reasonable) 程度の義務の程度で足りるとするものがみられた。つまり，「義務の相互性」に要求される程度は，あらゆる個別事案において，Carmichael 事件貴族院判決が示したほどに厳格なものである必要があるのかには疑問がある。

　本書は，日本における合意の対象については，原則として，合理的な程度の義務で足りると解する。たしかに，わが国にもイギリス法と同様の問題（基本契約と個別契約の二段階の契約形式）が生じているので，その問題について別途検討を加える必要性がある（本部第2章第1節第2款3）。しかし，裁判官が，原則的に，あまりにも厳格に確定性を要求すると，当事者の契約締結の自由の範囲を不当に狭めることにつながる。したがって，本書は，原則としては，契約の中心部分が十分機能すると認められる程度に合理的な程度の確定性が存在すれば，この要件は満たされると考える。

　なお，契約の成立の段階で求められる確定性と契約の内容（具体的な権利義務の内容）の段階で議論される契約内容の確定との区別も問題となるが，その点については，合意の構造と合わせて第2章において考察する。

3　合意の熟度
(1)　法的関係に入る意思の成熟性を問う要素

イギリス法で契約の成立の基本的な要素として挙げられていた契約意思 (contractual intention) に対応するものとして，日本法において契約の成立についての一般的規定が定められていないこともあって，それに完全に対応する要素が存在すると断定することは難しい。ただ，約因の場合と同様，まったく類似の概念が見当たらないということでもない。

たとえば，香川崇の分析によれば[42]，諾成契約の構成要素には，同意の「明確性」と「確定性」が必要であるというのが，現行民法のベースとなっ

---

[41]　*Anson's Law of Contract* (by J. Beaston), 29th ed., 2010, p. 61 below. 詳しくは，第1部第1章第1節参照。

[42]　香川崇「諾成契約の今日的意義」九大法学77号135頁 (1999)。

ているボワソナードの民法草案とボワソナードが参考にしたフランス法における考え方であったとされる。ここで「明確性」[43]は措くとして，「確定性」とは，「提案者がその提案の名宛人の承諾のみによって即時に契約を成立させることを認めていることであって，申込が契約をしようという確定的な意思……を表示していること」を意味する。より具体的には，「契約を締結しようという意思表示の中に，申込者が，相手方の承諾後に契約の成立を拒否しうる旨の留保……の意思表示が含まれていないことを意味する」とされる[44]。ここから，当該意思表示が法的効果を生むこと（契約関係に入ること）についての意思を，この「確定性」の要素は問題としていることが確認できる。もちろん，この確定性とイギリス法における契約意思の要素とが契約の成立の基準として全く同一の機能を果たすものであるかは契約法のレベルで別途検討を要する。しかし，両概念が，法的関係（契約関係）に入るということの決定を当事者に求めるという意味では共通した要素と評価することもあながち間違いではないであろう。

　また，確定性については，太田知行の「契約の成立の認定」についての詳細な分析[45]も，「契約成立を欲する意思の確定性」[46]が，わが国の裁判例で要求されることを示している。そして，河上正二は，「申込みと承諾の意思表示の合致は，一定の法的効果をねらって，最終的に契約を締結しようとする意思によって担われていなければならない」として，「最終的契約締結意思」を契約の成立に要求する[47]。さらに，第1款1(3)で示したように，わが

---

43 「明確性」とは，契約の成立に向けられた提案（申込）が，「ある『同意』がどの契約類型に属するかを判断するために必要とされる，選択された契約類型に客観的に特徴的な要素」を含んでいることであるとされる（前注（42）香川論文167頁）。

44 前注（42）香川論文167-168頁。

45 太田知行「契約の成立の認定」鈴木禄彌先生古稀記念『民事法学の新展開』（有斐閣，1993）251頁。

46 前注（45）太田論文281頁。

47 前注（7）河上書299頁。なお，わが国の民法において確定性の要素が改めて議論されるようになったのには，契約交渉の途中破棄の問題が背景として存在する（前注（42）香川論文136頁，前注（18）中田・加藤論文2頁）。河上（「『契約の成立』をめぐって」判タ655号11頁・657号14頁〔1988〕）もそのような文脈において契約の成立を分析していたと評価されている（前注（18）中田・加藤論文3頁）。そして，河上は，その分析に基づき「最終的契約締結意思」の要素を導きだしている。したがって，確定性と最終的契約締結意思の現れた文脈は同じであると解される。

国の契約法における議論でも,「確定性」という表現の下で,契約の成立に必要な当事者意思ないし合意の内容として,合意が法的効果を発生させるような段階にまで熟したものであることが求められていた。

　以上からして,わが国の契約法の分野でも,イギリスの契約法における契約意思と一定程度対置できる事柄を,「確定性」あるいは「終局性」という言葉で,契約の成立に関し要求していると言えよう。

(2)　合意の熟度

　以上のとおり,契約法の分野において,当事者の意思が契約関係に入るという段階にまでに至っていたということが,契約の成立に求められるということができよう。そこで,本書では,合意の対象の要件と対比しつつそれと明確に区別するために,当事者が法的関係に入るという段階にまで至った当事者意思ないし合意の状態のことを,大村の言葉に依拠し,「合意の熟度」と称し,これを第二の労働契約の成立要件（要素）として位置づける。

(3)　合意の熟度の確定性と合意の対象

　合意の熟度については,第2章において本成立要件が様々な場面で問題となることを詳述する。この要件についても「熟度」という言葉が示唆するように,その程度（確定性）が問題となる。ただ,やはり第2章第1節第3款で示すとおり,その判断はある程度ケース・バイ・ケースにならざるを得ない。

　また,合意の熟度に関する確定性の問題は,むしろ,合意の対象の問題として議論されるべきである,と思われる可能性がある。たとえば,わが国における基本契約と個別契約の組合せといった契約の仕組みについて,労務受領者が「合意の内容が確定的でない基本契約の段階では,自分は契約関係に入るつもりはなかった」と主張して労働契約の成立を否定することが考えられる。ここでは,「合意の内容が確定的でない」という主張がなされているから,合意の熟度の問題というよりは合意の対象の確定性の方が問題になっているのだ,と捉えることも可能であると思われるかもしれない。そのようなときには,一体どちらの要素を問題とすべきかが問題になる。しかし,そのような場合に「どちらの要素」という形で議論の前提を固めるのではなく,やはり論点は二つ存在することを前提としておくのが妥当である。なぜなら,二つの論点を一つの論点の中で考えると,イギリスにおいても契約意思と約因（義務の相互性）の混同がみられたように,わが国においても,議論が錯

綜し，判断対象と判断基準の不適切な結びつきを生じさせるといった弊害，あるいは，一つの論点においてあまりにも多くの要求をしてしまうという弊害が生じる可能性があるからである。

　もっとも，第3節第3款において詳述するように，二つの論点が生じうるということが，そのまま個別の事案において二つの論点について厳密に判断を行うべきであるということを意味するのではない。あくまで，論点となりうる要素としては二つあるが，事案に応じて焦点とすべき要素を選択し，判断していかなければならないということである。

第2款　労働契約の性質の内容構成

　次に，労働契約の成立という法的事象を構成する「契約の性質」の内容構成について考える。ここでは，どのように契約の性質の内容が契約法や労働法とのかかわりの中で決定されるかという契約の性質の内容構成の仕組みを，イギリス法を参考にしつつ，検討したい（「使用従属関係の存否」という「労働者」性の判断基準と労働契約の成立との関係については2で考察する）。

1　契約の性質の客観的内容と主観的内容
(1)　契約の性質の客観的内容

　まず，契約の性質に関し，混同しやすい点について述べておきたい。それは，第1節第1款で述べたとおり，労働契約の成立という法的事象は，主観的内容と客観的内容から構成されており，契約の性質の部分についても，主観的内容と客観的内容から構成されるという点である。すなわち，契約の性質というとき，当事者が形成する権利義務によって構成される主観的内容と，当事者が構成する権利義務を評価して一定の種類の契約の性質として括りだす契約の性質の客観的内容という，二つの内容が存在する。そして，前者の権利義務の内容の構成を考えることは，どのように契約解釈を行って権利義務の内容を認定するか，という点を考えることである。これに対し後者の内容の構成を考えることは，認定された権利義務を評価する基準となる客観的な契約の性質の内容とは何か，という点を考えることである。このように，契約の性質は，主観的な内容と客観的な内容とに分けることができる。

　そして，本節で明らかにするのは，契約の性質の客観的内容がどのように

決定されるのかである。言い換えると，認定された権利義務を一定の契約の性質の存在を示すものとして括りだす「基準」としての契約の性質が決定される仕組みを明らかにする。

なお，契約の性質の主観的内容がどのように構成されるかは，第3節において，合意，契約法，労働法を結合させる契約解釈作用の考察の中で見ていく。

(2) 制定法ごとの労働契約の性質？

ここで，以下の契約の性質の客観的な内容の考察の前提として，個別的労働関係法全体，さらには，集団的労働関係法も含めた労働法全体で，労働契約の概念を統一的に理解するのか，あるいは，各立法ごとに理解するのか，という点が問題になることを指摘しておきたい[48]。本書は，労働契約の性質は，労働法によって決定されるべきであるという立場を採用するため，可能性としては，労働契約という労働法上の概念と民法上の特定の契約類型とが（たとえば同一説のように）一致する場合以外の場合が生じる余地を認める。そして，本書の立場は労働法が労働契約という概念の範囲を決定すべきとするため，以前から労働者概念の相対性[49]が指摘されているように，本書の立場に立てばより一層各法律ごとの労働契約概念を想定しているかのように捉えられてしまう可能性がある。

ただ，本書の立場に立つ場合でも，可能性としては，相当に包括的でしたがって大体の役務提供契約をカヴァーするような労働契約概念を想定し，法律ごとにあるいは個別的労働関係法と集団的労働関係法という区分ごとに，一定のものが排除されたりあるいは特別に加えられる労働契約の範疇が存在するにすぎない，という制度設計も考えられないではない。

この点については，集団的労働関係法も含めて範囲を拡張しつつ，そして，比較法研究だけでなく，わが国における歴史的な研究がなされる必要があると考える。残念ながら，本書はそこまで到達しておらず，この点は今後の課題とするより他ない。ただ，本書の対象としている個別的労働関係法の分野に関して一応の理解を述べるならば，とりわけ労基法上の労働者概念と労契

---

48 現代的な文脈でのこの点について，野川忍「雇用・就労モデルの変化と労働者像の多様化をめぐる労働法の課題」野川忍・山川隆一・荒木尚志・渡邊絹子編『変貌する雇用・就労モデルと労働法の課題』（商事法務，2015）3頁が参考になる。

49 有泉亨「労働者概念の相対性」中央労働時報486号2頁（1969）。

法上の労働者概念につき，その基本的な内容につき差は認められず[50]，個別的労働関係法上の労働契約概念については，民法上の契約類型とは別個に，基本的に統一的な労働契約概念を想定してよいと考えている。

2 契約の性質の客観的内容
(1) 客観的内容

契約の性質の客観的内容の考察に当たって，まず，いかなる点について検討する必要があるかを，イギリス法を参照しつつ，明らかにしていこう。

イギリス法では，いかなる契約類型に対して法を適用するかは制定法が決定し，そして，各契約類型の契約の性質の内容については，制定法の独自の定義により決定されたり（労働者の契約の場合），あるいは，コモン・ロー（裁判官ら）によって特定されたりしていた。そして，イギリス法においては，この契約の性質の客観的内容の決定や特定には当事者意思は基本的には関係がなく，法律条文や裁判官の法解釈が重要であった。

以上の契約の性質の客観的内容の決定の流れとの対比から，日本の労働契約の性質の客観的内容についても考えてみたい。

本書は，わが国においても，どの範囲の契約を労働契約とすべきかの決定，すなわち，労働契約の性質は労働法の独自の観点から決定されるべきであるという立場を取る。ただ，先述のとおり，日本では，イギリスの場合と異なって，労働法上の労働契約概念と民法上の雇用契約概念との繋がりは，どちらの側からも明確にされていない。その点の明確性の欠如ゆえに，実際上，その具体的な内容の特定ないし決定にあたり，労働法上の労働契約概念と民法上の雇用契約概念との相互関係の理解に依拠せざるをえない面があった[51]。そして，現在では，労働契約概念と民法上の雇傭契約概念を同一のものとみる学説が通説であるとされていることから，無意識のうちに，労働契約の「契約の性質」は雇用契約の「契約の性質」の内容に覊束されがちである。

---

50 荒木尚志・菅野和夫・山川隆一『詳説労働契約法〔第2版〕』（弘文堂，2014）79頁。

51 水町勇一郎「民法623条」土田道夫編・債権法改正と雇傭・労働契約に関する研究会著『債権法改正と労働法』（商事法務，2012）2頁は，従来からの議論の大きな流れについて，「雇用と労働契約との関係については，労働契約の定義・内容ではなく，雇用をどのようなものとして捉えるかによって揺れ動いてきたといえる」とする（20頁）。

そこで、そのような思考の流れを一度解きほぐすためにも、労働契約概念と民法上の雇傭契約概念とのかかわりについて、労基法制定当時の議論を振り返る所から始めよう。

(2) 立法時の不明確性

日本法において、労働契約と民法上の契約類型との対応関係の曖昧さは労働基準法の立法時から確認できる。

労働基準法の法案作成は、その流れの概略を述べると、厚生省の労働保護課における「労働保護法作成要領」に始まる。その後、政府が労務法制審議会に立案を諮問し、同審議会に対して労働保護課による「労働基準法（労働保護法）草案（第五次案）」が示され、それから、同審議会は、総会・小委員会において草案について討議し、政府に最終的答申を行っている。その後、草案は厚生省労働保護課内部に戻され字句修正等の調整を経て、法案が帝国議会に提出され可決され法律となった。

以上の流れの中で、労働契約と民法上の契約類型との対応関係が十分に議論されたかというと、その点は確認できない。たしかに、現在の通説とされる同一説を支持する事情として、労働契約と民法上の雇傭契約とが対応関係にあったことが窺われる場面もある。たとえば、厚生省の労働保護課内で作成された「労働保護法草案」（昭和21年4月12日）（第一次案）では、第27条において、「雇傭契約」の語句が用いられていた。また、同課内で作成された労働保護法要綱（昭和21年4月24日）（第二次案）では、「第三章雇傭契約締結保護」とあり、その後の草案から「雇傭契約」の語句が消え「労働契約」に統一されるようになっている。したがって、労働基準法上の「労働契約」と雇傭（用）契約の強いつながりは否定できない。

しかしながら、立法資料を見ると、請負の形態が労基法の適用の対象として議論されていたことが窺われる一方[52]、草案の当初に至るところで用いられていた「雇傭」は、結局、当時の民法典には典型契約名として存在しない「雇用」に全て改められている[53]。また、第七次案修正案（昭和21年11月5日

---

52 たとえば、「労働基準法草案（昭和21年8月6日）（第6次案）」では、第9章就業規則・第83条・二は、「賃金の決定、計算及び支払の方法、賃金の締切及び支払の時期、出来高払及び請負の場合に於ける監視の方法並びに昇給に関する事項」を就業規則の記載事項として挙げている（渡辺章編代『日本立法資料全集51労働基準法〔昭和22年〕（2）』〔信山社、1996〕273頁・290頁）。

第2節　労働契約の成立の構成要素　　405

以前）では，わざわざ「雇傭契約」の「雇傭」に傍線が引かれ[54]，その後，その箇所が「労働契約」と修正されている[55]。

そして，立法資料をみても，労務法制審議会において，「労働者」概念または労働契約と民法上の契約類型との関係が詳しく論じられた形跡は見当たらない。立法資料からは，むしろそれまで産業ごとに設定されていた規制方式をやめて，全産業的に規制を及ぼす方式の可能性とその是非に関心が集まっていたことが窺われる[56]。

さらに，労務法制審議委員会の会長代理を務め労基法の法案審議の過程で終始中心的役割を果たした[57]末弘厳太郎は，その著書[58]において，労基法上の労働契約に関し，以下のように述べている。すなわち，「勞働契約が一種の法律上の契約であることは問題ない。しかしそれは，まつたく平等の立場に立つて，その内容と法律的効果を細かく知り抜いた上で締結する雇傭，請負，委任等の民法上の契約理論では割り切れない特質を持つている」[59]。末弘がいわゆる峻別説や同一説とどのように労働契約と民法上の典型契約ない

---

[53] 筆者が資料にあたったところでは，草案には，現在の第21条の四号にあたる「試の雇傭期間中の者」や第22条の標題にあたる「雇傭証明」，同条の本文の「雇傭期間」が，「雇傭」の語を用いるものとしてより遅い段階まで残っていた。しかし，21条4号については，労働基準法案（昭和22年1月20日）（答申修正案）で「試の試用期間中の者」に改められることが決定されており，22条については，労働基準法案（昭和22年1月20日）（第一次案）で「使用証明」と改められ，本文のものも含め同条から「雇傭」の語は消えている。

[54] 「〔資料12〕労働基準法草案（昭和21年11月5日以前）（第七次案修正案）」渡辺章編代『日本法資料全集51労働基準法〔昭和22年〕（1）』〔信山社，1996〕346頁，第18条（解雇の予告）についての編者注。

[55] 「〔資料13〕労働基準法草案（昭和21年11月20日）（第八次案）」前注（54）渡辺編代368頁，第18条。

[56] 前注（54）渡辺編代18頁・27頁・41頁・労働保護政策要領（昭和21年4月11日）一（二），五（一）等から，労働基準法が，成年男子労働者に適用される統一的立法として，また，広い範囲の事業を適用範囲に入れる普遍的立法として，起草されることに対しての関心が強いことが分かる。

[57] 前注（54）渡辺編代3頁。内閣法制局の意向により「労務法制審議会の案がその儘臨時法制調査会の案になり得る様に」するため末弘博士は臨時法制調査会の委員を兼務していた（29頁）。

[58] 末弘厳太郎『労働法のはなし』（一洋社，1947）。

[59] 前注（58）末弘書189頁。

し非典型契約との関係についての理解を共有していたかは措くとして，末弘において，労働契約と対比して考えられていた民法上の契約は，「雇傭，請負，委任等」であって，雇傭契約に限定されていないのである。

　以上の検討から断定的に言えることは，労基法の起草の段階では，労働契約と民法上の契約類型との対応関係，つまり，労働契約に対応する民法上の契約を雇傭契約に限定するか否かという論点はそれ自体それほど論点になっていなかったのではないか，ということである[60]。しかも，立法に深く関与した末弘において，労働契約に対応するものと想定していた契約類型は当時の民法上の雇傭契約に限定されていなかった。

　では，契約の性質の内容を特定しようとする本研究の観点からは，このような労基法の立法当時における事実が何を意味するか。それは，個別的労働関係法の中核をなす労働基準法において，労働契約の「契約の性質」を明確にすることはなされておらず，同時に，労働契約の「契約の性質」と民法上の役務提供契約の「契約の性質」との関係に関する指示はなされていなかったということを意味する。

(3) 現在における問題

　たしかに現在の学説においてはいわゆる同一説が定着しているとされる[61]。しかし，そのように理解されてはいるものの，労働契約の「契約の性質」の内容が確立していると言い切れるかというとそうではない。というのも，判例・行政解釈や学説の中には以下のように，必ずしも労働契約の対応する民法上の契約類型を雇用契約に限定していないように思われるもの，あるいは，労働契約と民法上の役務提供契約の対応関係の見直しを積極的にはかろうとするものも存在するからである。

(i) 判例・行政解釈

　たとえば，判例には，労基法16条の「<u>『労働契約』とは民法上の雇傭のほか委任，請負などの労務供給契約のうち，従属労働ないし労働の従属性の認められるものを指す</u>。即ち，使用者が他人の労務ないし労働を利用すること自体を目的とし，かつ労務者の提供する労働を適宜に配置して一定の目的を

60　東京大学労働法研究会編『注釈労働基準法（上）』（有斐閣，2003）185頁〔和田肇〕も労働契約と雇用契約の「両概念がどのように異なるものと考えられていたかは，立法過程からは必ずしも明らかではない」とする。

61　鎌田耕一「雇用，労働契約と役務提供契約」法時82巻11号12頁（2010）・15頁。

達成させる指揮命令権を有し，これに従って労働の遂行がなされ労働がこれに従属している場合をいう」とするものがある[62]。この判示は，労働法が民法の支配する領域に存在する役務提供契約について，労働法的観点から従属性を基準として網を掛け，そのようにして捉えた一定のものを「労働契約」として規律するものと理解しているといえよう。

また，有名な横浜南労基署長（旭紙業）事件において，横浜地裁（横浜地判平5・6・17労判643号71頁）は，労基法9条の「労働者」とは，「要するに使用者との使用従属関係の下に労務を提供し，その対価として使用者から賃金の支払を受ける者をいうものであり，その使用従属関係の有無は，雇用，請負といった形式のいか〔ん〕にかかわらず，使用者とされる者と労働者とされる者との間における業務遂行上の指揮監督関係の存否・内容，時間的及び場所的拘束性の有無・程度……その他諸般の事情を総合的に考慮して，その実態が使用従属関係の下における労務の提供と評価するにふさわしいものであるか否かによって判断すべき」としている。この一審判決の結論は，原審（東京高判平6・11・24労働判例714号16頁）によって覆されその判断が最高裁（最一小判平8・11・28労判714号14頁）によって維持された。しかし，最高裁においても，一審判決の使用従属関係の存否の判断枠組み自体が否定されているわけではなく[63]，一審判決の判示を参考にすることができる。そこで，労働契約概念と民法上の役務提供契約との対応関係という観点から一審判決を見てみると，同判決が，民法上の契約形式のいかんにかかわらない，とした意味が，当事者が契約書等でどのように当事者間の契約を呼称したかは使用従属関係の存否の判断に関係がないという意味にも解することができるが，他方で，民法上の契約類型の判断とは別個に労働法の観点から使用従属関係の存否の判断を行うという判示としても理解することができる。そして，後者のように理解する場合には，労基法上の労働契約概念と民法上の役務提供契約の諸類型との関係は切り離して独自に考えられるようになるものと解される。

また，労働契約法の解釈通達においても，「民法第六三二条の『請負』，同

---

[62] 宮崎エンジンオイル販売事件宮崎地判昭58・12・21労判444号66頁。

[63] 青野覚・判批季労184号176頁（1997）・179頁。但し，鎌田耕一・判批労旬1422号21頁は，使用従属性と事業者性の判断要素の比重の置き方が従来の裁判例からすると異なるとする（26頁）。

法第六四三条の『委任』又は非典型契約で労務を提供する者であっても、契約形式にとらわれず実態として使用従属関係が認められ、当該契約で労務を提供する者が法第二条第一項の『労働者』に該当する場合には、当該契約は労働契約に該当する」とされている[64]。この解釈は、文言のみに依拠するならば、民法上の労務提供契約の類型自体は民法上の雇用以外の類型であると特定されていたとしても、実態としての使用従属関係が認められるならば、労働者と認められる、という趣旨と理解することができよう。つまり、労働者概念に対応する役務提供契約の類型は、民法上の雇用契約に限定されているわけではない、と理解できるのである。ここで、労契法6条からは、労働者概念と労働契約概念は対応していると考えられる。そうすると、労働者＝労働契約＝民法上の雇用に限定されない役務提供契約、というつながりも解釈としては成立しうる。

以上のように、判例や行政解釈を参考にすると、一般論のレベルで、労働契約に対応する民法上の契約が、雇用契約に限定されるかどうかは依然として明確ではなく、なお解釈の余地が残っている。

(ii) 学説における対応関係の見直し

そして、学説の側でも、労働契約と民法上の役務提供契約の対応関係について、見直しの必要性が指摘されている[65]。

たとえば、かつて、人的従属性は民法上雇用を請負や委任から区別するものに過ぎず、それは、「少なくとも日本法上は、雇用と労働契約の類型的特質を同時に述べていることになる」[66]としていた、下井隆史による比較的近年の主張が注目される。同教授は、その著作において以下のように述べている。すなわち、「労働法の適用対象かどうかの判断が微妙な場合が今日ますます増え、雇用と請負や委任の混合契約あるいはそれらが併存していると解される労務供給関係が実際には少なからず存在している。このことを考えるならば、労働契約とは契約類型として雇用・請負・委任のいずれであるかを問わず、労働法上の使用者と労働者を当事者とする関係のすべてを指すと解

---

[64] 労働契約法の施行について（平成20年1月23日基発0123004号最終改正平成24年8月10日基発0810第2号）第2・2・(2)ウ。

[65] 水町勇一郎「民法623条」土田道夫編・債権法改正と雇傭・労働契約に関する研究会著『債権法改正と労働法』（商事法務，2012）2頁が参考になる。

[66] 下井隆史『労働契約法の理論』（有斐閣，1985）〔初出は1970年〕4頁。

第2節　労働契約の成立の構成要素

する（菅野和夫『労働法』（第七版補正第二版）六三頁以下参照）のが，より簡明で適切といえるかもしれない」[67]。

引用されている菅野は，その後，基本的に労働契約と雇用契約とを同一の概念と見るようになっているようであるが[68]，上記のように，下井においては，労働契約と民法上の契約の対応関係について拘りがあるというよりは，むしろその点については実際上の観点から柔軟に解し，広く民法上の役務提供契約について労働法の独自の概念を基準として「労働契約」として扱うことを認めている。

---

[67] 下井隆史『労働基準法』〔第4版〕（有斐閣，2007）78頁注参照。そもそも，下井が，前注（66）論文を執筆した1970年当時，民法の平面に存在する雇用契約と労働法の平面に存在する労働契約が類型的に対応するものと考えていたともいえない。というのは，下井は，むしろ，「雇傭ないし労働契約関係的な側面を認めうるある労使関係に関して，ある労働法上の制度・理論の適用の可否が問題となったときには，指揮命令下の労働という事態が多かれ少なかれ存在することが明らかであれば，契約類型への当てはめの作業をそこでやめて，そこから先は，労働法の適用対象たる一般的可能性が肯定されるという前提に立って，個々の制度・理論の趣旨・目的などとの関連において問題処理がなされるべきだ（傍点下井）」（同前9頁）とし，民法上の類型に関心を払っていないからである（前注（66）下井書54-55頁〔初出は1971年〕も参照）。

[68] 菅野和夫『労働法』〔第十版〕（弘文堂，2012）86頁。菅野は，実質的に改説されているように思われる。同教授は，第七版補正版においては，以下のように労働契約について述べていた。すなわち，「『労働契約』は，『労働基準法が適用される労務供給契約』ということができる。『労働契約』は，民法上の『雇用』に該当する場合が大多数であるが，それとは必ずしも一致せず，民法上の請負又は委任の形式をとった労務供給契約でもあり得るし，また民法上の雇用，請負または委任の契約形式をとっていない（非典型の）労務供給契約でもありうる。……要するに，ある労務供給契約が『労働契約』といえるか否かは，労務を供給している者が……『労働者』〔労基9条〕といえるかが決め手となる」（64頁）。これに対して，第十版（86頁）では，補正版における上述の記述は消え，「労働契約に該当するか否かについては，労働関係の実態に即して判断されるべきものであって，契約の形式（契約書の文言）が『請負』ないし『委任』（準委任）であっても，契約関係の実態において［使用されて労働し，賃金を支払われる］関係と認められれば『労働契約』に該当しうる，というのが，学説・裁判例においてほぼ一致した見解である……。そして，『雇用契約』に該当するか否かについても，同様に契約の形式（契約書の文言）が『請負』ないし『委任』であっても，契約関係の実態において［労働に従事し，報酬を受ける］関係と認められれば『雇用契約』に該当するというべきであろう。そうとすれば，『労働契約』と『雇用契約』も基本的に同一の概念とみることができる」としている。

次に，鎌田耕一は，現代的な委託型就業契約の問題を念頭に，歴史的な研究を基礎として，「雇傭は，民法623条に定めるように『当事者の一方が相手方に対して労働に従事し，相手方がこれに対してその報酬を与えることを約する』契約であり，使用者による指揮命令がなされることをその本質的要素としていない。その点で，筆者は，使用者による指揮命令に基づく労務提供を本質的要素とする労働契約とは異なっていると考えている」とし，雇用契約概念と労働契約概念の範囲のズレを指摘している[69]。鎌田の研究を基礎とすると，労働契約は雇用契約の一部と重なり合うに過ぎないということになる。

以上のとおり，かつて代表的な同一説の立場にあったと解される論者の見解[70]にも変化がみられるところであり，労働契約に対応する民法上の役務提供契約類型がどれか，という点は未だに決着がついたと言える状況にはないと解される。

(4) 労働契約の性質の内容

以上を踏まえた上で，労働契約の性質の客観的な内容とは何かという問題について改めて考えてみたい。本書は，繰り返し述べているとおり，労働契約の「契約の性質」の内容に関しては，雇用契約も含めた民法上の役務提供契約の「契約の性質」の範囲と必ずしも合致する必要はないと考える。したがって，労働契約の「契約の性質」と民法上の役務提供契約の「契約の性質」とを切り離し，労働法独自の観点から労働契約の「契約の性質」の決

　　菅野は，第七版補正版の段階では，本研究や下井の立場に近く，関心を払っているのは，労働法上の「労働者」性ないし「使用従属関係」の存否であって，民法上の契約類型と労働契約の範囲の一致については直接関心がない。これに対して，第十版では，雇用契約と労働契約の認定が，「契約形式（契約書の文言）」ではなく実質的になされるべきこと，そして，雇用契約と労働契約とが同一概念であることを主張している。これに対し，下井は，民法上も含めて契約類型の性質決定はもともと実質的なものであるという理解を示した上で（前注 (66) 下井書 7 頁），さらに，民法上の契約類型への当てはめに拘泥すべきでないことを説いていた。その意味で，下井の主張は，労働契約の類型を民法上の類型から解放していた。したがって，この点において，菅野の主張と下井の主張とは，対照的なものとなっている。

69　鎌田耕一「個人請負・業務委託型就業者をめぐる法政策」季労241号57頁（2013）・67頁。
70　同一説と峻別説の流れと下井隆史の主張の重要性について，石田眞「労働契約論」『戦後労働法学説史』（旬報社，1999）615頁を参照。

定・特定を行う[71]。

このような本書の立場に立ち，民法上の契約類型の示す契約の性質の内容に依拠しないとすれば，労働法によっていかなる労働契約の「契約の性質」の内容が示されているか，ということが問題になる。この点に関し，わが国の労働法にはイギリスの場合のように労働契約それ自体の定義はないが，労契法 6 条は，労働契約の「成立要件を定めることを通じて事実上，労働契約の定義を行った規定」[72]である。

同条を今一度確認すると，「労働契約は，労働者が使用者に使用されて労働し，使用者がこれに対して賃金を支払うことについて，労働者及び使用者が合意することによって成立する」と定められる。ここには，労働契約であれば有することが一般的に求められる内容が示されているといえ，その内容は労働契約の本質的な内容であるということができよう。したがって，そこから労働契約の性質の客観的な内容も読み取ることができる。具体的には，「労働者が使用者に使用されて労働」することと，使用者のこれに対する賃金支払いという，指揮命令下の労働とそれに対する賃金の支払いを，同条から労働契約を労働契約たらしめる「契約の性質」の客観的な内容として読み取ることができよう。

(5) 契約の性質と労働者性

そして，上記の依然として抽象的な「契約の性質」の客観的内容をより具体的に考えようとすると，問題となってくるのが，「契約の性質」の客観的内容と労働者性の判断の内容との関係である。というのも，労契法 6 条に示される「契約の性質」の内容は，指揮命令下の労働とそのような労働に対する賃金の支払いであるが，これは，労基法上の労働者概念や労契法上の労働者概念の定義の中核的内容と重なっているからである。そして，結局は，労働契約の「契約の性質」の内容と労働者性の内容が重なり，両者とも，使用従属関係の存否がその具体的な内容となって来ざるをえないであろう。実際，裁判例において，当事者間の契約の性質が労働契約の「契約の性質」と認められることから，役務提供者が労基法や労契法上の労働者であることを肯定

---

[71] これに対して，労働契約の「契約の性質」の内容と民法上の役務提供契約（とりわけ雇用契約）の「契約の性質」の内容を同一視する場合には，両者の連続性を加味しつつ労働契約の「契約の性質」の内容を特定していくことになろう。

[72] 前注 (50) 荒木ほか書96頁。

するものもあり[73]，このような理解はむしろ実務とも整合性を有する。

　以上より，本書は，「労働契約の性質」と従来個別的労働関係法の適用をめぐって提示されてきた使用従属関係の内容とは基本的には重なってくると考える。したがって，上記の抽象的な労働契約の性質の客観的な内容を具体化するならば，これまで議論されてきた使用従属関係の存否を判断する際に示された基準がその内容となる[74]。

　もっとも，以下，二点については留意されたい。まず，一点目として，序章第2節第3款で指摘したように，従来の労働者性の判断の中には，契約の成立要件に関する議論も混じっていることが考えられ，労基法等の労働者性の判断において充足が求められる使用従属関係の内容をそのまま「労働契約の性質」の内容とすることはできない。とりわけ，諾否の自由の存否は，それが仕事の内容や方法についての指揮命令のことをさす限りは，それを契約の性質の内容として理解しても差し支えはないが，それが将来にわたって労務を提供するあるいは賃金を支払う義務づけを意味するとき，その内容は，契約の拘束性を問題とするものであるから，むしろ継続的な契約が存在しているかを問題にする契約の成立要件の内容として理解されるべきである。このような意味での諾否の自由は，労働契約の「契約の性質」として理解されるべきではない[75]。

　次に，二点目として，本書は従来「労働者」概念の内容として把握されてきた「使用従属関係の存否」の内容それ自体の検討には及んでいないという点にも留意されなければならない。本書は，あくまで，契約の性質と労働者概念との繋りの側面に光をあてている[76]。

---

[73]　たとえば，ジャパンネットワークサービス事件・東京地判平14・11・11労判843号27頁，NHK 西東京営業センター事件・東京高判平15・8・27労判868号75頁など。

[74]　具体的な内容は，労働基準法研究会「労働基準法の『労働者』の判断基準について」（昭和60年12月19日）（労働省労働基準局監督課編『今後の労働契約等法制のあり方について』〔日本労働研究機構，1993〕50頁所収）を参照。

[75]　イギリスの例ではあるが，同国の文脈で長期契約の成立に求められる義務の継続性と，伝統的な雇用契約概念についてイメージされる継続的な関係性（契約の性質として観念されやすい要素）とを混同することに注意を促すものと解される論文として，Nicola Countouris, 'Uses and Misuses of "Mutuality of Obligations" and the Autonomy of Labour Law' in Alan Bogg, Cathryn Costello, ACL Davies and Jeremias Prassl（ed.）*The Autonomy of Labour Law*（Hart publishing, 2015）, p. 169.

ともあれ，労働契約の「契約の性質」部分と労働者性判断の内容は一定程度重なっており，その具体的内容は，基本的に，使用従属関係の存否として議論されてきたものに帰着すると解される。

3 客観的内容の可変性

上記のとおり，労働契約の「契約の性質」の客観的内容は，使用従属関係の存否として確立した形で議論されてきた内容と重なる。しかし，その「契約の性質」の内容は，定型的にあるいは固定的に捉えられるべきものではない。以下，イギリスの議論を参照しつつ，契約の性質の客観的内容の可変性について述べる。

(1) 契約類型の共通性と契約の性質の可変性

イギリスにおいては，契約の性質の可変性が，二つの形で現れていた。一つは，雇傭契約（contact of service）＝雇用契約（contract of employment）という仕組みが取られる場合であった。この仕組みがとられている場合には，裁判例の中で，現実社会における労務提供・受領の内容の多様化，現代化が雇傭契約の類型の内容（指揮命令の内容の多様化・現代化）に受容されていくべきことが指摘されていた。このイギリス法の状況を念頭に置くと，本書の採用するところではないが，日本において雇用契約＝労働契約という仕組みが取られると理解するのであれば，雇用契約の性質と労働契約の性質との連動性が意識され，その連動性によって契約の性質の内容も刷新されていく可能性がある。

(2) 定義の変更による変化

ただ，本書は，そのような契約の性質の理解（少なくとも，労働立法が労働契約＝雇用契約としていたという理解）は採用しない。そこでもう一つの契約の性質の可変性が重要になってくる。

イギリスの「労働者の契約」については，労務提供契約の「契約の性質」を労働法が決定しかつ特定していた。この「労働者の契約」の場合には，伝統的な雇傭契約概念について必ず問題となってきた指揮命令基準は問題とされなくなっていた。このように，制定法が法の適用対象となる契約類型の性

---

76 この点につき，体系的に議論するものとして，川口美貴『労働者概念の再構成』（関西大学出版部，2012）。

質を決定しかつ特定することで,実際に,「労働者の契約」のような制定法上の契約類型の契約の性質を構築することができるのである。このような意味でも,労働法上の契約の性質は可変的なものであるということができよう。

このイギリスの議論からして,わが国においても,労働契約の性質ひいては労働者の範囲は,契約の定義を法が変更することによって抜本的に変更可能であると考える。わが国では,労契法6条が,労働契約の基本的な内容を示し実質的に労働契約を定義している。この労契法6条の定義を,一定の政策の観点から変更することによって,民法上の契約類型(契約の性質)の内容から基本的には自由に,契約の性質の範囲を拡大または縮小することができる。

(3) 立法の積み重ねと変化

とはいえ,上述のような契約の性質の可変性は,本書の立場ゆえに民法上の役務提供契約の類型とは関係なく実現されるという点を除けば,おそらく至極当然のことを述べているに過ぎないであろう。実は,そのような契約の性質の可変性を改めて指摘することによって強調したい点がある。それは,労働契約の「契約の性質」の内容の決定や特定には人為的な側面が多分にあるという点である。契約の性質の客観的な内容は,実際の社会における人々の労働契約に関する契約実践によっても変わりうるし,また,立法による作用によっても変化しうる。そのことを念頭に,次に,(2)のような法律により定義を変える抜本的な変更ではなく,法改正による小さな変化の積み重ねによって,法規範全体が示す労働契約の性質ひいては「労働者」性の範囲に変化が迫られる可能性について考えてみたい。

(i) 制度や実態と類型の相互作用

ここで参考にするのは,大村敦志による契約の性質決定についての分析である。同教授によれば,裁判官は,事実認定という作業をするとき,実際には,「適用すべき法規範を考慮しつつ」[77]それを行うから,裁判官による「法適用過程は規範と事実の双方に着目した模索過程」[78]であるとされる[79]。さらに,同教授は,契約類型は社会によって与えられるものであり,暫定性・不完全性を有するが,それに依拠する個人や裁判官の活動(契約解釈)を通

---

[77] 大村敦志『典型契約と性質決定』(有斐閣,1997) 230頁。
[78] 前注 (77) 大村書233頁。
[79] 前注 (77) 大村書222頁以下参照。

じて，可変性・開放性も確保することを指摘している[80]。すなわち，「人々が日々繰り返す契約という営みの中から，新たな類型が生成しそれが契約秩序に変化をもたらす。そして，人々はまた新たな秩序に従って契約を結んで生きていく」[81]。

　本書は，このように法秩序の下にある契約の類型と個人あるいは裁判官の果たす作用との間に相互的な関連が存在するという理解を共有する。加えて，法が既存の類型に新たな規制を導入すると，裁判官や個人は新たな規制を意識しつつ契約解釈や契約締結を試みるから，上記の契約類型の可変性・開放性がここでも実現することになり，客観的な意味での契約の性質（類型）が漸次変化していくものと解する。このような契約の類型と法，あるいは社会における実践との相互関係を前提にすると，以下の二つの意味での契約類型に起こる変化が考えられるのではなかろうか。一つには，新たな規制の導入それ自体によって類型の外延に一定の変化がもたらされることが考えられる。また一つには，新たな規制の導入により，個人や裁判官の類型に対する認識が変化し，その結果，法が提供する類型（契約の性質）の内容にも一定の変化がもたらされることが考えられる。

(ⅱ)　労働法規制の展開と契約の性質における変化

　上記の二つの変化のあり方を具体的に労働法について考えてみるとき，たとえば，労基法は，労働時間について弾力化を進め（32条の2・32条の4・32条の5），また，フレックスタイム制（32条の3）を導入している。さらに，時間管理の困難な労働者の労働時間について，その特性から，裁量労働のみなし時間制（専門業務型・企画業務型）（38条の3・38条の4）を取り入れている。これらは，新たな雇用・就業形態に対応するために設けられた規定といえるが，規定によってもたらされた変化は，他方で法における「労働者」像あるいは労働契約の指揮命令のあり方の現実的そして法的変化をもたらことになる。

　そうであるとするならば，法が観念する労働契約の性質ひいては「労働者」性の範囲は，法が契約の定義を変更したりしなくても，法の内容の変更によって，あるいは，法の適用を受ける個人またはそれを判断する裁判官の

80　前注（77）大村書351頁以下参照。
81　前注（77）大村書352頁。

契約形成または契約解釈を通じて、随時変化していくと考えられる。

　もっとも、法が認める類型は、一定程度類型としての確定性を保持しなければならない。類型性がもはや法的類型とはいえないほど柔軟になってしまっては、類型による情報処理機能（それによる個人の自由の支援[82]）や契約類型に委ねられた政策の意義が十分に発揮されない結果を招来してしまうからである。

　しかしながら、法規定自体を削除したり付け加えていったりすること自体も、上述のような流れで、法自体が設定する契約の性質または「労働者」（類型）の内容（契約の性質の客観的な内容）を変化させるという可能性は意識されるべきである。というのも、法規制が新たにわざわざ導入されたのにもかかわらず、契約の性質や労働者性の判断が固定的に捉えられてしまって労働者性判断が厳格に解されるならば、そのような法規制を前提として行動した労働者について、本来より広いはずの労働者概念に該当することが否定され、当該規制の適用のみならず他の労働者保護に関する規定の適用も否定される可能性があるからである。

第3款　小括——労契法6条と労働契約の成立の客観的内容

　第1款、第2款において、労働契約の成立という法的事象の客観的内容を明らかにしてきた。ここでは、以上の考察をまとめ、労契法6条に定められる労働契約の成立の要素を提示し、客観的な内容の側面から労働契約の成立の法構造を示す。

1　成立の要素と性質の要素
(1)　契約の成立と契約の性質の位置づけ

　第1節第2款1で述べたとおり、労働契約の成立の法的事象を合意がどのように契約法や労働法と結びついたものであると理解するかについて、理論的には四つの可能性が存在する。本研究は、契約の成立部分については契約法に、契約の性質部分については労働法に、基本的に依拠すると結論する。

(2)　合意による労働契約の成立

82　前注（77）大村書349頁以下参照。

そして，労働契約の成立は，合意による契約の成立として一般的に表現される。このような合意による労働契約の成立は，その成立形態として，申込みと承諾型だけではなく，練り上げ型の契約の成立形態も含むものである。そして，労働契約の成立に関しては，むしろ練り上げ型による成立形態の方が典型的なものである。

(3) 労働契約の成立の二重構造

以上をまとめると，労働契約の成立という法的事象は，当事者間の合意をその具体的な素材とし，その合意が成立部分と性質部分につき契約法と労働法とそれぞれに結びつくことによって生じる（以下，【図Ⅱ-1-3】参照）。すなわち，まず，当事者が合意をする。次に，その合意が，契約の成立に関する契約法の観点から検討され，契約の成立要件を満たせば契約が成立したと認められる。その後，今度は合意が労働法の観点から，労働法の適用対象となる契約の性質を有するかを問われ，指定された契約の性質が認められれば，法が適用される種類の役務提供契約が存在するということになる。このように，成立については契約法が，性質については労働法が，各領域における要件を設定する。こうして，労働契約の成立は，当事者意思の合意をその具体的な素材としつつ，二つの法領域の観点から検討されその存在が認められる二重構造になっている。

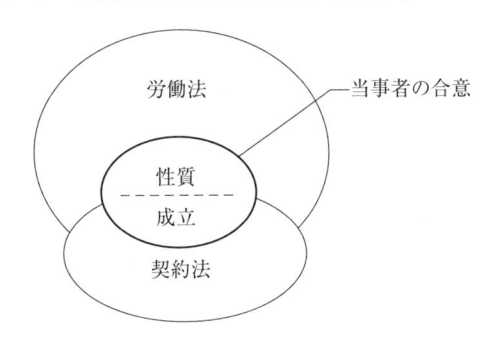

【図Ⅱ-1-3　労働契約の成立と労働法・契約法】

2　各要素の具体的内容

では，契約の成立と契約の性質の各部分を構成する客観的な内容（構成要素）はいかなる内容からなっているであろうか。以下では，労契法6条に

沿って，まとめていこう。

　ここで，まず，労契法6条を確認しよう。同条は，「労働契約は，労働者が使用者に使用されて労働し，使用者がこれに対して賃金を支払うことについて，労働者及び使用者が合意することによって成立する」と定める。この条文からは，二当事者が，指揮命令下での労働とそれに対する賃金支払を合意することによって，労働契約は成立するということが読み取れる。そして，より細かく条文と対応させる形で，労働契約の成立という法的事象を構成する要素を挙げると，以下のようになる。

(1)　契約の成立

　まず，労働契約の「成立」の要素としては，①契約を締結する能力（権利能力等）を有する二当事者の存在が挙げられる。次に，労契法6条は，指揮命令下の労働とそのような労働に対する賃金支払についての当事者の合意の存在を要素としている。そして，これは②労働契約の本質的部分についての合意を要求するものであり，この要素は，本研究で労働契約の成立にも要求されると結論した合意の対象（本質的部分の合意の要求）を示していると解することができる。そして，②の要素については，その内容でだけではなく③合意の内容が法的なものであると認められる程度に確定的なものであることが求められる。さらに，6条は直接言及していないが，契約法の要求として，④合意の熟度（法的関係に入ることが確信される段階の当事者意思ないし合意の存在）も要求される。また，④についても，⑤その確定性（終局性）が問題となる。

　なお，第1節第3款3でも述べたとおり，これらの要素についての要素は，労契法6条に新たに要件を付け加えるというものではなく，契約法のレベルにおける契約を成立させる合意に要求される要件を労働契約の成立について具体化したものに過ぎない。

(2)　契約の性質

　本書は，労働契約の性質に関しては，民法上の役務提供契約の諸類型と結びつけて考える必要はないという見解に立ち，したがってまた，雇用契約（民法623条）と労働契約の「契約の性質」とを結びつけて考える必要もないと考える。そこで，客観的な内容としての「契約の性質」の内容を考える上で，焦点は労働法がどのように労働契約を定義しているか，その定義の中で労働契約の「契約の性質」がどのように示されているかになる。

そして，第2節第2款2で述べたとおり，この内容は，労契法6条が示す労働契約の本質的な内容であり，結局のところ，指揮命令下の労働とそれに対する賃金の支払いが客観的な労働契約の「契約の性質」ということになり，より具体的には，使用従属関係の存否として問題とされてきた内容と重なってくることになる。

なお，以上の記述では，契約の成立と性質とを分けて考えているが，このように成立部分と性質部分とにおいて示される内容は，わが国の場合には，法の適用対象として雇用契約と「労働者の契約」を用意していたイギリス労働法とは異なり，法の適用対象とされる役務提供契約の類型が複数提示されているわけではないから，実際のところ，契約の成立部分において求められる合意の対象の判断と契約の性質の有無の判断とが重複してくるであろう。しかしながら，合意の対象についての判断の本質は，契約関係（強いていえば対価関係）の存在に向けた判断であるのに対し，契約の性質についての判断は，労働法の観点から法の適用対象の範囲として求められる要素の有無の判断であるので，根本的にその性質を異にすることが十分注意されなければならない。

3　要素と法の結びつきの詳細

(1)　結びつきの詳細

1・2で述べたとおり，労働契約の成立という法的事象は，当事者間の合意が具体的な素材を提供し，その素材が契約法と労働法のそれぞれの観点から評価され，労働契約の成立の客観的な内容を構成するものと認められることによって，現出する。そして，これまでの考察から，労働契約の成立という局面における合意と合意外規範（契約法，労働法）の結びつきは，その大枠については明確になったものと解する。

ただし，本研究における記述が実際には合意と合意外規範の結びつきを示していたとしても，合意と合意外規範の結びつきという観点から明確に述べていない点もあるので，ここでは，その点について明確に示し，労働契約の成立という法的事象の全体的な見取り図を完成させる。

そこで，図と表を用いて，本研究のこれまでの記述では，十分に合意と合意外規範のつながりが示されていない点を指摘しつつ，そのつながりの詳細も明らかにしていこう。

【図表Ⅱ-1-4　労働契約の成立と労働法・契約法】

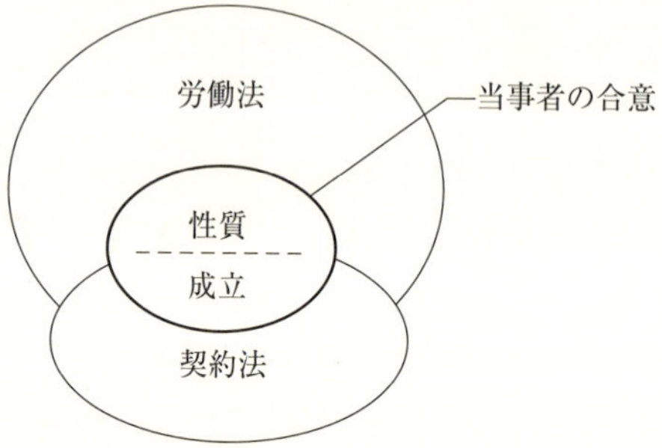

労働契約	契約法	労働法
成立	○	×
性質	△（労働法独自）	○（労働者概念）

○＝関わりあり，×＝関わりなし

　まず，表にも示しているように，基本的な合意と合意外規範の繋がり，あるいは，労働契約の成立という法的事象を構成する契約の成立部分と契約の性質部分と，契約法と労働法の繋がりについては，契約の成立―契約法，契約の性質―労働法，という形で結びつく（【図表Ⅱ-1-4】を参照）。この点は，大枠として明確に述べた。

　次に，本研究の理解では，原則として労働法は契約の成立の部分との結びつきを有しない。この点も比較的明確に述べたはずである。また，労働契約の「契約の性質」の部分と契約法の結びつきについては，本研究の見解としては，その客観的な内容の決定に民法上の契約類型の「契約の性質」は，原則として関係がないことも示した。ただし，表に示してあるように，契約類型の対応関係について本研究では十分に論じることができておらず，また，労働契約＝民法上の雇用契約とする同一説が通説と理解されていることから，全く無関係であるとする段階にはない（よって，表の中での表記を△とした）。

　さらに，労働契約の「契約の性質」と労働法との結びつきであるが，これは，労働法と強く結びつくものであり，また，本研究は，基本的に労働契約の性質の内容と労働者性の判断の内容とが重なると考えている。ただし，労

働者性の判断の中には，契約の成立に関する判断も混在していると思われる。

(2) 契約の性質の可変性

契約の成立の部分についても，契約法自体の理論展開や契約法と労働法の関係によって変わってくる可能性は否定できない。しかし，その内容が労働法の展開を受けてより変化して行く可能性があるのが，契約の性質である。図表に示しているように，契約の性質の部分は，労働法と直接的に結びつき，したがって，労働法の展開，そして，契約当事者の契約実践等の影響を受けて，その内容が変化していくものと解される。また，表にも示してあるように，契約の性質と労働者性判断も一定の連続性を有するので，契約の性質の展開は労働者性の判断の内容にも一定の影響を与えるものと解される。

第3節　主観的内容と契約解釈

これまでの考察によって，労働契約の成立という法的事象が，合意と合意外規範のいかなる結合によって成り立っているのかを示した。契約の成立や契約の性質という各部分を構成する要素は労働契約の成立という法的事象の一部を構成し，また，そのような各部分において合意と合意外規範とが結びついている。しかしながら，これまで明らかにしたのは，あくまで客観的要素の内容と要素の配置に過ぎない。これらの要素を結びつけ労働契約の成立という法的事象を完成させる工程は，裁判官の契約解釈によって担われる。この契約解釈という工程を経て，具体的な当事者の合意の内容が明らかにされ，それが客観的な内容（要素）を形成すると評価され，最終的に，それら各要素が一体となって労働契約の成立という法的事実を構成するようになる。したがって，この契約解釈の位置づけとその仕組みが明らかにされることによって労働契約の成立の法構造の解明は完成をみる。

本節では，まず，解釈対象となる合意と労働契約の関係を考察し，次に，具体的な当事者意思ないし合意をどのような仕組みにより法的な事実として構成するのか，を明らかにする。

第1款　合意の漸進的形成と合意ないし労働契約の構造

1　契約解釈の考察の二側面

　本節は，労働契約の成立にかかわる契約解釈を考察の対象とする。そして，この契約解釈の作用自体は，当事者の権利義務を認定するという作用とその認定した権利義務を評価するという作用とに分かれる。これらの作用を明らかにするために，解明すべき点は次の二点である。一つは，解釈対象とは何か，という点である。それは，契約解釈それ自体の解釈対象としての合意とは何か，それをどのようなものとして理解するのかという点の考察である。もう一つは，契約解釈の仕組み，すなわち，合意を法的な事実（当事者の権利義務の内容）として加工し評価する仕組みとはいかなるものか，という点の考察である。このように，解釈「対象」と解釈の「仕組み」の両方を考察することによって，契約解釈作用をある程度解明することができよう。そこで，以下では，まず，契約解釈の解釈対象としての合意を考察する。

2　契約の成立形態と合意

　解釈対象としての合意を把握しようとすると，まず問題になるのが，そもそも労働契約に関する合意をどのようなものとして理解するかという点である。というのは，より具体的には，合意と労働契約の成立という法的事象の関係，ひいては合意と労働契約（の過程）との関係についての理解によって，解釈対象としての合意も，空間的あるいは時間的に内容の幅が出てくるように思われるからである。

　たとえば，民法学における契約の成立に関する鏡像理論[83]に基づき契約の成立とそこにおける合意を考えてみよう。その場合，特定の一時点で，双方が完全に対応した内容となっている申込みと承諾により，意思の合致が成立すると考えられる[84]。この契約の成立と意思表示の態様からすれば，特定時点における完全無欠の合意の理解が導かれ，解釈対象としての合意を考えるときには，このような合意が解釈（認定）対象とされるべきことになる。

　この点に関し，本書は，第1節で述べたとおり，合意による契約の成立を

---

[83] 先述したように，「申込みと承諾とが，あたかも鏡に映った姿のように……，完全に対応していなければ契約は成立しない」という考え方である（前注（7）平井書145頁。）

一般的な契約の成立と理解する。そして，労働契約に関しては，練り上げ型の契約の成立形態を典型的な労働契約の成立形態と位置づけるべきであるとする。たしかに，本研究も，申込みと承諾による契約の成立を否定するわけではないが，一般的な労働契約の成立の観念としては，むしろ，合意による労働契約の成立，とりわけ，練り上げ型の合意による労働契約の成立が，労働契約の成立形態としてはより包括的かつ一般的なものとして位置づけられるべきであると考えているのである。瞬間的な申込みと承諾による労働契約の成立は，合意による契約の成立の内の一部の契約の成立について妥当するもに過ぎない。

そして，このような契約の成立形態ないし契約の成立場面における合意の態様を前提にすると，契約解釈の対象としての合意は，特定の一時点において申込みと承諾によって一挙に成立させられる瞬間的かつ完全な合意ではなく，契約の締結過程において，交渉を経ながらじっくりとその内容が固められていくような合意ということになる。

3 合意の漸進的形成

2で示したような合意の理解から，労働契約の成立，展開の各場面における合意と労働契約の構造[85]につき以下の二点が導かれる。これらは，解釈対象としての合意の把握のあり方を左右するものであり，重要である。

(1) 成立に至るまでの合意の漸進的形成

最初に，労働契約を成立させる合意が時の経過の中で次第に形成されていくという合意の形成（合意の漸進的形成）について述べる。契約の成立を合意の形成に注目して考えるようになると，練り上げ型という表現からもすぐ

---

84 大村敦志「合意の構造化に向けて／「契約の成立」に関する立法論的考察を機縁として」『債権法改正の課題と方向』（別冊 NBL No. 58）（商事法務研究会，1998）31頁は，伝統的な意思表示理論の下では，「合意に関する分析は手薄であったように思われる」とし，「合意は，それに至る交渉過程を捨象したものとして，また，それのみによって他の事情を考慮に入れずに契約を成立させうるものとして，そして，それ自体を分割することは考えられないものとして，把握されていた。すなわち，契約を成立させるのは，瞬間的＝自律的＝均一的合意，一言で言えば，抽象的合意であるとされた」と評価している（34頁）。

85 合意と契約の構造については，前注（84）大村論文，とりわけ，「合意の通時的構造化」と「合意の共時的構造化」の発想にも示唆をえた。

に了解されるように,合意が次第に形成されていく契約締結過程が意識されるようになる(後掲【図Ⅱ-1-5】参照)。また,要件(要素)ごとの形成も認識される(矢印参照)。このように,一定のタイムスパンの中での,しかも,要件(要素)ごとの形成ということから,労働契約を成立させる合意の漸進的形成という事実が浮かび上がる。

(2) 展開過程における合意の特定や追加的合意

これに対して,労働契約の展開過程では,次のような合意と労働契約の構造の関係を指摘することができる。この過程では最初から契約の成立の段階で形成された合意がまず存在している(後掲【図Ⅱ-1-5】参照)。しかし,これは,伝統的な申込みと承諾型,あるいは,鏡像理論における契約の成立の場合のように,契約の成立時点での完全無欠の合意を想定するものではなく,契約の成立に必要な限りでの合意(本書では「合意の対象」と「合意の熟度」)が認められることを前提としている。そして,成立時にはそのような最低限度での合意の存在が求められるに過ぎないことが明らかになると,今度は労働契約の展開過程における労働契約の内容が,契約の成立時に求められる合意のみによって構成されるのではないということも明らかになってくる。すでに指摘されているように,労働契約については,それを中心としつつも,さらに追加的な合意を付加されたり[86],成立時の合意の内容がより具体的なものへと確定されたりすることが考えられる。このように,労働契約はその展開過程において,成立時の合意のみでは語りえない広がりをもった構造を有する。

【図Ⅱ-1-5 労働契約における合意と契約の構造】

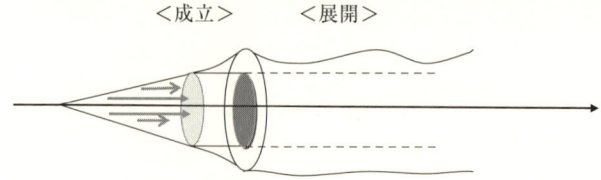

<成立>　　　　<展開>

＊図の作成に当たっては,河上正二「現代的契約についての若干の解釈論的課題」棚瀬孝雄編『契約法理と契約慣行』(弘文堂,1999)185頁,188頁も参考にした。

---

86 野田進「労働契約における合意」日本労働法学会編『講座21世紀の労働法(4)労働契約』(有斐閣,2000)19頁,土田道夫『労務指揮権の現代的展開―労働契約における一方的決定と合意決定との相克』(信山社,1999)393頁以下。

第2款　契約解釈の仕組み

契約解釈の対象としての合意は,【図Ⅱ-1-5】で示したように,労働契約の成立,展開,終了という過程の中で,継続的に存在するものである。では,このような解釈対象としての合意を,労働契約の成立という法的事象を確認するために,どのように解釈し法的事実として認定していくべきであろうか。以下では,契約解釈の仕組みについて検討しよう。

1　契約の成立と契約の性質

契約解釈の仕組みを考えるに当たって,上記の労働契約ないし労働契約過程における合意の構造を前提にするとしても,合意の認定の目的も考慮する必要がある。というのは,その目的ごとに,構造化された合意のどの部分に着目し,権利義務を認定すべきかも変わってくるからである。そして,本書で繰り返し述べてきたように,労働契約の成立という法的事実の存在が認められるためには,労働契約の成立という法的事実を構成する「契約の成立」と「契約の性質」の各部分を占める要素が,当事者の合意によって形成されたと評価されることが求められる。具体的には,契約の成立部分においては,合意の対象と合意の熟度についての契約締結に向けた意思の存在が求められる。また,契約の性質の部分においては,労働契約の本質的な内容,すなわち,指揮命令下の労働とこれに対する報酬の支払の存在が求められる。このように,「契約の成立」と「契約の性質」は,それぞれの存在が認められるのに必要な権利義務の内容を指示し,契約の解釈は,先述の合意の構造を前提として,そのように指示された権利義務内容の有無を確認するための作業を遂行するためのものとなる。

2　契約解釈の基準時と具体的方法

そこで,上述の合意の構造も考慮しつつ,契約の成立と契約の性質の要素が問題となるそれぞれの場面ごとに,契約解釈のあり方について考える。

この点を考えるに当たって手がかりを与えてくれるのが,イギリス労働法において展開していた契約解釈に関する理論である。イギリスでは,契約法一般においてだけでなく,労働法の分野でも,Carmichael事件貴族院判決が,労務提供契約の契約構造から説き起こして,合意ないし契約の時間的展

開性を認める契約解釈を提示していた。また，その後，Autoclenz事件最高裁判決が，契約当事者間の交渉力格差を根拠とする目的的アプローチ，すなわち，契約書面にも契約締結時にも縛られずに権利義務内容を認定する契約解釈を提示していた。このようなイギリス労働法における理論展開において，常に意識されていたのは，契約名称についての明示や契約名称にとどまらず権利義務内容までをも詳細に定めた契約書面であり，その裏面としての黙示条項の認定の可否や契約締結後の事情を契約解釈の対象とする余地であった。

以上のイギリス法の議論から考えて，日本においては，口頭証拠法則のような厳格なルールは存在しないものの[87]，上述の合意の構造を前提とした契約解釈に当たって，契約解釈の基準時をどのように設定し，契約書面や明示の契約条項も加味した上で，契約内容（権利義務）をいかにして認定するか，といった点が問題になると予測される。以下，契約の成立と契約の性質とに分けて，契約解釈のあり方を考えよう。

(1) 契約の成立

本書は，契約の成立の要素の有無，言い換えると，契約の成立要件の充足に関しては，合意が練り上げられていくという合意の構造を根拠として，原則として，交渉開始から契約締結時とされる時点までの諸事情を検討材料として，当事者間の権利義務の内容を認定する契約解釈が肯定されるべきであると考える。

この契約解釈手法は，イギリスの場合とは次の点で異なる。それは，契約の締結時までしか権利義務の認定のための考察対象としない，言い換えると，契約を成立させ契約の中心部分となる合意の構造は，契約の締結時までに完成させられると理解している点で異なる。

ただし，明示された条項や契約書面の取扱いをいかに図るべきかというこ

---

[87] とはいえ，実務においては，民事訴訟法上の処分証書の制度があるため，「訴訟において契約書が存在している場合には，……それが真正に成立したものと認められれば，当該契約書の作成者が処分証書たるその契約書によって契約を締結したことが認められることに」なり，契約所外においてなされた表示も契約内容を構成するものとされるかというと「実際にはそれが困難であると考えられているようである」とされる（須藤悦安「契約内容の確定における契約書外の表示の効力について―イギリス法におけるParol Evidence Ruleとその例外を参考に」創価法学34巻2号31頁〔2004〕・32頁。）。

とは日本でも問題になる。というのも、契約の成立については、基本的に契約法における要件と同様のものが労働契約に関しても問題になると理解するが、他方で、労働契約の当事者間の交渉力や情報量の格差は依然として普遍的な事柄だからである。そこで、本書は、労働契約の当事者の交渉力格差に鑑みて、契約書面等が契約名称に関するものであろうと契約上の権利義務に関するものであろうと、それが契約解釈にあたって考慮されるとしても、それらはそのまま当事者の意思を示すものとしては認められるべきではないと考える。しかしながら、過度に契約の自由を侵害するような形での当事者意思の認定は、契約の自由との看過しがたい摩擦を引き起こすであろう。

　そこで、具体的な契約解釈の原則を以下のように考える。まず、①明示条項や契約書面の内容が、十分な当事者意思をもって合意されたものであるか、が問題とされなければならない。この点は、契約条項等についての使用者から労働者に対する説明の有無・程度、契約条項の内容の合理性とそれに相応する労働者の契約条項等に対する同意の仕方によって検討される。次に、当事者の交渉力格差の存在ゆえに実際の契約の内容と異なる明示条項が締結されたり契約書面が準備されたりすることも考えられることから、②明示条項や契約書面に矛盾するような契約の履行実態が存在しないかどうかも問題としなければならない。②の検討に当たっては、当然、契約締結後の諸事情がその判断をする上での材料となる。とはいえ、③認定はあくまで契約締結時の当事者意思の認定であり、契約締結後における特定の事実の存在がすぐに契約締結（成立）時の権利義務の内容であると解してはならない。契約自由の観点からは、当事者がどのように意図したかが重要なのであって、たとえば明示された契約条項に基づく権利を一度も行使しなかった事実があるからといって、その事実からすぐさま当該契約条項によって定められる当事者の権利義務を否定し去ることはできない。

　以上のように、契約の成立に関しては、原則としては交渉開始から契約締結時までに形成される合意ないし権利義務の内容を認定の対象とする。ただし、契約の自由に過度に干渉することは許されないが、交渉力格差を根拠として明示条項や契約書面の評価に当たって部分的に契約締結後の事情を加味することは許される。

　なお、以上に述べた労働契約の成立に関する契約解釈のあり方は、原則的な場合であって、黙示の労働契約の成立が問題となっている場合や、基本契

約・個別契約の仕組みに関して労働契約の成立が問題になっている特別な場合については，さらに第2章で検討を加える。

(2) 契約の性質

次に，契約の性質に関する契約解釈について述べる。本書は，契約の性質に関しては，契約の成立の場合とは異なって，交渉開始から契約の締結後の事情も加味して権利義務の認定を行う契約解釈が原則とされるべきであると考える。しかしながら，このように原則として契約解釈の解釈対象の時間的幅を広げるとすれば，日本においてそのような契約解釈が許容されるかが問題になるであろう。本研究が許容されると考える理由は以下である。

第一に，民法上の契約の性質決定についても，当事者の与えた「表現」にこだわらず契約の「実質」に着目してなされるべきことが指摘されており[88]，労働契約についても契約解釈として，契約書面などに拘泥せずに，権利義務を実質的に考察することが許されると考える。

第二に，契約の性質決定のための契約解釈が，契約の成立の契約解釈の場合と異なって法的関係に入るか否かの決定をするものでないことが挙げられる。すなわち，契約の性質の位相における判断は既に契約の成立の位相から解放され，契約法上の原則に不当に侵害する可能性が低い。言い換えると，とりわけ本書の立場からすれば，この性質という位相は，労働法の作用によって占められるものである。したがって，契約（締結）自由の原則に過度に干渉するものではない。

第三に，労働者と使用者との間の契約締結時の交渉力の格差と契約履行時における履行を迫る力の格差が挙げられる。一般的な事実として，労働者について，契約締結時に，使用者に対して契約書の修正や補充を求めたりどのような種類の契約とするのかについて変更を求めたりすることは，ほとんど期待できず，そのような対等交渉を労働法自体が想定しているとは考えられない。また，契約締結時に書面や口頭で権利義務を決定したとしても，その権利義務の履行を，労働者が使用者に対して頑として求めることも難しい場合も多いであろう（たとえば代替者による労務提供を契約書面では許容しておきながら実際には許容しない場合。）。したがって，契約締結時を権利義務の確定時点とすると，評価基準（労働契約という類型によって労働者保護を図ろうと

---

88 前注（77）大村書355頁。

する政策的意図）に対して，当事者間の関係についての十分な事実を提供できていないことになる。

以上の理由から，契約の性質決定の契約解釈（事実認定）については，契約締結後の事情が原則として検討に入れられるべきである。

3　当事者意思の取扱い

日本では，労働契約の性質決定または「労働者」性の判断における当事者意思の取扱いが問題となっているので[89]，2(2)の性質に関する契約解釈のあり方から既に明らかになっているところではあるが，それらの判断における当事者意思の取扱いについて簡単に言及しておこう。

(1)　当事者意思が問題となる段階の区別

ここで，最初に，契約の性質決定における当事者意思ないし合意が議論されるべきレベルについて述べたい。というのは，従来の労働者性と当事者意思に関する議論においては，様々な異なるレベルの判断が，必ずしも十分に区別されず，労働者性判断の名称の下で一元的に議論され混乱を招いていたように思われるからである。

本研究が既に示しているところと重なるが，労働契約の性質決定あるいは労働者性判断は，法規範についての，あるいは権利義務についての細かい判断過程に分けることができ，そのように細かく区別された各判断過程の中で当事者意思ないし合意の意義を議論する余地が存在する。各判断過程とは，①契約の性質の主観的な内容となる権利義務の認定，②権利義務の認定後に行われる権利義務の内容が客観的な契約の性質の内容のものであるかの評価，③客観的な契約の性質の内容の決定ないし特定，の三つである。順に説明しよう。

①の権利義務の認定において，当事者意思を尊重すべきであるとすることが考えられる。具体例として，当事者らが契約書面を以て当事者らの契約名称を明らかにしている場合に，契約書面に明示された内容（契約名称）を当事者意思ないし合意の内容として尊重すべきであるとすることが考えられる。この場合には，権利義務の「認定」の中で当事者意思ないし合意を尊重すべきことが主張されていることになる。

---

[89]　序章第2節第3款2参照。

②権利義務の認定後に，認定された権利義務をどのように評価するのかという場面でも当事者意思ないし合意を尊重すべきと主張することが考えられる。たとえば，権利義務の内容が労働法が適用されない請負契約か労働契約かの判別が難しい場合に，当事者が契約書面で用いている表現（当事者間の契約は請負契約であるとする条項など）に沿って判断すべしとすることが例として挙げられる。その他にも，権利義務の認定自体に当事者の明示条項や契約書面の表現を基準とする場合が考えられる。具体的には，役務提供者に対する役務受領者の指示が，請け負った事業の業務を遂行することに必然的に起因するものと評価すべきか，労働契約上の指揮命令と評価すべきなのかの判断が難しい場合に，当事者意思ないし合意を尊重すべきであるとして，当事者の明示条項や契約書面を判断の指針とすることが例として挙げられる。以上の二つの場合には，権利義務の内容そのものというよりはその「評価」に当たって当事者意思ないし合意を尊重しようとしていると評価することができる。

③の客観的な契約の性質の内容の決定，特定においても，当事者意思ないし合意を尊重すべしと主張することが考えられる。この場合は，たとえば当事者が契約書面において当事者間の契約は労働契約ではない旨明示していることを，当事者意思ないし合意を尊重するものであるとして，契約の性質決定ないし労働者性判断においてそのままそのように評価する場合である。このような契約解釈が認められる場合には，そもそも，契約の性質自体が客観的に決定されるべきであるという見解に立つというよりは，契約の性質自体が当事者の意思ないし合意によって決定されるべきものであるという見解（当事者が当事者間の契約をこうであるとして呼称した契約類型がそのまま法として契約類型となるという理解）にたつものと解される。

以上の①〜③のように，契約の性質決定あるいは労働者性判断において当事者意思ないし合意が尊重されるべきという主張にも，三つの判断過程における主張としての可能性が存在する。

(2) 基本的な取扱い

本書の立場は，①〜③のいずれにおいても，各判断過程において当事者意思ないし合意とされるものについて，上記で示した形での意義を認めるものではない。

しかしながら，本研究は理論的には当事者意思を最大限尊重するものと自

負する。というのも，2(2)からわかるように，本研究の採用する労働契約の「契約の性質」の解釈または「労働者」性判断では，判断材料となっているのが当事者によって形成される権利義務の内容だからである。本書は，この権利義務の内容の認定において当事者意思ないし合意の意義を最大限尊重するものであり，そして，その場面でのみ当事者意思を尊重することが法理論的に正しい当事者意思の尊重の仕方であると考えるのである。

　このように考えるのは以下のように契約解釈を捉えているからである。本書の立場は，上述の契約の性質に関する契約解釈の仕組みについて述べる中で示した通り，①の権利義務の認定の段階に関しては，当事者がたとえば契約締結時に契約書で当事者間の契約の名称をどのように称するとしても，また，同様に契約上の権利義務をどのように定めていたとしても，そのような名称等についての定めは一つの考慮要素として取り扱われるにすぎず，権利義務のすべてを語り尽くすことは認められない，と考える。また，②の権利義務の評価の段階に関しても，本書の立場では，当事者意思ないし合意は権利義務の認定の段階で尊重されるべきものであって，それ以上の評価の段階において当事者意思ないし合意の意義が影響力を有することを認める必要性はないと考える。むしろ，当事者の交渉力格差に敏感な労働法の立場からすれば，そのような契約解釈のあり方は否定されるべきである。③についても，②で述べた同様の理由から，そのような当事者意思ないし合意の尊重が契約の解釈のあり方あるいは労働契約の性質決定ないし労働者性の判断のあり方として認められないことは明らかであろう。

(3) 性質決定における当事者意思の位置づけと尊重

　ここで，本書の立場と比較的近いと解されるため，鎌田耕一の見解と本書の立場との違いについて述べておきたい。鎌田は，労働契約の性質決定は，「雇用，請負，委任の契約類型の性質決定と本質的に異なる作業」，すなわち，「法形式強制」[90]と同様の法的操作であり，「二重の意味で〔の〕当事者意思の無顧慮」[91]も許容されるとする[92]。本研究は，労働契約の性質決定のあり方については鎌田に賛成するが，当事者意思の位置づけについては鎌田には賛成できない。というのは，本研究は，当事者意思ないし合意は，契約の性質決定作業における権利義務の認定の中で既に検討されており，また，その意味で当事者意思ないし合意は十分に考慮されているし，それ以上に検討される必要性自体そもそもないものであると考えるからである。

第3款　合意の構造と契約解釈における基準の識別

1　回顧的契約解釈と契約の自由

　第2節で示したように，労働契約の成立という法的事実は，幾つかの構成要素から成る。しかしながら，すべての労働契約の成立が争われる場面で，すべての要素についての充足が厳格に問われなければならないということではない。むしろ，紛争に至った段階で，契約の成立についての各要素についてすべてをあまりにも厳格に問うとすれば，それは，かえって具体的な当事者間においては十分に確定的であった合意を覆すことになりかねない。

　そのような事態が発生しうることは，労働契約の締結実態をみれば明らかである。労働契約を締結する際，当事者は，とりわけ労働者の側は，具体的な賃金額，職務の内容，労働時間等についておおよその範囲で予想ないし期待をもって，合意に達する。このとき，当事者間ではいわばそれらの事項についての相場観[93]が取引の前提となっており，当事者はそれを信頼して法的関係に入ることを決定する。通常は，その時点での当事者間のやり取りは当

90　鎌田耕一「契約の性質決定と法形式強制―ドイツ法非おける『法形式強制』理論の研究―」流通経済大学法学部開校記念論文集編集委員会編『法学部開校記念論文集』（流通経済大学，2002）69頁・92頁によれば，法形式強制とは，「ある目的のために私人の利用できる法形式の数が限定され，私人はその目的のために法律が予め定めた特定の法形式だけを用いることができること」（92頁）とされ，具体的な例として，「物権法において当事者は法律が定めた物権のみを創設することができ，また，団体法（Gesellchaftsrecht）において社員は商法典に定めた特定の団体形式（Gesellshaftsform）（たとえば，株式会社，有限会社など）だけを設立することができる」ことが挙げられている。

91　鎌田は，客観的な判断に基づき法秩序が当事者の合意を法律が認めた法形式（契約形式）に組み入れる際に，一つは，「当事者が当該契約形式を選択したときの意思が顧慮されない」という，もう一つは，「当事者に対して意図せざる法的効果が強制される」という，二重の意味での当事者意思に対する無顧慮が存在する，とする（鎌田耕一「雇傭・請負・委任と労働契約」横井芳弘ほか『市民社会の変容と労働法』〔信山社，2005〕151頁・203-204頁。）。

92　前注（61）鎌田論文14頁。

93　前注（7）河上書303頁では，「社会的相場観のある取引行為（タクシーへの乗車），給付自体が裁量性・不確定要素を含む役務提供契約（医療行為など），そもそも目的物の不確定性を楽しむ商品取引〔正月の「福袋」！〕など」でも契約の目的の特定性を認める。

事者双方において労働契約の成立として理解され，その後もその契約の履行として労務と報酬の交換が継続される。その場合には，改めて契約締結時の契約内容等の確定性は問題とされない。

これに対し，紛争が生じた場合に，裁判官は，一定の契約の成立の要件を念頭に回顧的に事実を検討することになる。このとき，裁判官が契約解釈の中で本書が明らかにしたすべての要素の充足を厳格に求めると，それは，かえって裁判官が当事者間の合意を覆すことになり，契約の自由に対する過度の干渉となる。一定の想定の範囲をもって合意したことが認められる場合には，契約の成立についてではなく，錯誤等の契約の有効性の問題として処理すべきである。

2 合意の構造と要素の識別

ところで，第1款では，練り上げ型の契約の成立形態を基調として，契約交渉を経て契約成立時点までの間に徐々に合意が形成されていく漸進的合意の形成を示した。また，契約の成立時点における最低限の合意の存在と契約展開過程における合意の特定や追加的合意の存在，すなわち，契約過程全体にわたる労働契約の成立時の合意を基盤とした合意の構造を提示した。

そして，このような合意と労働契約の関係は，労働契約の成立認定に向けた契約解釈に当たり，重要な意義を持ってくる。それは，一方で，契約の成立の認定に当たっての判断基準を明確にし，また，その基準と照合されるべき事実の把握を容易にする。これは，1で示したような回顧的契約解釈の危険の実現を回避するのに役立つ。他方で，そのような労働契約における合意の構造が契約解釈に混乱をもたらす可能性もあり，この点につき1で示した回顧的契約解釈の危険の実現を防ぐために示しておくべき必要性が高い。

そこで，以下では，以上の契約解釈に与える影響に鑑み，労働契約における合意の構造と，判断基準や認定の対象の区別の関係について言及しておく。

(1) 契約成立過程における合意の漸進的形成と要素の識別

まず，契約の成立過程における合意の漸進的形成と，契約の成立の認定のための契約解釈との関係について述べる。

先述のように合意と労働契約の関係を把握するようになると，最終的に合意の対象や合意の熟度の要件が，少しずつ当事者意思ないし合意の形成によって充たされていく過程が想定される。そして，このような要素ないし要

件ごとの労働契約の合意ないし契約の成立を想定すると，労働契約の成立を判断する際に，何についてどの基準を以て判断すべきかを明確に知ることができるように思われる。

たとえば，労働とそれに対する賃金支払いに関する合意はあるが合意の熟度が十分であると評価しがたい場合を考えてみよう。ここで，もし双方に合意の熟度が認められないようであれば，原則として労働契約は成立しない。したがって，たしかに，わいわいランド事件・大阪高判平13・3・6労判818号73頁のように，賃金額などの労働条件が具体的になっている段階に至っていても，「考えさせて欲しい」として一方当事者が契約の締結を留保する場合には，労働契約の成立は認められない。

他方で，たとえば，コーセーアールイー（第2）事件・福岡地判平22・6・2労判1008号5頁（同事件・福岡高判平23・3・10労判1020号82頁）は，内々定につき，「具体的労働条件の提示，確認や入社に向けた手続き」がなかったことなどの事実を挙げ，「本件内々定は，正式な内定（労働契約に関する確定的な意思の合致）とは明らかにその性質をことにする」として，労働契約の成立を認めなかった。しかし，本判決が，労働契約の成立の構成要素を十分に識別し，かつ，その合意の漸進的な形成を理解していたのかについては疑問の残るところである。

まず，いかなる契約の成立要件が同事件において焦点とされるべきであったかが十分に把握されていたのか疑問である。事案ごとの検討はもちろんであるが，「具体的労働条件の提示，確認」の点で，内定と内々定においてどの程度異なるのか不明で，また，当事者がその点については一定の想定の範囲内で契約が成立すると理解していたことが予測される。そうすると，本件における焦点は合意の熟度であったと解される。ここで，契約の成立過程における合意の漸進的形成のイメージを以って振り返ると，同事件においては，内々定以後に重ねられていった事実，すなわち，使用者に求められて提出された入社承諾書の存在，労働者の他社への内々定の辞退，会社取締役による入社を確信させるような説明，内定通知書の授与を約1週間後に行う旨の連絡などの事実が浮かび上がる（内々定についての具体的な検討は，第2章に譲る）。本判決は，判断基準（焦点となる成立要件）を十分に区別しないまま，さらに，本来認定の対象とすべき当事者意思ないし合意を示す事実を重視せずに結論を出している。本判決は，本来当事者が問題になると予想していな

い成立要件すなわち本来裁判所が問題とすべきでない成立要件の判断と，確かに問題にすべき成立要件の判断とを混同し，事実の認定のレベルで当事者の契約の自由に不当に干渉しているように思われる。

以上のとおり，契約締結過程における合意の漸進的形成（あるいは練り上げ型による契約の成立）のイメージが，契約の成立の要素ごとの，そして，その過程全体にわたる要素の形成の観念をもたらし，各事案において注目すべき当事者意思ないし合意の内容を精密に検討する契約解釈を可能にする。

(2) 合意の確定性の区別と契約解釈

次に，労働契約の展開過程における合意と労働契約の構造から生じる契約解釈に関する問題と要素の区別について述べる。

本書は，合意の漸進的形成により，当事者間で形成された合意が一定の要件を充たすことにより労働契約が成立させられるものと考える。そして，前掲【図Ⅱ-1-5】からもわかるように，このような考え方は契約成立時点以降の合意内容の特定や追加的合意を許容するものである。ただ，このような労働契約の展開過程における合意と契約構造の関係を認めると，不可避的に労働契約の成立時点における契約の内容における不確定性が意識され，この不確定性から契約の成立における合意内容の確定性が認められないのではないか，というジレンマを生じさせる。特に，契約を締結するという点について当事者は争わないように思われても，労働とそれに対する賃金支払いについて漠然とした合意のみがなされていて，そして，後々紛争が生じた場合に，そのような合意の状況で労働契約が成立したといえるのか，という点が問題になると予想される。

この点については，民法の分野でも，契約の成立の段階での内容の確定性に一定の幅が認められているようである[94]。そして，労働契約についても，これまで，賃金額についておおよその合意でもその成立が認められてきた[95]。契約の成立と内容（展開過程）との関係のさらなる考察の必要性は否定しえないが，ひとまず，内容の確定性の点で両時点（過程）においてギャップが

---

94 前注（7）河上書253頁を参照。
95 インターネット総合研究所事件東京地判平20・6・27労判971号46頁（年俸額につき1500万円＋αによって労働契約が成立したとされている。）また，年俸額が決定していない場合にも暫定的な年俸額を決定した上で契約の継続を認めている裁判例もある（日本システム開発研究所事件・東京高判平20・4・9労判959号6頁）。

生じることは理論的にも許容されるものと考えられる。このように考えるならば，契約の成否の判断に当たって，契約の成立要件の充足に求められる確定性と契約の内容としての権利義務内容の確定の問題とは切り離して考えることができ，また，混同してはならないと考える。

こうして，労働契約をめぐる合意と契約の構造の観念から，確定性に関するジレンマが生じうるが，成立時の内容の確定性の問題とそれ以降の内容確定の問題とは区別されるべきであると解される。そして，労働契約の成否の検討に当たり，展開過程における内容の確定性までを混同して求めることは，裁判所による過度な契約（締結の）自由への干渉となり，妥当ではないということになる。労務や報酬の内容の具体性は，契約の成立時点で当事者が契約の成立に関して特段問題になると考えていなかったのであれば，紛争が生じた時点で裁判所があえて問題にする必要性は低いのである。

第2章　労働契約の成立の法構造からの新たな視角

　本章では，まず，第1節で，「労働契約の成立」自体が問題となっている個別の領域を，本書が第1章で提示した労働契約の成立理論の観点から検討する。そして，第2節では，成立の理論から内容（労働契約の展開・終了過程）への視角（今後の課題と展望）を提示する。

第1節　成立への視角

　本書の序章で示したとおり，日本における労働契約の成立に関する理論の問題点としては，そもそも労働契約の成立という法的事実自体が分析の対象として十分に認識されていなかったこと，契約の成立の判断に用いられる基準の不統一性や不透明性，労働法という法の適用決定（労働者概念）との関係の曖昧さ等が挙げられる。これらの問題の多くは，本部第1章において一定程度解決されたと考える。たとえば，契約の成立を判断する基準の不統一性や不透明性の問題は，合意の対象と合意の熟度という基準の設定と内容の明確化によって，ある程度は解消されたといえよう。また，労働契約の成立と労働者概念との関係についても，第1章で明らかにした。
　ただ，これらは一般的あるいは抽象的なレベルでの問題解決であるため，実際の紛争解決において，第1章で示された労働契約の成立の理論がどのように活かされうるのかについては，未だ明らかになっていない。そこで，本節では，第1章で提示した成立要件等に基づき，具体的な紛争の解決における道筋を示す。

第1款　合意の対象

　第1款では，第1章で示した理論に基づき，合意の対象について検討する。

1　合意の対象の内容

労働契約の成立が認められるためには，合意が本質的部分（対価）について合意するものであると認められることが要求される。この部分の内容については，第1章第2節第1款で述べたとおりである。

2　確定性

合意の対象に関して問題となるのは，多くはこの確定性についてであろう。そして，本研究は，第1章第2節第1款2(2)で述べたとおり，確定性については基本的には合理的な程度で足りると解する。

(1)　合理的な程度の確定性の例

具体的には，契約の成立時に時給額や仕事内容が確定している場合もあろうが，それらが明確でなく，たとえば成果主義賃金制や年俸制が採られ賃金額が特定されていない場合や，あるいは，配置等が入社後に決定されかつその後も変化することが予定されるなど指揮命令の具体的内容が定まっていない場合も存在する。このような場合にも，内容の確定性の観点から突き詰めていくと労働契約の成否が問題となりそうである。しかし，これらの場合，労使ともにそれらの内容を契約の成立時に具体的に確定することは期待していないが，一定の想定の範囲あるいは合理的な範囲をもって報酬と労務について合意はしていると考えている場合も多い。そして，紛争が生じない通常の場合，当事者はこのような一定の不確定性を残した労働契約の成立を疑わないであろう。また，過度に契約の成立要件を厳格にすることは当事者の契約の自由の範囲を不当に狭めることになる。

したがって，上記のような事案では，合理的な程度の確定性がすでに充たされていると理解して問題がなく，紛争に至った段階で，契約内容，とりわけ賃金の額の具体性を要求する必要はないと考える（回顧的契約解釈の危険性）。

(2)　確定性が問題になる場面

(1)に対して，以下の場面ではやはり内容の確定性が問題になる。

まず，契約成立に向けた交渉の段階で当事者が賃金額等の中心部分・核心部分を意識に上らせて交渉している場合である。そのような場合には，合意の熟度も問題となるが，客観的にも，賃金額や労務提供・受領の頻度に関わる事柄について当事者が合意していないと評価される場合[1]には，労働契約

が成立したと評価されない。また，明確な形で合意の対象について交渉された経緯がなくても，それらの点についての合意がほとんどないと評価せざるを得ない場合には，やはり労働契約の成立は認められない[2]。

　次に，イギリス法同様，基本契約（合意）についての合意の対象の確定性も問題となる。このように基本契約・個別契約の契約形態が取られた場合に，基本契約（合意）における合意の対象の確定性が問題となるのはこうである。すなわち，そのような契約形態が取られるとき，当事者とりわけ使用者が，当該契約（合意）が契約でないあるいはそれによって当事者が法的に拘束されないことを明示し，かつ，契約の内容が基本契約の段階で確定していないことを個別契約の締結により強調しようとする。そのため，合意の熟度の存在だけでなく，労働契約の成立の合意の対象の確定性も問題となってしまうのである。

　この場合，基本契約による継続的な労働契約の成立は，基本契約の締結時点の事情だけではなく，個別契約間のインターバルにおける法的な意味での合意の対象についての合意の有無によって決定されることになる。なぜなら，当事者双方の観点から基本契約の実質が検討されるべきであり，また，個別契約の存続期間中の合意の対象の存否には争いがないであろうからである。

　このインターバルにおける合意の対象（本質的部分）に関する法的な義務は，あくまで各事案の事実に基づき判断されるべきものであって，本質的部分ないしそれを前提とする義務が存在すると評価できる場合にはその存在が肯定され，契約の成立が認められる。

　そして，注意が必要であるのが，二段階の契約形態がとられていることは法的な義務の不存在に直結しないということである。判断は，各事案の事情に基づきなされなければならない。たとえば，基本契約によって個別契約が

1　報酬額に直結する塾講師の授業担当コマ数について交渉の結果当事者が合意に至らなかった場合に契約の成立を認めなかった例として河合塾（非常勤講師・出講契約）事件福岡地判平21・5・19労判989号39頁。

2　会社が，労働者に対して自社への転職を勧誘し，労働者の求めに応じて会社の内部資料を送付したり労働者を会社の取引銀行との交渉に同席させたりしていたが，当事者間で契約内容について議論することのないまま事実が経過していた場合に労働契約の成立を否定した例としてユタカ精工事件大阪地判平17・9・9労判906号60頁。ただし，同判決でも認められたように契約締結上の過失として損害賠償義務の可能性は残る（向田正巳「雇傭契約の成立と契約締結上の過失」労旬1641号60頁〔2007〕参照）。

自動的に生じているような場合[3]，日々の個別契約を包括した勤務日管理の拘束性が認められる場合[4]などは，継続的な労務提供・受領についての法的義務の存在が認められ，むしろ基本契約の履行過程として個別契約を理解すべきである。

第2款　合意の熟度

合意の熟度が問題となる場合には，その要素の中に含まれる内容が場面ごとに異なっている。以下では，採用内定，黙示の労働契約の成否，継続的な労働契約の成否，の各場面を検討していく。

1　採用内定
(1)　採用内定
(i)　要素と問題類型の対応

序章で明らかにしたように，採用内定に関しては，裁判例の中で，新規学卒者の場合とそれ以外の場合とで，問題となっている要素の内容に異同がみられた。新規学卒者の場合には，意思表示の確定性や最終性が問題とされていた一方，それ以外の労働者の場合には特に賃金（額）の確定性が問題とされていた。

今，これらを本部第1章で提示した「労働契約の成立」の構成要素の観点から分析してみると，新規学卒者についての労働契約の成立が争われていた場面の問題は，合意の熟度の問題であったといえる。なぜなら，序章で述べたように，そこでは合意の対象についての確定性は特に重視されていなかったからである（序章第3節第1款1）。これに対して，新規学卒者以外の場合

---

[3]　労組法上の「労働者」性が争われた事例であるが，国・中労委（INAX メンテナンス）事件東京高判平21・9・16労判989号12頁のような二段階の契約形態について，このような基本契約の効力が認定されており，基本契約による契約の成立が認められると解する。

[4]　国・中労委（ビクターサービスエンジニアリング）事件東京地判平21・8・6労判986号5頁。同判決は労組法上の「労働者」性が争われたものであるが，労務提供者と受領者間の契約を「継続的な業務委託についての基本契約に当たる」と判断しているので基本契約による契約の成立を考える上で，その事実関係は参考になる。

には，労働契約の成立に求められる合意の対象が当事者間で合意されたといえるのか，が問題とされていたといえよう。

(ii) 事案ごとの要素の選択と確定性の判断

たしかに，一般的には，このように新規学卒者とそれ以外の場合の問題を振り分けることができるかもしれない。というのは，たとえば，中途採用者の場合には，会社に対する自らの価値につき経験を通じて認識し，また，従前の会社を退職するなどのリスクを冒すから，契約締結における賃金についての関心が高いと考えられ，その部分についての合意が契約成立の一つの目印となりうるからである。

しかしながら，本研究は，上記のような一般的な理解は，全く議論の余地のないものではないと考える。その理由とはこうである。

序章でも述べたように，中途採用者についても，転職の際，会社からの転職の勧誘があったり，交渉を経て従前勤めていた会社を辞職したりするという事情がある。また，転職の際，労働者において重視されている事柄が，従前から希望していた職業である場合ややりがいのあるポストといった場合が十分にありうる。その場合，賃金や労働時間などは，いわば相場の範囲のものであれば，特に問題とされていないことも少なからず存在するであろう。そのような場合には，新規学卒者の場合と同様，中途採用者についても，判断の焦点は合意の熟度の確定性であって，合意の対象についての具体的な合意の存在を厳格に問う必要性は乏しいといわざるをえない。仮に合意の熟度の確定性が問題となっている事案において，裁判官が回顧的に要件（内容の確定性）の充足を厳格に求めるとすれば，それはかえって，一定の範囲と程度での合意の対象についての合意により，契約が成立するものと納得していた当事者間の合意を覆すことになり，妥当ではない（回顧的契約解釈の危険の実現）。

もちろん，当事者間で，合意の対象について一定程度以上に詳細に合意が成立しないかぎり，あるいは，それ以外の労働契約の内容について合意が成立しないかぎり（たとえば勤務地や始業・就業時間等），当該個別事案における労働契約が成立しないと考えられている場合は存在する[5]。ただ，それは，各事案の事情によって異なるだけである。新規学卒者や中途採用者という契

5　わいわいランド（解雇）事件大阪高判平13・3・6労判818号73頁。

約当事者の類型に応じて、その点についての判断が厳格に問われたり問われなかったりするというのでは、理論的には一貫性に欠ける。

以上のとおり、新規学卒者以外の労働契約の成立の場合でも、合意の熟度が問題となる場合があり、個別の事案の事情に基づきその要件充足についての判断がなされるべきである。

(2) 内々定

(i) 要素の選択

まず、合意の対象と合意の熟度のどちらの要素が多くの内々定において問題となるか。

事案によって異なるが、新規学卒者は、内々定を受ける前に、すでに入社案内や募集要項によって、入社以降のおおよその賃金額や仕事の内容その他の労働条件について把握した上で入社試験を受けるのが通常である。そうすると、「労働契約の成立」の構成要素たる中心部分・核心部分については、当事者間で一定の想定の範囲が共有されているから、内々定と採用内定で合意の対象についての確定性における違いを論じる必要性は少ない。したがって、内々定について中心的な問題となるのも、採用内定と同様、合意の熟度の確定性であると解される[6]。

(ii) 焦点としての合意の熟度の確定性

ところが、裁判例の中には、当事者間のやり取りから確定性の点について問題がないように思われる事案において、採用内定の場合と異なって、「内々定後に具体的労働条件の提示、確認や入社に向けた手続等」が行われていないとして、合意の熟度の確定性のみならず合意の対象の確定性の観点から「労働契約の成立」を否定するものがある[7]。しかしながら、このような場合

---

[6] 内々定について、内々定を受けた者と会社との間に「労働契約を締結する意思」がないことから「確定的な」意思表示がないとして労働契約の成立を否定したものとして新日本製鐵事件東京高判平16・1・22労経速1876号24頁。

[7] 内々定による「労働契約の成立」が否定されたコーセーアールイー（第2）事件福岡地判平22・6・2労判1008号5頁では、内々定通知が会社から学生に出された後、学生は当該会社に入社承諾書を提出して他社の採用内々定通知を断っており、また、会社の取締役管理部長も、内々定後の説明の際に、内々定が取り消される可能性について学生を安心させるような発言をしていた。これらの事情からして、双方ともに学生の入社を当然のこと捉えていることが明らかであり、内々定によって労働契約の成立が認められても何ら不思議ではなかったといえよう。

に検討されるべきは，合意の熟度の確定性であって，給付内容の確定性の問題は本来的な問題ではないと思われる。ここでは，建前としては「労働契約の成立」の要素が問題とされているが，その背後には倫理憲章との整合性が見え隠れしている[8]。

会社からの内々定の通知を受けたことにより，就職活動を中止したり，あるいは，他社からの（内）内定を辞退したりする学生もいる実情を考えると，内々定によって生じる学生の期待を単なる事実的なものと考えることが難しい場合も多い。採用内定か内々定かによって区別するのではなく，各事案における具体的な事実経過の中で合意の熟度を推認することができるか否かによって，労働契約の成立の有無が判断されるべきである[9]。

2　黙示の労働契約
(1)　契約相手方に関する当事者意思の位置づけ

合意の熟度について具体的に問題となる場面として，黙示の労働契約の成立もある。それは，合意の熟度の要件が，契約締結に向けた当事者意思そのものが生じる契機に関わっていると解されるからである。この意味するところは，以下のとおりである。

通常の場合，契約が締結される際，契約締結に関する意思表示の方向，すなわち，相手方が特定されている[10]。とりわけ，労働契約に関しては，契約の相手方が誰かという点について両当事者の関心が強く（民法625条参照），

8　前注（7）コーセーアールイー（第2）事件福岡地裁判決のほか，複数の会社職員から「おめでとう」との言葉をかけられるなどの事情があるにもかかわらず，倫理憲章を重視し，10月1日前の内定の「予告」による労働契約の成立を否定するB金融公庫（B型肝炎ウイルス感染検査）事件東京地判平15・6・20労判854号5頁も疑問である。同事件ではむしろ解約権留保付雇用契約の成立を認め，B型肝炎ウイルス感染検査をする権限が留保解約権として会社に認められその結果次第で解約権を行使できる旨の合意の存在ないし労働契約内容を推認できるか否かが問題とされるべきであったと考える。

9　内々定についても「労働契約の成立」を積極的に認めるべきとするものとして萬井隆令『労働契約締結の法理』（有斐閣，1997）188頁，佐藤敬二「労働関係の成立」吉田三喜夫ほか『労働法Ⅱ』（法律文化社，2010）55頁・63頁。

10　河上正二「契約の成否と同意の範囲についての序論的考察（2）」NBL470号44頁（1991），45頁参照。

意思表示の方向は特定されていると言えよう。この当事者という点は，おそらく労働契約の合意の対象に該当するように思われるであろう。しかし，合意の対象が契約の対価的な側面を表現するものであることから，むしろ，特定の法人格との契約締結をめぐる意思は，ある特定の法人格との間で契約を締結することを意図しているといえる程度の当事者意思の深まりがあったか，という形で当事者間の合意の熟度との関係で問題となるものと解される。

(2) 派遣先との間の黙示の労働契約の成立の可能性

ここで，黙示の労働契約の成立が問題になる典型的な場面として労働者派遣の場合について考える。この場合，派遣労働者と派遣先との間の労働契約の成否が問題となる。最初に注意しておきたいのが，多くの派遣の事案において，派遣労働契約に関する書面などで派遣元が労働契約の相手方であると明示されている事実が意味することである。このように契約の締結に向けた当事者意思の方向が書面等を通じて明示されることが，上述の合意の熟度の問題に関し何を意味するか。おそらく，そのような明示は，労働契約の締結に関する当事者意思の方向を限定し，そこにおいて派遣労働者の労務提供をもたらす契約に関する合意の熟度の要件が充たされること，逆に言えば，そこでのみ充たされることを明確にする。こうして，派遣労働者と派遣先との間の指揮命令関係は各当事者間で締結された労働者派遣契約等により説明がつくし，つけられてしまうことになる。こうなると，特定された当事者意思の方向を派遣労働者と派遣先との間のものへと変えるなどして派遣労働者と派遣先との間に労働契約の成立を認める必要性は乏しくなり，黙示の労働契約の成立を認めるのは容易ではない。このように，当事者意思の観点からして，黙示の労働契約の成立の可能性は基本的には非常に低いと思われる。

(3) 合意の構造がもたらす不確定性と契約の解釈

ただ，労働契約の構造が成立時の合意の確定性と成立時以後の契約の内容の確定とのギャップを許容するため，通常は当事者が上述の労働契約の要素として少なからず意識しているはずの契約の相手方についてさえも，労働者派遣の場合に曖昧になる可能性があるという点には注意が必要である。というのも，労働者派遣の場合，一般的な労働契約の場合と異なり，労働契約の相手方と実際の労務提供先とが異なるため，契約の相手方という本来契約の成立の段階で確定しておくべき事項についてさえも曖昧性が高くなる可能性があるからである[11]。そして，最低限の合意を求める契約の成立の理論は，

労働契約の相手方という本来的な事柄についての不確定性さえも実際には許容してしまう可能性がある。

そこで、派遣労働者と派遣元との間で労働契約が締結されている形式がとられていたとしても、契約に関する意思の慎重な認定が求められることになる。労契法1条や6条が、労働契約が合意によって成立するとしていることからも当事者意思を正確に探ることが求められ、そのような不確定性を回避しがたい労働契約の成立の判断には慎重さが求められるといえよう。派遣労働者と派遣元との関係では、単に申込みと承諾という形式だけが整えられているに過ぎないのではないか、本書で示した契約の成立の要件の充足が本当に認められると評価できるのかを慎重に吟味する必要がある。他方で、派遣先による面接等の特定行為や正社員登用に関連する実態、実質的な賃金決定その他の使用者としての振舞いの有無と程度からして、派遣労働者と派遣先との間で合意の対象等が練り上げられていっているのではないかの検討もなされなければならない。このように、派遣元との関係では申込みと承諾による契約の成立（または不成立）、派遣先との関係では練り上げ型による契約の成立、両方の可能性を念頭に、当事者の関係の実態を複眼的に考察し、派遣先と労働者との黙示の労働契約の成立の可能性が追求されるべきである。

3　継続的な契約を締結するか否かの意思

合意の熟度に関し、継続的な契約関係に入るかどうかの意思ないし合意の存在が問われる場合がある。それは、試用の場合や有期労働契約の更新における場合と基本契約・個別契約という二段階の契約形態が取られる場合である。

(1)　試用・更新

11　契約の相手方が誰かという点について、周知のとおり、労働者において曖昧になりやすい、あるいは、明確な認識を持たないまま労務の提供・受領の関係に入るあるいは継続することがある。たとえば、マツダ防府工場事件・山口地判平25・3・13労判1070号6頁のように、契約の切替えが行われる場合にも、労働者の方で契約の切替えの意味を十分に理解しないまま、自らの労務提供受領関係を継続する場合が考えられる（「正社員なれると思った」『朝日新聞』朝刊2013年11月1日33面も参照）。また、労働者が労務提供開始当初から契約の相手方を十分に理解していない場合も考えられる（派遣の事例ではないが、福生ふれあいの友事件東京地立川市判平25・2・13労判1074号62頁）。

序章で述べたとおり，試用や更新の問題領域の交通整理には，期間の定めのないまたは試用期間を超えた期間継続する労働契約の成立が認められる要件とは何か，が問題となる。この場面で問題となるのは，合意の対象についてというよりは，当該契約が成立したと主張される時点で，継続的な契約を締結する意思が当事者間に存在したか，であり，その意味で合意の熟度が問題になる。というのは，契約の更新の場合が典型であるが，そのような場合には当事者間において何が労働契約の内容（合意の対象）となっているかについては特に問題ではないからである。問題は，賃金や労務についての合意の有無ではなく，継続的な契約関係に入る意思を有していたか，あるいは，当事者の認識が継続的な契約関係に入っているような段階に至っていたか，なのである。したがって，問題は本質的には合意の熟度の領域に位置づけられる。

　では，合意の熟度の要件を充たしているのかをどのように認定するか。

　まず問題は，いかなる時点を認定の基点とするか，である。この点を考えるに当たっては，場合分けをする必要がある。すなわち，①最初の契約の締結時において当事者間の契約について有期か否かが明確にされている場合と②されていない場合とに場合分けをする。

　おそらく，ほとんどの場合には，事業主によって有期であることが明確に示されるであろう。仮に，明確にされていない場合には，黙示の労働契約の成立の場合と同様，契約締結後の事情をも加味して当事者の関係を契約関係として説明する必要があるかないかを判断するよりほかない[12]。

　これに対して，契約が有期のものであるということが契約締結時に明確にされている場合，解釈対象の中心となるのは最初の契約締結時の事情である。

　この点に関し，最初の有期契約（以下，「初期契約」）に自動更新条項が挿入されていた事案において，初期契約が自動更新されたことにより期間の定めのない労働契約として存続することになったかの判断は「初期契約におけ

---

[12] 面接時に，賃金，勤務時間等の勤務条件の概略，仕事が供給されない日のあることの説明を受けて採用され，就労のための班に組み入れられ日々の就労要請に基づき労務を提供していた者と事業主との間に，面接時の説明やその後の就労実態から，期間の定めのない労働契約の成立を認めた裁判例として，大阪施設工業事件大阪地判昭63・10・7労判528号35頁。同事件の評釈として，和田肇「現場作業員の不就労日における賃金請求権・休業手当請求権の有無」ジュリ968号129頁（1990）。

る当事者の意思解釈の問題である。そして，当事者の意思は，一次的には当該契約書の文言により客観的に決すべきであるが，これが明らかではないときは，その前後の当事者の行動等により客観的合理的に推認するほかはない」として，契約更新時などの事情を考慮して期間の定めのない労働契約の成立を認めた裁判例[13]がある。

しかし，高裁（東京高判平17・1・26労判890号18頁）により上記一審判決の期間の定めのない労働契約の成立についての判断は覆された。実際のところ，この事案では，自動更新条項が存在するため，初期契約以後の労務提供・受領（報酬支払）を，そのような期間の定めのない労働契約を推認して説明する必要性がない。敢えて一審判決のような認定手法によって事実を集積することは次契約以降の契約締結意思を裁判官が擬制することを許容することになる。それは契約自由に対する侵害としてやはり支持されないであろう[14]。継続的な労働契約の成否の判断に当たっては，原則として，初期契約の契約締結時の事情によって契約の成否を判断するよりほかない。

とはいえ，当事者間において有期労働契約が繰り返し締結されている事実があるとしても，そのことだけで初期契約が期間の定めのない労働契約ではないということにはならない。そのような事実があるとしても，契約の成否の判断のための初期契約に関する契約解釈自体は慎重になされる必要がある。なぜなら，初期契約の締結時の事情から初期契約が有期契約とされている場合でも，期間の定めのない労働契約の成立が認められる場合は存在しうるからである。

たしかに，たとえば，試用期間の性格を有する有期契約が繰り返し締結されている場合は，初期契約以降の幾つもの有期労働契約を期間の定めのない労働契約の一部として認定するのは，契約関係に入る意思についての「読み替え」[15]があまりにも露わとなり困難であると言わざるをえない。しかしながら，そのような困難に直面するのは，期間の定めのない労働契約の成立か

13　日欧産業協力センター事件東京地判平15・10・31労判862号24頁。

14　学説も地裁判決が期間の定めのない労働契約の成立を認めた点を批判する（濱口桂一郎「有期労働契約と育児休業申請拒否―日欧産業協力センター事件」ジュリ1283号236頁〔2005〕，梶川敦子「反復更新された有期労働契約の更新拒否と育児休業請求権―日欧産業協力センター事件」ジュリ1313号229頁〔2006〕）。

15　荒木尚志『労働法〔第2版〕』（有斐閣，2013）450頁。

有期労働契約の成立かという，従来からの二者択一に囚われていることに起因する面もある。すなわち，初期契約締結時に，一定の条件が満たされれば当事者間の関係の基礎が期間の定めのない労働契約に移行することが約束されていたと評価できるような場合には，並立して存在する労働契約の成立，すなわち，初期契約と同時に成立する停止条件付期間の定めのない労働契約の成立が認められる可能性は未だ残っている。

　以前に，花見忠は，「試用契約は，……本契約を前提としてそのための価値判断を目的とするところから，実際上は何らかの形で本契約へ結びつくことをその本質とするが，……それが法的にいかなる形で，本契約たる労働契約に結び付くかは，当事者の約定の仕方によって決定される（傍点花見）」[16]とし，「労働契約なる試用契約と並んで停止条件付で本契約たる労働契約が成立する……この限りにおいて停止条件という法律構成を用いる余地はありそうである」[17]としていた。このように，初期契約と同時に成立する停止条件付期間の定めのない労働契約の成立という法的構成あるいは当事者の合意の可能性は存在する。

　そこで，たとえば，一年間しっかり頑張れば専任教諭になれる旨校長が述べた上で契約が成立している場合[18]には，条件成就により効力が発生する停止条件付の期間の定めのない労働契約が成立したと解釈しうる[19]。そのような場合，紛争解決の焦点は，契約の成立から停止条件の成就に移り，条件成就にもかかわらず使用者が雇止めを主張するのであれば，それは解雇として解雇権濫用法理によって判断されることになる。

　もっとも，試用について常に停止条件付労働契約の成立の構成が取られるべきであるというわけではない。事案によって様々な法的構成が考えられる。

16　花見忠「試用契約の法的性質」季労24号71頁（1957）・76頁。

17　前注（16）花見論文75頁。

18　報徳学園事件神戸地尼崎支判平20・10・14労判974号25頁。

19　解除条件付の期間の定めのない労働契約の成立も考えうるが，解除条件付の場合には，労働契約の効力が初期契約と同時に発生することになるので，期間の定めのない労働契約について効力発生や就労の始期が付されたと説明する必要がある。また，解除条件が成就しても，契約自体は契約成立時から条件成就まで有効に存在するので（河上正二『民法総則講義』（日本評論社，2007）506頁），当事者は敢えて試用のために有期労働契約を締結するとは考えにくい。契約解釈としては，停止条件付期間の定めのない労働契約の成立の方が自然であろう。

従来一般的であった一つの解約権留保付期間の定めのない労働契約の成立が認められる場合もあれば、解除条件付の期間の定めのない労働契約の成立が認められる場合[20]もあるであろう[21]。そして、それらの構成が取れない場合には、更新という形での労働契約の成立が問題となり[22]、その成立が認められない場合には、雇止めについての解雇権濫用法理の類推適用が問題となる。

周知のとおり現在の雇用・就業形態は多様化している。そして、新規学卒者の場合を前提として発展した、試用期間についての解約権留保付期間の定めのない労働契約の成立という法的構成が全ての事案に対応すると考えることはやはり実態にそぐわない。しかも、二つの選択肢（解雇権留保付期間の定めのない労働契約か有期労働契約の雇止めに対する解雇権濫用法理の類推適用）は、当事者意思とうまく適合しないだけでなく、それらが典型的な正社員（あるいは正規労働者と非正規労働者の二区分）を前提とした法的構成であり、その意味では一部の労働者に限定された法理であるから、変則的な雇用・就業形態に関して、それらの法的構成あるいは法理の適用が認められる可能性は必ずしも高くないと推測される。したがって、他の合意による労働契約の成立の可能性ができるだけ探求されるべきなのである。

(2) 基本契約・個別契約

継続的な契約関係に入るかどうかの意思は、基本契約・個別契約の二段階の契約形態がとられたときにも問題になると解される[23]。というのは、たと

20　前注参照。

21　水町勇一郎「労働契約の成立過程と法」日本労働法学会編『講座21世紀の労働法　労働契約（4）』（有斐閣、2000）53頁では、労働契約の予約、停止条件付労働契約、解除条件付労働契約といった多様な構成が存在することが改めて主張されている。

22　たとえば明石書店事件東京地判平21・12・21労判1006号65頁。

23　このような契約形態によって思い出されるのがイギリスにおける一般合意と個別合意の二段階の合意（契約）形態である。イギリスでは、この一般合意の締結により継続的な労務提供契約が成立したか否かが、「義務の相互性」（約因）の基準によって問題とされていた。したがって、わが国でも約因類似の要求が基本契約と個別契約について問題となると予想されるが、この契約形態については、合意の熟度の問題としても争われると解される。というのは、イギリスでも、契約法の論者によって「傘合意」について議論され、この合意が、約因、契約意思、あるいは確定性の要求のために契約として認められないであろうことが指摘されているからである（Stefanos Mouzas and Michael Furmston, 'From Contract to Umbrella Agreement' (2008) 67 CLJ 37, at p. 46.）。

えば新国立劇場運営財団事件のように,基本契約において労務提供者の労務のおおよその内容や稽古への参加,遅刻欠席の際の報酬の減額について定めていたとしても,当事者とりわけ使用者が,個別契約が締結される段階までは契約関係に入る意思がなかった,基本契約は当事者双方の便宜のために単に個別契約のための「枠組み (framework)」[24]を定めたものに過ぎないと主張することが考えられるからである。

では,この場合,合意の熟度(契約関係に入る段階にまで至った意思の存在)をどのように認定していくべきか。

まず,契約解釈の基点を契約締結時にするかあるいはその時点に限定されないものとするかが問題となる。この問題を考えようとすると,最初に,基本契約(事実的な取決めの場合も含む)の事実を重視する労働者の視点と,個別契約の事実を重視する使用者の視点との対立にぶつかる。裁判官が前者の視点に立てば,契約締結時の事情によって契約の成立を検討することになる。後者の視点に立てば,基本契約締結以降の事情から基本契約についての契約締結意思を検討することになる。後者の場合において,そのように契約締結以降の事情を検討することになる理由は,使用者の視点によれば,個別契約の存在が当事者の行動を説明できるということを前提として,基本契約による継続的な労働契約の成否が判断されるべきだからである。この場合,個別契約のみであるという主張が否定され基本契約が継続的な労働契約であるという主張が肯定されるには,実態からみたときに個別契約だけでは当事者間の関係の説明がつかないということが確認できることが求められよう。そして,この確認されるべき事柄自体が契約締結時以降の関係の実態の検討を必要とするので,契約締結時以降の事情も契約解釈において検討することになるのである。

では,どちらの視点によって,つまり,いかなる時点における検討材料をもって合意の熟度を検討すべきなのか。本研究は,両方の視点を合わせて検

---

24 Carmichael事件貴族院判決の言葉であるが,新国立劇場運営財団事件東京高裁判決(東京高判平19・5・16労判944号52頁)も,出演基本契約を「契約メンバーとの間で個別公演出演契約が締結される場合に備えて,各個別出演契約に共通する報酬の内容,額,支払方法等をあらかじめ定めておくことを目的とするもの」と評価しており,趣旨としては枠組みを決定するものとして出演基本契約を理解していたものと思われる。

討すべきであると解する。つまり，基本契約締結時とそれ以降の事情の両方を検討材料にすることが許されると解する。ただし，契約解釈が回顧的になされることによって，元々は当事者において契約の締結であると考えられていた合意の意義が使用者側の機会主義的な主張を契機とした裁判官の契約解釈によって覆される危険性にも留意される必要がある。

　したがって，もはや個別契約だけでは説明がつかないといった高いレベルでの意思の存在を基準とするのではなく，全体的にみた場合に継続的な契約の締結意思が存在するとはいえないかどうかを基準とすべきである。つまり，基本契約の実質を契約締結時に限定されない全体の事実から吟味し，継続的な契約の締結意思の存否を判断するのである。

　具体的には，合唱団員についての「労働者」性が争われた新国立劇場運営財団事件のような場合には，基本契約による継続的な契約の締結意思が認められる可能性は，とても高いともいえないが，しかし低くもない。というのは，同事件においては，使用者が一年間のオペラ公演の予定を示したうえでそれらの公演のすべてに出演可能なことを条件としていること，たしかに他公演への出演等の自己都合の理由による出演依頼の拒否の事実も存在するがそのような場合は例外的であると評価しうること，といった事情が挙げられるからである。したがって，「個別契約は基本契約に示された一つの公演スケジュールを具体的に確認する以上のものではない」[25]と評価できる。

　これに対しては，基本契約を締結した労務提供者が個別契約の依頼を断る自由を基本的に留保しているという点は，やはり重い事実であるという批判が考えられる。たしかに新国立劇場運営財団事件の場合にはそのように言いうるかもしれない。しかし，それはあくまで個別の事案における事実から導かれる結果である。したがって，たとえば，使用者から労務提供についての依頼が電子媒体によって送信され労務提供者から直ちに承諾拒否の連絡がない限り個別契約が成立するような場合には，基本契約の効力によってそのような個別契約が自動的に成立するのであるから，個別契約はむしろ基本契約の履行過程に過ぎないと評価すべきであろう[26]。基本契約の契約性が肯定されなければ，このときの個別契約の成立という法的現象を説明することはで

25　小俣勝治「合唱団所属のオペラ歌手に関する労働者性判断」労旬1663号63頁 (2008)・66頁。

きない。黙示の個別の労働契約の成立として説明するとしても，使用者に対する労務提供者の意思表示の到達を認定することができないし，明示の契約（合意）があるのにわざわざ黙示の労働契約の成立を考える必要性は乏しい。

また，各個別業務の割り振りなどのためにそれらの個別業務を包括する，たとえば一月単位の勤務日についての合意が存在しかつその合意の実質が「特別の事情のない限り〔使用者〕により割り振られた……業務を拒むことができない」[27]という効果を発生させていると認められるような場合には，個別契約によってはそのような効果の説明がつかないので，基本契約による契約の成立が認められるべきである。

4 次契約についての契約関係に入る意思

合意の熟度の要件が問題となる場面として，次契約についての契約関係に入る意思が問題となる場合が存在する。それは，労働契約の更新の場面である。

(1) 問題となる場合

契約の更新に関連しても労働契約の成立が問題となる。ただ，この場合の「労働契約の成立」を，それまで全く関係のなかった二当事者間の「労働契約の成立」（以下，「新規の労働契約の成立」）の場合と同様に考えるべきか。両者はどのように異なりうるのか。

まず，新規の労働契約の成立の場合には，合意の対象や合意の熟度が，理論上も実際上もそれぞれ重要な要素となるであろう。

これに対し，更新の場合には，契約内容に変化がない限り，合意の熟度がより重視される要素となるのが自然である。さらに，事案によるが，紛争が生じていない通常の場合，この次契約についての合意の熟度（契約関係に入

---

26 労組法上の「労働者」性が争われた事例であるが，国・中労委（INAXメンテナンス）事件東京高判平21・9・16労判989号12頁において，このような基本契約の効力にもかかわらず「諾否の自由」があったと評価されているのは，個別契約を重視する一方で基本契約についての事実を十分に評価していないためと思われるので賛成できない。

27 国・中労委（ビクターサービスエンジニアリング）事件東京地判平21・8・6労判986号5頁。同判決は労組法上の「労働者」性が争われたものであるが，労務提供者と受領者間の契約を「継続的な業務委託についての基本契約に当たる」と判断しているので基本契約による契約の成立を考える上で，その事実関係は参考になる。

るか否かの意思ないし合意）も，当事者において簡単に確認されるのが実状であろう[28]。

　これに対し，契約内容に変化がある場合には，新規の労働契約の成立の場合と同様に，合意の対象と合意の熟度が共に問題となりうる。

　まず，合意の対象が問題となる場合として，賃金額や賃金額の増減につながる労働時間等の労働契約の中心的な内容についての変化が，当事者間で焦点となっている場合が挙げられる。このような場合には，焦点となっている事柄についての当事者間の合意が認められなければ，合意の対象についての要件充足が認められず，契約の成立は認められない[29]。また，合意の熟度が問題になる場合もある。すなわち，変化する部分が契約類型の中心的部分でない場合であっても，当事者がこの点について合意がない以上契約を締結する意思はないと考える契約内容について合意が形成されない場合には，当事者意思ないし合意は契約関係に入るまでの段階には至っていないと評価されるであろう。この場合には，合意の熟度が問題となり，合意の熟度の存在が否定されることにより，労働契約は成立しない。

　なお，次契約についての契約の成立をめぐり契約内容の変化が交渉の焦点となっていたとしても，従前の契約関係の中で労働者の労務遂行能力，賃金額や職務内容，労働時間等その他の契約内容については当事者間で十分に認識されていると解される場合も多い。そのような場合，交渉の焦点となっている点についての合意が存在すれば，合意の対象その他の事柄を格別問題とするまでもなく，労働契約の成立が認められると解される。したがって，たとえばそれまで通常なされていた当事者間における書面の作成など，問題の二当事者において契約の成立のために重視されていない事柄を成立要件（合意の熟度）として問題とするべきではない[30]。

28　たとえば，パート労働者が数か月の有期労働契約を繰り返し締結している場合に，更新のたびに最初の契約締結前には受けた試験や面接を受けることはない。この場合には，書面に署名・捺印をする程度で合意の熟度が認められるということになろう。
29　河合塾（非常勤講師・出講契約）事件福岡高判平21・5・19労判989号39頁。
30　明石書店事件東京地判平21・12・21労判1006号65頁は，会社において全社員との契約更新の場合に必ず労働契約書を作成していた事実を認めつつも，シンプルな契約を「同じ契約内容で更新する旨の合意をするにあたり，ことさら書面の作成を成立要件とすべき理由は見出しがたい」とした。

(2) 黙示の更新と期間

ところで，次契約の契約期間について，期間の定めのないものとするか否かが当事者間で交渉の焦点となった場合，当事者間で期間についての合意が達成されないかぎり，新契約は成立しない。なぜなら，その点について合意が達成されないかぎり新契約に拘束される段階にまで当事者意思ないし合意は到達していなかったというのが当事者とりわけ使用者の意識だろうからである。いずれにせよ，以上からわかるように，次契約が期間の定めのないものとして成立したか否かの認定は，契約締結に関する当事者意思ひいては私的自治（意思自治）に直接に関係する法的評価作業ということができよう。

そして，この観点からみたとき，判例[31]・通説[32]の支持する民法629条1項による「黙示の更新」による有期労働契約の無期化は，「労働契約の成立」の理論からは支持できない。というのは，次契約に関し無期として「雇用をしたものと推定」（629条1項）される場合には，それは合意の熟度についての推定ないし擬制という作用が含まれるから，明示的な立法規定により定められることが強く要請されると解されるからである。この点，民法629条1項は，同627条と合わせて読んでも，その点について明示的に規定しているとは思われない[33]。二つの可能性（有期[34]・無期[35]）が認められる場合に，無期化のようなハードルの高い条文解釈は支持されにくいように思われる。

31　旭川大学事件旭川地判昭53・12・26労民集29巻5・6号957頁，同事件札幌高判昭56・7・16労民集32巻3・4号502頁，自警会東京警察病院事件東京地判平15・11・10労判870号72頁。

32　我妻栄『債権各論〔中巻二〕』（岩波書店，1962）589頁。

33　西谷敏『労働法〔第2版〕』（日本評論社，2013）455頁は，629条1項2文からは，「期間の定めのない契約と推定されるとみるのが，率直な解釈であろう」とするが，同文は有期労働契約の更新が推定された場合の処理について規定したに過ぎないとも理解することができ，契約期間についての推定までをも規定しているとはいえないように思われる（なお，規定の趣旨については，菅野和夫『労働法』〔第十版〕〔弘文堂，2010〕228頁参照）。

34　前注（33）菅野書228頁，土田道夫『労働契約法』75頁（注137），東京大学労働法研究会編『注釈労働基準法（上）』（有斐閣，2003）274頁〔大内伸也〕。

35　奥野寿「民法629条による黙示の更新後の期間―タイカン事件」ジュリ1300号157頁（2005）は，期間の定めのない労働契約となるとする通説を支持し，有力説（「転化」を認めない）の論拠を詳細に批判している。また，この立場に立つものとして，水町勇一郎『労働法』〔第5版〕（有斐閣，2014）330頁，前注（26）西谷書455頁等がある。

かりに民法のレベルで無期化を支持する解釈あるいは立法[36]が採用されるならば、当事者の意思が存在していないあるいは対立しているという意味でニュートラルな場合に、期間の定めのない労働契約の成立に向けた当事者意思が積極的に認められるということになり、民法が期間の定めのない労働契約を原則としているという理解に繋がりうる。しかし、わが国の労働法においては、期間の定めのない労働契約と期間の定めのある労働契約は、「等価的に対置された存在」[37]と理解されている。解雇権濫用法理の個別性[38]とは若干次元が異なるように思われる契約自由、私的自治という価値や、労働法の態度決定の不存在からして、ひとまず、現在の民法の規定のままで無期化を認めることは困難であると解さざるをえない。

なお、意思解釈の結果として期間の定めのない労働契約が成立したと認められる場合のあることは、本書も否定しない。

第2節　内容への視角——課題と展望

本書は、第2部において、イギリス労働法における労務提供契約の成立についての議論から示唆を得て、わが国の「労働契約の成立」の要素の解明に努めた。不十分であるかもしれないが、本書が序章で提示した発展的課題、すなわち、労働法における当事者意思ないし合意の意義の解明に必要な、起点としての労働契約の成立の法構造を示したことになる。そこで、以下、本書による労働契約の成立の法構造が労働契約の内容（展開・終了）の議論に対して有する意義を示唆し、今後の研究の課題と展望を示す[39]。

36　民法（債権法）改正検討委員会編『債権法改正の基本方針』別冊 NBL126号（2009）391頁（【3.2.12.07】）。

37　山口浩一郎「民法改正と労働法の現代化—改正後における労働法の立法課題」季労229号2頁（2010）7頁。

38　前注（35）奥野論文は、629条1項による期間の定めのない労働契約の更新が推定されることにより短期労働契約について解雇が一挙に不自由になり雇用の実態にそぐわないとの有力説の批判に対して、解雇権濫用法理の適用における個別性からその批判は当たらないとする（159頁）。

第1款　労働契約の成立における合意と合意外規範の接合

1　労働契約の成立における接合

本書は，第1章で明らかにした労働契約の成立の構成要素を，労働契約の内容（展開・終了）に組み込んでいくべきことを強調するために，労働契約の成立における合意と合意外規範の結びつきを，「接合」という言葉で表現する。この「接合」の概念を採用することの意義を以下で示す。

(1)　労働契約の成立の意義

本書が第2部第1章で示したように，労働契約の成立に向けて，当事者意思ないし合意は，成立と性質の部分を形成する権利義務（主観的内容）を構築する。他方で，合意外規範は，当事者や裁判官に対して，契約の成立要件という契約の成立に関する法や契約類型の内容（客観的内容）を提示する。そして，このような，当事者（合意）と合意外規範，両方からの作用によって，「労働契約の成立」という法的事実が成り立っている。別言すれば，「労働契約の成立」を通じて，合意と合意外規範とが結びつくのである。

このように，「労働契約の成立」は，合意と合意外規範の双方の作用によって成り立っている。したがって，労働に関する法の起点としての「労働契約の成立」は，その事実が法的に認められるだけで，二つのことを意味することになる。それは，一つには，本書が第2部第1章で提示した「労働契約の成立」を構築する基本的な要素を形成する当事者意思ないし合意が法の

39　言うまでもなく，本研究は，「労働契約の成立」の関係する全ての問題について扱えているわけではない。たとえば，労働者をどのような契約締結主体として捉えるかという問題（労働者像）や，労働契約の性質（使用従属性の概念）の内容については分析していない。その意味で，本研究は，何か新しい規範的な理論の提示というよりは，「労働契約の成立」が法の起点であることを前提にして現在の法のあり方の解明や批判を行うことを中心としている（もっともこの立場自体について，私的自治や契約の自由を重視するという規範的立場に立つものとして批判を受ける面もあろう。しかしながら，それでも現状の再整理と展望を得る一つの視点を提供する試論としての意義は存在すると考える。）。また，本研究は，具体的な紛争解決に直接関わる点でも，たとえば，契約の成立要件と有効要件の関係，労働条件明示義務違反（労基法15条）の及ぼす労働契約の成否への影響，また，営業譲渡，出向，法人格否認における「労働契約の成立」の理論の位置づけや具体的意義などにも踏み込んでいない。したがって，本研究は基本的な「労働契約の成立」についての試論を提示したに止まる。とはいえ，以下では，本研究の問題意識にそって今後の研究の方向性について論じる。

第2節　内容への視角——課題と展望　　457

世界において存在しているということを意味する。もう一つには，当事者間の合意が労働契約を規制対象とする法規範と結びついていることが法の世界において認められたということを意味する。

(2) 接　　合

(1)のとおり，労働契約の成立が認められると，当事者意思ないし合意と合意外規範の存在が確定する。ところが，わが国においては，これまで，(1)で示した「労働契約の成立」という法的事実が意味する二つのことが，十分に意識されてこなかったように思われる。とくに，労働契約の成立によって認められる合意外規範の意義が強く意識されてきた一方で，当事者意思ないし合意の意義は最小限の意義しか認められてこなかったのではないだろうか。このことは，序章で示したように，これまで法適用または労働契約の成立が問題となる場面において，典型的には「問題の定型的把握・処理」にみられるように，合意内容の認定に，あまり注意が払われてこなかったという事実からも裏づけられる。

そこで，本研究は，内容（展開・終了）における当事者意思ないし合意の意義という発展的課題を考えるにあたって，「労働契約の成立」における合意と合意外規範の結びつきを，両者の「接合」として表現し，「労働契約の成立」に明確な位置づけを与え，これによってそこにおける合意の意義を強調する必要があると考える。なぜ接合という言葉を選択するのか。上述のとおり労働契約の成立に含まれる当事者意思ないし合意にそれほど関心が向けられてこなかったのには，「労働契約の成立」の位置づけに原因がある。これまでの「労働契約の成立」という法的事実の位置づけは，その事実が認められさえすればその後の議論にはあまり関係のない「通過点」というものにすぎなかった（序章参照）。通過点は過ぎてしまえば，その点自体を振り返りそれを構成する要素は何かという関心を持って分析されにくい。そのため，そこに含まれる当事者意思ないし合意とは何か，ということも関心を払われない。序章で示したこのような状況に鑑みると，労働契約の成立を通過点として捉えるのではなく，合意と合意外規範の両方の存在とその広がりを照らし出し強調する概念が必要とされる。そこで，本研究は，合意と合意外規範とが，それぞれ豊かな内容を持って各領域を保持していることを表す表現として，「点」というよりは「面」を想起させる「接合」という言葉が適切かつ必要であると考えるのである。この「接合」という言葉により，労働契約

の成立という事実が，合意と合意外規範の存在をよりよく示唆することになるに違いない。

2　合意と合意外規範の固有の価値

　接合概念により，合意と，そして，合意外規範の存在が強調される。両者は，結局，「労働契約の成立」の場面で結びついて一つの法的事実（労働契約の成立）に結実するが，この接合概念は，労働契約の成立という時点を過ぎても，当該時点で結びついた二つの規範（合意と合意外規範）の存在を主張することを止めない。それらは二つの別個の規範として，各領域におけるそれぞれの内容を保持している。以下，接合概念によって二つの規範が強調されることの意義をさらに示すために，具体的な例を挙げつつ，この二つの規範の結合と独立性について述べたい。
　まず，よく論じられるように，労働契約においては，使用者と労働者との間の交渉力格差から，労働者は内容が自己にとって不利と感じていても，使用者の示した内容での労働契約を締結する場合や，自己に不利益な労働条件変更に同意を与えることがある。たとえば，実質的には労働契約の内容を有する契約についての請負や委任と明示された契約の提示，入社時に労働者が使用者に提出する誓約書中に記載されている退職後の競業避止義務条項や，自己都合退職時の退職金減額条項，年俸制における年俸額についての使用者の決定権限を定める条項等に対する，様々な同意が挙げられる。
　これらの同意または合意について，労働者は真の意味で同意を与えていないからそのような条項（個別合意）は不当であると非難されうる。というのは，そのような合意や契約には法的効果を認められるのに十分な意思が存在しない場合もあるからである。
　では，その意味での労働者の真正な承諾が与えられればそれでよいのか，というと労働法あるいは他の法の観点からは，そうともいえない。というのは，少なくとも最低賃金を下回るような賃金額であれば労働法（最低賃金法4条）は修正を図るし，競業避止義務条項の内容が著しく労働者の職業選択の自由（憲法22条）を制限する合意であれば，公序良俗（民法90条）の観点から調整を受ける[40]。
　ここで注目したいのは，以上の議論の中に，少なくとも，二つの観点があることである。すなわち，合意や契約を締結することについての意思の存在

（十分性）という観点と，その合意ないし契約の内容についての妥当性・正当性という観点である。このような観点からみると，「労働契約の成立」の契機となる合意の領域においては，一定の事項（労務提供や労働の対償としての賃金）についての意思の存在が問題となり，他方で，合意外規範の領域においては，当事者の合意によって成立した労働契約の内容についての妥当性・正当性が問題となる。言い換えると，合意の領域においては，当事者がそれらの合意に羈束される「拘束力の根拠」が問題となり，合意外規範の領域においては，その合意によって成立した労働契約関係の内容の妥当性・正当性が問題となる。このように，これらの領域は，それぞれ独自の法規範ないし価値を保持している[41]。

　もちろん，前者については，何らかの契約類型を前提として当事者は行為しているといえ，また，それを評価する裁判官の側でも一定の契約類型についての基準を念頭に置いているであろうから[42]，その意味では，合意がすでに合意外規範を前提とした行為である側面は否定できない。しかし，本書の分析からもわかるように，契約の成立の位相で判断の基準となる価値を提供するのは契約法であり，その位相では，原則として当該意思の内容についての評価・規制そのものは問題とならない。

　これに対して，後者，すなわち，契約の内容がいかなるものであるべきかは，客観的・評価的に決定されるべき事柄であり，その判断の基準となる合意外規範の内容は，合意との接合を前提としつつも，合意や当事者意思からある程度独立した，客観的・評価的なものなのである。その意味で，労働法規範は，契約法から独立した価値を有する。

　ただ，両者はそれぞれが独立した価値を有することを認める一方で，協働する場面も有する。本研究では，「労働契約の成立」について，成立と性質を分けて考えるべきことを主張した。たしかに，「労働契約の成立」を考えるにあたって，両者を混ぜるのは妥当ではない。しかし，内容（展開・終

40　たとえば，A特許事務所（競業禁止仮処分）事件大阪高決平18・10・5労判927号23頁。
41　このような合意と合意外規範の区別については，約款規制に関し，ある事柄に当事者が拘束される問題（根拠）と契約の内容規制の問題とを区別する河上正二『約款規制の法理』（有斐閣，1988）193頁以下に示唆を得ている。
42　大村敦志『典型契約と性質決定』（有斐閣，1997）310頁以下。

了）の段階について考えてみると，その段階で，合意と合意外規範の両者は，「労働契約の成立」という接合面で互いに往来を開始し，協働して具体的な法的帰結を導くと考えられる。そして，この局面において，接合の概念は，大きく分けて二つの価値，すなわち，当事者意思ないし合意という価値と，合意外規範の目的とする価値，その両方が，内容形成の理論の指針となるべきことを主張するのである。

このように，接合概念は，合意と合意外規範のそれぞれの固有の内容を示唆しつつ，契約展開過程における両者の統合を可能にする。

第2款　合意の意義

第1款では，労働契約の成立という事実に関し接合概念の導入について述べた。この接合概念は，接合する二つの規範を強調する。では，接合概念が強調する当事者意思ないし合意は，成立以降の労働契約の内容についての理論にいかなる形で反映されるべきか。この点は本書の注目する「労働契約の成立」に含まれる合意の意義に関する問題であり，以下，今後解明されるべき課題として述べたい。

1　契約の性質に基づく理論の弊害

「労働契約の成立」に含まれる当事者意思ないし合意の要素を「接合」の概念によって内容（展開・終了）の議論に反映させようとすると，これまでの労働契約の性質（特質）から当事者間の権利義務を導いてきた労働法の方法論にぶつかる。

わが国では，様々な契約の特質（継続性，集団性，白地性・弾力性など）によって労働契約関係（当事者の権利義務）を説明する見解が多く見られるところである[43]。しかしながら，このような方法論に対しては，接合概念が強調する合意の観点から見てみるとそのような性質が見出される根拠やその機能に対して疑問を覚える。すなわち，契約の特質によって当事者の権利義務

---

[43] 前注（33）菅野書85頁，前注（15）荒木書14頁以下，角田邦重・毛塚勝利・脇田滋編『新現代労働法入門〔第4版〕』（法律文化社，2009）84頁〔毛塚勝利〕，両角道代・森戸英幸・梶川敦子・水町勇一郎『労働法』（有斐閣，2009）27頁，片岡曻著・村中孝史補訂『労働法（2）〔第5版〕』（有斐閣，2009）122頁。

第2節　内容への視角——課題と展望　　　461

を語ることが，現実の社会における様々な労働契約の観念（実態）に引きつけて問題を語ることであるとしても，合意（当事者）に根拠を得て権利義務を語ることであるとは限らない。たとえば，継続性は，本研究でも明らかにしたように，主観的（合意の熟度に関係して重視されている場合）にはともかく客観的には「労働契約の成立」に必然の性質ではない（第1部第2章，第2部第1章参照）。それは単なる契約期間についての合意の帰結であり，当事者がどのように定めたかの問題に過ぎない[44]。つまり，一般的に観念される契約の性質（特質）が，成立の段階で，必ずしも具体的な当事者意思や合意に根拠を有するとはいえない。また，イギリスでは，契約の継続性（契約期間）と契約の性質とを混同することによって，議論が錯綜し問題に対する有効な解決への道が見えにくくなっていた。つまり，契約の性質によって労働契約（権利義務）を語る手法は，労働契約（法）と当事者意思ないし合意との間にギャップを生じさせかつ問題の所在を不鮮明にする危険がある[45]。

　もっとも，労働契約の性質としての使用従属性によって権利義務論を構築する手法は，それが「労働契約の成立」を構成する当事者意思ないし合意に依拠するものとなる限りで，正当なものである。しかしながら，使用従属性は，あくまで「労働契約の成立」の性質の部分の要素であって，成立部分をも含めた「労働契約の成立」に含まれる当事者意思ないし合意の要素をすべて表現するものとして考えるのには無理があるように思われる。

　結局のところ，「労働契約の成立」について，一つの性質のみによって権利義務を論じる手法や，様々な性質または特質を想定し，それらの性質から当事者間の権利義務を論じる手法は，労働法的観点から労働契約関係を論じるための有益な視点を提供しうるとしても，当事者の合意と労働契約との間にギャップを生じさせ，法的帰結（権利義務の内容）に当事者意思や合意の意義を十分に反映させることを阻む可能性がある[46]。さらに，それは，労働法における契約法（当事者意思ないし合意）との繋がり方とその繋がりから出てくる契約法への反発（修正）の契機もぼやけさせることになる。そのよ

44　中窪裕也「労働契約の意義と構造」日本労働法学会編『講座21世紀の労働法　労働契約（4）』（有斐閣，2000）2頁・5頁も「理論的にいえば，……継続性も集団性も，労働契約の本質的要素ではない」とする。なお，契約について一時的または継続的として分類することに対しては既に戦前においても批判されていた（石田文次郎『契約の基礎理論〔第6版〕』〔有斐閣，1943〕12頁以下参照）。

うな方法論の継続は，合意の原則と「労働者の保護」を目的とする「労働法の新たな基本法」[47]たる労働契約法の，ひいては労働法全体の展開にとって好ましいものとはいえない[48]。

2 労働契約の成立の合意と要素

そこで，「労働契約の成立」に含まれる当事者意思ないし合意の内容や意義を法的に具体化する手法を探求することが求められる。立法による修正・補充ももちろん考える必要があるが，解釈のレベルがまず検討されるべきと考える。

---

45 このように，当事者の合意からではなく，労働契約を外から眺めてどのような契約の性質があるかを決定し当事者の権利義務をその性質とともに当事者の法的関係の中に読み込んでいく手法は，戦後の労働契約論の一つの「方法的淵源」（石田眞「労働契約論」籾井常喜編『戦後労働法学説史』〔労働旬報社，1996〕615頁・618頁。）となる見解を示した末弘厳太郎博士の見解から続いているといえよう。同博士は，「勞働契約が一種の法律上の契約であることは問題ない。しかしそれは，まつたく平等の立場に立つて，その内容と法律的効果を細かく知り抜いた上で締結する雇傭，請負，委任等の民法上の契約理論では割り切れない特質をもつている。特にその直接の目的が，その企業における勞働者たる地位の取得にあって，単純に債務的契約でなく，結婚契約に似た一種の身分法的契約であることが，勞働契約の特色である。一種の身分取得の契約であるから，勞働者は契約内容の細かいことをいちいち知る必要もなく，就職後において，会社及び仲間との間に生まれる色々な關係を，いわば社会的所与として受け取ることになる。」（末弘厳太郎『労働法のはなし』〔一洋社，1947〕189頁）とする。また，末弘博士は，上記の引用部分を述べる以前に，フランスの理論を参考にしつつ，労働契約を「附従契約」であるとし，「附従契約としての勞働契約の内容は，考え方によつては一種の身分契約であるとも云える」としていた（同48頁）。このように，末弘博士は，労働契約の内容が当事者により具体的に形成されない実態を確認していた（そして契約の中を空にした）が，その解消に乗り出すというよりその実態に沿った「身分」によって契約関係の具体的内容をいわば外部から注入している。そして，そのような帰結は，労働契約の身分的契約という契約の「特色」から導かれている。

上記末弘博士の見解等に対し，蓼沼謙一「労働関係と雇用契約・労働契約」『蓼沼謙一著作集Ⅴ労働保護法論』（信山社，2008）〔初出は1955年〕）が，「労働契約を以て従業員たる地位取得の契約とする説は，労働契約のかかる特殊性を根拠に，使用者の就業規則による・労働条件の一方的決定を，使用者に固有の法律上の権利にまで高めようとしている」（30頁）として批判する一方で，労働義務（指揮命令権）や賃金を労働契約上の権利義務内容として理論構成しようと試みた。

第 2 節　内容への視角——課題と展望　　　463

(1)　合意への着目

　まず,「労働契約の成立」に含まれる合意の具体化・特定（契約解釈）が課題である。

　労契法 6 条は，当事者が指揮監督下の労働とこれに対する報酬支払について合意することで労働契約が成立すると定める。また，6 条と 7 条の関係について「労契法 7 条但書は，6 条に含意されている合意による労働条件設定

　　しかしながら，その後，秋田成就「労働契約論」沼田稲次郎先生還暦記念『労働法の基本問題』（総合労働研究所，1974）492頁は，これまでの従属性を労働契約の本質とする労働契約論を批判し，「労働契約を法律学の基礎的範疇の一つである契約の一種として位置づけるかぎり，そこには，従属性という性格以外の特徴的な性格を見出しうる」とし，「労働契約のもつ契約としての特性について，継続契約的性格，身分法的性格，制度的性格及び抽象的性格」を見出し，その特質から法的権利義務を導きだした。そしてこれらの契約の特質の導出は，具体的な当事者意思というよりは，いわゆる期間の定めのない労働契約の下で労務を提供する正社員の雇用実態を基礎から導びき出したものといえる。秋田の理論は，労働契約論の議論の場を労働契約の本質の究明という「フィロソフィカルな課題」（508頁）のための場から労働契約それ自体についての議論の場へと変化させた（その結果契約的分析の重要性・正当性が強調された）という意味で高く評価されるが，それでもなお契約の特質（性質）から権利義務を説明しようとする点では，末弘博士と共通していた。

　　その後，たとえば，唐津博「長期雇用慣行の変容と労働契約法理の可能性」日本労働法学会誌87号111頁（1996）によって，「通常，長期雇用慣行を念頭において労働関係を継続的な労使相互の信頼関係として理解し，この継続的人的信頼関係を基盤として労使相互のさまざまな権利・義務の存否，その相互関係が構成され議論されていることが妥当なのかどうかという点」が意識され，「労働関係が労使の契約意思に基づく自立・自律的な経済的取引関係として成立している，このような観点をも加味した労働契約法理を構想することが必要ではなかろうか」との指摘がされている。これは，「長期雇用慣行の動揺・変化」（112頁）に起因して，従来の労働契約法理と当事者間の具体的な合意ないし契約とのつながりが改めて問い直される必要性が高まったことを背景として出てきた指摘であろう。このように，当事者の権利義務関係の考察において，契約の特質を支えていた背景実態よりも個別具体的な当事者意思に着目すべきとの主張が学会でもなされるようになってきた。

46　野田進「労働契約における『合意』」日本労働法学会編『講座21世紀の労働法（4）労働契約』19頁（2000）23頁も，「わが国で展開されてきた労働契約における合意論は，種々の方法でその特性と限界を描写しえたとしても，現状説明的な成果で満足しなければならなかった。そこからは，労働契約における合意を解釈規準としてとらえる，規範的な理論成果は得られなかったように思われる」と評価している。

47　荒木尚志・菅野和夫・山川隆一『詳説労働契約法〔第 2 版〕』（弘文堂，2014）21頁。

の原則を前提」[49]としているとされ，労契法も6条の合意がまず当事者間の権利義務内容を決定することを認めている。

　ところで，具体的な当事者間の労働契約における合意の状況にもよるが，契約の成立時点では合理的な程度にしか権利義務の内容は確定していない，つまり，6条の段階では権利義務の内容は抽象的な形でしか定まっていない場合が存在する。この場合，締結時点での合意の内容は，当初の合意を基礎としつつ労働契約のいずれかの時点で特定されることを予定しているといえよう。そこで，「労働契約の成立」の段階で合意された中心部分・核心部分が履行過程において特定されることをいかにして契約解釈の理論の中に組み込み，「労働契約の成立」に含まれる合意の要素として具体化させるかが課題となる。この点，すでに契約締結時以降の事情についても合意ないし契約の解釈対象として組み込む契約解釈理論が提示されており注目される[50]。これらの理論の検討も含め，今後の課題である。

　そして，契約解釈の理論化と同時に，それによって特定・具体化された権利義務内容（合意）がとりわけ労契法においてどのような意義を有するのか（契約の展開過程における合意（合意の原則）と法との接合のあり方）をさらに検討する必要がある[51]。

　(2)　要素への着目

　本研究で明らかにしたように，「労働契約の成立」が認められるには，合意の対象の形成が求められ，当事者意思ないし合意によって形成されること

48　前注（21）水町論文53頁は，労働契約の成立に関する法理の分析においてではあるが，しかし，「『21世紀の法』へ向けて」という項目の中で，「『契約の内容』が『契約の性質』によって決まるのではなく，『契約の内容』に基づいて『契約の性質』が決まるのである。その意味で，これまでの議論は本末転倒したものであったといえる」としており，「20世紀の法」の問題を鋭く衝いていると思われる。

49　前注（47）荒木・菅野・山川書99頁。

50　土田道夫『労務指揮権の現代的展開——労働契約における一方的決定と合意決定との相克』（有斐閣，1999）391頁以下，前注（46）野田論文19頁，西谷敏『規制が支える自己決定』（法律文化社，2005）366頁以下，根本到「労働条件の決定と変更」吉田美喜男・名古道功・根本到編『労働法Ⅱ個別的労働関係法』（法律文化社，2010）67頁・95頁以下等。

51　この点については，別稿において論じたことがある（新屋敷恵美子「労働契約の終了と合意：労働契約における合意の『共時的構造』と『通時的構造』季労245号105頁（2014））。

が予定される要素が法により示されている。そして，この契約類型の内部においては，これらの要素（特に本質的部分と契約の性質）によって，一定の意思の濃淡が示されていると考えられる。すなわち，賃金や労働時間についての直接的な合意がない場合でも，法の世界に労働契約が一つの契約類型として存在するならば，法は，何が労働契約の中心に存在するのかを示しているはずであり，労働契約に関わる私人の内にも何が労働契約の中心的な要素かについての認識が醸成されるに違いない。実際，労契法6条も，一定の事項について労働者と使用者が「合意することによって成立する」として労働契約の成立要件について定め，契約を成立させる合意の対象を示している。そうすると，賃金といった，労働契約という契約類型に類型的に予定された意思の濃淡は，実際の紛争解決において一定の基準となるのではなかろうか[52]。

たとえば，東武スポーツ（宮の森カントリー倶楽部・労働条件変更）事件では，使用者が，従前期間の定めのない労働契約の下で働いていた労働者に対して，有期かつ賃金額が減少することが見込まれる労働条件変更を申込み，これに対して労働者が使用者から交付された契約書に署名して提出したという事情の下，当該労働条件変更の合意の成否が争われていた。東京高裁（東京高判平20・3・25労判959号61頁）は，使用者の口頭説明や，賃金については「会社との契約金額とする」等の契約書の記載内容からは，労働条件の変

---

[52] このような発想は，河上正二「契約の成否と同意の範囲についての序論的考察（2）」NBL470号44頁に多くを負っている。河上は，消費者が約款によって「同意」の外形を取り付けられるという問題に関連して，表示主義的契約観の下においても，「契約」関係が成立したと言えるのかを問題にする余地があることを指摘する。同教授は，この成立段階で，当該意思表示に関する，「関係形成への基本的な意思」と「個々の契約内容に向けられた意思」の存在を問題とする。そして，後者につき，契約のなか身を「契約当事者が意識にのぼらせて交渉し，主観的関与の下で形成される契約の中心部分」たる「核心的合意部分」と，「付随的合意部分」に分け，さらに，「核心的合意部分」の内に契約成立に不可欠の「要素」を措定する。すなわち，同教授は，表示主義的契約観の下でも，この核心的合意部分の中核に位置づけられる「要素」が当事者の「主観的関与」の下に形成されるべきこと，あるいは，それを問題としていくべきことを指摘していると解される。このような観点から，ある種類の契約に類型的に認められる中心的部分につき当事者の主観的関与があったか否かを細かく見ていこうとすることは，現実的かつ有効な理論と解される。なお，より詳細には，新屋敷恵美子「東武スポーツ（宮の森カントリー倶楽部・労働条件変更）事件」法政研究第75巻3号641頁（2008）参照。

更内容について把握できないなどとして，「労働条件の変更の合意を認定するには，労働者……らが締結する契約内容を適切に把握するための前提となる〔使用者〕の変更契約の申込みの内容の特定が不十分である」とし，申込みにおける賃金や賞与についての一定程度の具体性を要求している。

また，労働者が会社代表者から呼び出されて給与の引き下げを通告されたがその場で特に異議を述べないまま引き下げられた賃金を約9か月受領していたというゲートウェイ21事件で，東京地裁（東京地判平20・9・30労判977号74頁）は，「労働契約において，給与は最も基本的な要素であるから，一方的に給与を引き下げるという契約の要素の不利益な変更に同意したというためには，ただ異議を述べなかったというだけでは必ずしも十分ではなく，積極的なこれを承認する行為が必要と見られる」として，労働条件変更の合意の成立を否定している。

このように，労働契約という類型の中核的な要素，すなわち，労働契約を締結するあるいはそれを存続させる当事者において類型的に強く意識されることが認められる要素につき，当事者意思の高いレベルでの関与を要求するという契約解釈によって，労働契約の展開・終了過程における紛争が処理されうる。このような意味で，「労働契約の成立」が予定する意思の濃淡は，労働契約の展開・終了場面の法的関係の基盤となりうるのである。

この要素と労働契約上の権利義務の内容については，たとえば，根本到が，労働契約の要素に着目した労働条件の決定と変更の理論を提示している[53]。すなわち，同教授は，「契約当事者，契約の有効期間，基本的義務など」を「労働契約の要素」と捉え[54]，労契法10条の適用範囲について「労働条件の特定や特約がない場合でも，労働契約の要素に当たる重要な労働条件は，就業規則によって変更できないと解すべきである。……労働契約の要素に該当するような労働条件の変更は，労契法10条の合理性が否定されるか，あるいは同条但書……に該当すると考えられるからである」[55]と主張する。

根本の労働契約の基本的な要素への着目は重要な視点であると考える。

他にも，たとえば，就業規則による労働条件不利益変更法理の「合理性テスト」の考慮要素については各要素のウェイトや相互関係が必ずしも明確で

---

53 前注（50）根本論文。
54 前注（50）根本論文89頁。
55 前注（50）根本論文95頁。

第2節　内容への視角——課題と展望　　　　　　　　　　467

ないと指摘されるところ[56]，同法理の適用場面において，要素は一定の規範的意義を発揮し得るのではないだろうか。すなわち，賃金や労務提供義務といった労働契約の中心的・核心的部分（要素）をなす事柄については，類型的に当事者意思の強い関与が認められる。そうすると，そのような要素についての変更法理の適用においては，より高度な変更の必要性が求められ，かつ，それらの要素が契約の中心部分であることから，変更前後の労働条件における落差（不利益の程度や代償措置）が重要視されるべきことを明確にする意義が存在するように思われる[57]。

　このように，法理の具体的展開の中に「労働契約の成立」の要素の意義を探求することあるいは明確化していくこと，これが労働契約の成立における接合を内容（展開・終了）の段階において実現する一つの課題となる[58]。

---

[56]　唐津博「成果主義賃金制度の導入をめぐるトラブルと法的留意点」NBL845号9頁（2006）・12頁。

[57]　たとえば，成果主義賃金制度の就業規則による導入について判断したノイズ研究所事件東京高判平18・6・22労判920号5頁は，「新賃金制度自体とのその適用を明確に区別し，合理性判断は前者を対象とするため適用による具体的な不利益を重視せず，新賃金制度自体の相当性を中核として行うことを示した」と評価されるように（中山慈夫「成果主義的賃金制度の導入と就業規則の不利益変更——ノイズ研究所事件」ジュリスト1340号121頁〔2007〕），使用者によってとられた経過措置の不十分性を指摘しつつも，変更後の労働条件（制度）自体の合理性を重視し，変更の合理性を認めた。しかしながら，不利益変更法理の合理性は，「変更」が合理的であることを要求する。変更というのはAからBへと変更することである。したがって，契約の拘束力の観点からは，AとBとの差が本来の問題である。そして，同事件で変更の対象となっているのは当事者が合意したことが法的事実として認められるはずの報酬に関する事柄（労働契約の中心部分・核心部分）であった。したがって，制度自体の導入の必要性が認められるとしても，同事件のように経営がひっ迫しているという事情のない場合には，当事者の合意の価値を変更法理において具現化するために，経過措置や代償措置など，利益調整の面が適切に重視されるべきであったと考える。同判決は，法理の不透明性を表す一つの裁判例と解される（前注（56）唐津論文13頁。）ところ，予測可能性を高めるためにも，当事者意思（合意）の意義を法理に反映させるよう，「労働契約の成立」の要素に一定の意義が与えられるべきである。

[58]　契約の要素の歴史的・体系的な分析として石川博康『「契約の本性」の法理論』（有斐閣，2010），労働法の分野で労働条件の変更とその規制における要素の役割を論証するものとして野田進『労働契約の変更と解雇』（信山社，1997）。

第3款　合意外規範の意義

　第2款では,「労働契約の成立」に関する当事者意思ないし合意の観点から, 労働契約が内包する合意や類型的要素の法規範としての可能性について述べた。しかし, 第1款で述べたとおり, 接合の概念は, 当事者意思等の要素と同時に, 接合のもう一方の対象である合意外規範の存在も強調するものである。合意によって成立した契約が, 特定の種類の契約として認められ合意外規範との関係で法的存在（労働契約）として認められることが, 権利義務論においていかなる要素を考慮すべきことにつながるのか。

　労契法は, 第1条において,「労働者の保護」や「個別の労働関係の安定」を労契法の目的としている。また, 同法は, 第3条において,「就業の実態」に応じた「均衡」（2項）,「仕事と生活の調和」（3項）, などの「労働」契約についての諸原則を掲げ, また, 第5条において使用者による労働者の「身体等の安全」への「配慮」の必要性を掲げる。これらは,「労働契約の成立」に含まれる当事者意思ないし合意に直接的に帰属させられるものではない一方で, 労働契約が必然的に結びついている合意外規範（労働法）の価値を表現するものであり, ときには, 当事者意思や合意といった価値に対抗してあるいはそれを修正して労働関係を規律することになる。

　個別の問題領域において, このような合意と合意外規範, それぞれの価値相互の衝突の結果, いかなる権利義務関係に当事者が立つのかについての分析も, 今後の課題である。

第4款　契約を超えて

　労働契約の成立の理論から当事者間の法的関係の内容への課題として挙げられるものは, 合意や合意外規範の意義の具体化に止まらない。合意によって形成される契約そのものを超えた視点も挙げなければならない。

　第1部第2章・第3章でみたように, イギリスでは, 問題となる当事者の関係について, 契約の成立の位相における法的（契約的）関係性の存在が否定される場合が存在した。それは, 特定の二当事者間に継続的な労務と報酬の交換関係（連続する個別契約の成立）は存在するが, それらを包括する契約が成立していると認められない場合と, 第三者を介した労務提供・受領の関

係において労務提供者と労務受領者間に直接的な契約意思がなく契約の成立が認められない場合であった。たしかに，後者について，一定の場合に派遣労働者と派遣先との間に雇用契約の成立を擬制するといった手法がイギリスで取られているわけではない。しかし，前者については，連続する個別契約を一つのまとまりとして捉え規制を掛ける手法等がみられた（第1部第6章第2節）。また，学説により，雇用契約等の労務提供契約を重視しつつも労働法の再編をも視野に入れた契約外規範ないし契約外的関係性に関する理論が提唱されていた。

わが国でも，法の適用に関連して，典型的には基本契約の締結に見られたように，契約の性質の位相に留まらず契約の成立の位相においてもその位相における要件の充足に困難な場合が生じている。こういった法的議論の対象とすべきように思われる当事者間に契約自体が存在しないという状況については，イギリス法の状況あるいは理論展開からもわかるように，契約法上の概念・理論のみではもはや対処しえない，あるいは，労働法の観点からは不満足な結果しか得られない場合も少なからず存在するであろう。民法学においては，以前から，現代における複雑な法律関係ないし問題状況を，二当事者間の契約という「最小単位の『団体』」として解きほぐしてみる「発想の転換」が提唱されている[59]。わが国の労働法において，このような視点を，本研究で明らかにした「労働契約の成立」の要素と結びつけつつ，どのような民法上または労働法上の根拠に拠りつつ取り入れていくか，そしてそれをどのような形で権利義務論につなげていくかも今後の課題である。

---

[59] 河上正二「現代的契約についての若干の解釈論的課題」『契約法理と契約慣行』（弘文堂，1999）185頁・190頁。

事項索引

〈あ行〉

アウトソーシング 325
意思表示 391
依存性 347
一般契約 92
一般合意と個別合意 90

〈か行〉

Carmichael 事件貴族院判決
　——と契約解釈の原則と例外 271
回顧的契約解釈の危険 441, 451
傘契約 92
規範的契約解釈 13
規範的性質決定 316, 318, 320
基本契約 15, 25, 439, 449
　——と枠組み 450
義務の相互性 103
　——と一般合意 90, 329
　——と継続性 109, 114, 360
　——と契約意思 168
　——と契約の性質 101
　——と個別合意 90
　——と道徳的な誠実義務 134
　——と枠組み 134, 141, 350
鏡像理論 383, 422
禁反言 245
グローバル契約 92
契約意思 168
　——と義務の相互性 159, 167
契約外規範（イギリス）
　——と義務の相互性（約因） 328, 349, 353
　——と雇用の継続性 328
　——と第四の要素 348
契約外規範（日本） 7, 469
契約解釈（イギリス）
　——と一般契約法 302

——と経済的な力 287
——と契約像 269
——と公益 234
——と交渉力 300
——と後続の行為（契約締結後の事情） 235, 270, 301, 303, 309
——と合理性 263
——と実態（reality） 233, 245, 276, 287, 293, 295（実質）
——と宣言（declaration） 230, 240
——と取引的効率 263
——と名札（label） 239
——と広い画面（wider picture） 274
——と法の趣旨（policy） 244, 247, 283
——と法律化集団 286
——と見せかけ（sham） 234, 273, 276, 278, 284, 286, 290, 293
——のアプローチ 248, 297, 301, 303
——の基準時 261
——の相対性 310
——の判断の客観性 62
契約外的関係性 7, 469
　——と義務の相互性（約因） 331, 349
　——と個人の性質（characteristics） 345, 348
　——と雇用の継続性 328
契約自由の原則 1
契約内容の操作 227
契約の性質（イギリス）
　——と可変性 215
　——と義務の相互性 101
　契約の成立と—— 125
契約の性質（日本）
　——と労働者性 411
　——の可変性 413, 421
契約の中心部分・核心部分（対価） 395
契約の締結に向けた当事者意思 392

事項索引　471

契約の方式（イギリス）　61
契約の本質的部分　396
契約名称の操作　227
合　意
　　——と成立の間　387
　　——の熟度の確定性　400
　　——の漸進的形成　423
　　——の対象の確定性　397
　　追加的——　424
合意外規範　6, 13, 456, 468
合意原則　2
合意の熟度
　　——と合意の対象の関係　400
交渉力格差　300, 321
口頭契約　259
口頭証拠法則（parol evidence rule）
　　260, 308, 309, 426
個別契約　15, 25, 439, 449
個別合意（イギリス）　90
　　——と枠組み（framework）　350
個別合意（日本）　54
雇用（傭）契約（イギリス）　68
　　——と継続性　109, 114, 140
　　——の経済的現実基準　85
　　——の指揮命令基準　80
　　——の性質の可変性　215
　　——の統合性基準　86
　　——の認定の二段階プロセス　100, 113, 139
　　——の四つの基準　80
雇用の継続性　328

〈さ行〉
再雇用　25
サプライチェーン　325
差別禁止立法　69
指揮命令基準（イギリス）　80
　　——と代位責任　197
　　——の抽象性（一般的な指示等）　194, 197

　　——労働者派遣　208
事実問題　250
　　——と事実の評価　247, 251
自動更新条項　446
従属性（subordination）　220, 324
集団的労働関係法上の労働者（イギリス）
　　335, 337
　　——と依存性　347
　　——と義務の相互性（約因）　349, 353
　　——と個人の性質（characteristics）
　　345, 348
　　——と枠組み（framework）　350
　　——の第四の要素　348, 353
主従法　178
　　——と二重の基準　179
使用（employment）　69, 144
試用期間の読み替え　42
商業的契約　300
使用従属関係　11, 411
書面契約　259
　　——の解釈（construction）　269
書面の解釈（construction）　260
真正な意思　241, 299
人的労働関係の構築　316
真の関係（true relationship）　239
末弘厳太郎　1, 18, 405, 462
性質決定（characterization）　71, 283, 310
接　合　457
全覆契約　92
相互性　64

〈た行〉
代位責任　197
対　価　395
第四の要素　348, 353
諾否の自由　16, 412
単純契約　60
中心部分・核心部分　395
中途採用　24
締約の自由　16

道徳的な誠実義務　134

〈な行〉
内々定　442
名札（label）　239
ネクサス（nexus）　317
　　――とフランチャイズ　318

〈は行〉
パーソナリティ　322
　　――とケイパビリティ　322
　　――とスタビリティ　322
　　――とディグニティ　322
非標準的な雇用・就業形態　313
被用者（イギリス）　68
標準的な雇用　314
不実表示（misrepresentation）　299
フランチャイズ　318
プロファイル（profile）　317, 319
　　――と意識　320
　　――とキャリア　319
　　――と職業生活　319
奉公人（servant）　73
法の適用決定（イギリス）
　　――と雇用契約　68
　　――と労働者の契約　69
法の適用決定（日本）
　　――と当事者意思　429
法律家集団　286
法律問題　230, 244, 262
本質的部分　396

〈ま行〉
見せかけ（sham）法理　289
みなし制度　3
身　分　2
明示条項の種類　288
黙示の更新　454
黙示の労働契約
　　――の考慮要素　30

目的的アプローチ　301

〈や行〉
約　因　62
　　――と互恵性（reciprocity）　63
　　――と相互性（mutuality）　64
有効要件　54
要　素
　essentiaria negotii　383
　　――と要件　389
　　――の拘束性　23
　　――の最終性　23
　　――の不統一性　26
　　――の不透明性　26

〈ら行〉
ライセンサーとライセンシー　234, 295
倫理憲章　443
労働関係の契約化　326
労働契約
　　――の客観的内容　52, 375
　　――の主観的内容　52, 375
　　――の性質の可変性　413, 421
　　――の性質と労働者性　411
労働契約の成立
　　通過点としての――　457
　　――と有効要件　54
労働契約法6条　22
労働契約論　18, 48, 462
労働事業　144
労働者（イギリス）　69, 119, 337
　　個別的労働関係法上の――　→「労働者の契約」も参照。
　　1875年使用者労働者法上の――　181
　　1880年使用者責任者法上の――　183
　　1897年労働者災害補償法上の――　186
　　1906年労働者災害補償法上の――　190
労働者性（日本）

――と労働契約の性質　411
　　――と諾否の自由　16, 412
労働者の契約　119, 217
　　――と契約の成立・性質の要素　125, 126, 139
　　――と指揮命令基準　220
　　――と従属性　220
　　――と労働分野における契約　123, 124
　　――の判断の二段階プロセス　125, 139
　　――の三つの要素　217
労働者派遣（イギリス）　143, 208
　　――と契約解釈手法　147
　　――と指揮命令基準　208
　　――と使用（employment）　144
　　――と立法的解決　174

労働紹介業　143
労働条件記述書　88
労働分野における契約　123, 124, 139
労働法の規範的根拠
　　――としての交渉力格差　321
　　――としての従属性　324
　　――としてのパーソナリティ　322
労務提供契約　71
　　――の客観的内容　77, 226
　　――の性質決定　71
　　――の主観的内容　77, 226

＊　＊　＊

1996年雇用権法212条　328

主要判例索引

【日本】

〈あ〉
アイガー事件東京地裁判決　11
伊予銀行・いよぎんスタッフサービス事件高松高裁判決　27
インフォミックス事件東京地裁判決　33

〈か〉
ゲートウェイ21事件東京地裁判決　466
神戸弘陵学園事件最高裁判決　41
コーセーアールイー（第2）事件福岡地裁判決　10, 434
コーセーアールイー（第2）事件福岡高裁判決　434

〈さ〉
社団法人キャリアセンター中国事件広島地裁判決　37
新国立劇場運営財団事件東京高裁判決　15, 25, 451

〈た〉
大日本印刷事件最高裁判決　10, 24, 384
東武スポーツ（宮の森カントリー倶楽部・労働条件変更）事件東京高裁判決　465

〈な〉
日本ニューホランド（再雇用拒否）事件札幌地裁判決　25
日本ニューホランド（再雇用拒否）事件札幌高裁判決　25

〈は〉
パソナ（ヨドバシカメラ）事件大阪地裁判決　36
プロトコーポレーション事件東京地裁判決　34

〈ま〉
松下プラズマディスプレイ（パスコ）事件大阪高裁判決　12, 29
三菱樹脂事件最高裁判決　40

〈や〉
安田病院事件高裁判決　11, 385
安田病院事件最高裁判決　11
ユタカ精工事件大阪地裁判決　24
横浜南労基署長（旭紙業）事件横浜地裁判決　407
横浜南労基署長（旭紙業）事件最高裁判決　407

【イギリス】
Allied Medicare Ltd. v Westwood 事件控訴審判所判決　340
Airfix Footwear Ltd. v Cope 事件控訴審判所判決　93
Augustin v Total Quality Staff Ltd. 事件控訴審判所判決　332
Autoclenz Ltd. v Belcher 事件最高裁判決　298, 426

主要判例索引

Bangnall v Levinstein Ltd. 事件控訴院判決　188
Beloff v Pressdram Ltd. 事件大法官部判決　87
Byrne Brothers (Formwork) Ltd. v Baird 事件控訴審判所判決　120
Cable & Wireless plc. V Muscat 事件控訴院判決　159, 162
Carmichael v National Power plc. 事件控訴院判決　261
Carmichael v National Power plc. 事件貴族院判決　102, 133, 267, 269, 349, 425
Clark v Oxfordshire Health Authority 事件控訴院判決　132
Consistent Group Ltd. v Kalwak 事件控訴審判所判決　213, 285
Consistent Group Ltd. v Kalwak 事件控訴院判決　290
Cornwall County Council v Prater 事件控訴院判決　330
Cotswold Developments Construction Ltd. v Williams 事件控訴審判所判決　115, 122, 126, 134
Dacas v Brook Street Bureau (UK) Ltd. 事件控訴院判決　156, 158
Express & Echo Publications Ltd. v Tanton 事件控訴院判決　276
Ferguson v John Dawson & Partners (Contractors) Ltd. 事件控訴院判決　233
Haggerty v St Ives Plymouth Ltd. 事件控訴審判所判決　135
Heller Brothers Ltd. v Mcleod 事件控訴院判決　131
Hewlett Packard v Murphy 事件控訴審判所判決　149
Hunt v Great Northern Railway Company 事件高等法院女王座部判決　185
James v Greenwich London Borough Council 事件控訴審判所判決　124, 163, 165, 167, 168
James v Greenwich London Borough Council 事件控訴院判決　169, 172
James v Redcats (Brands) Ltd. 事件控訴審判所判決　218, 333
Kettle v Ministry of Defence HQ Defence Dental Service 事件控訴審判所判決　272
Market Investigations Ltd. v Minisiter of Social Security 事件高等法院女王座部判決　83
Massey v Crown Life Insurance Co. 事件控訴院判決　239
Montgomery v Johnson Underwood Ltd. 事件控訴院判決　204, 210
Morgan v The London General Omnibus Company 事件控訴院判決　184
Netheremere (ST. Neots) Ltd. v Gardiner 事件控訴院判決　96, 129, 252
O'Kelly v Trusthouse Forete plc. 事件控訴院判決　75, 249
Postworth Ltd. t/a Skyblue v Ashworth 事件控訴院判決　137
Protectacoat Firthglow Ltd. v Szilagyi 事件控訴院判決　292
R (on the application of the BBC) v CAC 事件高等法院女王座部判決　346
Reday Mixed Concrete v Minister of Pensions & National Insurance 事件高等法院女王座部判決　81, 207, 230
Simmons v Heath Laundry Company 事件控訴院判決　191
Simpson v Ebbw Vale Steel, Iron, and Coal Company 事件控訴院判決　186
Staffordshire Sentinel Newspapers Ltd. v Poter 事件控訴審判所判決　278
Stephenson v Delphi Diesel Systems Ltd. 事件控訴審判所判決　112, 151, 153
Walker v Crystal Palace Football Club, Ltd. 事件控訴院判決　193

Wardell v Kent County Council 事件控訴院判決　195
Young & Woods Ltd. v West 事件控訴院判決　243

【著者紹介】

新屋敷恵美子（しんやしき・えみこ）
  2006年3月　九州大学法学部卒業
  2011年3月　九州大学法学府博士課程修了（博士（法学））
  2011年4月　山口大学経済学部講師
  2013年9月　山口大学経済学部准教授

労働契約成立の法構造
―契約の成立場面における合意と法の接合―

2016年（平成28年）3月15日　第1版第1刷発行

著　者　新屋敷　恵美子
発行者　今　井　　　貴
　　　　渡　辺　左　近
発行所　信山社出版株式会社
　　　　〒113-0033　東京都文京区本郷6-2-9-102
　　　　　電　話　03（3818）1019
　　　　　FAX　03（3818）0344

Printed in Japan

©新屋敷恵美子, 2016.　　印刷・製本／亜細亜印刷・日進堂製本

ISBN978-4-7972-2755-0 C3332

―――― 日本立法資料全集・既刊 ――――

渡辺 章 編集代表
労働基準法〔昭和22年〕(1)　　43,689 円

渡辺 章 編集代表
労働基準法〔昭和22年〕(2)　　55,000 円

渡辺 章 編集代表
労働基準法〔昭和22年〕(3) 上
　　　　　　　　　　　　　　35,000 円

渡辺 章 編集代表
労働基準法〔昭和22年〕(3) 下
　　　　　　　　　　　　　　34,000 円

渡辺 章・野田 進 編集代表
労働基準法〔昭和22年〕(4) 上
　　　　　　　　　　　　　　50,000 円

渡辺 章・野田 進 編集代表
労働基準法〔昭和22年〕(4) 下
　　　　　　　　　　　　　　38,000 円
　　　　　　　　　　　　　　（税別）

―――――― 信山社 ――――――